慶應義塾大学法学研究会叢書［85］

第一回普選と選挙ポスター

昭和初頭の選挙運動に関する研究

玉井 清
Kiyoshi Tamai

慶應義塾大学法学研究会

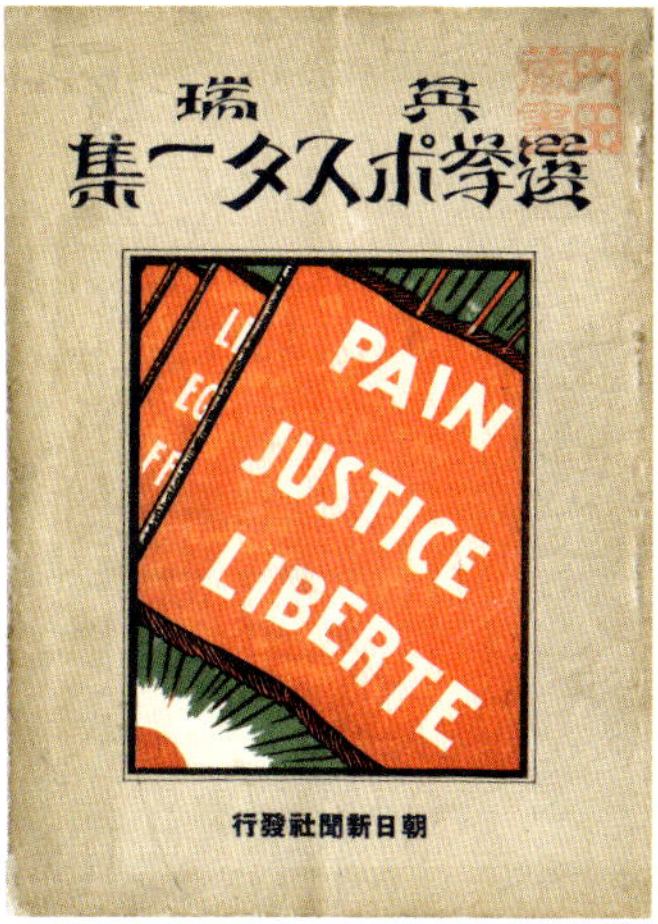

図1－2　『英瑞選挙ポスター集』
（朝日新聞社）の表紙

図1－1　鳩山一郎の選挙ポスター

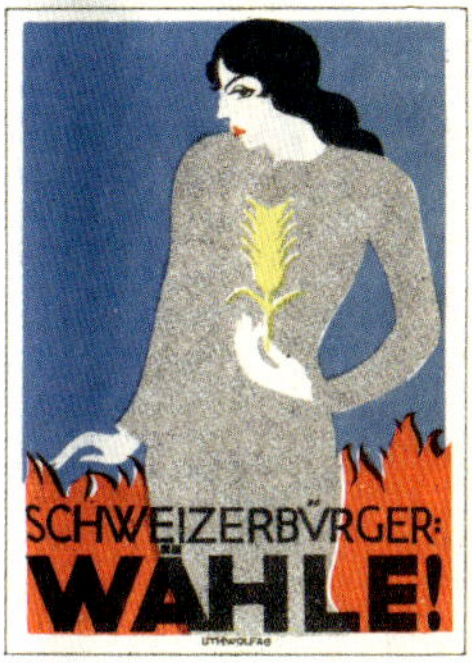

図1－5　スイス民主党の
選挙ポスター

図1－4　英国労働党の
選挙ポスター

図1－3　英国保守党（統一党）
の選挙ポスター

図1－7　朝日新聞社募集・
普選ポスター(2等)

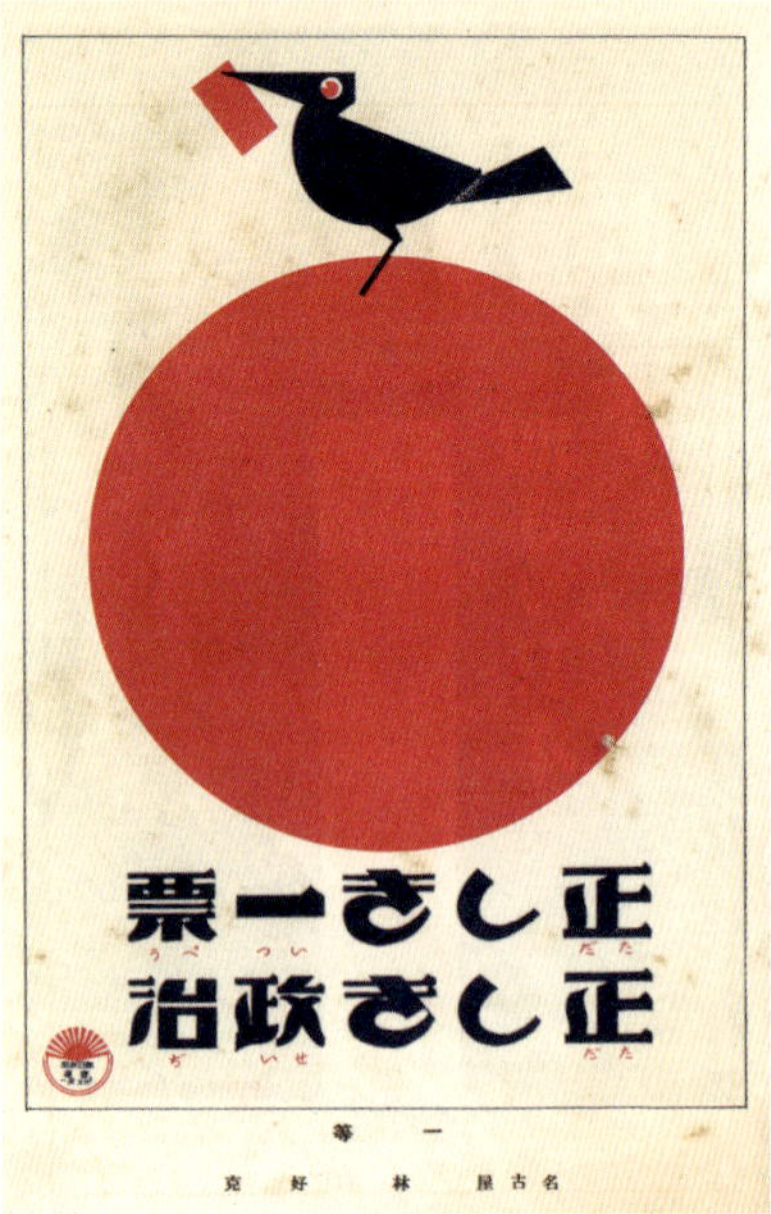

図1－6　朝日新聞社募集・
普選ポスター(1等)

図1－9『朝日新聞社募集・
普選ポスター集』
(朝日新聞社)の表紙

図1－8　朝日新聞社募集・
普選ポスター(3等)

図1－10　菊池寛の選挙ポスターと
朝日新聞入賞ポスター(4等)

図1－11　菊池寛の選挙ポスターと朝日新聞入賞ポスター(佳作)

図1－12　菊池寛の選挙ポスターと朝日新聞入賞ポスター(佳作)

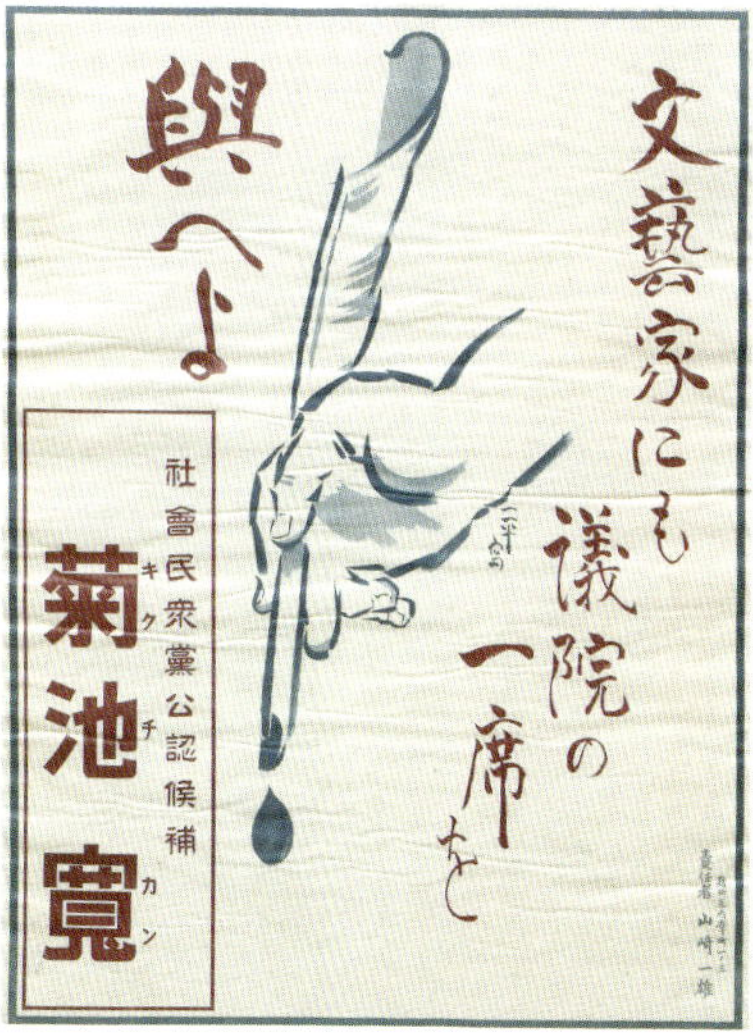

図1－14　菊池寛の選挙ポスター
（岡本一平作）

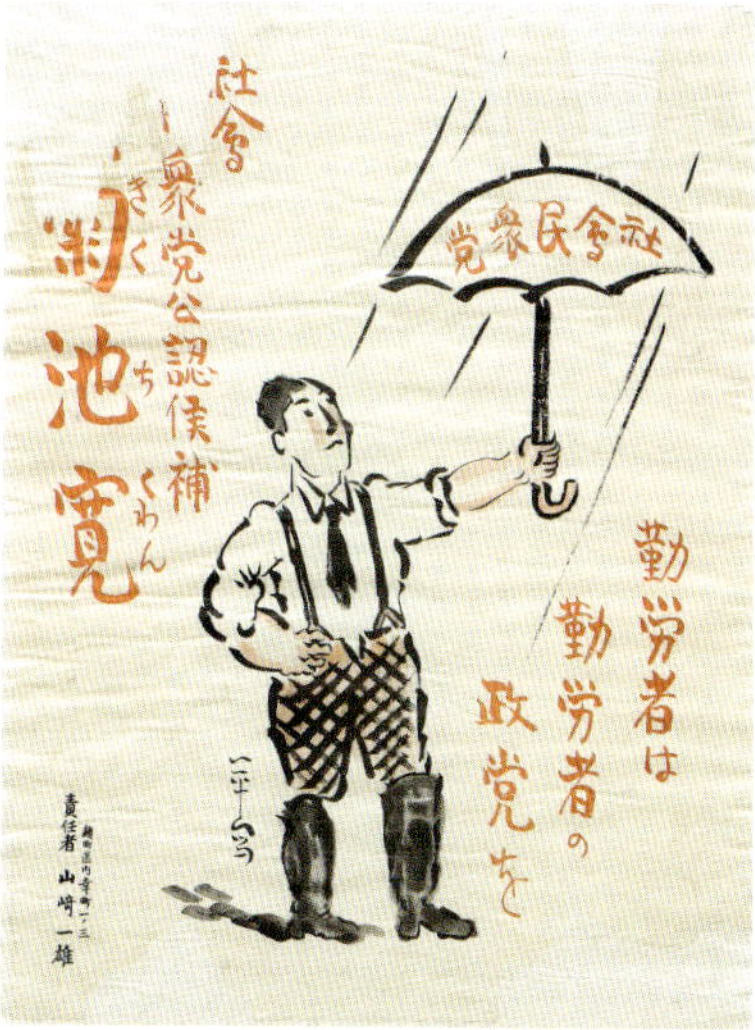

図1－13　菊池寛の選挙ポスター
（岡本一平作）

図1–26　矢野鉉吉の選挙用葉書
（第15回総選挙）

図1–15　菊池寛の選挙ポスター
（岡本一平作）

図1－28　今井嘉幸の選挙ポスター

図1－27　朝日新聞入賞ポスター（秀作）

図1－30　今井嘉幸の選挙ポスター

図1－29　朝日新聞入賞ポスター（佳作）

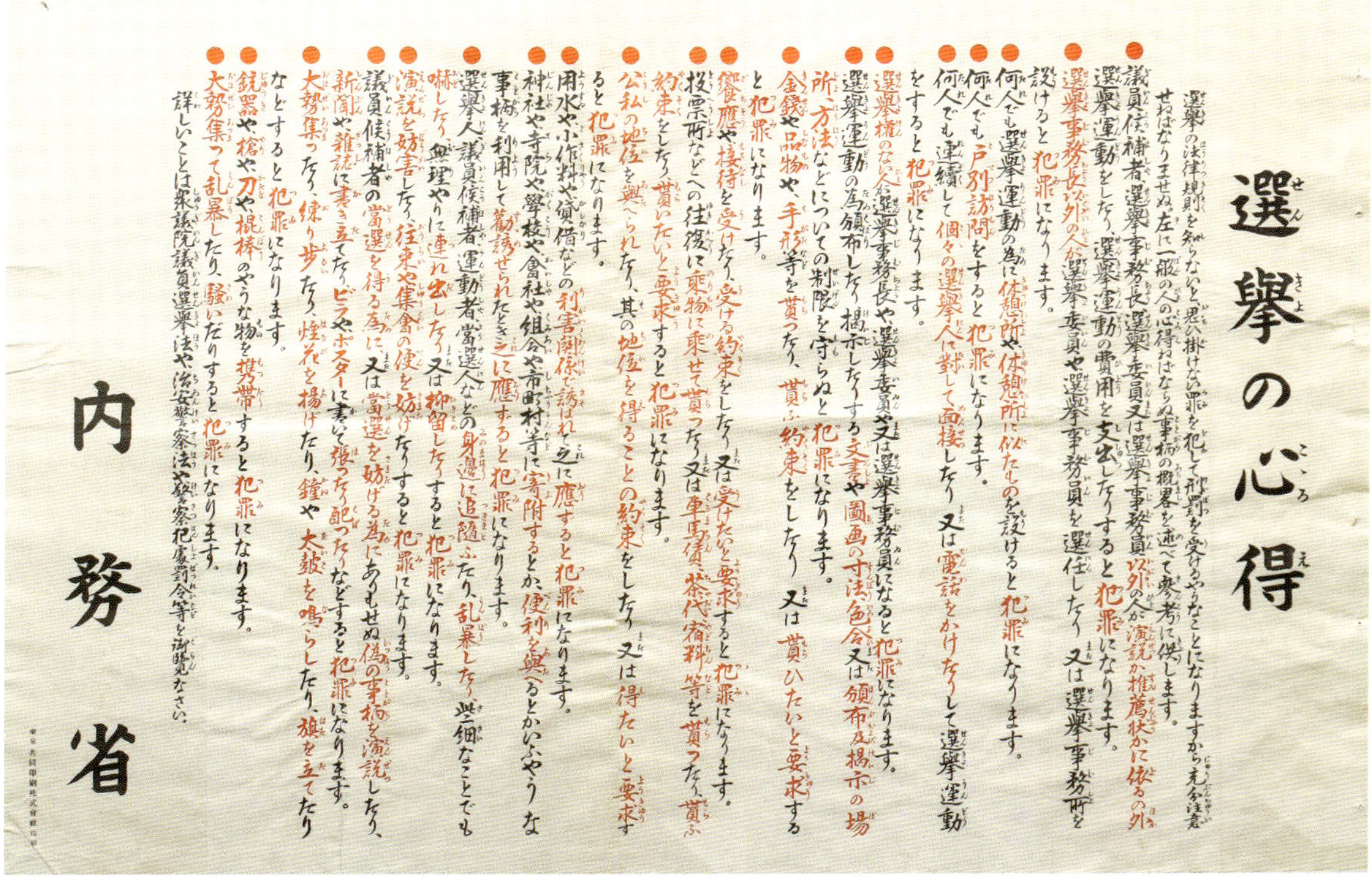

図2―1　選挙違反防止のための啓蒙ポスター（内務省）

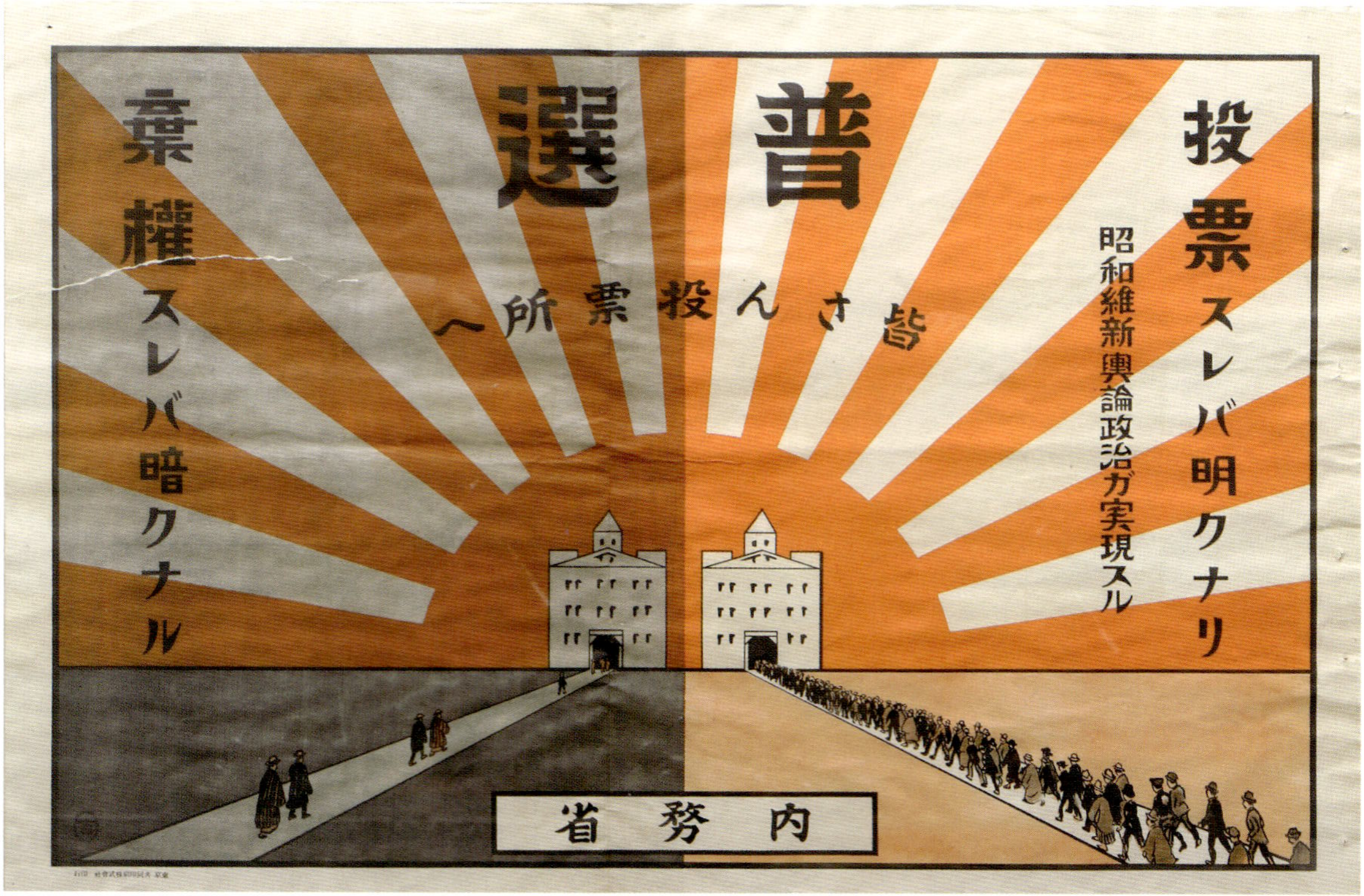

図2－5　棄権防止のための選挙啓蒙ポスター（内務省）

図2−6
棄権防止のための選挙啓蒙ポスター（大阪府）

図2−2
選挙違反防止のための啓蒙ポスター
（長崎県警察部）

図2−7　棄権防止のための選挙啓蒙ポスター（東京市）

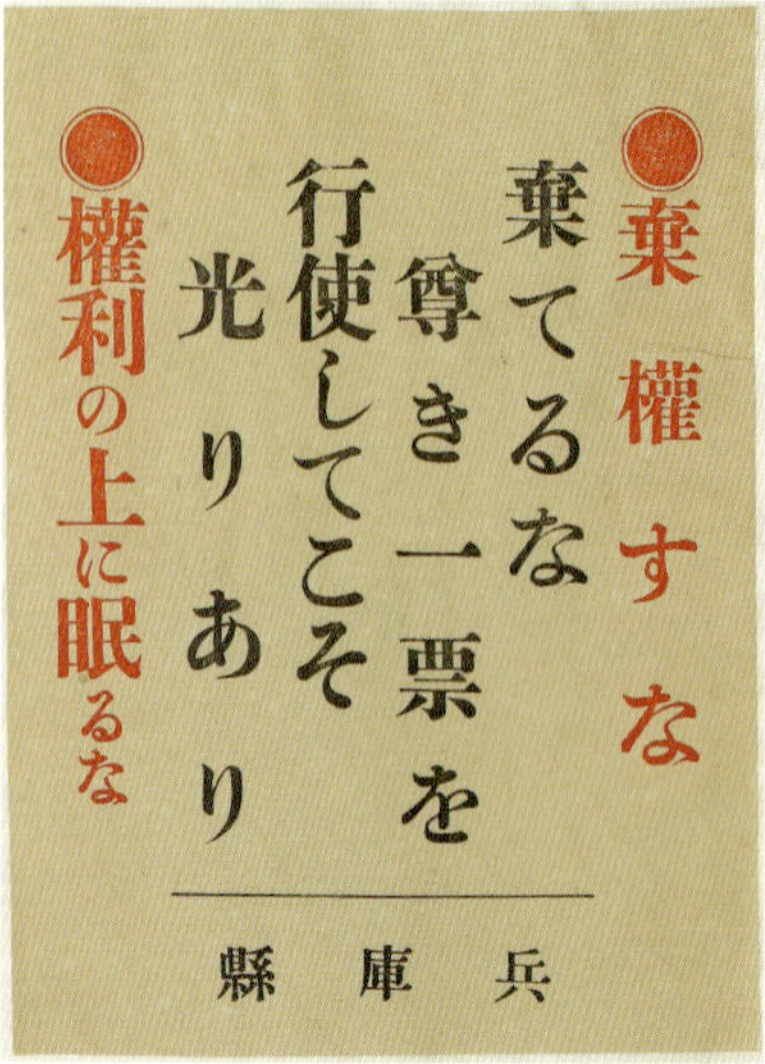

図2−10
棄権防止のための選挙啓蒙ビラ（兵庫県）

図2−8
棄権防止のための選挙啓蒙ポスター（東京市）

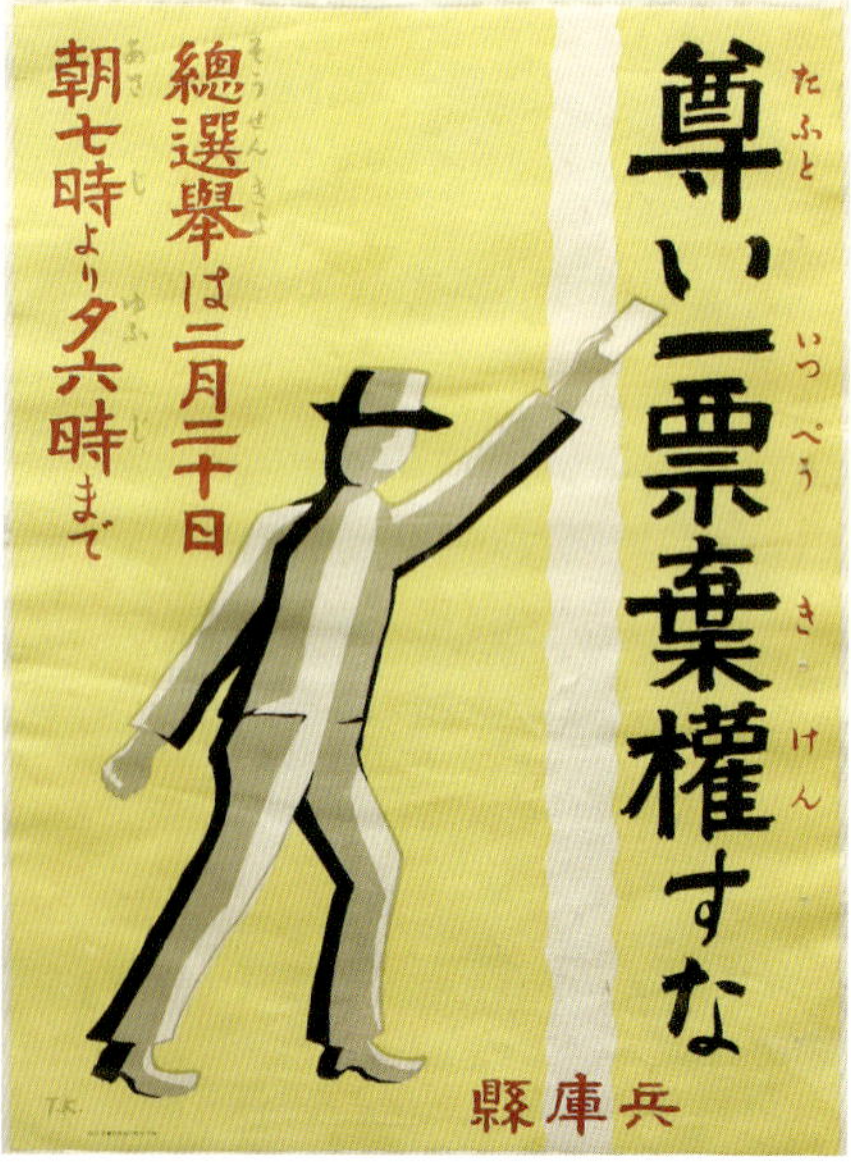

図2−9
棄権防止のための選挙啓蒙ポスター（兵庫県）

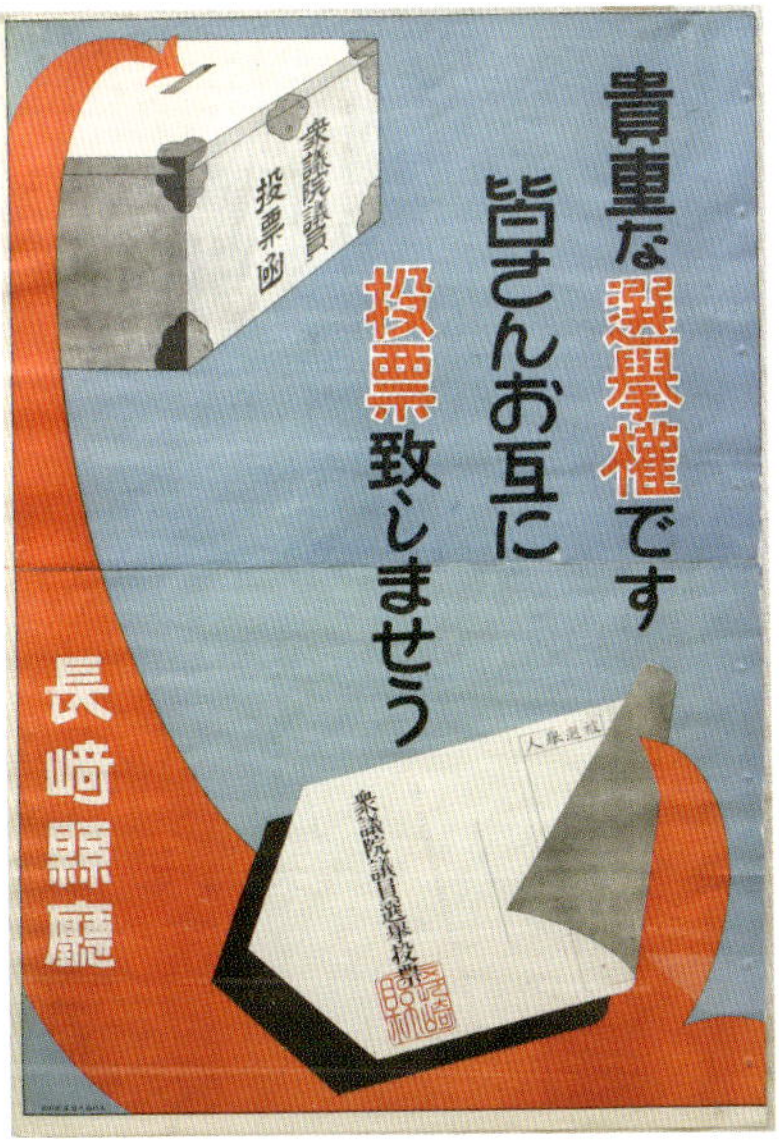

図2－11
棄権防止のための選挙啓蒙ポスター（長崎県）

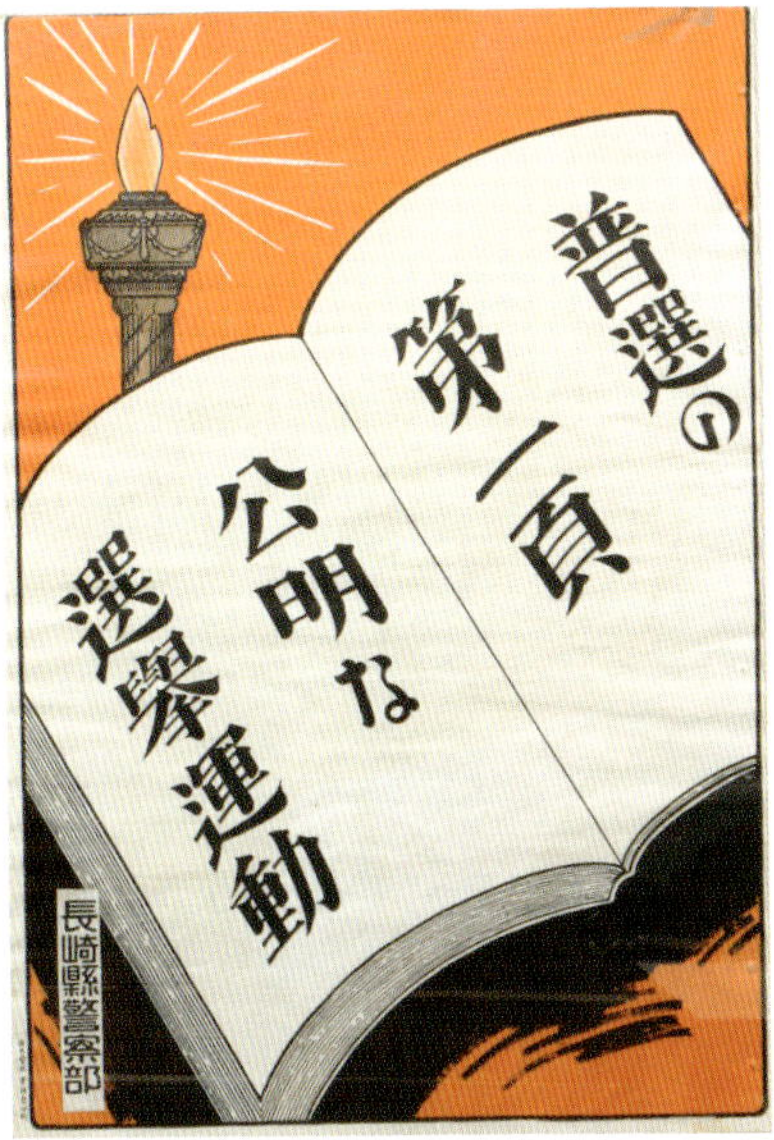

図2－13
棄権防止のための選挙啓蒙ポスター
（長崎県警察部）

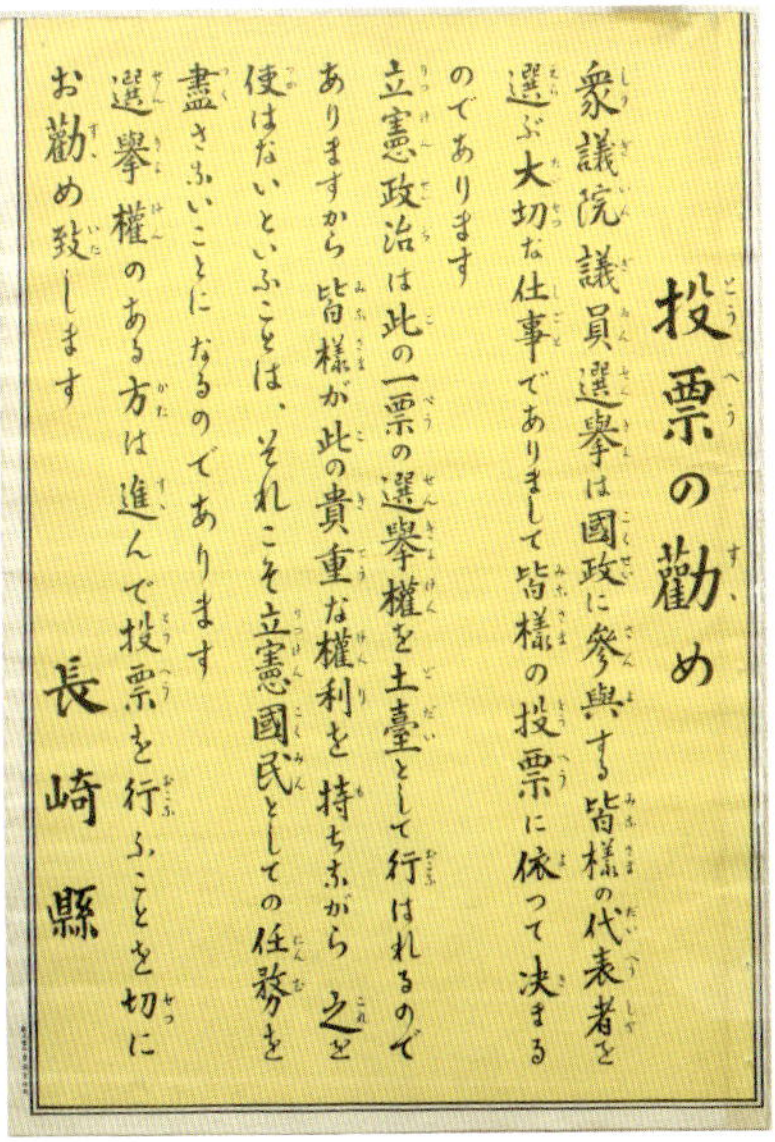

図2－12
棄権防止のための選挙啓蒙ポスター（長崎県）

図2－14
棄権防止のための選挙啓蒙ポスター
（長崎県警察部）

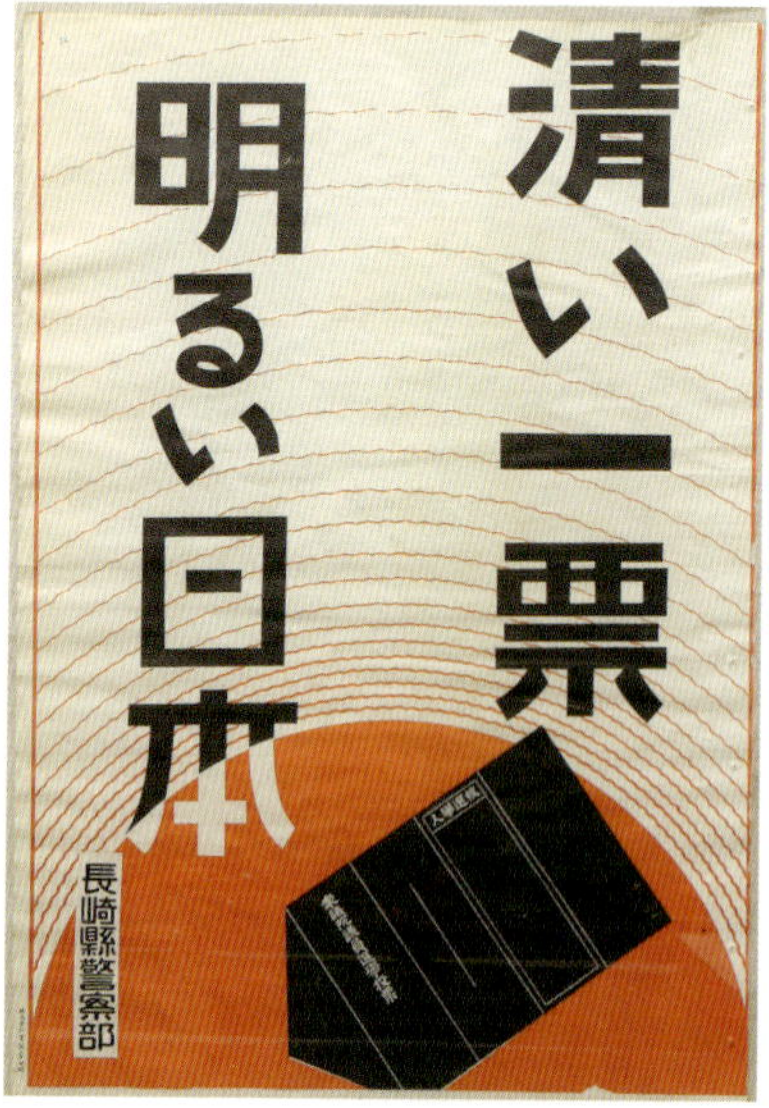

図2－15
棄権防止のための選挙啓蒙ポスター
（長崎県警察部）

図2－16 選挙啓蒙ポスター（普選達成婦人委員会・東京連合婦人会）

図2－17 選挙啓蒙ポスター（東京朝日新聞社）

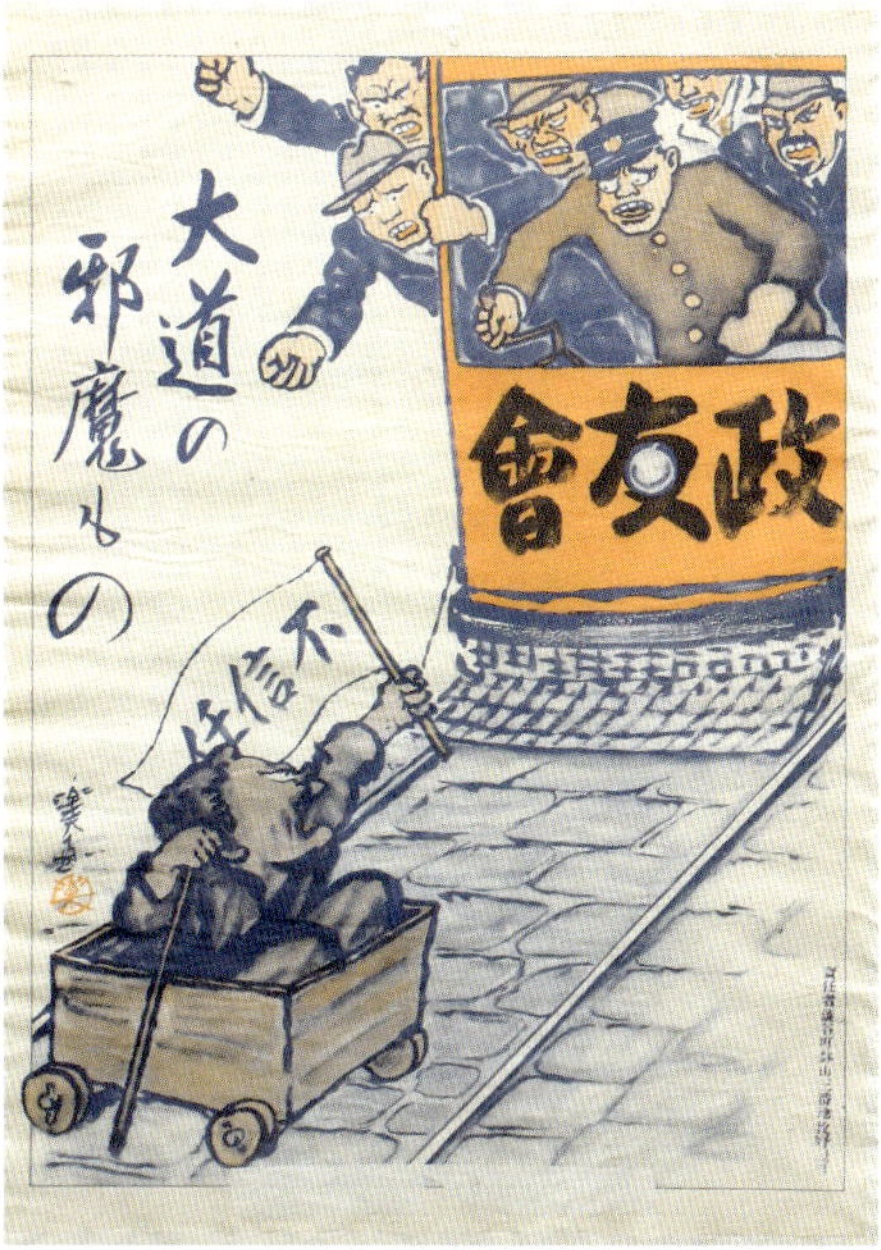

図3－1　政友会の選挙ポスター
（北沢楽天作）

図3－2　政友会の選挙ポスター
（北沢楽天作）

図3－3　政友会の選挙ポスター
（北沢楽天作）

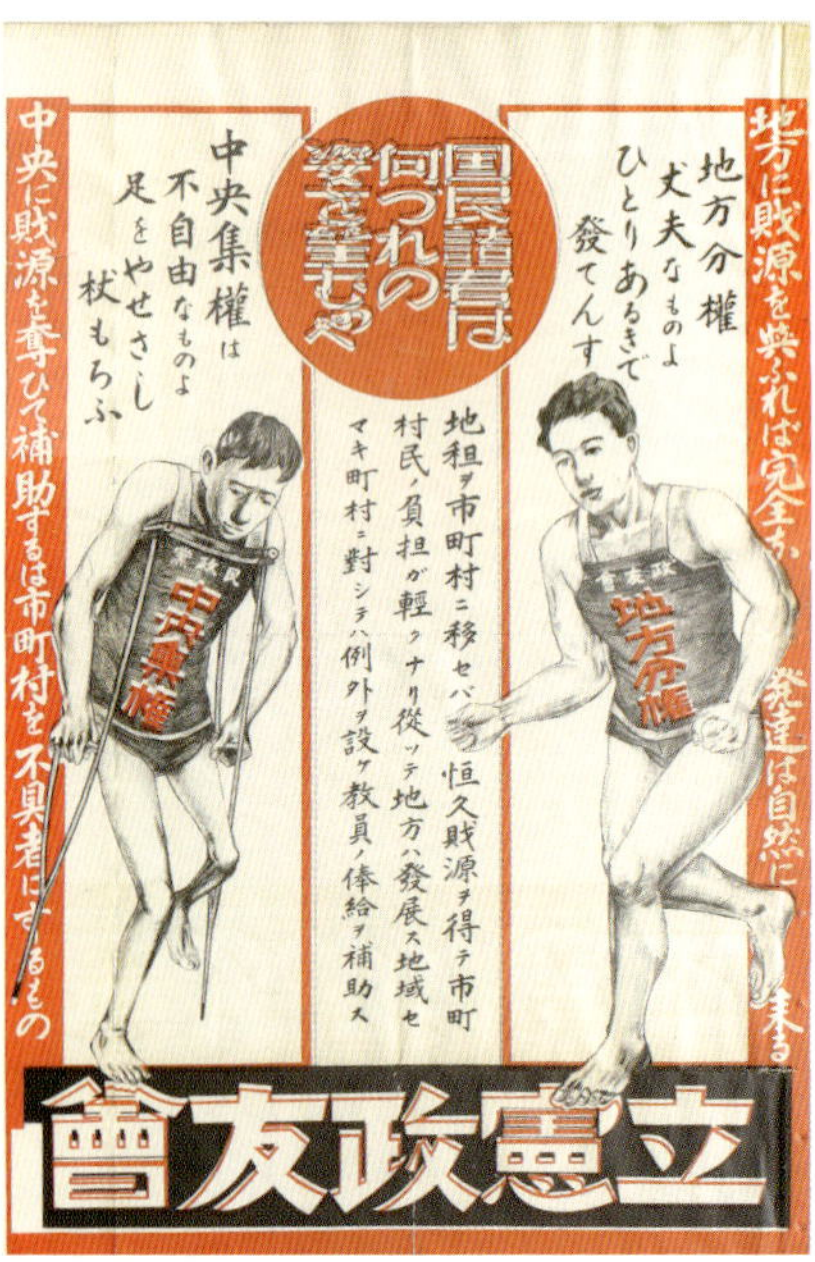

図3－4　政友会の選挙ポスター

図3－5　民政党の選挙ポスター

図3－6　民政党の選挙ポスター

図3－7　民政党の選挙ポスター

図3－8　民政党の選挙ポスター

図3－9　菊池寛の選挙ポスター

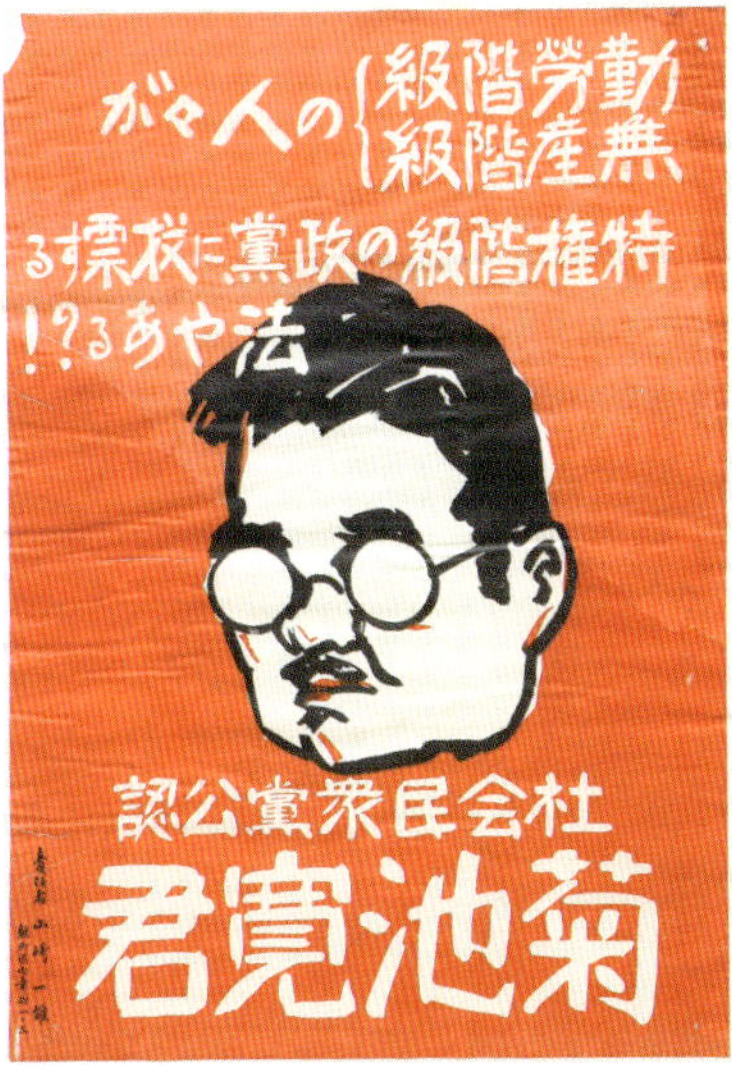

図3－11　菊池寛の選挙ポスター

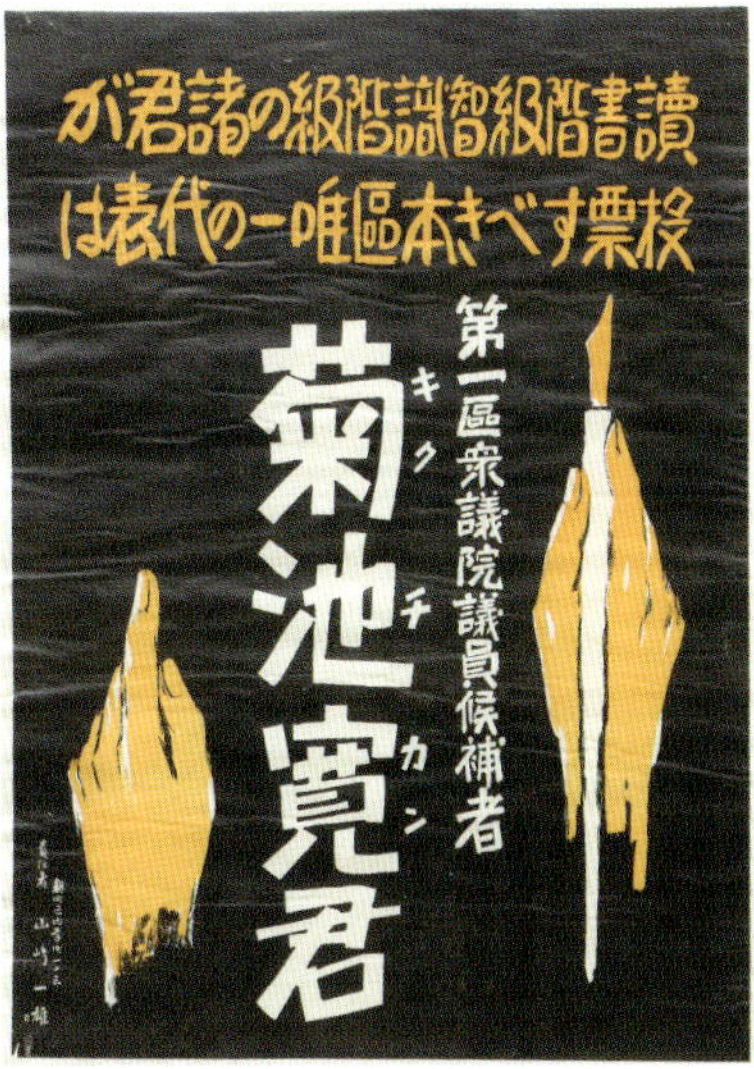

図3－10　菊池寛の選挙ポスター

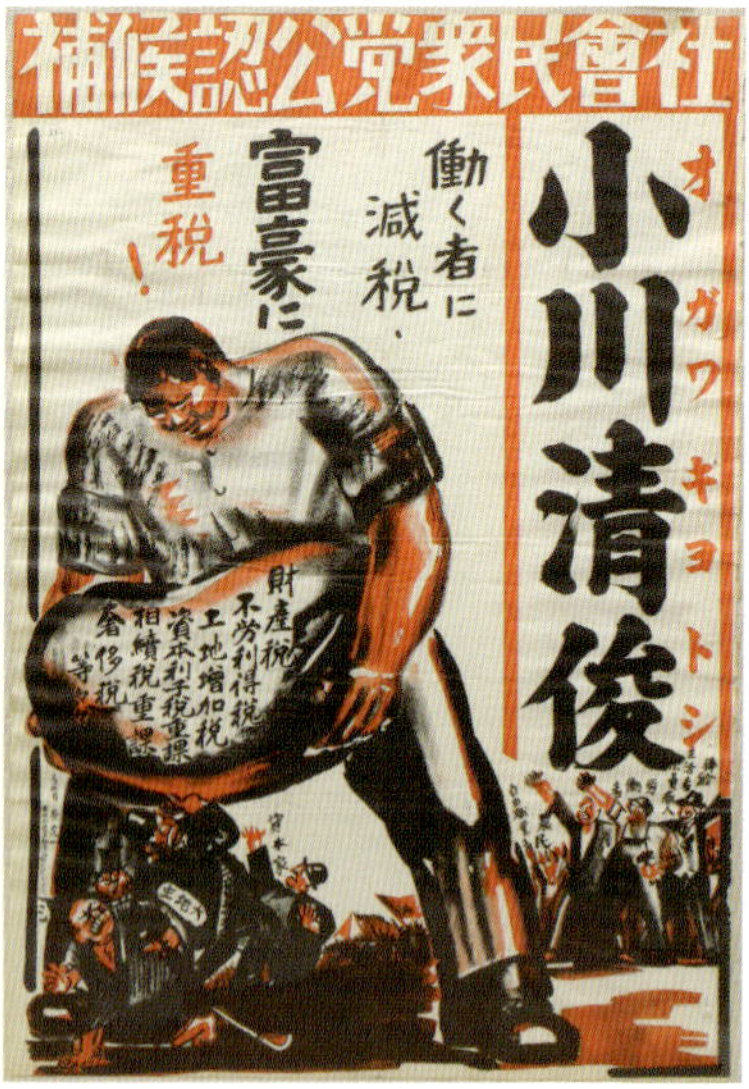

図3－12　小川清俊の選挙ポスター

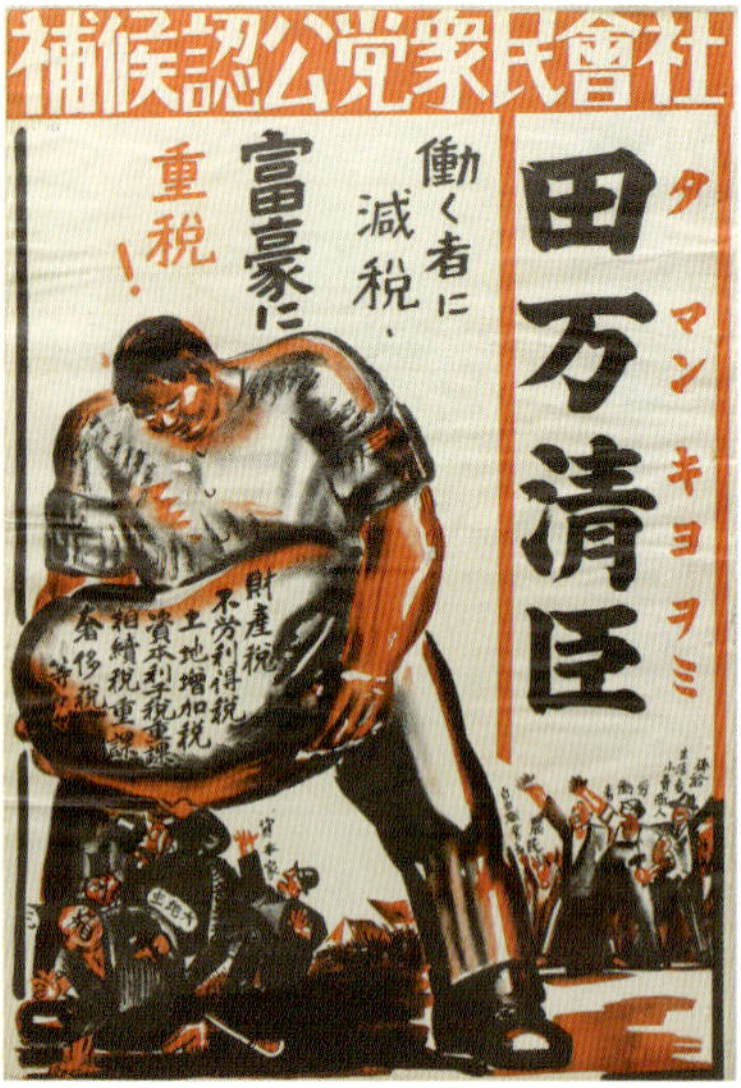

図3－13　田万清臣の選挙ポスター

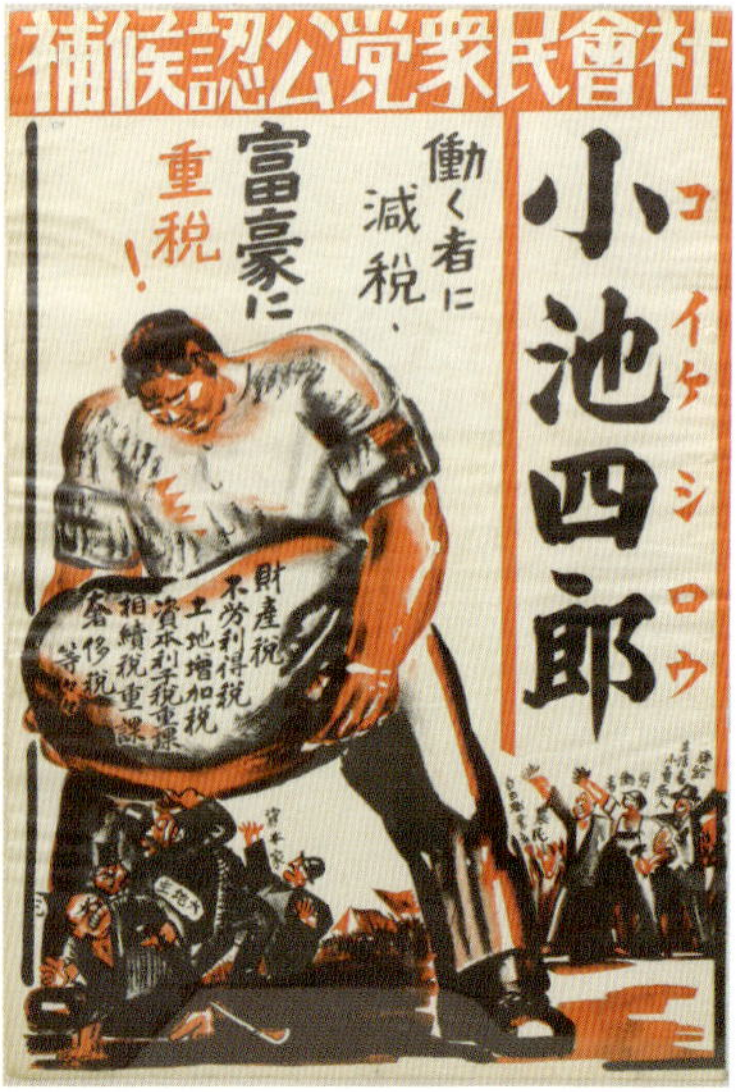

図3－14　小池四郎の選挙ポスター

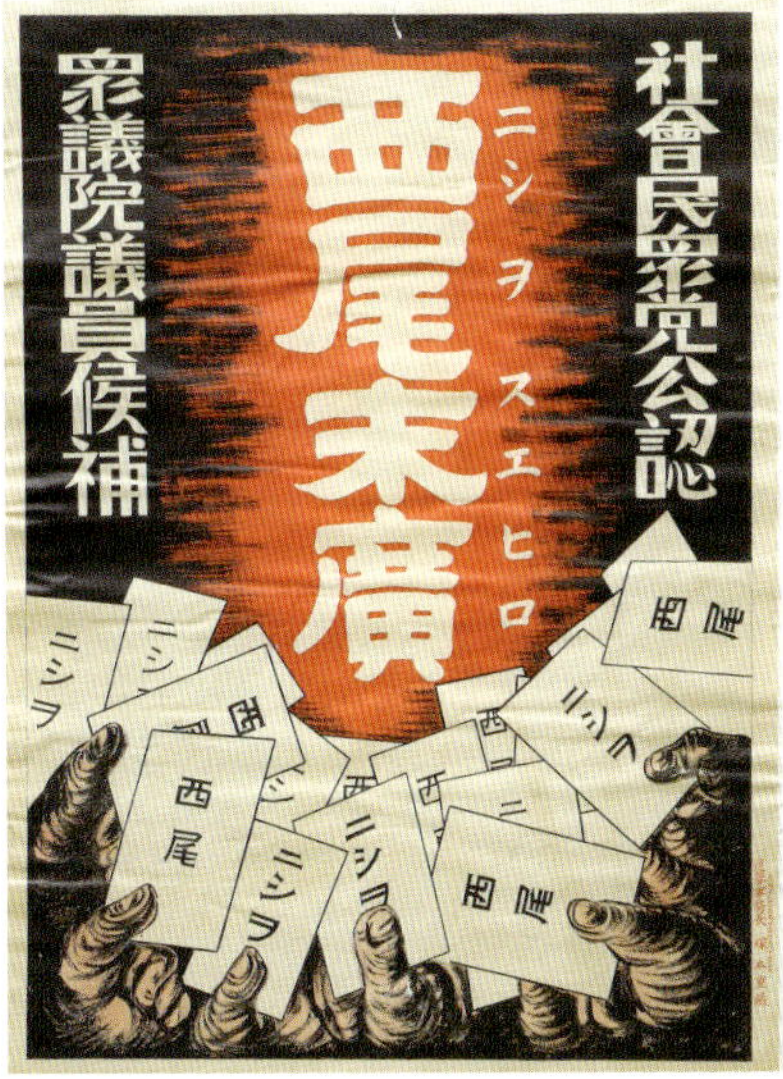

図3－15　西尾末広の選挙ポスター

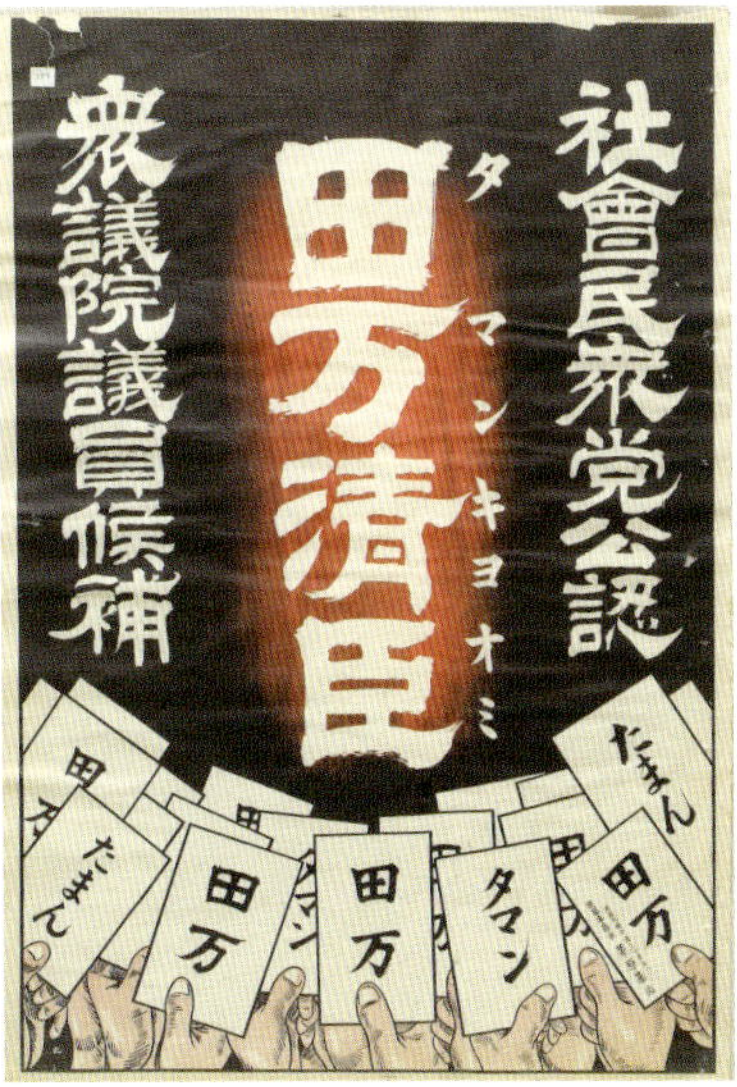

図3－16　田万清臣の選挙ポスター

図3－17　小川清俊の選挙ポスター

図3－18　田万清臣の選挙ポスター

図3－19　下田金助の選挙ポスター

図3－20　田万清臣の選挙ポスター

図3－21　日本労農党の選挙ポスター

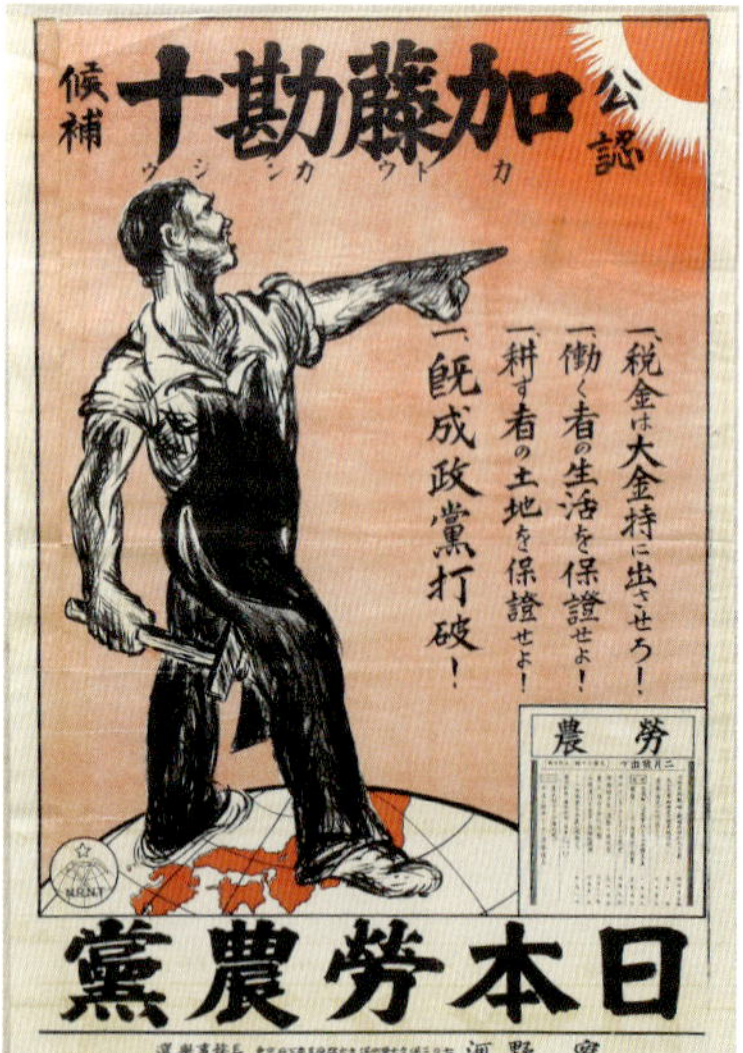

図3－22　加藤勘十の選挙ポスター

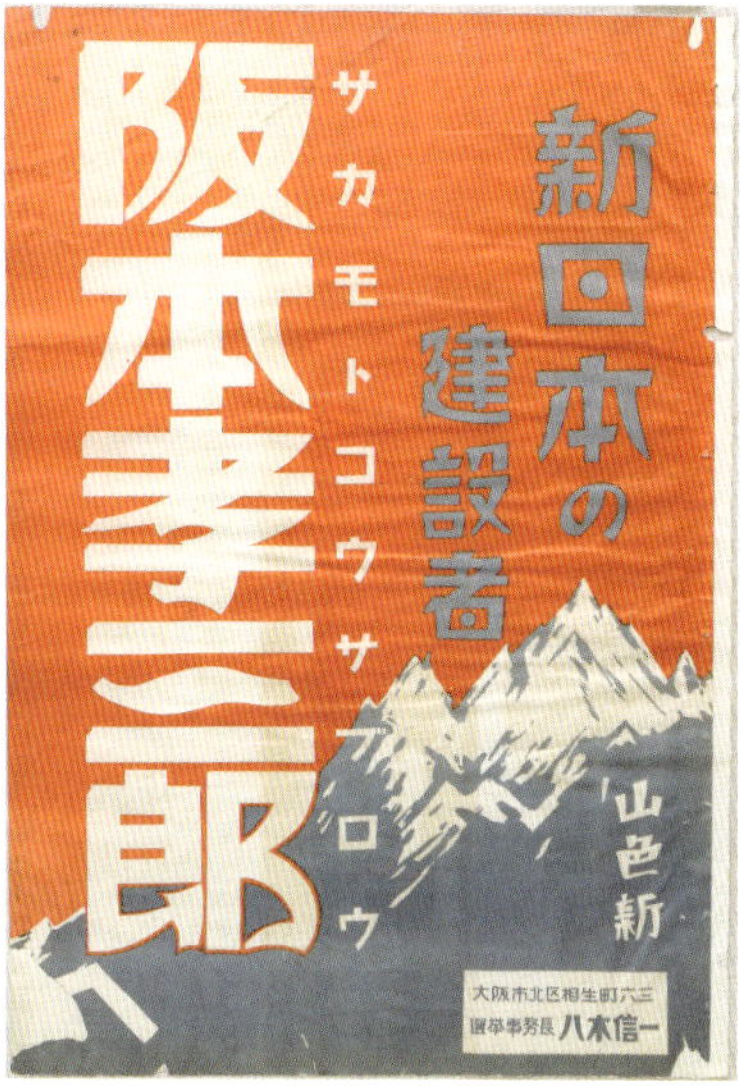

図3－24　阪本孝三郎の選挙ポスター

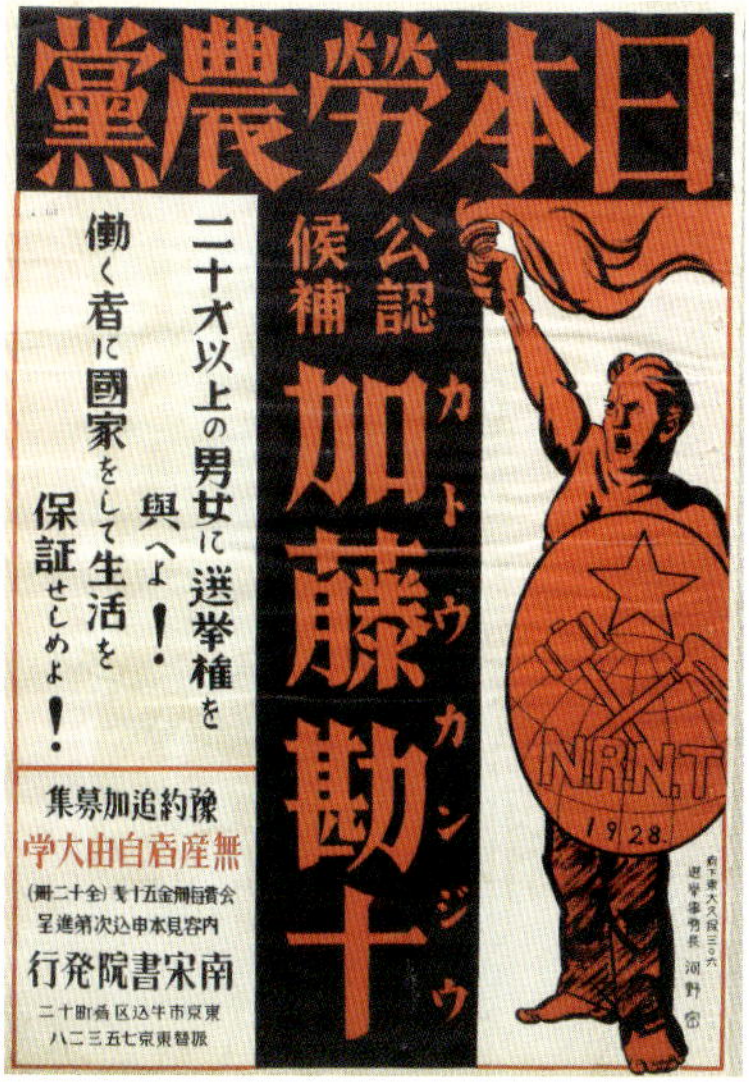

図3－23　加藤勘十の選挙ポスター

図3－27　野田律太の選挙ポスター

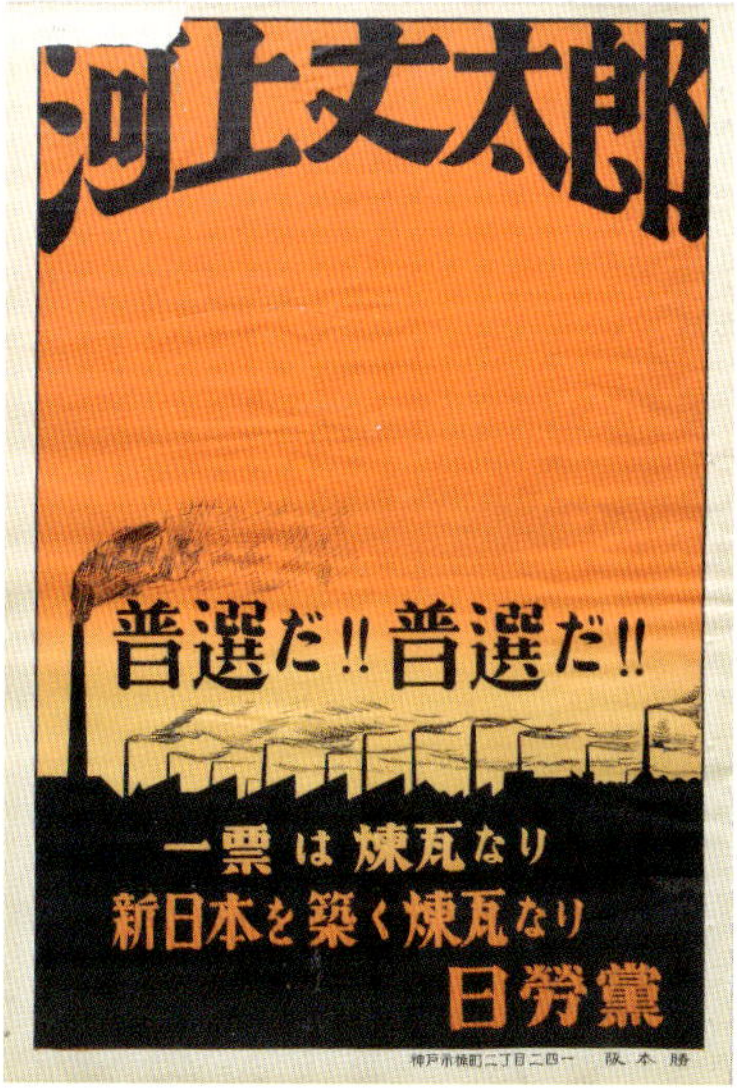

図3－25　河上丈太郎の選挙ポスター

図3－28　野田律太の選挙ポスター

図3－29　大山郁夫の選挙ポスター

図3－30　日本農民党の選挙ポスター

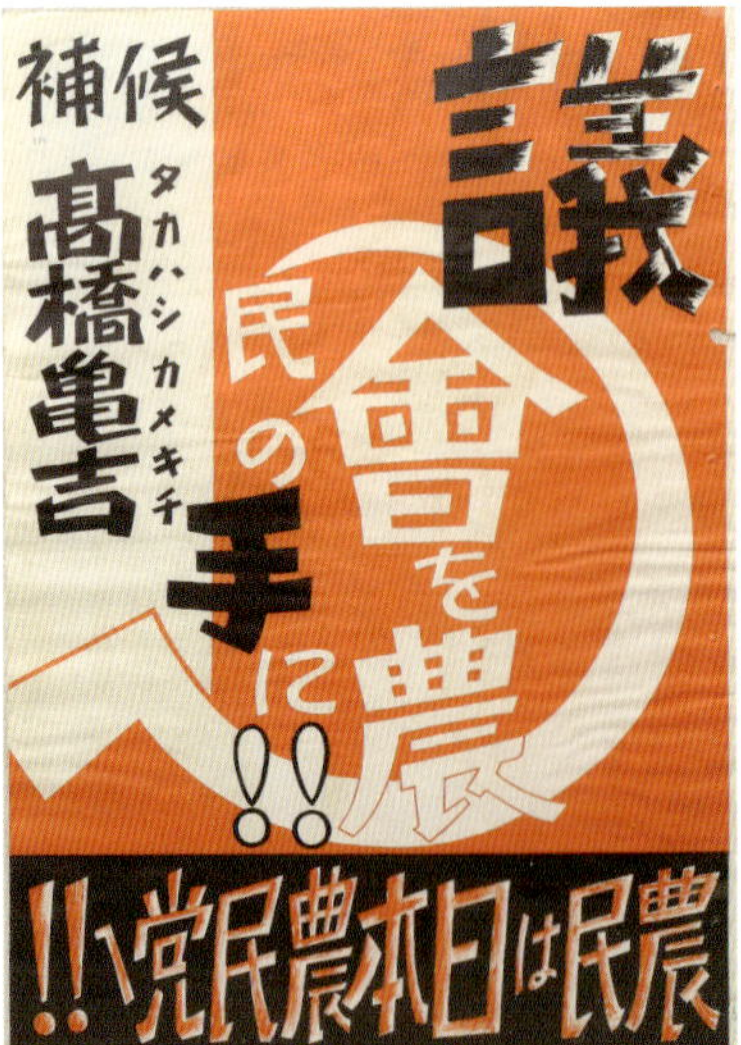

図3－31　高橋亀吉の選挙ポスター

図3－32　中村愛作の選挙ポスター

図4－2　三木武吉の選挙ポスター

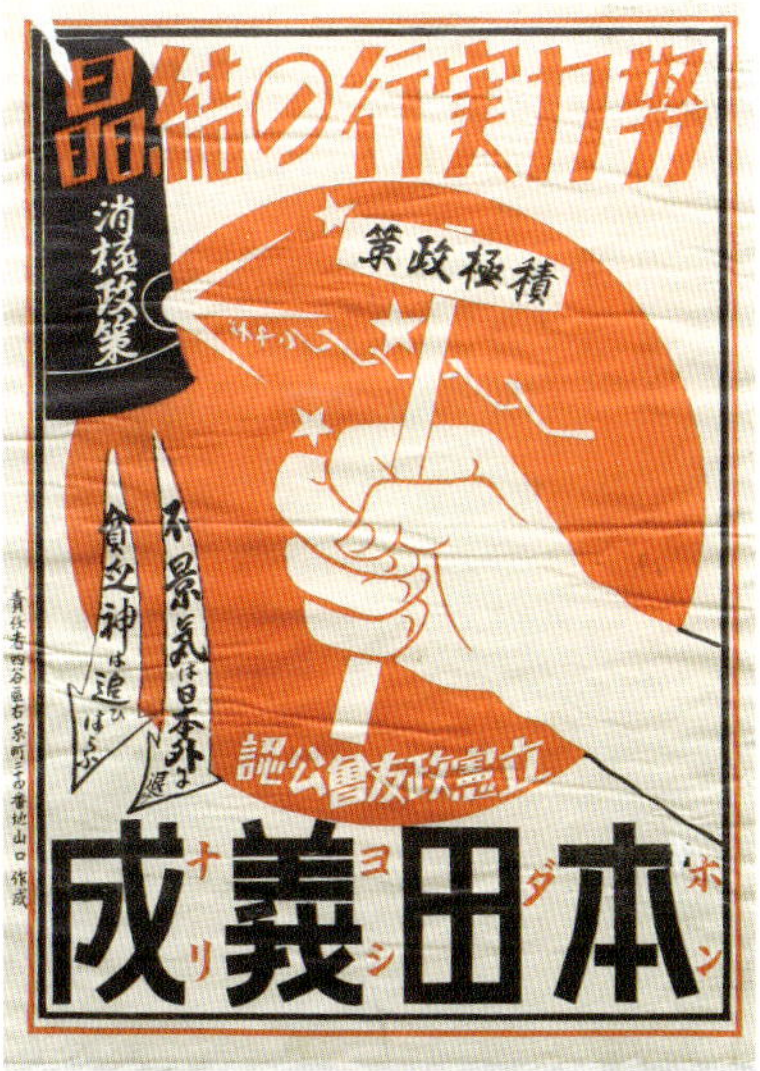

図4－1　本田義成の選挙ポスター

図4－5　紫安新九郎の選挙ポスター

図4－3　水上嘉一郎の選挙ポスター

図4－7　石川弘の選挙ポスター

図4－6　中島弥団次の選挙ポスター

図4－8　上原正成の選挙ポスター

図4－9　石原善三郎の選挙ポスター

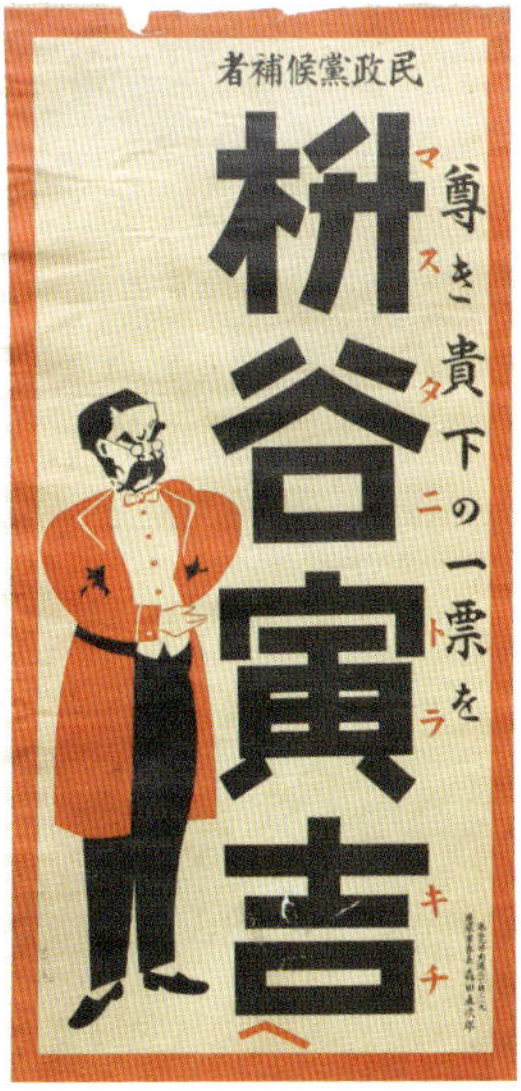

図4－10　桝谷寅吉の選挙ポスター

図4－11　本多喬行の選挙ポスター

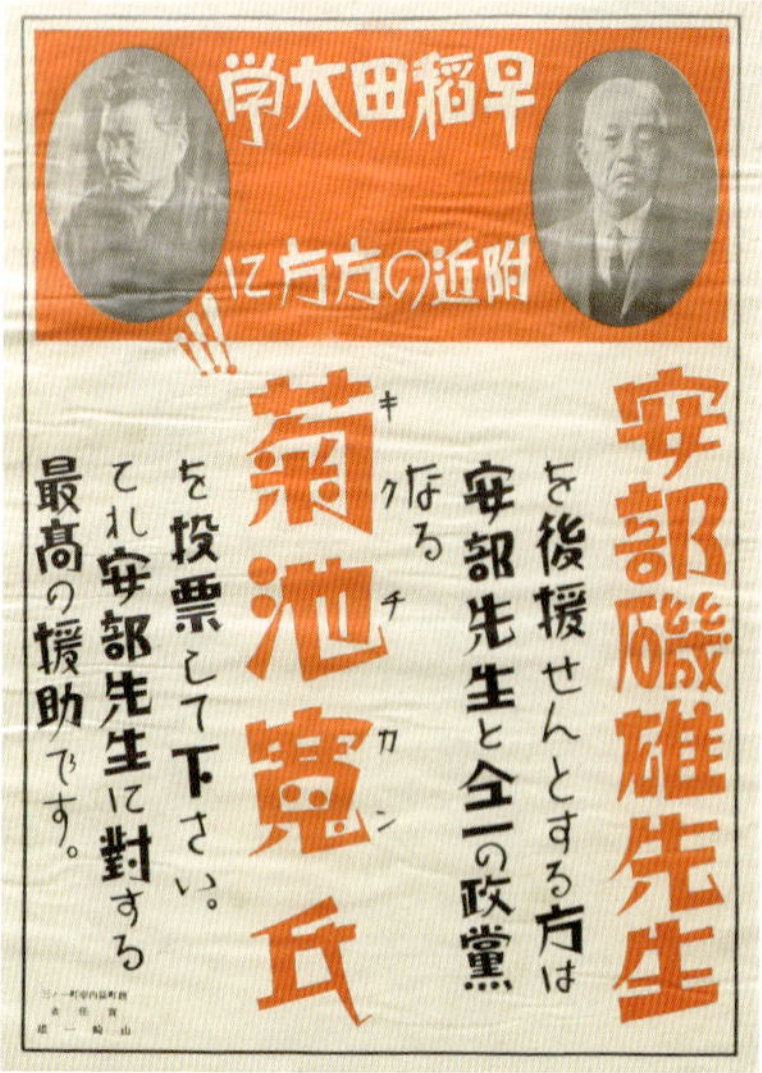

図4－15　菊池寛の選挙ポスター

図4－12　三木武吉の選挙ビラ

図4－17　山本平三郎の選挙ポスター

図4－16　山本芳治の選挙ポスター

図4－18　三木武吉の選挙ポスター

図4－19　三木武吉の選挙ポスター

図4－20　紫安新九郎の選挙ポスター

図4－21　山本芳治の選挙ポスター

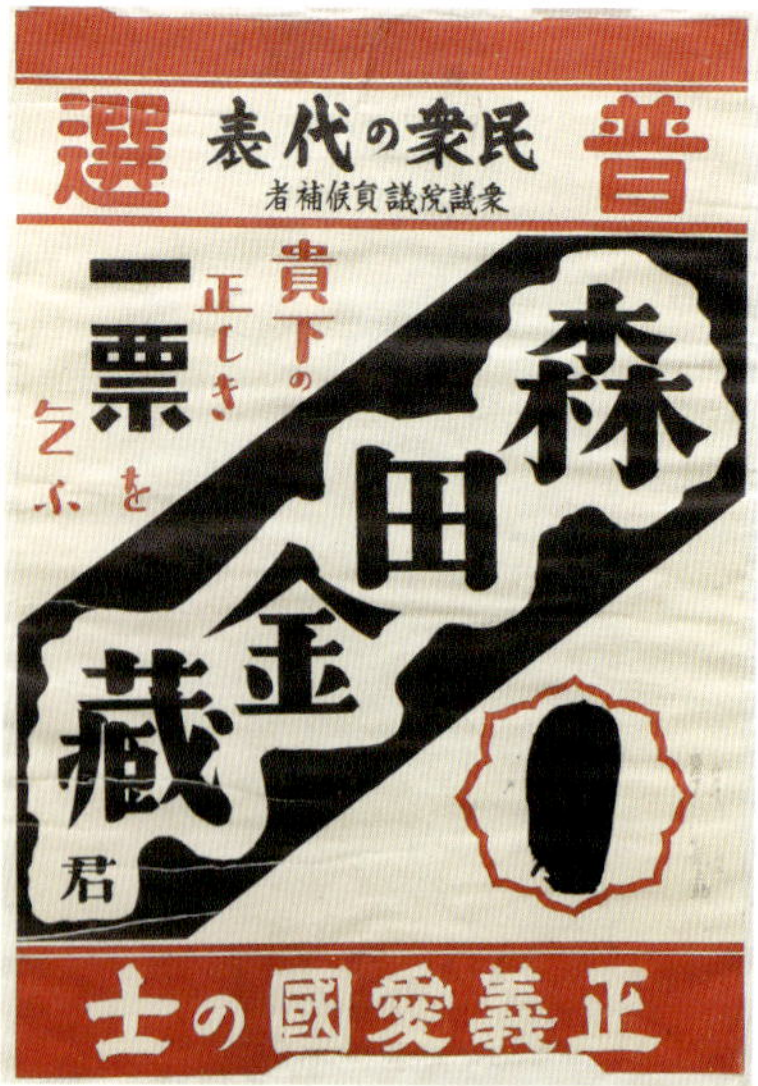

図4－22　森田金蔵の選挙ポスター

図4－23　立川太郎の選挙ポスター

図4－24　山本芳治の選挙ポスター

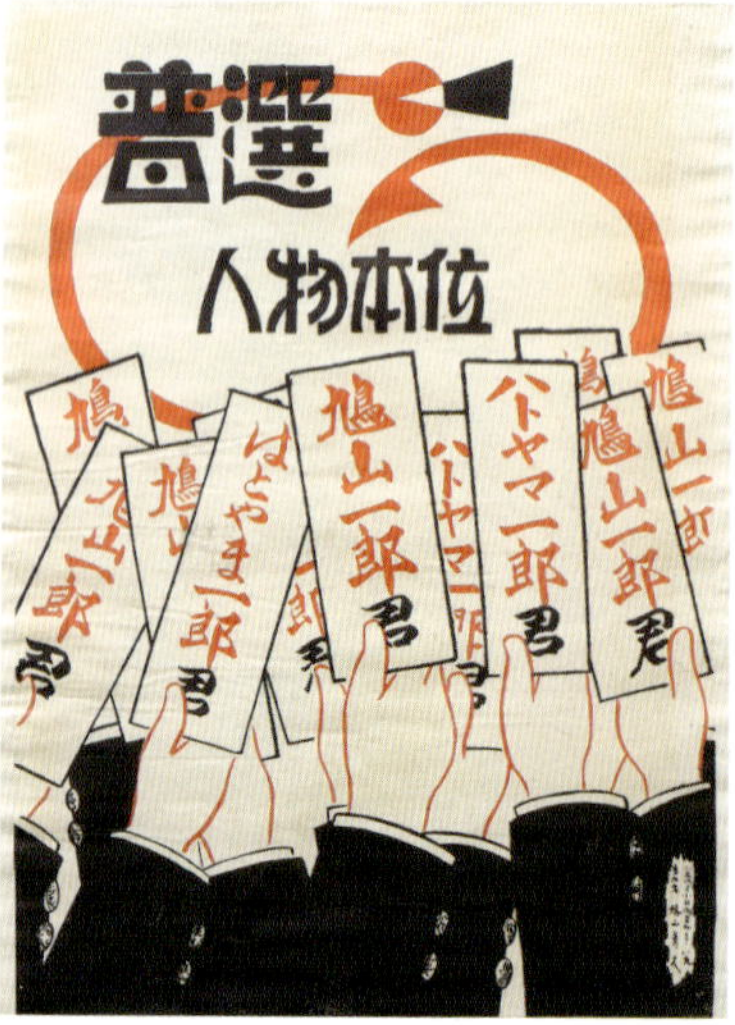

図4－25　鳩山一郎の選挙ポスター

図4－27　山本芳治の選挙ポスター

図4－26　中村愛作の選挙ポスター

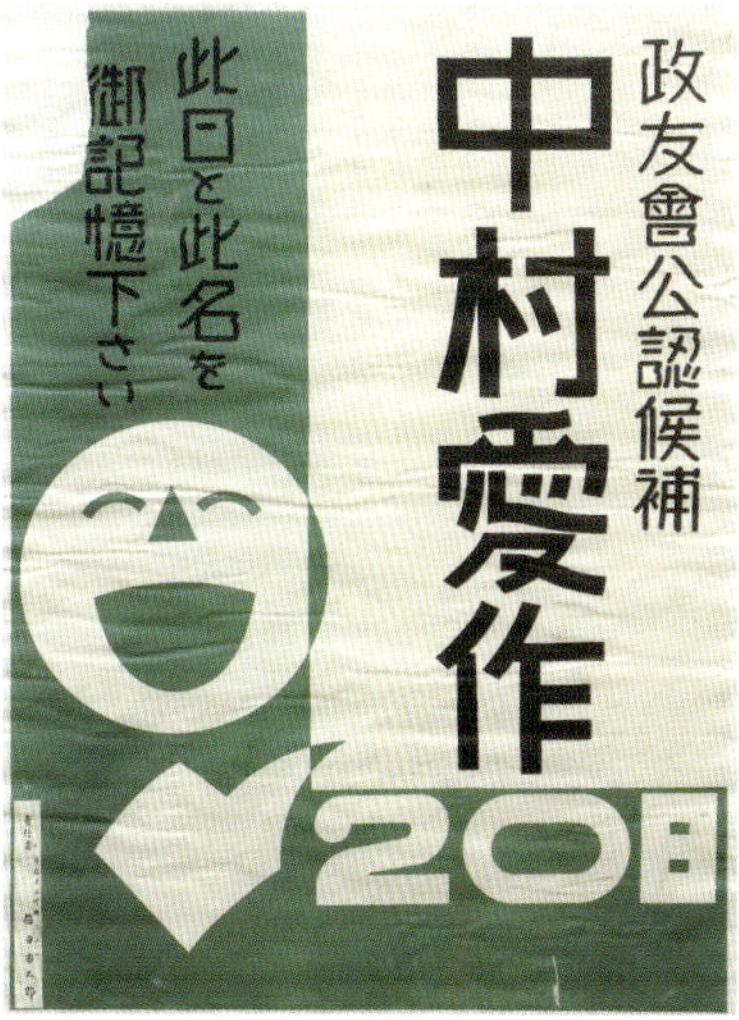

図4－29　中村愛作の選挙ポスター

図4－28　中村愛作の選挙ポスター

図5－2
中村愛作の選挙ビラ

図4－30
中井一夫の選挙ビラ

図4－37
山本平三郎の選挙ビラ

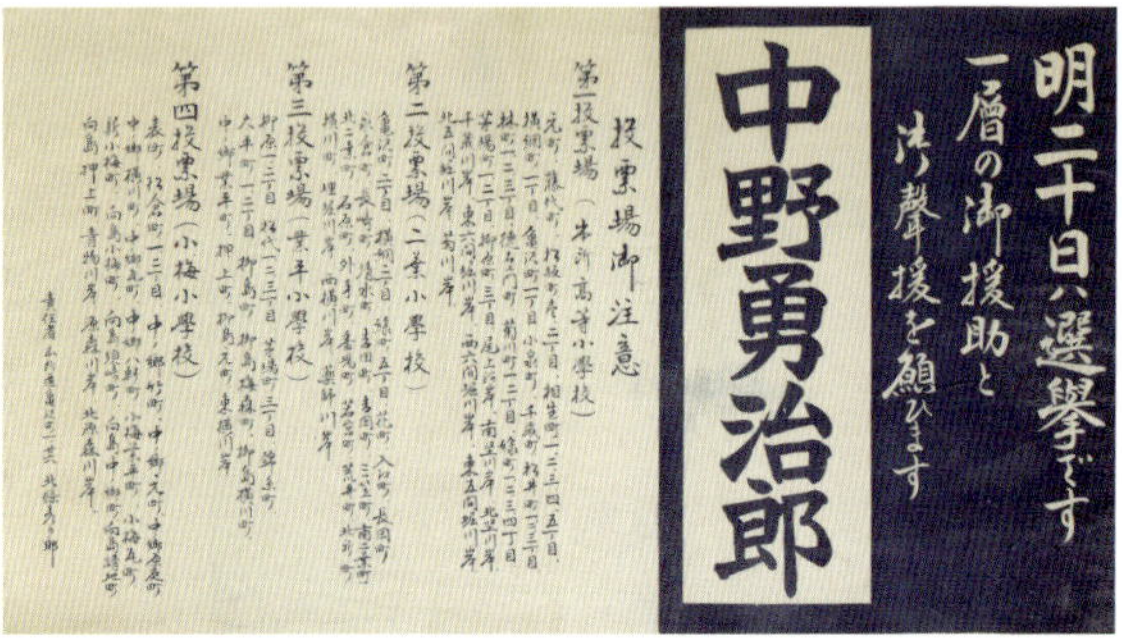

図4－31
中野勇次郎の選挙ビラ

図4－34
西見芳宏の選挙ビラ

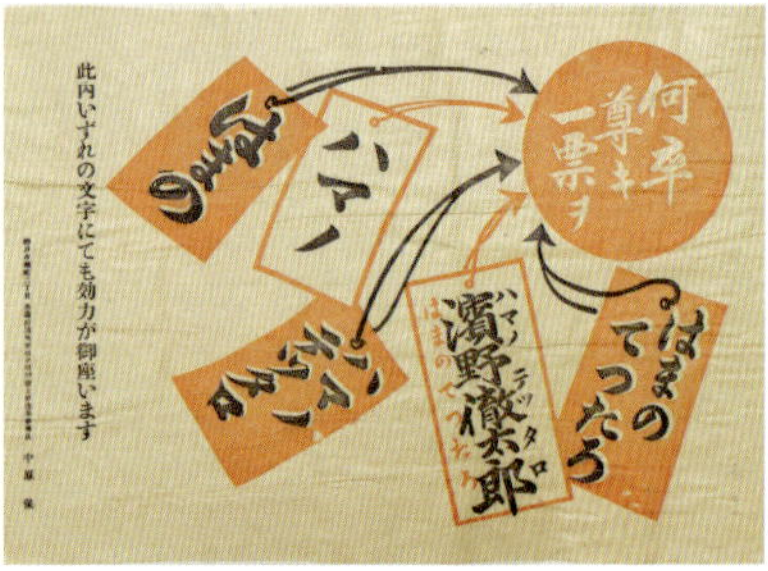

図4－33
浜野徹太郎の選挙ビラ

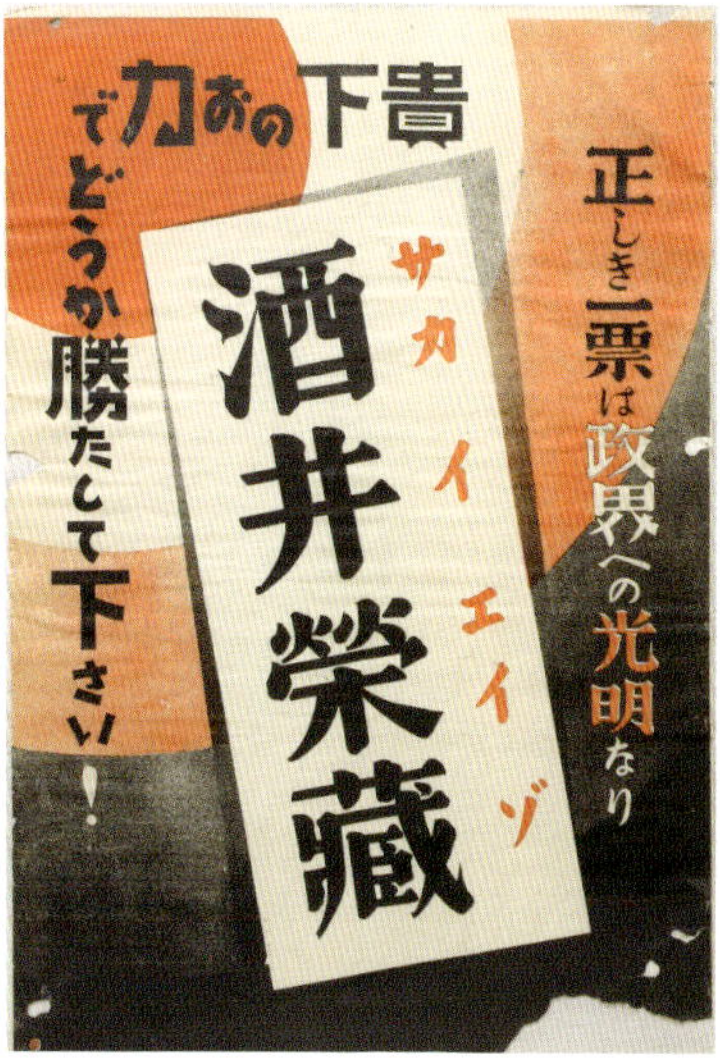

図4－36
酒井栄蔵の選挙ポスター

図4－35
妹尾順蔵の選挙ポスター

図5－3
鳩山一郎の選挙ポスター

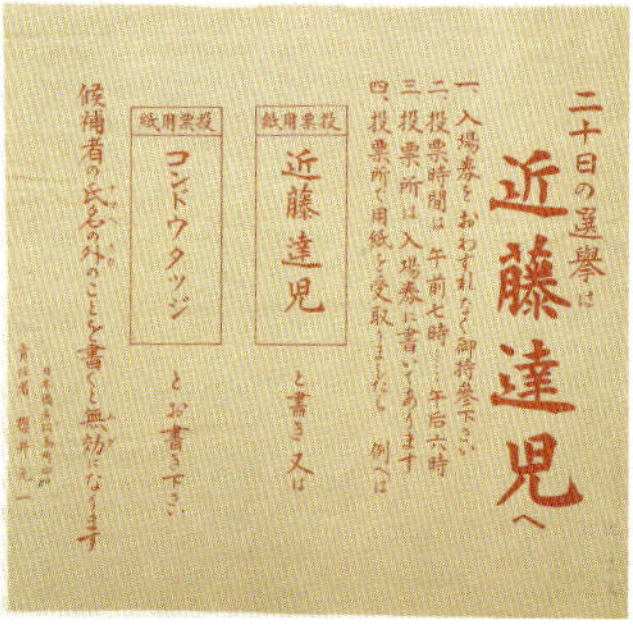

図4－32
近藤達児の選挙ビラ

図6－2　松野喜内の選挙ポスター

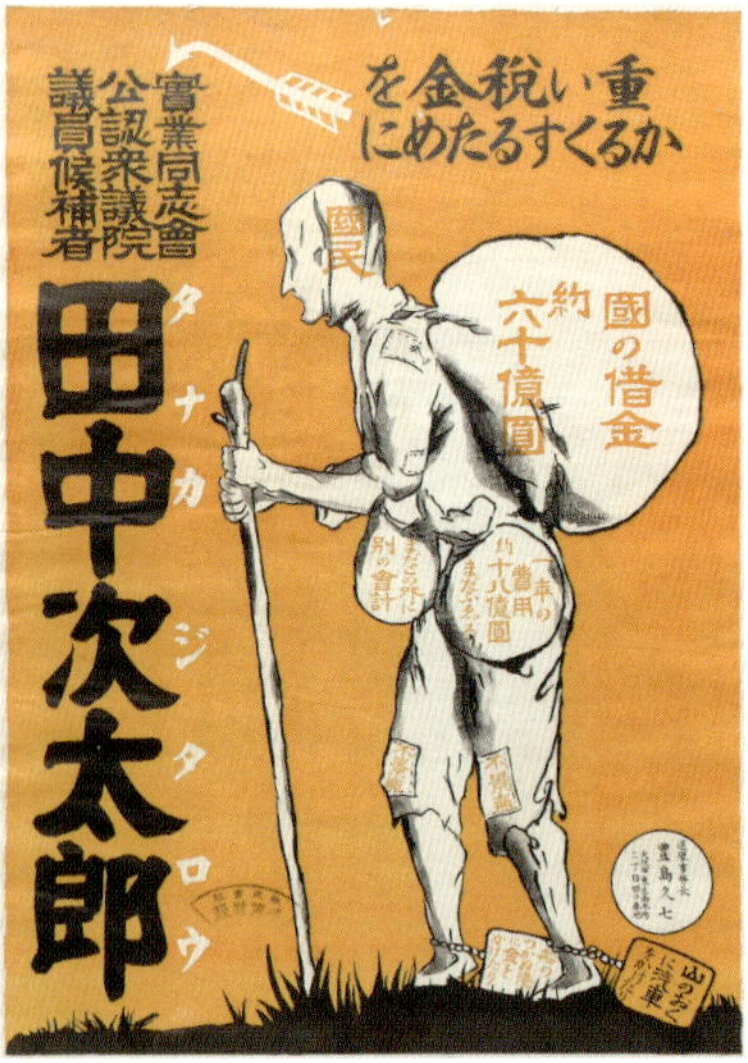

図6－3　田中次太郎の選挙ポスター

図7－1　鈴木梅四郎の選挙ポスター
（北沢楽天作）

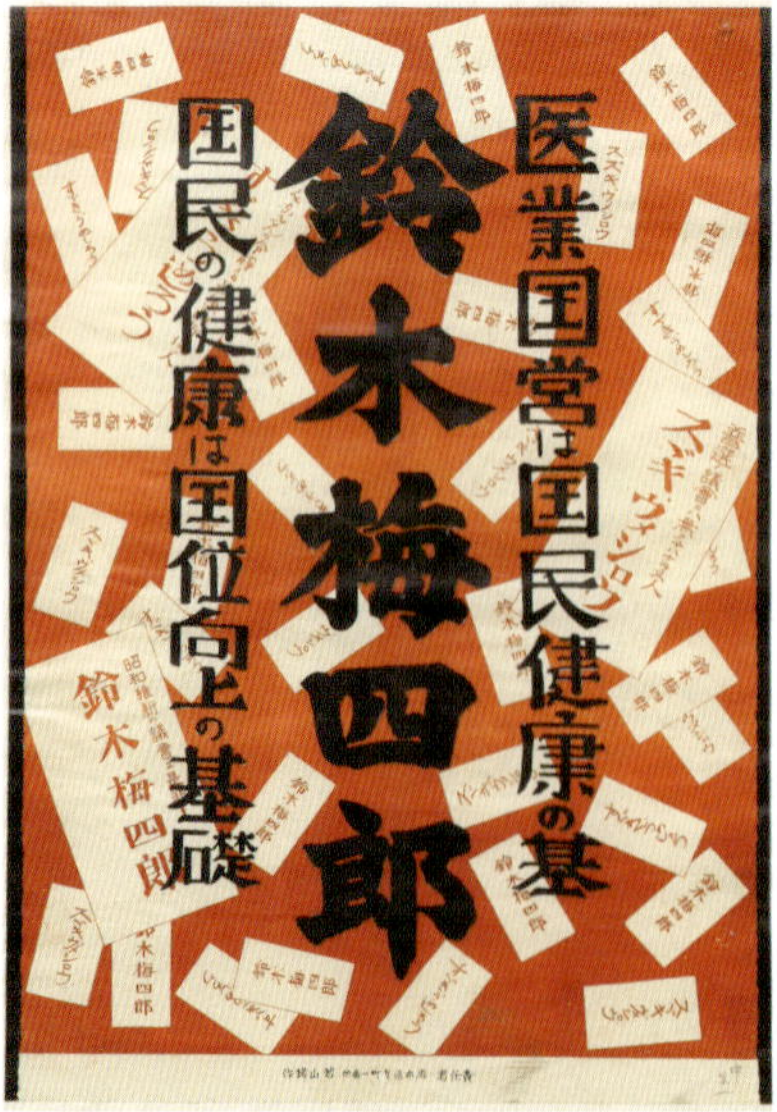

図7－2　鈴木梅四郎の選挙ポスター

はじめに

明治二二（一八八九）年二月、大日本帝国憲法が発布され帝国議会が開設されることになった。周知のように、帝国議会は貴族院と衆議院により構成され、後者の衆議院に関しては、制限選挙ながら民選の代表者がその院を構成することになった。明治二三（一八九〇）年一一月に招集される第一帝国議会の衆議院議員を選出するため、これに先立つ七月、第一回衆議院議員選挙が実施された。以後、選挙権、被選挙権に関する納税資格制限の緩和、選挙区制の変更等の選挙関連の法令は改正されながら、日米開戦後の昭和一七（一九四二）年四月に実施された第二一回衆議院議員選挙まで、わが国は昭和二〇（一九四五）年八月の敗戦まで、二一回の総選挙を実施することになる。

このように国民の政治参加の象徴ともいえる総選挙を、近代日本は、明治、大正、昭和を通じ二一回も実施した経験を有するが、その土壌の上に、戦後の民主化は推進された。かかる民主化の過程の中で、選挙に関する種々の変革が実現したことは事実であるが、下院の代表を選出するための総選挙を始めとする「選挙」自体をわが国は、明治から昭和の時代の中で、既に経験済みであった。したがって、戦後の選挙は、婦人参政権や各都道府県知事の公選など、戦前には実現していなかった部分があるものの、その多くは戦前の経験の延長線上において捉えることができた。それゆえ、近代日本が経験したかかる総選挙の内実を探求することは、戦後日本の民主化を考える際に貴重な示唆を与えるだけでなく、現代にまで通じる日本人の政治参加のあり方に通底する特徴や問題点を浮き彫りにすることが期待できる。

しかし、近代日本の選挙に関する、とりわけ選挙運動の実際にまで迫った研究は必ずしも進捗していない。各政党は、選挙に際しいかなる主張や政策を掲げ、各候補者は有権者の支持を獲得するために何を訴えたのか。選挙に際し、候補者の調整から人的金銭的支援を含め政党はどのような役割を果たしたのか。政党レベルの、候補者レベルの選挙運動はどのような方法で行われたのか。選挙運動のスタイルは時代の流れとともにどのように変化したのか、それとも変化しなかったのか。候補者は、いかなる地盤や後援組織を持っていたのか、いかなる地域や有権者層からの集票を期待していたのか、それに関連し当選を勝ち取るためにいかなる選挙戦略を立てていたのか。そもそも有権者の選挙に対する意識はどのようなものであったのか、いかなる要因が有権者の投票行動の決定に影響したのか。さらに統治する側は、選挙をどのように位置づけ対峙していたのか。

これら選挙の内実に迫るテーマは、戦後から現代までの選挙分析に際しても、必ずしも行われていない分野といってよいかもしれない[1]。最大の理由は、それらのテーマを検証するための選挙関連資料が系統的に残され保存されにくい性質を有することにある。とりわけ選挙運動の舞台裏を明らかにする資料は、選挙資金の流れ等、選挙違反の証拠になる性格を有するため、記録されないか、記録されたとしても破棄される可能性が高い[2]。さらに、公になっている選挙ポスターやビラ、推薦状などの選挙関連の資料さえ、残存しにくい宿命を持っている。映画や演劇のポスターが、映画館や劇場等の屋内に貼られ、終演後も好事家の関心の対象となり保存の可能性があるのに比し、選挙ポスターは、その目的からその殆どが野外に貼られ、屋内に貼られる可能性のある選挙事務所も仮設のものが多いため、選挙戦が終われば捨て去られる運命にある[3]。ビラや立候補挨拶状や推薦状などを収集するような好事家はいないであろうし、況んや、それらを時間的な系統の中で、あるいは地域的な大系の中で保存しようとする者もいないであろう。戦後や現代の選挙でもかかる資料の系統的、体系的収集は困難であるから、近代の選挙に関して、かかる資料的限界はより一層厳しいものがあるといってよい。

以上のような資料状況下、筆者は、昭和三（一九二八）年二月二〇日に実施された第一六回衆議院議員選挙、男子普選導入後初の総選挙であったため第一回普選と呼称されることが多い該選挙に際し作成利用された資料群を、慶應義塾図書館において発見した。(4) 以下、本書で『普選資料』と表記するかかる資料群は、第一回普選に際し用いられたポスター、ビラ、推薦状が、大判三冊（いずれも、縦七七㎝、横五四㎝）に各々整理され台紙に貼付されている。(5) この『普選資料』には、内務省や地方庁の選挙啓蒙ポスター、各政党の選挙ポスター、さらには東京、(6) 大阪、(7) 兵庫、(8) 長崎、(9) 山梨、香川、福岡、の一六選挙区、(10) 一二五名の候補者に関する、立憲政友会（以下、政友会と略）と立憲民政党（以下、民政党と略）の二大既成政党から、無産政党各派、実業同志会、革新党を始めとする第三政党、中立無所属まで、党派を問わぬポスター、ビラ、立候補挨拶状や推薦状を見出すことができる。当該総選挙における選挙区の合計は一二二選挙区、候補者総数は九六五名に上るので、『普選資料』は、約一割強の候補者をカバーし、とりわけ都市部の選挙区を中心にしたものである。また、ポスターから推薦状まで、種々の選挙資料を見出すことのできる候補者から、ポスターだけ、立候補挨拶状や推薦状だけ見出すことのできる候補者まで、資料には偏りがあることを付言しておきたい。

本書の目的は、かかる『普選資料』を読み解くことにより第一回普選の選挙戦の実際を明らかにすることにある。第一章では、第一回普選に際して選挙ポスターが選挙に利用されるようになった背景と経緯を法令改正を追いながら明らかにするとともに、選挙戦の中でポスターが実際にどのように利用されたかについて検証する。第二章では、総選挙を管轄する官庁が作成した選挙啓蒙ポスターから窺うことのできる、初の普選実施を控えての課題や、為政者と有権者の選挙をめぐる意識の実際を、投票率に焦点を当てながら考察する。第三章では、政党が作成した、第四章では候補者が作成した、ポスターやビラを分析することにより、該選挙で政党や候補者がそれらにいかなる意匠や標語を採用し、有権者に何を訴えようとしていたのかを明らかにする。

第一回普選は、納税資格制限の撤廃以外に、小選挙区制から中選挙区制への選挙区制の変更も行われた。第五章では、政友会、民政党の二大既成政党の各候補者の立候補宣言や推薦状を分析することにより、中選挙区制への変更が、候補者の選挙運動と選挙結果にいかなる影響を及ぼしたか、東京の選挙区を中心に考察を加える。

第六章では、武藤山治が創立した実業同志会の主張と選挙戦の実際と結果を、第七章では、大正末に行われた犬養毅率いる革新倶楽部の政友会への合同が、関連する候補者の選挙戦にいかなる影響を及ぼしたか考察する。

(1) 一自民党候補者が当選するまでの選挙運動を内側から検証したジェラルド・カーチス『代議士の誕生―日本保守党の選挙運動―』(一九七一年、サイマル出版会)が有名であるが、学術的にかかるテーマを追った研究は必ずしも多くはない。
(2) 明治初期議会期の埼玉県議選における候補者の日記や金銭帳などを発掘利用しその選挙運動の実際を明らかにした久富博之「明治初期議会期の選挙と地方利益―埼玉県会議員選挙を例に―」(『選挙研究』一九号、二〇〇四年)や、第一回普選に官界から転進し、栃木二区から政友会より出馬当選を果たした藤沼庄平の日記を用い、立候補から選挙運動の内実、さらには当選後の地盤維持や他の候補者との調整等の困難から、次期総選挙への出馬断念に至る過程を明らかにした奥健太郎『昭和戦前期立憲政友会の研究―党内派閥の分析を中心に―』(慶應義塾大学出版会、二〇〇四年、同書第2部参照)があるが、そうした資料の発掘とそれに基づく実証研究を今後進める必要がある。
(3) 選挙分析対象としてのポスターへの注目と、その体系的保存の問題は、戦後の選挙に関しても同様であるが、近年、東大法・蒲島郁夫ゼミ編『選挙ポスターの研究』(木鐸社、二〇〇二年)のように、そうした観点からの研究が行われるようになっている。
(4) 慶應義塾図書館への収蔵経緯は不明であるが、各分冊には、三菱のマークに資料課図書室(一九二八年四月一五日)の印を見出すことができるので、三菱関係者がかかる資料の整理と保存をしたと考えられる。
(5) 選挙ポスターは大判で一部が折畳まれる等して劣化も進んでいるため、研究資料としての利用には困難を伴う状態にあった。したがって、分析の前提になる資料の保存整理の見地から、全資料のデジタル画像への取り込みを実施した。その際、資料整理と目次作成のため、以下のような出典表記をつけた。選挙ポスターの分冊をA、ビラの分冊をB、推薦状の分冊をCとし、最初の数字は各分冊の台紙のページ数、二番目の数字は同一ページに複数資料が貼付されている場合の分別のため、三番目の数字は冊子など同一資料で複数頁に亘る場合につけた。以下、本書で用いる『普選資料』の整理番号は、上記に基づいている。また、A、B、Cの分類は必ずしも明確な基準に基づくものではなく錯綜が見出されること、さらに各分冊は党派別に配列整理されており、候補者の党派の確定に関しては問題があるケースもあるが、分類番号は資料整理者の意向を尊重し資料配列の順番に付した。

(6) 東京は一区から七区までの候補者の選挙文書を確認できるが、七区は社会民衆党の下田金助のポスターだけである。

(7) 大阪は一区から四区までの候補者の選挙文書を確認できる。大阪五、六区の選挙文書は含まれていない。

(8) 兵庫は一区のみ、各候補者の選挙文書が確認できる。

(9) 長崎は一区のみ、各候補者の選挙文書が確認できる。

(10) 山梨は日本農民党の高橋亀吉、福岡は四区の社会民衆党の小池四郎、香川は二区の労働農民党の大山郁夫の各一名の選挙文書が確認できる。

目次

第一章　選挙ポスター導入過程

序

昭和三（一九二八）年二月二〇日、田中義一内閣の下で、第一六回衆議院議員選挙、いわゆるわが国最初の男子普通選挙が実施された。従来、第一回普選の研究に関しては、納税資格制限撤廃に至る選挙権拡大の過程、すなわち普選運動の歴史、(1)また普選実現後については、新有権者層の支持を期待し結成された無産政党（社会主義政党）の動向に注目した研究が行われてきた。したがって、保守の既成政党を含め新選挙法施行が選挙運動にいかなる変化を及ぼしたかについての研究は、従来あまりなされてこなかったといえる。

男子普選導入に伴う選挙関連の法令改正は、納税資格制限の撤廃に伴う有権者の増加とともに、小選挙区制から中選挙区制への選挙区制の改正、戸別訪問の禁止、立候補届け出制と供託金の導入、選挙資金の制限などを実現させた。これらの改正が、政党や候補者の選挙運動にいかなる変化を及ぼしたのか、必ずしも解き明かされていない。本書において注目する選挙ポスターが本格的に総選挙に導入されるのは該総選挙からであるが、その経緯についても必ずしも検証が行われてこなかった。

本章では、『普選資料』の内容分析を行う前段として、男子普選導入とともに行われた選挙関連の法令改正により選挙運動のスタイルがどのように変化したのか、さらに該選挙より選挙ポスターが積極的に作成導入されるに至る経緯と、その利用の実態を明らかにしたい。(2)

第一節　選挙法改正が選挙運動に与えた影響

第一回普選に際しては、選挙運動の主軸が「言論戦、文書戦」になることが朝野において高唱された。すなわち、演説による言論と、ポスター、ビラ、推薦状など文書による選挙運動こそ、普選時代にふさわしい方法として推奨されたのである。こうした動きは、大正デモクラシーから昭和の政党政治へと向かう時流の中から生まれたものであるが、同時にその背景には、普選[3]法成立に伴い行われた種々の法令改正の影響があることを、以下確認しておきたい。

第一は、選挙法改正により選挙運動の対象としなければならない選挙民が急増したことである。まず、普選の実施、納税資格の撤廃に伴い、有権者は三百万から一千二百万人へと約四倍増になった。加えて、忘れてならぬことは、小選挙区制から中選挙区制への移行が行われたことである。この選挙区制の改正に伴い、候補者は少なくとも二〜三倍の選挙民を相手にすることになり、総じて、各立候補者が選挙運動の対象とすべき選挙民は、前回総選挙に比し、平均八千八百余人から一一万人へと、一二倍以上に増えたのである[4]。このことを、戦後の保守合同の立役者で、『普選資料』にそのポスターや推薦状を見出すことのできる、三木武吉の例を参考に確認してみたい。三木は、当該総選挙では、東京一区から民政党より出馬し四度目の当選を果たしている。

表1－1に示す通り、前回三木が立候補した東京旧十一区（牛込）は、旧一区（麹町、四谷）、旧二区（麻布、赤坂）、旧三区（芝）と合区（いずれも定数一名）して、定数五名の東京一区になった（以下、本書では第一回普選以前の総選挙における選挙区を示す場合は、原則「旧」をつけて表記する）。した

表１－１　第15回総選挙と第16回総選挙の三木武吉の選挙区における有権者数比較

第15回総選挙（小選挙区制）

選挙区	有権者数
東京旧一区（定数１、麹町・四谷）	7,396人
東京旧二区（定数１、麻布・赤坂）	8,984人
東京旧三区（定数１、芝）	9,466人
東京旧十一区（定数１、牛込）	**8,052人**

⇩

第16回総選挙（中選挙区制）

選挙区	有権者数
東京一区（定数５、麹町・四谷・麻布・赤坂・芝・牛込）	**125,865人**

出所：『第十五回衆議院議員総選挙一覧』（衆議院事務局、大正15年）。

がって、三木が対象とする選挙民は、前回小選挙区制下の総選挙で東京旧十一区の有権者約八千人から、普選と中選挙区制への移行により一二万五千人へと急増した。(5)

第二は、従来選挙運動の主軸に位置していた戸別訪問が、左記のように普選法により禁止された。

第九十八条　何人と雖投票を得若は得しめ又は得しめさるの目的を以て戸別訪問を為すことを得す。(6)

既述のように選挙民の数が限られている従前の選挙制度の下では、「草鞋履きでの選挙活動」といわれたように、候補者が有権者の各家をまわり支持を訴える方法が、最も有効であり時間的物理的にも可能であった。(7) しかし、かかる戸別訪問は、深夜にまで行われることもあり、選挙民の平穏な日常生活を阻害し、狩り出し（投票所まで人力車で弁当附きの送迎）や、買収の温床になる弊害を生み、(8) このことは、普選実施に際し同法の啓蒙解説をした内務官僚の著作の中でも、次のように問題視されていた。すなわち、従来の戦術として最も有効とせられてきた戸別訪問に至りては、選挙期日の切迫と共に、或は車を連ね、或は隊を為して往来し、徒らに其の回数の多きことを以て功を奏するものとなし、昼夜を分かたず選挙人を訪問し、甚だしきに至りては妻子迄をして叩頭再拝せしめ、以て選挙人の同情に訴ふる等、其の陋劣真に唾棄すべきものあり、(9) とし戸別訪問の弊害を相当強い調子で批判していた。

また、新聞社出版の普選啓蒙書の中でも、右の規定が設けられた理由が、従来の戸別訪問の行き過ぎによる弊害と、その取締りが各地方庁にまかされていた不備の解消にあるとし、次のように解説し同条項の制定に理解を示していた。すなわち、選挙運動といえば戸別訪問、戸別訪問といえば選挙の弊害と、すぐ連想される位なもので、従来とても、その甚だしき弊害を避けんがために、或いは連行人員を三人以下にするとか、深夜の訪問を禁ずるという様な府県限りの制限が、検事正と地方長官の協定によって、候補者に注意されていた。戸別訪問がいけないというのは、不体裁な投票乞食が、門並に辞儀をして歩くために、候補者の品位を低め、これ等の闖入者によって、有権者の平和な家庭生活が破壊される迷惑も甚だしい、のみならず、これが陰密の投票買収の機会になるというので、各府県の取締りにまかせず、選挙法規で禁止したのであれば無理もない、[10]とし各府県単位で行われてきた戸別訪問弊害の対策が効果を上げていなかったことを難じ、その禁止をやむを得ぬ措置と容認していた。

第一回普選は、右のような関連法の改正が行われ実施されたのであるが、それは、従来の選挙運動に変化をもたらすことが予想され、あるいは期待された。立候補者が対象とすべき選挙民が急増し戸別訪問が禁止されたことにより、候補者が各選挙民に個別に直接訴える方法は、物理的にも法律的にも制約を受け、むしろ多数の選挙民に訴える方法、すなわち「言論戦と文書戦」が選挙運動として重視されることになったのである。

こうした状況を想定し、政府は関連法令の制定を行ったが、本論と関連のある選挙運動で用いられる文書に関しては、普選法で左記のように内相が選挙運動に際し頒布又は掲示する文書に関し命令により制限することができると定められた。[11]

第百条　内務大臣は選挙運動の為頒布し又は掲示する文書図画に関し命令を以て制限を設くることを得。

同条に基づき内務省令第五号「選挙運動の為にする文書図画に関する件」が出され、[12]選挙運動の文書に関しては左記のような規制を受けることになった。

図1－1　（→口絵）

第一条　選挙運動の為文書図画（信書を除く以下之に同し）を頒布し又は掲示する者は表面に其の氏名及住居を記載すへし。但し名刺及選挙事務所に掲示するものに付いては此の限に在らす。

第二条　選挙運動の為頒布し又は掲示する引札、帳札の類は二度刷又は二色以下とし長三尺一寸幅二尺一寸を超ゆることを得す。

選挙運動の為使用する名刺の用紙は白紙のものに限る。

第三条　選挙運動の為使用する立札、看板の類は議員候補者一人に付通して百個以内とし白色に黒色を用ひたるものに限り且縦九尺横二尺を超ゆることを得す。

第四～六条　略

第七条　選挙運動の為にする帳札、立札、看板の類は承諾を得すして他人の土地又は工作物に之を掲示することを得す。

以上により、文書を頒布掲示するものは表面にその氏名と住居を表記すること、あるいは選挙ポスターやビラについては、長さ三尺一寸（約九四cm）幅二尺一寸（約六四cm）までの大きさで、二度刷り又は二色刷り以下との印刷方法の制限が定められた。例えば、図1－1は、東京二区より政友会から出馬し当選を果たした鳩山一郎の選挙ポスターであるが、それは青と朱の二色刷り（縦・五二cm、横・三八cm）である。[13] また、左下にポスター掲載の選挙運動責任者の名前が印刷され、元東京帝国大学教授で当時は弁護士に転じていた弟鳩山秀夫の名前を見出すことができ、秀夫が兄一郎の選挙運動の選挙参謀をしていた事実を確認できる。[14]

このように、『普選資料』は、右の規定に基づき作成されたと考えてよいものであり、こうした法令整備からも窺われるように、選挙ポスターがわが国の選挙運動に本格的に導入利用されるようになったのは普選実現後のことであった。[15]

第二節　選挙ポスターの朝野における推奨

既述のように政府は関連法令を整備する一方、演説と文書を通じた選挙運動を普選にふさわしい選挙戦術として積極的に推奨した。例えば、内閣書記官横溝光暉(16)は、米国の選挙運動も当初は不正な圧力や幼稚なデモに力を注いでいたが、社会がそうした弊風を忌み、演説や印刷物の配布が主流となっていることを評価紹介しながら、次のようにかかる立法趣旨を説明していた。すなわち、文書や図画により自己主張を発表することは演説と等しく最も公正な選挙運動と見做し、今後のわが国の選挙運動も言論戦と文書戦に依るべきことになったので、新選挙法はこれらについて大に便宜を図り其の自由の確保を期した、とする。(17)

このように政治や社会的主張を行う媒体としての図画（ポスター）への関心と積極的評価は、選挙を統括する内務省内において、前回第一五回総選挙の頃より既に持たれていた。例えば、大正一三年三月開催予定の内務省の警察部長会議を前にして、警保局図書課の唐沢俊樹事務官が、時代を先取りする媒体として、時代相を読み取る格好の媒体として、ポスターの収集に努め、英国からの選挙ポスターも収集していることが、新聞紙上において次のように紹介されていた。

> 赤や青色などケバケバしく塗り立てた各種の宣伝ポスターやビラは社会の新しい運動をハッキリ物語るものとして、内務省警保局図書課の唐沢事務官は震災後、守銭奴が金でも数へて蓄《ママ》めるように全国のポスター、パンフレット、リーフレット、ビラ等を丹念に蒐集し今ではポスタービラ合せて三千枚から所蔵するに至つた。それでも足りず、今度は日本

の物ばかりでなく、商用以外の外国のものも蒐《ママ》め始め、注文した処、先日英国が選挙の宣伝に用ゆるポスター百五十枚が到着したので、来月五日から開かれる警察部長会議に参考品として展覧する事になつた。唐沢事務官は語る「ポスターやビラは簡単な文句や絵画で巧に人を囚《ママ》へやうとするのだからこれを蓄へ調査する事は社会の運動を調べるのに最も肝心な事だ。ポスターは全く時代相を如実に物語る、活た材料が日本でも最近になつて最も宣伝に有効なこの歩器《ママ》を利用する事が著しく行はれるやうになり、長速《ママ》の進歩を示して来た。これ（を）選挙などに使用される全国のビラやポスターを片ツ端から集めようと思つてゐる[18]（弧括内―筆者注）。

　こうした内務省内の選挙ポスターへの関心を背景に、警察講習所教授であった石原雅二郎[19]は、普選時代の選挙運動は言論と文書による競争とした上で、選挙におけるポスターの意義を、次のように指摘していた。すなわち、ポスターは思想を文字の代わりに絵画により、之を補充するに標語を以ってする、ポスターが文書競争の代表であるのは、言論数万語を費し、文章数千字を連ねて漸く他人の心理に及ぼす影響を、其の大眼目のみを端的に標語により、絵画の興味を以て補い、浮び出させることが出来るからであると[20]、選挙運動の文書の中でもポスターがとりわけ有効であることを指摘し、さらに「ポスターの頒布掲示は散漫になるよりは五枚でも十枚でも続けて一個所に集中し覧者の注意を惹くことに心懸くべきであらう」と[21]、同一場所に複数貼る方が効果を発することまで指南し、その積極的利用と啓蒙に努めていた。

　また、右に紹介した内務省内の意向を受け少壮官僚は、欧州在勤中に収集した選挙ポスターを国内のポスター啓蒙活動のため積極的に提供し、協力していた。すなわち、内務省社会局労務課長の君島清吉[22]が英国滞在中に集めた一九二四年の英国総選挙におけるポスター、チラシ、パンフレット、さらには同職業課長の川西実三がスイスで集めた政治関連ポスターなど[23]、二人が持ち帰ったポスター三百種を集めた展覧会が開催され[24]、その後もかかるポスターは後述の新聞社による種々の企画に提供利用され、彼ら自身もポスター啓蒙のための論説を寄稿していた。

このように普選の新戦術としてポスターに注目しその積極的利用を促したのは、新聞社も同様であり、以下選挙ポスター啓蒙のための企画出版を行った国民新聞社と朝日新聞社の例を紹介してみたい。[25]

まず、国民新聞社は、昭和二年の九月から二府三七県で実施された府県議選挙に際し使われた選挙ポスターを集めた展覧会を開催した。[26]かかる府県議選は、普選施行後全国的に行われた初の地方選挙であり、来るべき総選挙の前哨戦と位置づけられ、普選下における選挙運動の新形態を占うものでもあった。国民新聞紙上に掲載された展覧会の予告文は「普選の新戦術を一と目に見せる」[27]とし、普選第一頁を飾る政戦に幾多の新戦術が利用されたが、その中でもポスター戦こそ最も広く華やかに利用された新戦術で実に近代そのものを象徴する戦術として焦点になった、と強調していた。[28]この展覧会には、衆議院議長森田茂、政友会幹事長秦豊助、民政党幹事長桜内幸雄、内相鈴木喜三郎、法相原嘉道、内閣書記官長鳩山一郎ら、政府、政党関係者、学者などが多数来会して盛況を博し、次期総選挙に向けポスターに対する関心が政界の内外で高まっていることを示していた。[29]

さらに、国民新聞政治部は、普選最初の総選挙を控え、『普選ポスターと新戦術』と題する書籍も発刊した。右展覧会の代表的選挙ポスターを収録した同書に関する新聞宣伝広告は、新普選時代には、一瞬の裡に民衆の心を捉える新戦術が勝利の最大秘訣であり、ポスター一葉が、時として玄人政治家の大雄弁に優る効果を有すると、ポスターが次期総選挙で効果的であることを謳っていた。[30]同書の「はしがき」にも、普選必勝法は、道行く万人の目を奪う辻を彩る「ポスター」であり「ビラ」である、千三百万の大衆選挙人の心臓に食い入る新戦術は「ポスター宣伝」、「文書宣伝」あるのみだ、ポスターを研究せよ、ポスター宣伝に精進せよ、とポスターの意義を高唱していた。[31]

図1－2 →口絵

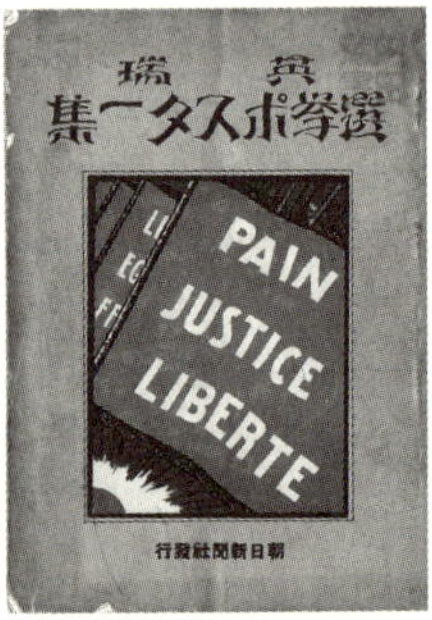

図1－3 →口絵

図1－4 →口絵

図1－5 →口絵

これら展覧会と書籍には先の二人の内務官僚が欧州で収集した選挙ポスターの一部が参考に供されていたが、(32)『英瑞選挙ポスター集』と題し、当該ポスターだけを原色刷りで本格的に発刊したのは朝日新聞社であった。図1－2に示す同書には、七十余種の英国、スイスの選挙ポスターがカラーで掲載されていた。(33)例えば、図1－3は、英国保守党（統一党）のポスターで、「住宅建設は一体どうなつたか、統一党に投票してその進捗をはかれ［保守党］。マクドナルドの住宅建築政策が九ヶ月経過しても一向埒のあかぬ事を示す、蝸牛は進行の遅々たるを意味し、家の上に眠れるはマクドナルドなり。」、図1－4は、英国労働党の選挙ポスターで、「諸君は彼（マクドナルド）を此の建物（議院）に送り帰さなければならぬ、労働党に投票せよ［労働党］」、図1－5は、スイス民主党の選挙ポスターで「瑞西民主党員を選出せよ（一九一九年連邦議会議員選挙）」と、各々、翻訳と解説が付され紹介されていた。また、同書の序文は、本書が、来るべき総選挙の運動の新戦術としてポスターが注目されるようになることを見越し、その意義から出版されたことを次のように書いていた。すなわち、専ら言論戦文書戦によらしめんとした新選挙法の下では、当然の結果として来るべき総選挙でのポスター利用は著しいものがあると予想される。スイスではポスター図案の印刷作成から貼付まで一手に引き受ける

大会社があることからもポスターの巧拙が選挙の結果に影響することを知り得る、としポスターの巧拙が選挙の勝敗を決することを示唆していた。

さらに、朝日新聞社は、府県議選前に選挙ポスターの標語の懸賞募集を行った。(34) 応募は八月二五日に締め切られ、大阪朝日に三万八一〇四、東京朝日に三万五六二五、総数約七万三千の応募があり九月一日の紙上で次の標語が入選したことを発表した。(35)

清い一票明るい日本（一等）
選ぶ人正しければ選ばれる人正し（二等）
正しき政治は清き一票より（二等）
正しき一票正しき政治（三等）
投票の一瞬は国家の百年（三等）
国政は船の如く一票は櫂の如し（三等）
清き一票は清き政治の母（三等）
真面目な投票はたやすい愛国（三等）

さらに、朝日新聞社は総選挙前に、右の懸賞で入選した標語を用いた選挙ポスターの図案を一般読者より募集する、総額千円に上る懸賞企画を立てた。(36) 衆議院の解散前日の昭和三年一月二〇日が締切日となったかかる企画には、四七四五枚の応募があり、(37) 審査は、石井柏亭（洋画家、二科会創設者）、川端龍子（日本画家）、和田三造（洋画家）、結城素明（日本画家）、の著名な洋画家、日本画家に加え、岡本一平（風刺漫画家・東京朝日新聞客員社

図1－6 ➔口絵

図1－7 ➔口絵

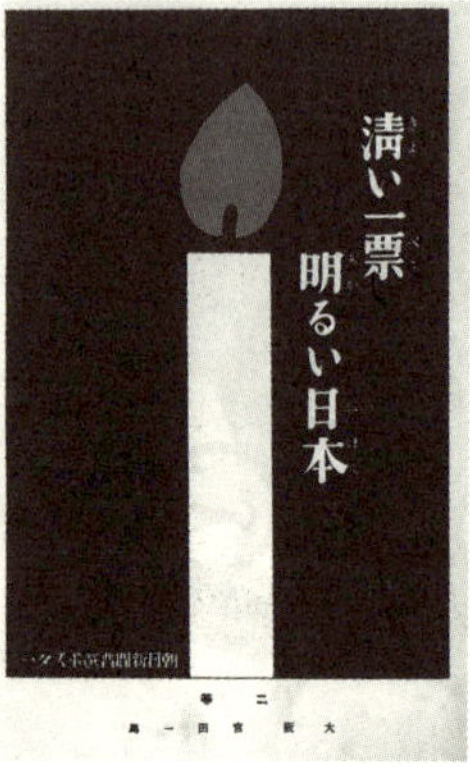

図1－8 ➔口絵

図1－9 ➔口絵

友）、緒方竹虎（朝日新聞役員）により行われた(38)。入選作は、図1－6が一等、図1－7が二等、図1－8が三等である。

朝日新聞社は、かかる懸賞入選作の展覧会を東京、大阪で開催するとともに(39)、その作品集を図1－9に示す『朝日新聞社募集・普選ポスター集』（東京・大阪朝日新聞社、昭和三年）として出版した。同書には、前出の一～三等までの他に、四等の四作品、佳作の五〇作品、秀作の八作品、選外の一五作品が掲載されている。さらに、同社は、立候補者が、入選作品のポスター図案に、自らの氏名や必要な字句を加え、無断で随意に複製利用することを認める宣言をしていた(40)。

当該総選挙には、無産政党右派の社会民衆党より、小説家で雑誌『文藝春秋』創刊者菊池寛が東京一区より出馬し注目を集めていたが、『普選資料』の中には一〇点の菊池の選挙ポスターを見出すことができ(41)、そのうちの三点は、右の入選図案を利用したものであることを確認できる。図1－10～12は、左に朝日の入選ポスター、右に菊池が改訂利用したポスターを並べたものである。図1－10は、先の入選標語の「真面目な投票はたやすい愛国」を用い投票用紙に記入する有権者の姿を模した図案で四等に入選した作品（左）に、「勤労無産階級の投票は必ず民衆党に！」（右）との標語を差し替えて作られていることがわかる。(42) 図1－11は、上記と同じ標語を用い、太陽を背景に鍬を持つ労働者の影を描いた佳作の作品（左）に、「労働階級諸君の選ぶべき本区唯一の無産政党候補」（右）との標語を差し替えて作られていることがわかる。(43) 図1－12は、「正しき政治は清き一票より」の標語を用い赤と黒で真中に候補者に向けた矢が描かれている図案で佳作入選を果たした作品（左）に、「文芸家にも議席を与へよ、政治を政治屋の手より清新なる素人の手に」（右）との標語を差し替え作成されていることがわかる。(44)

このように著名な洋画家、日本画家、風刺漫画家を巻き込んでの新聞社の企画にも示されているように、ポスターへの注目は高まり、その図案の巧拙を競う気運が国内に生じていたことがわかる。立候補を考えている多く

図１―10 →口絵

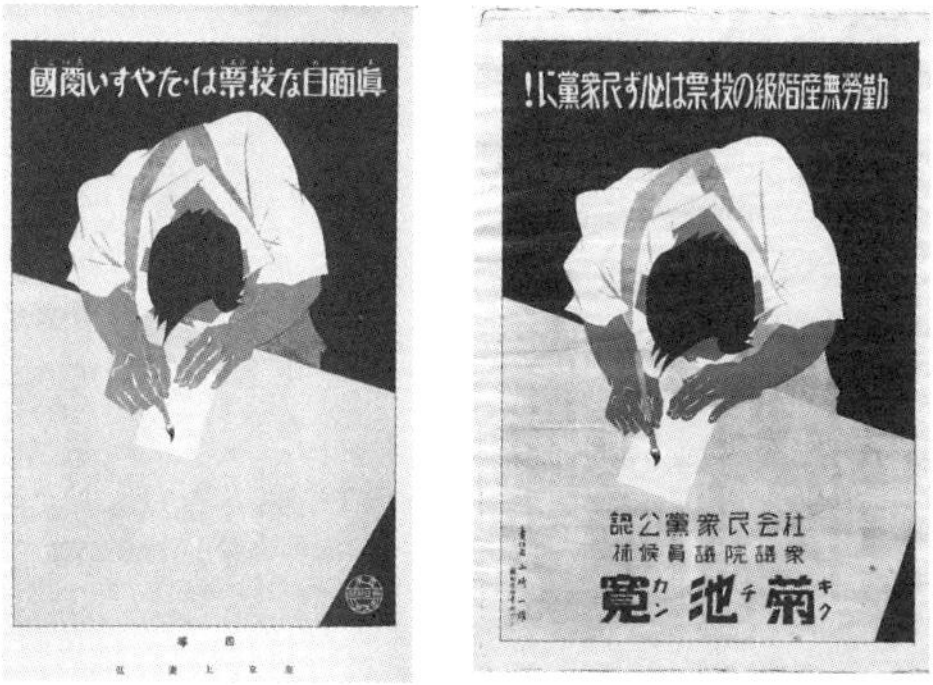

図１―11 →口絵

図１―12 →口絵

図１－15 ➔口絵

図１－14 ➔口絵

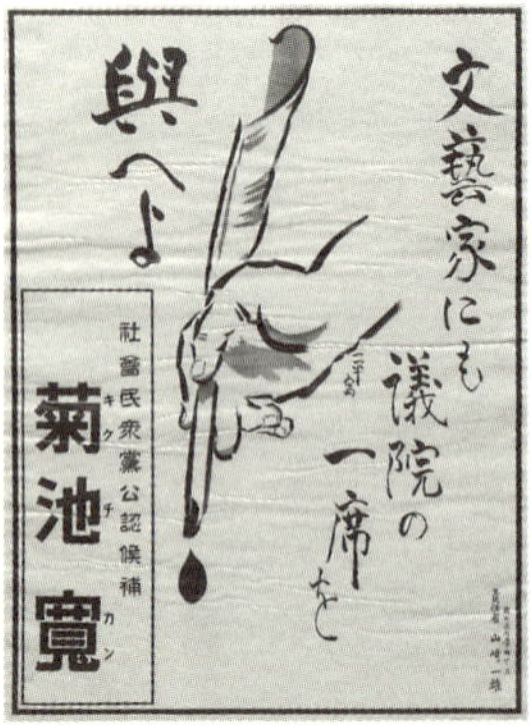

図１－13 ➔口絵

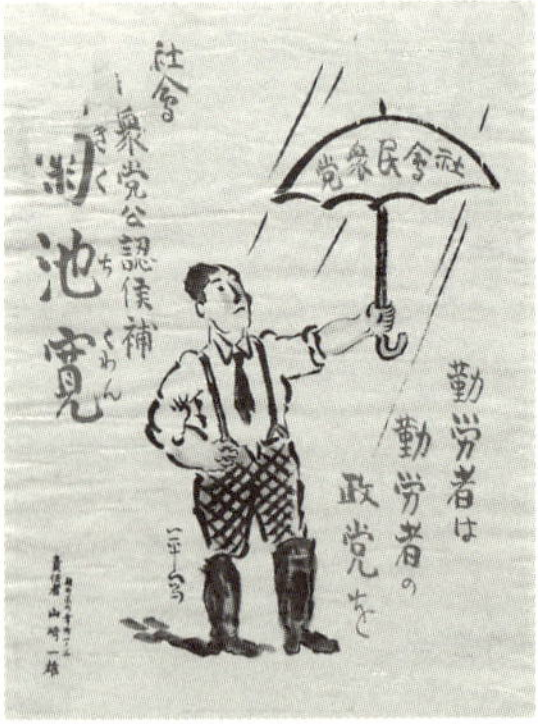

の者にとり本格的なポスター作成は初めてのことであったが、その巧拙が勝敗を決する可能性があると考えられていただけに無関心ではいられなかったといえよう。このことは、政友会が自党のポスター作成を当時の人気風刺漫画家北沢楽天に依頼している[45]ことからも窺われるであろう。『普選資料』には、政友会のポスター四枚が含まれているが、その内の三点は北沢楽天作成のポスターである。北沢作を含めた政友会のポスターに関しては、第三章において紹介したい。

また、既述のように朝日新聞社の入選作品を自分の選挙ポスターに活用した菊池寛は、人気風刺漫画家岡本一平によるポスターも作成し、『普選資料』には、岡本作品三点を見出すことができる。**図１－13**のネクタイに長靴姿の男性が、雨の中、社会民衆党と付された傘を差し、「勤労者は勤労者の政党を」との標語を付したポスター、[46]**図１－14**の羽ペンを持つ手をクローズアップした図柄に「文芸家にも議院の一席を与へよ」との標語を付したポスター、[47]**図１－15**の新日本と書かれた太陽の下で、社会民衆党と書かれた台地をスコップで掘る庶民、そこに「不安」と書かれた黒い津波が襲おうとする図柄で、「現代社会状態の不安を脱する道はたゞ社会民衆党の健全なる発達に在り」との標語が付されたポスターが、それである。[48]

以上のように、第一回普選に際しては、「言論戦、文書戦」が謳われ、文書の中でも選挙ポスターが普選を飾る選挙運動の新戦術として、内務官僚、新聞社、政党、候補者等、朝野を問わず注目重視され、一部においてはその作成に人気風刺漫画家の協力を仰いでいたことを明らかにした。

第三節　選挙ポスターの氾濫

こうした状況の中、実際の選挙戦が展開されることになるが、多くの候補者は、選挙ポスター作成に精力を注ぐことになる。既述の内務省令によれば、立て札看板は白地に黒、百個以内との個数制限が設けられていたが、ポスターに関しては、数、場所、記載内容についての制限はなかった。したがって、ポスターの標語や図案に関しては種々工夫がこらされ、二色刷りとの制限はあったものの、多彩な選挙ポスターが作成されることになった。また、数の制限がなかったのは、普選法で選挙費用の制限が初めて盛り込まれたので[49]、その数は間接的に抑えられると考えられていたからであるが[50]、結果は、かかる予想に反し、街中にポスターが溢れることになる。

昭和三年の総選挙に際し、内務省が調査したと考えられる道府県別の選挙関連文書作成数の報告書が残されているが、**表1－2**は、その中から、候補者一人あたりの平均作成数と当該選挙で作成された各選挙文書の全国総数を抜き出したものである。候補者一人あたりの全国平均は、立て札が七五本（総数約七万二千本）、ポスターが約三万六千枚（総数約三四八五万枚）、ビラが約一二万五千枚（総数約一億二一三〇万枚）、推薦状や挨拶の書状は、法定運動者が約一五万枚（総数一億四九三三万枚）、独立運動者が約三万五千枚（総数三三九六万枚）、名刺は約六万枚（総数五八五八万枚）近く刷られていた。ポスターに注目し候補者一人あたりの平均作成数の多かった道府県を見てみると、首位の愛知が一〇万を超え（約一〇万五千枚）、続いて約七万台に、三重（約七万五千枚）、福井（約七万三千枚）、六万枚台に東京（約六万四千枚）、京都（約六万四千枚）、静岡（約六万四千枚）、五万台に大阪

表１－２　第16回総選挙に際しての１候補者平均の選挙文書作成数

	定数	候補者総数	立て札看板	ポスター類	ビラ	書状（法定運動者）	書状（独立運動者）	名刺	電報
北海道	20	41	74	9,484	53,409	162,601	17,137	27,787	1,050
東京	31	88	95	63,598	159,754	155,284	5,982	28,145	4
京都	11	31	83	64,305	488,116	172,246	22,897	63,277	518
大阪	21	63	97	56,324	354,912	171,290	26,798	28,948	6
神奈川	11	19	88	16,113	31,094	135,350	59,615	42,080	4
兵庫	19	48	71	36,389	208,507	177,632	50,556	41,697	44
長崎	9	23	54	18,142	81,245	158,174	25,620	85,081	1,380
新潟	15	26	70	9,855	49,363	133,015	14,990	62,695	125
埼玉	11	17	60	27,616	136,623	196,829	94,320	84,542	40
群馬	9	21	66	54,107	95,505	134,857	717,761	73,863	66
千葉	11	18	71	48,293	33,361	179,848	24,535	79,810	65
茨城	11	20	43	55,831	8,692	149,668	47,769	83,470	43
栃木	9	20	63	32,387	75,934	131,591	41,207	61,774	53
奈良	5	11	75	22,719	109,957	115,647	72,675	61,855	915
三重	9	15	80	74,799	58,675	312,970	141,886	89,931	119
愛知	17	34	81	104,611	152,596	176,223	44,448	56,277	453
静岡	13	24	79	63,501	108,443	142,301	28,818	52,421	308
山梨	5	8	59	10,064	9,222	141,258	42,756	58,288	12
滋賀	5	12	69	22,904	95,110	109,300	9,955	57,607	432
岐阜	9	19	91	28,740	172,029	276,823	39,907	87,755	238
長野	13	22	61	13,274	80,479	171,637	49,466	58,336	355
宮城	8	17	85	18,841	35,137	124,064	24,777	44,688	94
福島	11	18	57	12,681	124,731	165,335	52,441	65,817	322
岩手	7	12	78	11,415	13,641	61,526	10,613	50,514	447
青森	6	10	94	29,355	65,590	110,005	25,814	45,571	25
山形	8	15	58	16,314	58,438	129,062	14,634	77,739	274
秋田	7	12	96	4,194	17,882	100,096	6,444	46,345	83
福井	5	9	72	72,769	203,594	470,164	204,488	129,419	2,700
石川	6	11	66	17,277	126,840	97,358	37,349	79,437	402
富山	6	10	70	44,813	85,965	221,634	109,815	93,006	286
鳥取	4	9	54	10,222	8,709	126,966	8,092	51,076	139
島根	6	11	58	11,517	75,263	310,407	125,233	92,306	84
岡山	10	17	60	18,496	38,183	112,119	3,659	111,112	419
広島	13	30	58	34,244	114,973	129,498	20,048	94,901	707
山口	9	19	76	24,325	108,579	118,218	40,811	47,755	213
和歌山	6	12	70	29,121	53,220	123,939	36,573	95,679	976
徳島	6	9	88	18,324	93,222	88,156	49,053	74,725	58
香川	6	10	58	27,940	114,220	163,630	23,604	56,380	28
愛媛	9	16	70	22,991	118,389	98,632	27,884	77,110	973
高知	6	10	41	4,133	11,611	163,610	70,090	71,934	54
福岡	18	45	91	39,207	95,907	119,789	50,260	79,066	90
大分	7	10	60	16,194	71,860	133,099	54,952	76,833	72
佐賀	6	10	69	27,008	94,081	74,937	12,836	53,808	151
熊本	10	13	37	18,331	44,452	102,968	23,625	47,049	510
宮崎	5	10	91	24,138	55,014	187,487	10,380	75,133	2,639
鹿児島	12	37	47	5,758	39,253	84,694	8,392	63,294	352
沖縄	5	10	79	3,862	15,776	133,586	82	130,861	79
１候補の全国平均	466（総数）	965（総数）	75	35,752	125,334	153,155	34,833	60,086	331
総数			72,187	34,858,600	122,300,643	149,325,596	33,961,966	58,584,023	322,628

出所：「第十六回衆議院議員総選挙ニ於ケル文書図画ニ関スル調（昭和三年二月施行）」（『平沼騏一郎文書』国立国会図書館憲政資料室所蔵）より作成。

注：道府県別の候補総数は、選挙運動期間中に辞退死亡した人の数が別記されていて、平均を求める際、それを含めるか否かは府県別で異なっている。大阪、広島、山口、大分、鹿児島に関しては、他の項目から平均を求める際の候補者数を類推し補正を加えている。

１候補者のポスター平均作成枚数に関しては、岐阜に関して明らかな書き間違いがあるので補正した。鹿児島に関しては、計算の誤りがあると推定されるので補正した。

図１－16

（約五万六千枚）、茨城（約五万六千枚）、群馬（約五万四千枚）、が並んでいた。(51)『普選資料』が含む、福岡は約三万九千枚、兵庫は約三万六千枚、香川は約二万八千枚、長崎は約一万八千枚、山梨は約一万枚になっていた。全国総数では、三千五百万枚近くのポスターが作成されたことからも窺われるように、街中にポスターが溢れることになる。

第一回普選の選挙風景を伝える記録は、ポスターは、大小、紅白色とりどり、空地の塀という塀、電柱という電柱、さては石垣の突角天辺にまでが、隙間もなく、上へ上へと貼り上げられて、選挙期日が後二日となると、要所要所には、すでにポスターが一杯に貼詰められて割り込む一寸の隙間もない、そこで今度は、つなぎ竿で樹木の上へ貼り付けて「サア見よ」といわぬばかりである、とその横溢ぶりを描写していた。(52)以下、当時の新聞や週刊誌に掲載された写真を交えながらかかる状況を確認してみたい。

図１－16は、上が赤坂溜池の塀に貼りめぐらされた選挙ポスター、(53)下が麻布飯倉の塀に貼りめぐらされた選挙ポスターであり、(54)大通りに面した塀一面にポスターが貼られた街の様子がわかる。

こうした各地域の選挙戦の様子を伝える新聞の報告記事は、例えば、ポスターで埋まる東京四区を「おもちゃ箱をぶちまけた壮観」

と表し、[55]既述の候補者一人あたりの平均作成数で上位に位置した群馬県にある軽井沢では頂上に至るまで電柱、垣根、井桁、ことごとくポスターが貼られていること、ポスターにより相模湾を一望する風景が滅茶苦茶になっていること、[56]さらに、広島市は全市各候補者自慢のポスター五〇万枚が河中の橋の乱杭から岸壁まで埋め尽くし、全く「張子の広島」として日本一の奇観を呈し選挙視察に来た大審院検事も肝をつぶしたと伝える等、[57]「選挙ビラで日本中が張りつぶされたようだ」と、形容していた。[58]

さらに、街中の至る所にポスターが貼られた、その逸脱振りを伝える写真を紹介すると、図1－17は、前田米蔵（東京六区・政友会）[59]の選挙ポスターを崖の上から吊り下げる作業をしているものである。[60]図1－18は、徳川邸が門を含め選挙ポスターにより封じ込められていることを、[61]図1－19は、鉄橋の橋桁や車に、[62]図1－20は係留された船に、[63]図1－21は、雪だるまにまで、[64]ポスター掲示場としては考えられないような所にまで、徹底して貼り尽くされていたことを示していた。

他方、裁判所の掲示板や憲兵隊の門にまで貼って大目玉を食った話や、[65]ポスターを貼られて大弱りの工場では「落選組ポスター掲示場」と大書したら以来一人として貼るものがいなくなった、[66]とのエピソードが笑い話として伝えられている。このように選挙ポスターを貼られ困惑し、これを阻止しようとする庶民の姿は、図1－22の「選挙ポスター待断《ママ》り」の貼り紙や、[67]図1－23のように風刺漫画に描かれた「之れまで此板塀に貼り紙して当センした候補は絶体《ママ》にありません。」と記された板塀の帖り紙からも看取できる。[68]

こうした写真、風刺漫画やエピソードからは、第一回普選において本格的に導入された選挙ポスターを新しい選挙手法として積極的に活用し、選挙戦をお祭り気分で盛り上げていた当時の人々の姿と、他方、横溢する選挙ポスターに困惑し辟易する庶民の姿の、両面を確認することができよう。

以上のようなポスターの登場と氾濫が生んだ弊害に鑑み、選挙後その問題点が指摘され、早々に法改正の声が

図１－19

図１－17

図１－18

図１－20

図１―21

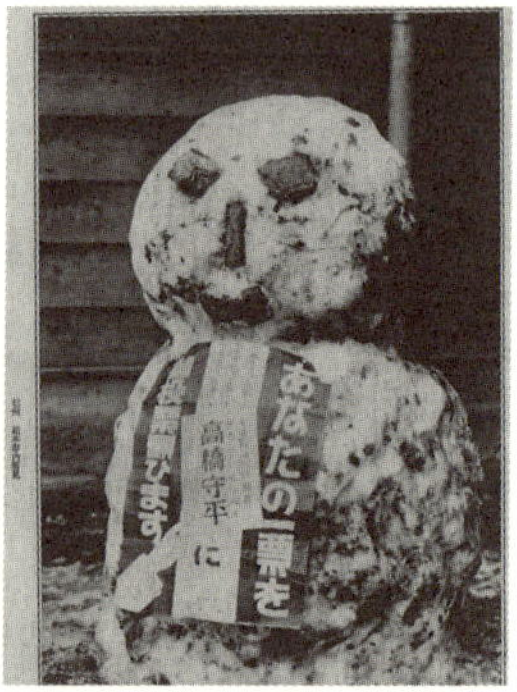

図１―22

図１―23

あがった。大量のポスター作成による選挙費用の高騰(69)や場所を構わずポスターが無秩序に貼られ、選挙後も野晒しにされ街の美観を損なうことが問題視されたのである(70)。図１－24は、選挙ポスターが剥がれ落ち街の美観を損ねている情景を示し(71)、図１－25は、選挙後ポスターをはがすのに苦労する庶民を横目に、涼しい顔をしながら通り過ぎる候補者の姿を揶揄する風刺漫画である(72)。

こうした状況を受け、選挙後第一回普選を総括した新聞の社説は、演説、ポスターの効能は認めつつも、その数は多きに過ぎるくらいであり、現在やっている方法をいつまでも選挙運動の常道と考えては間違いであると説き(73)、政治学者の森口繁治は、ポスターの枚数制限の必要を(74)、民政党の横山勝太郎(75)や政友会の鳩山一郎(76)、さらには社会民衆党の片山哲(77)も、ポスターの廃止に言及していたのである。

図１－24

図１－25

結　語

以上のように、選挙期間中ポスターが街中に氾濫し、選挙後も貼付されたまま野晒しになり街の美観を著しく損ねたことや、大量のポスター作成が選挙費用増大の一因となったこと、(78)さらには、ポスター貼付の許可を得ることを口実に実質的な戸別訪問が行われた弊害に鑑み、第一回普選後に内務省令の改正が行われることになる。爾後の改正を概観すると、まず普選直後の昭和四年の改正により、大きさの制限された引札（ビラ）の頒布は認められたが、演説会のために演説会場において使用する以外のポスターの掲示は一切禁止された。(79)翌昭和五年の改正ではポスターの掲示の規制は若干緩められ、演説会場外での演説会告知のポスター掲示が認められることになるが、その内容は、演説日時、場所、演題、出演者を記載することのみが可とされ、候補者及びその関係者との意思疎通のある演説会告知のポスターは候補者一人につき三千枚、意思疎通なき演説会は一個所につき三〇枚と、ポスターの記載内容及び数に制限が加えられている。(80)昭和九年の改正では、演説日時、場所、演題、出演者、並びに議員候補者及びその党派別の外、記載不可とされ、意思疎通に関係なく演説会一個所につき三〇枚以内と、その数が大幅に制限されることになる。(81)昭和一四年の改正では、立候補告知のためのポスターが可となったが、白地に黒で、大きさは従前通りであるが議員候補者及び党派の記載以外不可とされ、枚数は一人につき七五〇枚以内で選挙事務所一町以内は五枚以内と数の制限が設けられた。また、演説会告知のポスターの数に関しては、関係者開催については議員候補者一人につき三千枚、運動者開催については、演説会一個所につき三〇枚との制限が付けられた。(82)

以上のようにポスターに関する規制に関しては種々改正が行われたが、第一回普選以降に関しては、総じて記載内容に関しては演説会の告知のみで、枚数にも制限が設けられていた。したがって、各政党、各候補者が図案や標語を競い合い種々の個性溢れる選挙ポスターが作成され街中に氾濫したのは、戦前期日本においては第一回普選が最初で最後であったといえる。(83)

(1) 代表的なものとして、松尾尊兊『普通選挙制度成立史の研究』岩波書店、一九八九年。
(2) 選挙ポスターを含めた戦前の選挙関連資料については、法政大学大原社会問題研究所に所蔵のものが「大原デジタルミュージアム・戦前ポスターデーターベース」として(http://oohara.mt.tama.hosei.ac.jp/kensaku/poster.html)公開されているが(以下、「大原社会問題研究所ポスター」と略す)、研究所の性格上、無産政党関係のものが多い。選挙ポスターに関しては、法政大学大原社会問題研究所編『ポスターの社会史―大原社研コレクション―』(ひつじ書房、二〇〇一年)に戦前の選挙ポスターの背景を含めた解説がある。
(3) 大正一四年に普選導入を決定し、それに伴い改正された衆議院議員選挙法を本書では「普選法」と、以下称する。
(4) 関口泰『普選講座』朝日新聞社、昭和二年、一五頁。
(5) 「改正選挙法(大正一四年・法律四七号)有権者見込数と第十五回総選挙有権者比較表」(『第十五回衆議院議員総選挙一覧』衆議院事務局、大正一五年)。選挙制度改正前後の東京の選挙区における有権者数の比較は、第五章の表5-1を参照のこと。また、三木のポスターに関しては第四章において、彼の選挙戦に関しては第五章において改めて論及する。
(6) 以下、本書で選挙関連の法令を紹介する際は、断りのない限り、自治省選挙部編『選挙法百年史』(第一法規出版、平成二年)による。
(7) 戸別訪問は、朝うち、夜うち、先がけ、後がけと、大手、搦手から行われて、之に黄金の魔の手も加えられ、従来の選挙運動戦中最有効の戦術とせられていた（坂本正道『選挙運動新戦術』東漸社、大正一五年、一二八頁）。また、前回（第一五回）総選挙に長崎一区より出馬し当選を果たした西岡竹次郎の伝記によれば、「当時の選挙は、いうまでもなく制限選挙なので有権者も八千人足らずで、挨拶状も一人残らず配ることができた。また、有権者を一人一人訪問するにしても住所氏名がはっきりわかっているので戸別訪問は、それほど困難ではなかった。従って、それまでの選挙は、演説会やポスター、印刷物で政見を述べたりするような手間どるやり方はしなかった。運動員はワラジがけ、候補者は人力車に飛び乗って直接行動をやった」とする（『伝記　西岡竹次郎・上』西岡竹次郎伝記編纂会、昭和四〇年、一八六～七頁）。

(8)　戸別訪問禁止に至る過程に関しては、杣正夫『日本選挙制度史―普通選挙法から公職選挙法まで―』（九州大学出版会、一九八六年）を参照のこと。

(9)　木村彌三郎（内務省警保局保安課）『府県議戦の実際に見たる普選の取締と罰則』松華堂書店、昭和三年、五頁。

(10)　前掲・関口『普選講座』、一一五～六頁。

(11)　従前、文書図画に関する取締法令については、刑法、出版法、新聞紙法、治安警察法等があったが、文書が選挙運動の主要の地位を占めるにあたり、従来の法規で取締るのでは完璧を期しがたいので、選挙運動のための文書図画に関し特別の規定を設けることになった（前掲・木村『府県議戦の実際に見たる普選の取締と罰則』、一七三頁）。

(12)　「選挙運動の為にする文書図画に関する件」（大正一五年二月三日、内務省令第五号）。なお、これを法律で規定せず省令にしたのは、細目に亘る規定ゆえ実際の状況に応じ改廃をする必要があり法律ではそれが困難になるため、これを庁府県令にしなかったのは、全国的に行われる選挙のため取締りの統一を図るためであった（前掲・木村『府県議戦の実際に見たる普選の取締と罰則』、一七三頁）。

(13)　「鳩山一郎の選挙ポスター」A－38－1。鳩山の選挙ポスターに関しては第四章において、鳩山の選挙戦に関しては第五章において改めて論及する。

(14)　新聞紙上においても、秀夫が鳩山の選挙事務所の事務長として奔走している様子が写真入りで紹介されていた。すなわち、秀夫は、金銭支出の印を押したり、演説会や弁士の相談や、自ら弁士として飛び出したり、あるいは民法専門であるにもかかわらず法学博士の肩書きゆえ自分の発言が金科玉条のように捉えられ困惑していること、法律家の下で選挙違反を出しては世間に申し訳なく思っていることなどが、伝えられていた（『東京朝日新聞』昭和三年二月四日）。

(15)　従来の総選挙にポスターが本格的に利用されていなかった実態については、当時次のように解説されていた。すなわち、一般商用のポスターは、構図、色調、文案においてその進歩は著しいものがあった。しかし、選挙運動に使用された実例を見ると、その幼稚さに一驚を喫するのであった。前回の代議士戦（第一五回総選挙）でもポスターは使用されたが、併しこれぞというものはなかった。買収と情実のからくりでポスター研究は必要とされなかったのである。しかし、普選の時代となり、一三〇〇万の大衆を相手の代議士戦では、ポスター宣伝による外はない、とポスターの本格的利用を予想していた（国民新聞政治部『普選ポスターと新戦術』民友社、昭和二年、七～八頁）。また、英国より帰国後、第一五回総選挙に出馬した西岡竹次郎が、新戦術として極秘にポスター作成を依頼し選挙運動に利用したことを「意表を衝く作戦」と見做していたことも、従前よりポスターが選挙運動には本格的に利用されていなかったことを示していた。彼の伝記によれば、英国の選挙風景を詳に見て帰国したばかりの西岡は、新戦術を次々と導入し、七×一五㎝くらいの七夕の短冊型で西岡の名前が中央に、右にカタカナ、左にひらがなで記された、色とりどりのポスターを市内中に貼りめぐらし注目されたとしている。さらに、立候補声明前に、神田の印刷所で自分の少年時代から立候補までの写真を印刷した「西岡竹次郎一代記写真ポスター」という大型ポスターを極秘に印刷し貨車で長崎に運び、選挙運動が開始されるとこれを理髪店、美容院、浴場などで掲示した、という（前掲『伝記西岡竹次郎・上』、一九一～二頁）。

(16) 横溝は、明治三〇年生まれ、大正一〇年に東京帝国大学を卒業後、内務省に入り、同一五年一〇月より内務事務官・警保局保安課、昭和二年五月より内閣書記官・内閣官房総務課に在勤していた（戦前期官僚制研究会編『戦前期日本官僚制の制度・組織・人事』東京大学出版会、一九八一年）。

(17) 横溝光暉『選挙運動の為にする文書図画の取締』警察講習所学友会、昭和二年、二～三頁（『言論統制文献資料集成・第七巻』日本図書センター、一九九一年所収）。

(18) 『中央新聞』大正一三年三月二〇日。同種の記事は同日の『報知新聞』紙上においても紹介された。

(19) 石原は、明治二一年生まれ、大正三年に東京帝国大学を卒業後、内務省に入り、同一一年九月より一二年八月まで警保局図書課長、一二年三月から同一三年一月まで欧米に出張、帰国後は、一三年三月警保局外事課長、一〇月兼保安課長を歴任し、昭和二年五月より警察講習所教授兼内務書記官に就任していた（前掲『戦前期日本官僚制の制度・組織・人事』）。

(20) 石原雅二郎「選挙に於けるポスターの効用」（前掲『普選ポスターと新戦術』、三一～二頁）。

(21) 同右、三八頁。

(22) 君島は、大正一三年にジュネーブで開催された国際労働会議委員顧問として欧米に出張した。彼も、西洋の選挙ポスターの貼り方は原則として同じものを横につないで五枚も一〇枚もならべるが、これは確かに人目を惹く、日本の選挙法規ではポスターの幅や長さに関してはやかましい制限はあるが、この西洋式の貼り方は違法にはならぬので、学んでも悪くないでしょう、と石原と同様の方法を推奨していた（君島清吉「英国総選挙のポスター」、前掲『普選ポスターと新戦術』、五六頁）。

(23) 川西は、明治二二年生まれ、大正三年東京帝国大学を卒業後、内務省に入り、大正九年六月にＩＬＯ代表者随員でジュネーブに在住し、同一二年三月、ＩＬＯ帝国事務所事務官、同一五年六月に帰朝した。帰朝後は、社会局書記官・労働部労政課長、同年九月、社会部職業課長を歴任した（前掲『戦前期日本官僚制の制度・組織・人事』）。川西は六年間丹念にスイスで収集し持ち帰ったポスターを天皇にもお見せしたという（内政史研究会編『川西実三氏談話速記録』昭和三九年、五九〜六〇頁）。

(24) 新生協会主催で仏教青年館において大正一五年一一月二二日より二日間に亘り三百余点が展示開催された（『東京朝日新聞』大正一五年一一月二二日）。

(25) 二府三七県に亘る府県議戦は、昭和二年九月二一日の鳥取を皮切りに、一〇月一四日の静岡まで実施された。また、前回第一五回総選挙は、大正一三（一九二四）年五月一〇日に実施されていたので、たとえ解散がなかったとしても任期満了による解散総選挙の実施は直近のものとして想定されていた。

(26) 昭和二年九月三〇日より二日間に亘り開催された。

(27)『国民新聞』昭和二年九月二七日。

(28)『国民新聞』昭和二年九月二九日。

(29)『国民新聞』昭和二年一〇月一、二日。

(30)『国民新聞』昭和二年一〇月一八日。

(31) 国民新聞政治部・細野繁勝「はしがき」（前掲『普選ポスターと新戦術』、一〜二頁）。

(32) 国民新聞のポスター展には、内務省社会局労務課長君島清吉、警察講習所教授石原雅二郎が集めた一九二四年の英国総選挙におけるポスター、チラシ、パンフレット、同職業課長川西実三がスイスで集めた政治ポスターなども提供され同時に展示された（『国民新聞』昭和二年九月三〇日、一〇月一日）と、石原もポスター提供者として挙げられている。

(33)『英瑞選挙ポスター集』東京朝日新聞、昭和二年。同書には、新生協会主催の展覧会で展示されたもののうち優秀なもの七十余種が収められていた。また、川西実三は「瑞西国に於けるデモクラシー」と題する一文を寄稿している。

(34) 昭和二年八月一日の新聞紙上で募集広告が出され、一等一人（百円）、二等二人（五〇円）、三等五人（二〇円）、選外五〇人の懸賞がかけられていた（『東京朝日新聞』昭和二年八月一日）。

(35)『東京朝日新聞』昭和二年九月一日。

(36) 一等（五百円）二等（二百円）三等（百円）四等（五〇円で四人）の総額千円の懸賞であった。

(37) 『東京朝日新聞』昭和二年一月二六日。

(38) 結果は、二七日に紙上において発表された（『東京朝日新聞』昭和二年一月二七日）。

(39) 昭和三年一月三一日から五日間（東京）、同年二月七日から一〇日まで（大阪）開催された。

(40) 因みに、前回第一五回総選挙に際し、報知新聞社は、既に同様の選挙ポスターの募集企画を実施していた（大正一三年二月二九日締切、三月五日発表、賞金総額千円）。報知の社屋では、その展覧会を開催し、護憲三派の選挙委員が参集した。また、同社は入選作八枚一組のポスターと絵葉書を各々作成し、実費で販売した（『報知新聞』大正一三年二月一〇日、三月六日付夕刊、二九日）。**図1－26**は、第一五回総選挙に出馬した矢野鉉吉（東京旧八区・政友会）が、有権者への宣伝用として、かかる入選ポスター図案の絵葉書を使い郵送したものである（筆者所蔵）。

図1－26 （→口絵）

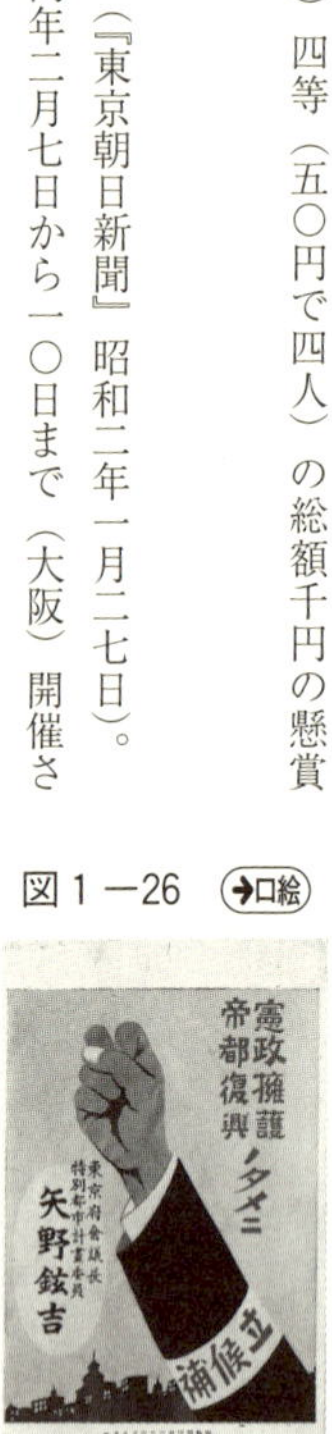

(41) 菊池のポスターに関しては、第三章の中で改めて紹介する。菊池は、東京一区より社会民衆党候補として出馬するが、七位で落選する。

(42) 「菊池寛の選挙ポスター」A－106－1。

(43) 「菊池寛の選挙ポスター」A－105－1。

(44) 「菊池寛の選挙ポスター」A－112－1。この図案は、福島三区の中立候補佐川潔も利用していた（「大原社会問題研究所ポスター」PA0386）。

菊池は、これ以外にも、**図1－27**に示す秀作に入選した作品を使い、「選ぶ人正しければ選ばれる人正し！」を「新人を選ばずんば普選は意義なし！」の文言に代えたポスター（「大原社会問題研究所ポスター」PA0351）も作成していた。

なお、大阪三区より出馬し四位と次点に泣いた今井嘉幸も、一等入選の蠟燭の図案の作品を利用していた（『大阪朝日新聞・大阪版』昭和三年二月二〇日）。『普選資料』にも、**図1－28**に示すように、蠟燭を採用した同種の図案の今井の選挙ポスターが含まれている（A－158－1）。同様に、今井は、**図1－29**に示す佳作入選作を参考に作成したと考えられる、**図1－30**に示すポスターも作成していた（A－159－1）。

(45) 新聞も政友会が北沢楽天にポスター作成の依頼を行ったことを伝えていた（『読売新聞』昭和三年一月二七日）。

(46) 「菊池寛の選挙ポスター」A－108－1。

(47)「菊池寛の選挙ポスター」A－113－1。
(48)「菊池寛の選挙ポスター」A－114－1。
(49) 選挙運動費用に関しては、普選法第百二条において、議員候補者一人に付き「選挙区内の議員の定数を以て選挙人名簿確定日に於て之に記載されたる者の総数を除し四十銭に乗して得たる額」を超えてはならないとの制限が加えられた（前掲『選挙法百年史』）。内務省の調査によると、この制限額は、東京六区の一万七七二八円が全国中最高で、佐賀県第一区の七六〇八円が最低になり、平均すると合法的運動費は一万七六〇円であった（新日本同盟調査部『普選第一次の総選挙経過・昭和三年五月十日』新日本同盟、昭和三年）。その一方で、この新日本同盟の調査報告書は、一万円程度の制限額内で終わった者は殆どいなかったであろうとして、候補者一人の運動費用の実情を紹介していた。それによると、宣伝文書費が二回の送付で四千九百円（その詳細は第五章で紹介）、事務所費が三千円以上、交通費が三千円以上、ポスター立看板費が二千円以上、演説会費が四千円以上、運動員費用が三千円以上、一人候補者最低でも二万円以上はかかるので、特殊な者を除き、制限内で選挙を争った者は絶無としていた。実際は、三万以上六万円までの者が多数で八万、一〇万という者もいた、とする。

因みに、好景気の中で行われた大正九年の総選挙では、一〇万円以上使った者が二〇人、平均二万四千円、不景気になってからの大正一三年の総選挙でさえ一〇万円以上が九人、平均一万九八〇〇円、しかし、その額も内務省が調べた表向きの費用であるから実際はもっと多額であったことは疑いない、と観測されていた（前掲・関口『普選講座』、七四頁）。

なお、新日本同盟は、大正一四年三月二九日に、後藤文夫、丸山鶴吉、田沢義鋪ら内務官僚出身者を中心に結成され、政治的実際行動は、政党の腐敗を批判し政界革新＝中立政党樹立であり、民政党内閣の浜口雄幸内閣が該同盟に関心を持っていたことを伊藤隆氏は紹介している

図1－27 →口絵

図1－28 →口絵

図1－29 →口絵

図1－30 →口絵

（伊藤隆『昭和初期政治史研究―ロンドン海軍軍縮問題をめぐる諸政治集団の対抗と提携―』東京大学出版会、一九八〇年、四八〜六〇頁）。右に紹介した調査報告書も政界革新、選挙廓清を目指し第一回普選の内実を検証したものであった。同報告書は、冒頭の「序に代えて」の中で、普選第一回の総選挙では、新興政党の台頭、既成政党が少なくとも政策本位の選挙を自覚しつつあることは一つの楽観材料であるとしながらも、買収、干渉、情実、戸別訪問、地盤選挙、あらゆる旧選挙の弊害が、依然として横行闊歩して居る事実を観るとき、今回の普選は、なお幾多の悲観材料を持つ、と書いていた。

(50) 前掲・横溝『選挙運動の為にする文書図画の取締』、二七頁。

(51) 「第十六回衆議院議員総選挙ニ於ケル文書図画ニ関スル調（昭和三年二月施行）」（『平沼騏一郎文書』マイクロフィルム、**R–160–766**、国立国会図書館憲政資料室所蔵）。

(52) 福田博光『第一回普選政戦史』政治教育普及会、昭和三年、一三四頁。

(53) 『国民新聞』昭和三年二月一三日。

(54) 『サンデー毎日・臨時増刊〈普選記念・総選挙画報〉』昭和三年三月五日。

(55) 一六名の白い立て看板、赤、青、色とりどりの演説会ポスター、推薦ポスターが軒並びにお構いなく立て廻したり、貼り散らかされ玩具箱を引っくり返したようで江東の天地に一歩を入れるとその壮観に驚かされる（『読売新聞』昭和三年二月六日）。

(56) 「普選を見る・一六」『東京朝日新聞』昭和三年二月二〇日。

(57) 「激戦地を巡りて」『大阪朝日新聞』昭和三年二月一六日。広島は、前掲の調査によれば、候補者一人あたり平均約三万四千枚、県全体で約一〇三万枚のポスターが作成された。

(58) 『東京朝日新聞』昭和三年二月一六日。

(59) 前田の選挙戦に関しては第五章で論及する。

(60) 『国民新聞』昭和三年二月一九日。

(61) 前掲『サンデー毎日・臨時増刊〈普選記念・総選挙画報〉』。

(62) 『東京朝日新聞』昭和三年二月一八日。

(63) 前掲『サンデー毎日・臨時増刊〈普選記念・総選挙画報〉』。

(64) 同右。

(65) 久留米市内に貼られたポスターざっと一〇万枚、どこを見ても貼るところがないので、某派のビラ貼り君、裁判所の掲示板や憲兵隊の門に貼って大目玉（「普選百話」『東京朝日新聞』昭和三年二月一八日）。
(66)「選挙百話」『東京朝日新聞』昭和三年二月一七日。
(67)前掲『サンデー毎日・臨時増刊〈普選記念・総選挙画報〉』。
(68)『アサヒグラフ』昭和三年二月二二日。
(69)東京府下の一候補は、ポスターただ一種の発行と配布だけで法定選挙費を使っているとの評判があった（「ポスター雑観」『東京朝日新聞』昭和三年二月二九日）。因みに、ポスターは法定最大の大きさ二色刷りで、一枚少なくとも四～五銭、写真入りだと一枚七～一〇銭くらい、平均五銭として一万枚で五〇〇円、これを一万枚貼るのに一五〇円から二五〇円かかる。故に、一万枚のポスターで平均七百円はかかる（「普選を顧みて・九」『東京朝日新聞』昭和三年三月四日）と試算されていた。
(70)ポスターは戦いのすんだ昨日今日、はがすのに骨が折れ落選候補の悲惨な顔がいまだに無念を街頭に晒している程流行したが、さてコレはというポスターもなく、出版界の赤本同様永久性のあるものはとんと認められなかった、でもその種類と数とは無限といいたい位で、恐らく印刷成金の出現は普選喜劇の一つであろう、とした（「政戦の跡を行く」『読売新聞』昭和三年二月二五日）。また、ああポスターがべたべた貼られたのではいやになる、はったからはがして歩く商売まで出来た、雨や雪がはがした街頭は見られたざまではなかった、との批判もあった（「普選を顧みて・三」『東京朝日新聞』昭和三年二月二七日）。
(71)『国民新聞』昭和三年二月一八日。
(72)『時事漫画』昭和三年二月二六日。
(73)「社説・選挙区問題」『大阪朝日新聞』昭和三年二月一四日。
(74)森口は、選挙設備を制限し、事務所、立看板等に制限を付したのは、選挙を平静に行わしめるのに役立った、今もしポスターの数に対し制限を加えるとすれば、選挙は一層静粛に行われることになるであろう（「議会政治の勝利・五」『東京朝日新聞』昭和三年二月二七日）としていた。因みに、普選法第九十条において、「選挙事務所は議員候補者一人に付七箇所を超ゆることを得す」との制限がつけられた。明治四十一年には、候補者一人に付き選挙事務所は平均七ヵ所であったものが、大正十三年の時は、平均十六ヶ所に（前掲・関口『普選講座』、五六頁）まで増え、選挙運動費用を高騰させる一因になっていた。
(75)横山は、ポスターは非常に金がかかることもわかったし、種々の弊害が伴うからこれは廃止すべきものだと痛感した（「戦終へて・その夜の感想」『東京朝日新聞』昭和三年二月二〇日）とした。
(76)鳩山は、選挙後、普選法はポスター廃止、運動員の制限問題、第三者運動と罰則の関係など、実際に鑑み改正を要する点は多々あると思うと語っていた（『大阪朝日新聞』昭和三年二月二七日）。

(77) 片山は、ポスターは全面廃止したいと思う、本来ポスターは政策発表についてその政策を、最も芸術的に具体化するものでなければならぬと思います、所が唯名前を書いたり、殊に政友会辺りのポスターの如きは、実に醜悪極まるもので、丁度有田ドラッグの広告と間違うようなものであります、ああいうものがこの現代の普通選挙時代におけるポスターの代表である、大政党のポスターであるということを聞いて、私供嫌悪の情を感ずるのであります、としていた（『普選の第一戦陣・我等斯く戦へり』〈朝日民衆講座第四輯〉朝日新聞社、昭和三年、一二一～三頁）。因みに、ここで言及されている有田ドラッグの広告のような醜悪な政友会のポスターとは、第三章で紹介する北沢楽天作の図3－1や図3－3を指すと考えられる。

(78) 前出の新日本同盟の調査によれば、ポスターは一枚五銭と見て、一万枚で五百円、これを貼付する人夫の費用を入れると計千円はかかる。しかも多くは二万枚以上（大形小形共）を調整したから少なくとも二千円は費やして居る、と先の新聞のそれより多額を試算していた（前掲『普選第一次の総選挙経過』）。

(79) 昭和四年の改正が行われるまでの経緯を記した解説書は、次のように説明していた。すなわち、張札を禁止した所以は、従来省令で認められたる張札は、既往二回の総選挙（府県議選を含む）の実績に見るに、承諾を得たる場合は他人の土地工作物に自由に貼付し得べきを以て、各候補者は競ふて之を為し、印刷費並に貼付の為に使用する機械的労務者の雇入等に多大の費用を要し、之が為め法定の選挙運動費用の大半を費消するの状況に在り、且つ至る所の墻壁柵等に貼付され選挙終了後数十日乃至数ヶ月に亘りて之を放置し、所有者等の蒙る迷惑と街路の美観を害ふことは夥しく、殊に承諾を得ることに藉口して所謂法的戸別訪問を敢行する者多く、選挙取締り上、洵に遺憾の点少からざりを以て、此の弊を除去せむ為に演説会の為にする文書図画にして其の会場に使用するものの外、一切の張札を禁止した、とする（古屋景晴編著『議員選挙運動秘訣』国民道徳会、昭和四年、七二頁）。また、昭和四年の東京市会議員選挙に際しては、町内会で、町内には一切ポスターを貼らせぬ申し合わせをする動きがあった（『読売新聞』昭和四年一月二三日）。

こうした状況を背景に、同年二月五日の衆院本会議後の非公式各派交渉会が開かれ、ポスターの制限についての意見交換が行われた結果、ポスター、演説ビラ、撒布ビラ等は出来る限り制限を加えることになり、その原案を内務省で作成するよう依頼し、市会選挙に間に合うよう決定する申し合わせがなされた（『読売新聞』昭和四年二月六日）。同八日の衆議院院内各派交渉会にてポスター全廃を含む改正の基本方針が決定、一三日、院内に内務省と各派交渉会との連合協議会を開き承諾を得た上で（『読売新聞』昭和四年二月一三日）、一六日の内務省省議で決定、一九日公布となった（「大正十五年内務省令第五号改正」昭和四年二月一九日、内務省令第三号）。衆議院内の当該問題に関する一連の審議過程からは、ポスター全廃が衆議院内より発議され、それに対し差したる反対がなかったことがわかるが、それは、普選で氾濫した選挙ポスターへの苦い経験が党派を超えて共有されていたことを物語っていた。

(80) ポスター全廃は、演説会告知に不便であるので、会場外でのポスター貼付を認める緩和策が与党民政党より提案されていた(『読売新聞』昭和四年九月二二日)。この件は、一二月二〇日の衆議院各派交渉会に提案され、小委員会が設置された。二四日より審議が行われ、かかる議論に基づき昭和五年一月一〇日の内務省省議により(『読売新聞』昭和五年一月一一日)、右のような改正が決定された(「大正十五年内務省令第五号改正」昭和五年一月二三日、内務省令第四号)。

第二回の普選(昭和五年二月二〇日)後、内務省地方局が選挙法運用における実態調査を行い昭和五年六月にまとめられた報告者の中にも、ポスター規制に関する効果について、左記のような記述を見出すことができる。

法百条、選挙運動の為使用する文書図画を制限しないと有権者の注意を惹かんと競い他を顧みず選挙運動の秩序を乱し、選挙費用を徒に増加せしめ、選挙の公正を害し一面之により公衆に迷惑を及ぼし又街路その他美観を損ねる等の幣あるを以つて行われた省令の制定は、文書図画に対する配布方法の制限、演説会の告知用以外の張札の禁止、立札看板の制限等は最も選挙の実状に適し其の効果顕著なるものあるを認む(京都、千葉、静岡、岐阜、長野、宮城、山形、秋田、富山、鳥取、岡山、香川、宮崎)。

省令第一条第二項、従来認められたる引札、張札は選挙費用の膨大を来たし、甚だしく美観を害し且貼付場所の管理者に及ぼす迷惑一方ならざりしのみならず之が為戸別訪問、個々面接等の犯罪行為誘発の機会を与え頒布若は貼付せる文書図画自体並貼付方法の如何等に至る迄常に取締を要する外競争激甚を加うるに伴いポスターを破毀する者続出する等警察取締困難を極めたるが規定改正の結果之等の弊を一掃せられたり(兵庫、長崎、群馬、三重、福島、福井、和歌山、愛媛)

省令第二条第二項　昭和四年二月十九日内務省令第三号に依り諸種弊害を考覈し一時張札を絶対に禁止せる為演説会告知上煩《ママ》る不便を感しつつありしが本条の規定を追加せる為、能く弊害不便の両者の関係を調和することを得適切なる効果ありと認む(熊本)

(「第十七回衆議院議員総選挙に於ける法令ノ運用に関する調査」〈前田英昭「普選法(大正十四年)運用に関する調査(一)」『駒澤大学法学部研究紀要』第五七号、平成一一年三月〉)。

（81）「衆議院議員選挙運動等取締規則」（昭和九年一二月一二日、内務省令第三六号）。
（82）「衆議院議員選挙運動等取締規則中改正」（昭和一四年八月一四日、内務省令第二四号）。
（83）第一七回総選挙時のポスター類の総数は、二〇四万五二一八枚（「第十七回衆議院議員総選挙ニ於ケル文書図画ニ関スル調（昭和五年二月施行）」）、第一八回総選挙時は一六五万九四〇三枚（「衆議院議員総選挙ニ於ケル文書図画調（昭和七年二月）」）と報告され、第一六回総選挙時より、その数は一〇分の一以下になっていた（前掲『平沼騏一郎文書』マイクロフィルム、**R-160-766**）。因みに、こうしたポスター展覧会は、総選挙後、植民地台湾においても、台湾新聞社主催で開催された（『台湾日日新報』昭和三年五月一二日）。

第二章　選挙啓蒙運動と有権者の意識

序

前章において論及したように男子普選の実施に伴い有権者は、従前の約三百万から一千二百万人へと約四倍増になった。納税資格の撤廃に伴い、約九百万人が新たに選挙権を獲得し、彼等に政治参加の道が開かれることになったが、これら新有権者の動向は第一六回総選挙の選挙結果を左右する可能性があったため、その投票行動は注目されるところであった。

選挙結果を先取りして論じれば、新有権者の支持を期待し結成された新政党、いわゆる無産政党等の戦績は必ずしも芳しくなく、政友会と民政党が議席の殆どを獲得した。かかる選挙結果に鑑みると、既成の二大政党は新有権者の殆どを取り込むことに成功したと見做すことができる。新有権者がいかなる政治意識を抱き、いかなる理由からいかなる党派や候補者を支持したか、より具体的にいえば既成政党がいかにして新有権者を取り込んでいったかについては、近代日本の選挙の生態を理解する上で興味ある点であるが[1]、本章が注目し考察の対象とするのは、それに先立つ彼等の選挙に対する、より基本的な意識である。すなわち、彼らが新たに獲得した選挙権をどのように自覚していたか、あるいは自ら投票場まで足を運び、投票を通じ政治参加を果たすことに、どの程度の意義を見出していたかについてである。従来の普選に関する研究は、普選の実現を目指す普通選挙運動に焦点が当てられがちであったため、新有権者は従前よりその権利獲得を熱望し、彼らがその意義を自覚していたことを暗黙の前提にする傾向があった。

本章では、右の前提に敢えて疑問を呈し、より慎重な検証が必要であるとの立場から、新有権者の政治参加をめぐる基本的意識を、それを計る一指標としての「投票率」に着目しながら考察を加えてみたい。因みに、従前の制限選挙下における総選挙の投票率は、約八割から九割と非常に高い水準を維持してきた。すなわち、表2－

表２－１　制限選挙下の衆議院議員選挙の投票率

	実施内閣	実施年月日	納税資格	有権者数／人口比	投票率(全国)
第１回総選挙	第一次山縣	明治23年７月１日(火)	15円以上	45万／1.13%	93.73%
第２回総選挙	第一次松方	明治25年２月15日(月)	〃	43万／1.08%	91.59%
第３回総選挙	第二次伊藤	明治27年３月１日(木)	〃	44万／1.07%	88.76%
第４回総選挙	第二次伊藤	明治27年９月１日(土)	〃	46万／1.12%	84.84%
第５回総選挙	第三次伊藤	明治31年３月15日(火)	〃	45万／1.06%	87.50%
第６回総選挙	第一次大隈	明治31年８月10日(水)	〃	50万／1.17%	79.91%
第７回総選挙	第一次桂	明治35年８月10日(日)	10円以上	98万／2.20%	88.39%
第８回総選挙	第一次桂	明治36年３月１日(日)	〃	96万／2.12%	86.17%
第９回総選挙	第一次桂	明治37年３月１日(火)	〃	76万／1.65%	86.06%
第10回総選挙	第一次西園寺	明治41年５月15日(金)	〃	159万／3.27%	85.29%
第11回総選挙	第二次西園寺	明治45年５月15日(水)	〃	150万／2.95%	89.58%
第12回総選挙	第二次大隈	大正４年３月25日(木)	〃	154万／2.88%	92.13%
第13回総選挙	寺内	大正６年４月20日(金)	〃	142万／2.57%	91.92%
第14回総選挙	原	大正９年５月10日(土)	３円以上	306万／5.46%	86.72%
第15回総選挙	清浦	大正13年５月10日(土)	〃	329万／5.66%	91.18%

出所：『衆議院議員選挙実績―第１回～第30回―』（財団法人公明選挙連盟、昭和42年）より作成。
注：有権者数の万以下は四捨五入。

１に示すように、第一回普選以前の制限選挙下、第一回総選挙から第一五回まで、通算一五回の総選挙が行われてきたが、投票率九割台が五回、八割台が九回で、八割を切ったのは、第一次大隈重信内閣下に実施された第六回総選挙の七九・九一％の一回だけであることがわかる。さらに、その間、納税資格の緩和が二度行われたが、選挙権の拡大は投票率に対し、大きな影響を与えていないことがわかる。しかし、冒頭に指摘した通り、第一六回総選挙に際しての有権者の増加は、従前のそれとは比較にならぬ規模であったため、投票率への影響は注視されるところであった。

今日、わが国のいかなるレベルの選挙に際しても低投票率が問題視され、民意を政治の場へ的確かつ公正に反映させるためには「投票率」の向上が必要不可欠とされ、種々の手段を用いた啓蒙活動が行われている。第一回普選に際しても、その「投票率」は注視され、その向上を図るための選挙啓蒙の施策が、ポスターやビラなど種々の方法を通じ、朝野において積極的に展開された。本章では、かかる選挙啓蒙活動の実態も紹介しつつ、わが国最初の普選に際しての有権者の意識の実相に迫ってみたい。

第一節　普選初の府県議会選挙と低投票率

第一回普選が実施される前年の昭和二年には、二府三七県において府県議会議員選挙が実施された(2)。普選法成立後、初めて行われた全国規模の選挙であることに加え、翌三年五月に衆議院が任期満了を迎えることから解散総選挙の早期実施も考えられていたため、かかる府県議選は、普選による衆議院選挙の前哨戦と位置づけられ注目された。

しかし、このように期待され注目された府県議選の投票率が予想外に低かったことは、政界の内外に少なからぬ衝撃を与えた。表2－2は、各府県別の投票率を示したものであるが、全体の平均は七三・五％に止まっている。しかも、五割台まで落ち込んだのが、大阪の五四・二％、鹿児島五九・七％の二県、六割台が、京都六〇・六％、宮崎六三・八％、高知六七・八％、長崎六八・九％、山口六九・五％、広島六九・六％の六県に上った。かかる投票率は冒頭に示したように、八～九割台を推移していた従前の衆院選挙に比して低く、新有権者の政治参加への意識が必ずしも高くないことを物語っていた。確かに、国政と地方選挙の投票率を同列に論じることはできず、低投票率の原因を、地方選挙の性格に求める分析も当時なされたが(3)、例えば、投票率が五割台にまで落ち込んだ大阪と鹿児島の場合を見ると、大正時代に実施された三回の大阪府議会選挙の投票率は八割台であり(4)、鹿児島県議会選挙は七割台であった(5)。したがって、投票率の低さの原因を、地方選挙の性格のみに求めることには無理があり、かかる傾向は直近に控えた総選挙にも反映されることが予想されたため、新聞は次のように論じていた。すなわち、府県議選の投票率に関し、従来より好成績が期待されていたにもかかわらず、その期待は全く裏切られ、これを一時的現象と葬りさるわけにはいかず、明年の総選挙を期すとこの大不成績を軽視するわけにはいかず、(6)と警鐘を鳴らしていたのである。(7)

以上のような低投票率に象徴されるように、府県議選は当初の予想に反し活気を欠き、いわゆる「狩り出し」もないので、選挙が行われていることや投票日に気づかぬ有権者もいた。(8)従来の選挙では容認されていた、運動者が選挙民を弁当付きで投票所まで送り迎えする「狩り出し」が禁止されたため、選挙が行われていることに気づかない有権者も多数いた。また、六割台の投票率に止まった長崎より、第一回普選に出馬することになる民政党候補本田英作(9)の推薦状の中でも、かかる実態を「新制度への国民的自覚の跡認め難く甚だしく熱と意気に乏しかつた」と、地元県議選の不熱心さを自戒する文言を見出すことができる。(10)

冒頭において問題提起したように、選挙権獲得を熱望し普通選挙運動を推進した人々の間においては、選挙権

表２－２　府県議会選挙の各府県別投票率（昭和２年）

	投票率
京都	60.6%
大阪	54.2%
兵庫	72.1%
長崎	68.9%
新潟	76.2%
群馬	77.9%
茨城	72.4%
栃木	77.9%
奈良	80.9%
三重	81.1%
愛知	70.9%
静岡	81.6%
山梨	84.2%
滋賀	77.3%
岐阜	78.6%
長野	78.2%
宮城	79.0%
福島	81.2%
岩手	77.6%
青森	79.5%
山形	79.6%
秋田	84.1%
福井	79.8%
石川	77.8%
富山	82.8%
鳥取	87.9%
岡山	72.8%
広島	69.6%
山口	69.5%
和歌山	72.2%
徳島	72.4%
香川	75.6%
愛媛	73.6%
高知	67.8%
福岡	79.4%
大分	78.2%
熊本	73.9%
宮崎	63.8%
鹿児島	59.7%
全国平均	73.5%

出所：『府県会議員総選挙結果諸表・附当選者名簿』（内務省警保局、昭和２年10月）より作成。

を獲得したことへの自覚や、選挙権を行使することへの感動は格別なものがあったであろう。しかし、そうしたことが、新有権者の意識として普く共有されていたと考えるのは早計であり、府県議選の不活発さとそれに伴う低投票率は、選挙に対する新有権者の無理解や意識の低さを如実に物語っていた。

こうした有権者の選挙に対する無理解と不慣れから、[11]選挙戦に際しては、種々の混乱も生じていた。例えば、山形県では、候補者の推薦状を投票用紙と勘違いした有権者が、役場に出向き投票を迫りトラブルを起こしたエピソードが伝えられている。[12]第四章で紹介するように、候補者のビラや推薦状には不慣れな新有権者への配慮から、投票用紙を模した図案を印刷し解説を加えているものもあったため、選挙初体験の有権者には、こうした誤解が生まれる可能性はさらに大きくなっていた。また『大阪毎日新聞』は、府県議選後、読者より最初の普選の感想と印象記を懸賞募集したが、そこでは選挙権を獲得したことは自覚していても、投票に対する新有権者の無関心ぶりや投票への消極性が赤裸々に語られていた。例えば、「笛吹けども踊らず」という言葉の意味を今度の普選で強く感じた、私の所では百姓も漁師も、新有権者であるのに選挙権の獲得を少しも有難がらなかった、こんなシケ続きの時に札いれでもあるまいと、村の利け者が立候補したのでやむなく投票にいく始末とし、投票への冷淡さや、受動性が語られていた。[13]

同様の感想は、与党政友会内からも表出されていた。例えば、県議選では七二・四%とかろうじて七割台を維持した茨城選出の政友会代議士宮本逸三[14]は、地方選挙の印象記を自党機関誌に寄稿していたが、「頼まれねば投票しない」との題名を付し、次のように論じていた。すなわち、今回の県議選は、所謂画時代的普選にして、是迄権利なきものが俄に権利を得たること故、喜んで其の権利を行使すると思っていたが、未だ選挙の何たるを理解なく、依頼もなきに投票のために暇を取るのは馬鹿馬鹿しい様な感じを持ちたることに加え、取締法が余りに八釜敷宣伝せられたる為、寧ろ棄権に如かずとの考えより茨城杯は是迄に例のなき棄権数を出し、県下通じて三割ないし四割に及ぶ、と有権者の選挙に対する意識の低さと無理解、それに起因する低投票率を嘆じていた。[15][16]

さらに、こうした意識と関連して、少なからぬ有権者が選挙権獲得をして、政治参加とは異なる権利の獲得と理解していたことも確認できる。例えば、有権者の選挙への無関心を嘆じた新聞の選挙報道記は、一回の普選も行わずに普選の何物かを国民に十分徹底させることは不可能に近い難事かも知れないが、選挙民の無関心の有り様はどうしたというのだろう、あるいは選挙権を獲得したという自覚すらなく、たまたま知っているものは投票日に弁当代をもらい得る仲間に入ったことを喜んでいる状態であると難じていた。[17] また、政治評論家の馬場恒吾は、従前の有権者は票を売って儲けていたので、新有権者は自分もその金儲けの仲間入りをすることを楽しみにしている、したがって五〇銭でも一円でも遣らなければ投票に来ぬのだ、と冷笑気味に解説していた。[18] このように選挙権の獲得は、投票日に弁当代をもらえる仲間入り、あるいは金儲けの権利を得た、との認識があったことがわかる。

こうした逸話から垣間見ることのできる有権者の意識には、選挙に際し買収が自明の前提として盛り込まれていることである。例えば、野党民政党の機関誌々上で紹介された地方選挙見聞記には、山形県の辺鄙な農村の有権者中には、今でも買収を当然と心得て居る者があって、運動員一人当り四〇銭ときき、今年は四〇銭とは安いナアとこぼす、従って、彼等の大部分は買収が違反だなどと云ってもトンと解らない、[19] と選挙に買収は付きものでそれを違反とは考えぬ有権者の根強い意識が紹介されていた。このように票の買収が慣行化されているためか、同種の見聞記の中でも言及されているように、票の買収価格や、買収をめぐる駆け引きに関する興味深い逸話が伝聞ながらも種々伝えられていた。もとよりこれらの逸話は信憑性に欠ける点があり、他の確度の高い資料による裏付けは必要であるが、当時の選挙の実態や選挙民の意識を知る手がかりになるため、以下紹介してみたい。

まず、普選の導入で府県議選の有権者は倍増したため、一票の買収価格は、それまで平均二、三円であったのが最低五〇銭まで、四分の一以下にまで下落したとする。[20]また、隣村の買収価格との差が明らかになり、憤慨した有権者もいた。すなわち、普選導入後の府県議選で隣村は一票八〇銭だったのが、なぜわしらは五〇銭だったのかと選挙事務所で尻をまくった人がいた、という。[21]さらに、尾崎行雄は、後述する座談会の席上、後から依頼に来た人の買収価格の方が高かったため、先に買収に同意した人に値上げ交渉をした逸話を次のように紹介していた。すなわち、ある学校の校長は子供と共に選挙権を持っているが、それを細君の計らいで、二、三円で売った、ところがあとから五円づつで買いに来たので、前の依頼者に話しをして五円に値上げして売った、とする。[22]

さらに、こうした買収に応じる選挙民の意識の基底には、投票に行くためには仕事を休まねばならぬため、その代価としての労賃をもらうのは当然との考えもあった。とりわけ山の中の農民達は、一日又は半日の仕事を休んで投票に行くため、その手間賃をもらうのは当然視[23]されたのである。したがって、一票の買収価格も、有権者が一日働いて稼ぐことの出来る金銭が要求されていることを、次のように伝えていた。すなわち、一日働けば二円五〇銭になるので、それだけは出してもらわねば投票には行かれぬと、或時、或都会で、或候補者に申出た有権者がいた、とする。[24]あるいは、県議選に際し、青森の南津軽郡十数戸の住民が集団で十里も離れた役場まで投票に来たので、買収を疑った巡査がいくらもらって投票に来たかを尋ねたところ、投票のため二日かかるので二日分の日当として四円もらってきたと平然と答え、呆気にとられた巡査は検挙もしなかったとし、さらに総選挙は積雪中なので一〇円以上の金で買収しなければならない、との噂話までが流布していることが伝えられていた。[25]

少なからぬ有権者の間に、以上紹介したような選挙をめぐる意識が根強く存していたため、投票率の高さを有権者の政治意識の高さとして無条件に関連づけることはせず、むしろ逆の相関をそこに見出す皮肉な解説さえなされた。すなわち、投票率の高さは、有権者の政治意識の高さを示すものではなく、むしろ政治意識が低く買収が徹底して行われたことを表し、投票率の低さは買収が必ずしも激しく行われなかった結果であるとの解釈である。したがって、買収が横行した農村部で投票率が高く、買収が比較的行われなかった都市部の投票率は低くなったと説明されたのである。

昭和三年の新春冒頭より『東京日日新聞』は、高橋是清、尾崎行雄、古島一雄らを集め、前年に実施された府県議選を振り返りながら近々に予定されている総選挙に関する座談会を開催したが、三者とも投票率の高低に関しては、右の解釈に立ち、お互い共鳴する発言をしていたことは興味深い。三者の関連部分の発言を以下、抜粋して紹介してみたい。

まず、尾崎は府県議選に際し接した話として、買収の少ない都会では棄権率は高く、五〇銭から一円で買収可能な郡や村では棄権率が低かったので、棄権者が少ないことをもって好成績とは言えないとしていた。古島は、秋田の事例に言及し、大阪は棄権率五割なのに秋田のある選挙区では二分、原因を調べると、多額納税者の息子が候補者に立ち、五万、六万の金を使ったためとし、多額の金銭を散じた候補がいる地域の棄権率が微小に止まっていることを紹介していた。さらに高橋も、ある地方の一軒の家に、父親と息子三人が投票権を有し、そこへ五円札や一〇円札が飛び、三人の子供で三〇円になるとの話しを聞き、政治的知識の低いほど買収が行われ易く候補者も大分金がいるという事だねと談じ、有権者の政治意識の低い所ほど買収が横行し、買収により棄権率が低くなることを説明していた(26)(27)。

以上のように、総選挙の前哨戦と位置づけられた府県議選の低投票率は、政界の内外において問題視され、選挙戦の実際と低投票率の原因が種々取り上げ論じられ、新有権者の選挙に対する無関心、無理解、意識の低さが指摘された。また、そうした意識の低さが買収を当然視する風潮を根付かせ(28)、その結果、投票率の高低は、政治意識の高低ではなく、買収の強弱と相関関係があるとの皮肉な解説を、政界の内外に共通して受け入れさせていたことを明らかにした。

第二節　選挙違反防止のための啓蒙活動

内務省を中心とした政府や、その管轄下にある各府県庁は、前節において紹介したような根強く残る買収等の選挙腐敗防止のため、清潔公正な選挙を目指す啓蒙活動を積極的に展開した。[29] さらに、こうした違反防止のための啓蒙活動には、普選導入とともに改正された選挙関連法に対する無理解から生じる違反を未然に防ぐ意図もあった。

昭和三年一月二一日、衆議院は解散になり総選挙が実施されることになるが、解散三日後の二四日、政府は総選挙の政府方針を訓示するため地方長官会議を開催した。その席上において出された田中義一首相の訓示は、右の趣旨を明確に示していた。すなわち、新選挙法は従前のそれとは趣きを異にするため、新法への理解不足から、不用意に選挙違反を犯すことがないよう、その防止策を講じる必要が説かれていたのである。[30] 確かに、新選挙法は、取り締まる側も、その内容の理解と統一性を保つために、関係官吏の講習会が必要なほど[31]新規及び改正点は多く、その内容も煩瑣であった。

一月末、内務省は、全国各地に掲示するための選挙違反予防のポスター四〇万枚を作成し配布したが、図2－1に示す大判のポスター（三尺一寸×二尺一寸、約六四×約九四cm）[32]が、それである。右端には「選挙の心得」のタイトルが、左端には作成者の「内務省」が大書されている。新聞は、該ポスターが右記訓示の趣旨である犯罪予防主義の目的で作成されたことを解説していたが、[33] そのことはポスター冒頭の次の説明文からも確認できる。すなわち、「選挙の法律規則を知らないと思ひ掛けない罪を犯して刑罰を受けるやうなことになりますから充分注意せねばなりませぬ。左に一般の人の心得ねばならぬ事柄の概略を述べて参考に供します」と、一般有権者に対する選挙違反予防のための注意解説が目的であることを示した上で、以下一九項目に亘り、選挙違反になる事例が列挙されている。印刷は、黒字を主体とし強調する個所は赤字（赤字部分はゴチック字体で表記―筆者注）を用いている。その内容は以下の通りである。

・議員候補者、選挙事務長、選挙委員又は選挙事務員以外の人が演説か推薦状かに依るの外選挙運動をしたり、選挙運動の費用を支出したりすると犯罪になります。
・選挙事務長以外の人が選挙委員や、選挙事務員を選任したり、又は選挙事務所を設けると犯罪になります。
・何人でも選挙運動の為に休憩所や、休憩所に似たものを設けると犯罪になります。
・何人でも戸別訪問をすると犯罪になります。
・何人でも連続して個々の選挙人に対して面接したり又は電話をかけたりして選挙運動をすると犯罪になります。
・選挙権のない人が選挙事務長や、選挙委員や又は選挙事務員になると犯罪になります。
・選挙運動の為、頒布したり、掲示したりする文書や図画の寸法、色合又は頒布及掲示の場所、方法などについての制限を守らぬと犯罪になります。
・金銭や、品物や、手形等を貰つたり、貰ふ約束をしたり又は貰ひたいと要求すると犯罪になります。
・饗応や、接待を受けたり、受ける約束をしたり又は受けたいと要求すると犯罪になります。
・投票所などへの往復に乗物に乗せて貰つたり又は車馬賃、茶代、宿料等を貰つたり、貰ふ約束をしたり、貰ひたいと要求すると犯罪になります。

図２―１　（→口絵）

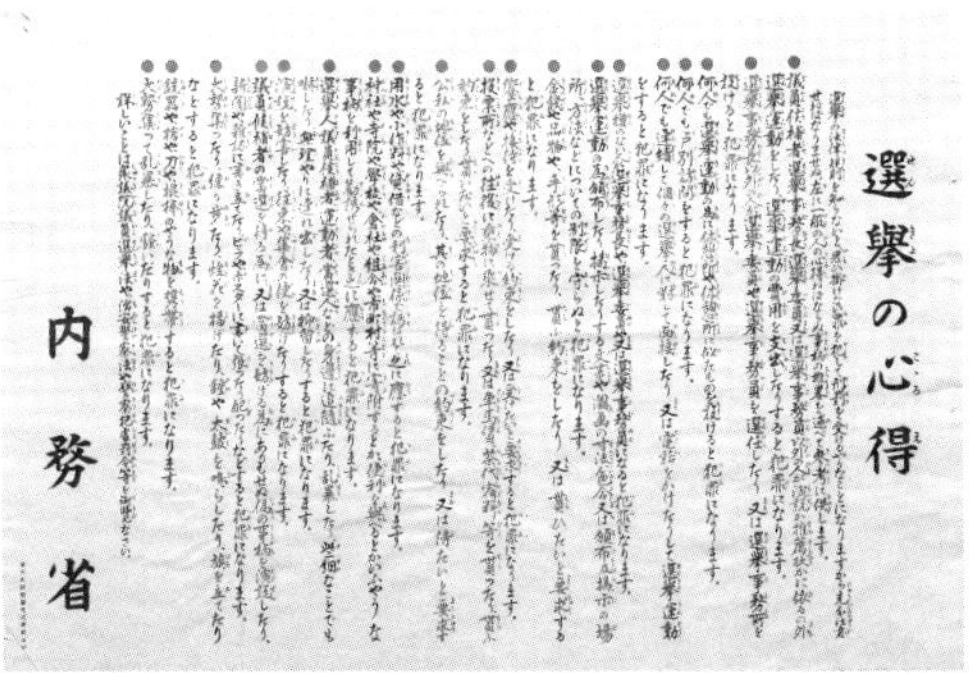

・公私の地位を与へられたり、其の地位を得ることの約束をしたり、又は得たいと要求すると犯罪になります。
・用水や、小作料や、貸借などの利害関係で誘はれて之に応ずると犯罪になります。
・神社や、寺院や、学校や、会社や、組合や、市町村等に寄付するとか、便利を与へるとかいふやうな事柄を利用して勧誘せられたとき之に応ずると犯罪になります。
・選挙人、議員候補者、運動者、当選人などの身辺に追随ふたり、乱暴したり、些細なことでも嚇したり、無理やりに連れ出したり又は抑留したりすると犯罪になります。
・演説を妨害したり、往来や集会の便を妨げたりすると犯罪になります。
・議員候補者の当選を得る為に、又は当選を妨げる為にありもせぬ偽の事柄を演説したり、新聞や雑誌に書き立てたり、ビラや、ポスターに書いて張つたり配つたりなどすると犯罪になります。
・大勢集つたり、練り歩たり、煙花を揚げたり、鐘や太鼓を鳴らしたり、旗を立てたりなどすると犯罪になります。
・銃器や、槍や、刀や棍棒のやうな物を携帯すると犯罪になります。
・大勢集つて乱暴したり、騒いだりすると犯罪になります。
詳しいことは衆議院議員選挙法や、治安警察法や、警察犯処罰令等を御覧なさい。

普通選挙関連法は、選挙権の拡大だけでなく、従前の選挙運動の主軸を占めていた戸別訪問の禁止、慣習化されていた「狩り出し」の禁止、選挙運動従事者とそれ以外の人々の区別や、その区別に従い行うことができる選挙運動に差が設けられるなど、従前の選挙運動の方法に相当の変更を迫るものであり、選挙違反を犯さぬためには相当の注意を払う必要があった。このような改正の実情を踏まえ、選挙違反予防を力点に置いた右のポスターでは、選挙運動で犯罪になるケースが一九項目に亘り解説されていた。しかし、全ての項の最後は、「犯罪」の文字がいずれも赤字で強調され、「犯罪になります」の文言で終わっているので、新聞は該ポスターを「『罪になります』集」と揶揄する見出しをつけ紹介していた[34]。

この種の新選挙法の解説を兼ねた選挙違反予防ポスターは、公共の場に掲示されたが、これを見た有権者の反応は次の通りであった。すなわち、風呂屋に行くと選挙の心得というビラが張ってあるが、そこには「……すると罪になる」というものばかりで、気味が悪くて下手なことはできない（雪かき一人夫）、取締規則が難しいと聞き、へまをして警察へ引張られても堪りませんから、投票に行く時間だけ稼いだ方がいいと思っている（人力車夫二八歳）と[35]、有権者を選挙から遠ざける効果をもたらしていた。

また、図2－2に示す[36]長崎県警察部が作成した啓蒙ポスターも、選挙違反防止のため「金で汚すな貴い普選」の文言の背景には、影絵で投票買収者が足を鎖に繋がれている絵を描いていた。買収が犯罪であることを意匠により示し、選挙違反の抑止を目的にしていたとはいえ、有権者には投票と犯罪が密接に連関していることを印象づけ、選挙違反防止より選挙民の政治への参加意識を萎縮させる効果の方が大きかったといえよう。

図2－2　→口絵

さらに、こうした選挙違反予防のための啓蒙活動はポスターだけでなく、講演会などを通じても行われた。府県議選を前にして、違反防止を目的とした新選挙法解説の講演会は、各地方において警察署長などが講師を務め開催されたが、そうした講演会に参加した庶民の反応は芳しくなかった。例えば、先の『大阪毎日新聞』が読者より懸賞募集した選挙感想記の中には、警察署長が来て選挙取締りの講演をしたが、罰則の朗読に過ぎなかった、百姓共はこんな事実に直面して、普選といえば息詰まるもののように感じた、との記述がみえる[37]。あるいは町の警察署長が町民を集め、難しい選挙の心得を説き聞かせた後、三々五々帰る途中の話、「普選っていふものは恐いもんやなァ、一体どうして世間の

図2－3

『時事漫画』昭和3年2月19日

図2－4

『大阪朝日新聞』昭和3年2月15日

人達はこんな恐ろしいもんが欲しいのやろ」[38]と感想を述べていたことが紹介されている。

　このように、選挙違反予防のための啓蒙活動が、一般庶民を選挙から遠ざける効果をもたらしていることは、風刺漫画においても的確に表現されていた。例えば、図2－3に示す、北沢楽天主筆の『時事漫画』には、「普選法規煩雑」と書かれひびが入った氷の上を進もうとする男の着物の裾を、後ろの背広姿の紳士が「キケン、〳〵、危険だ、近寄るな、棄権だ、〳〵」と叫びながら引っ張り止めようとする絵に「罰だ罰だと薄氷をふむ心地！」との文が付されている[39]。選挙違反を問われずに投票行為を行うことは薄氷を踏む覚悟を強いられることを、罪を犯す「危険」と「棄権」をかけながら、選挙から遠ざかろうとする当時の庶民の意識を活写していた。さらに、岡本一平作の図2－4の漫画は、罪に問われることを恐れ選挙との関わりを一切避けようとする庶民の姿を、風で剥がされ往来に落ちている選挙ポスターに対し、うっかり触れると罰っせられるので「手ヲフルルベカラズ」との札を下げ、竹で人除けが作られている街の様子を描くことにより、的確に表現していた[40]。

　こうした煩瑣な法律とそれに基づく取締りに対する不満は、選挙後に与党陣営から寄せられた選挙感想記の中でも見出された。例えば、選挙取締規則がやかましく、自由な明るい気分で候補者も運動員も亦有権者も選挙に臨むことの出来なかったのが遺憾です、「人を見たら泥棒と思へ」の思想から出発した法律は、絶対に改める必要があります、とした(41)。あるいは、今度の普選の施行法は余りに細かく、与野党問わず、候補者及び運動員は煩瑣に堪えない、取締本位の警吏の眼は、「何かないか」で来る、こうなると普選に馴れぬ各候補者とも必ず何か言われる(42)、選挙取締法規は、常識で判断出来る程度で之を簡明に改める必要あることを痛感せり(43)、と、いずれもより簡明な取締りと法改正の必要を訴えていた。こうした事情を背景に、投票日を間近に控えた新聞も、選挙取締りは、もっと大きな線で動くべきものである、取締煩瑣なれば、罪繁くし、罪を逃れんとするものは、むしろ棄権すると(44)、重ねて訴えていたのである。

先に紹介した内務省作成の「選挙の心得」ポスターに象徴されるように、政府は選挙違反防止のための啓蒙活動と取締りの徹底を図ったが(45)、かかる姿勢は、有権者を萎縮させ府県議選の低投票率の一因であるとの批判を在野から受けるだけでなく(46)、右の感想記から窺えるように政府与党内にも不満を鬱積させていた。そして、こうした不満を背景に、政府部内において、選挙の取締方針の緩和と(47)、選挙啓蒙の力点を違反防止から棄権防止へと移す動きが出てくるが、新聞はかかる軌道修正を次のように伝えていた。すなわち、一般国民は普選法の罰則の峻厳を恐れ努めて選挙運動から遠ざかり棄権する者さへ出てきそうな実情にあるので、二月三日の閣議でも選挙取締を緩和する方法が種々協議されたとする(48)。政府は、選挙取締方針の緩和を公然と宣言することはなかったものの、かかる軌道修正は、原嘉道法相の次の談話からも確認することができる。すなわち、司法当局の最も注意していることは、選挙の根本問題に直接影響のある事柄、例えば買収行為等の取締であって宣伝ポスターの寸法などは余りやかましく問題とはしない方針である、選挙の取締は厳重であるべきだが余り厳重に過ぎて選挙民を萎縮させる様なことがあってはならないと思う(49)、と談じていた。

選挙戦序盤より、政府による選挙啓蒙活動は、「選挙違反防止」と「棄権防止」の二つを柱に行われていたが、右の事情を背景に、投票日が近づくにつれ、後者の棄権防止に力点を置いた啓蒙活動が活発に展開されることになる。次節においては、かかる軌道修正を含め、棄権防止のための選挙啓蒙活動の実態に関し考察を加えてみたい。

第三節　棄権防止のための選挙啓蒙活動

(1) 内務省の方針

第一節において紹介したように府県議選に際し投票日を知らなかった有権者が多数いたことに関し、選挙啓蒙活動の不足に原因があったとして、政府は批判を受けることになった。例えば、棄権率が高かったのは、政府が国民に普選への理解を促す努力を怠ったため、普選の趣旨が新有権者に徹底しなかったことにある、との新聞の批判はその典型であろう(50)。

こうした指摘を受けるまでもなく、低投票率への危機感と、棄権防止のための有権者に対する啓蒙の必要は、政府、さらに選挙執行の統括官庁である内務省においても共有されていた。例えば、内務官僚の著書の中では該問題が言及され、昭和二年の府県議選の実績を見ると、二割六分強の棄権者を見たことは、最初の普選としては成績不良とはいえないものの「従来の一割乃至二割以内の棄権者に比すれば、新に選挙権を獲得したる者の政治能力に一層の努力を要す(51)」とし、棄権率を上げているのは新有権者の政治能力の低さに起因することを示唆し、その改善に向けた一層の努力が必要であることが説かれていた。内務省内のかかる認識と危機感から、同省が府県議選の棄権率増を時代に逆行する勢いとしてひどく気に悩み、貴重な一票行使を徹底させるためのポスター(52)、推薦状、宣伝ビラ等、選挙の利器を一般公開する展覧会を東京市相談の上、開催すべく交渉を進めていること、さらに、総選挙を控え開催される既述の地方長官会議において、同省が棄権防止を図るため、地方庁を鞭撻して講演、ポスター、パンフレットの配布等、あらゆる方法を通じ普選法の趣旨徹底を図る意向であることも、新聞は伝えていた(53)。

この報道にある通り、鈴木喜三郎内相は、該会議における地方長官への訓示の中で、過般の府県議選は各位の努力と一般国民の自覚により概ね良好の成績を上げたものの、その低投票率は遺憾であり、関係官吏の努力と指導により有権者の自省を導き出すことを切望していた(54)。さらに鈴木は、投票日の前夜に明らかにした声明の中でも(55)、府県議選の棄権率の具体的数字に言及しながら危機感を改めて示しつつ、内務省が投票率向上を切望していることを次のように訴えていた。すなわち、棄権は立憲国民としての一大罪悪とまで断じ、雪などのいかなる困難をも乗り越え投票所に向かうことは、五体に満々たる忠君愛国の血が祖先より伝わる我が大和民族の国家に対する重大な義務である旨を(56)、説いていた。

地方長官会議の右の訓示を受け、内務省は二月上旬、棄権防止の啓蒙活動の一環として、大判の宣伝ポスター二〇万枚を作成し、全国各府県を通じ各市町村の適当の場所に(57)、あるいは鉄道省にも交渉し全国各駅に掲示しその趣旨徹底を期すことになった(58)。二月八日の新聞紙上に写真入りで紹介されたのが(59)、図２－５に示すポスターである(60)。オレンジ色と黒の二色刷りで朝日を背景に、中央に「普選、皆さん投票所へ」と書かれ、その右半分は、明るい背景の下、投票所へ向かう有権者が道を埋め、その上には「投票スレバ明クナリ」「昭和維新世論政治ガ実現スル」と記されている。それとは対照的に左半分には、暗い背景の下、三々五々投票所に向かう有権者が描かれ「棄権スレバ暗クナル」と記されていた。投票に行くか棄権するかの選択が、わが国将来の明暗の分岐点になることを、対照的な色調と構図で描いていた。

ところで、内務省による該ポスター作成の経緯を、新聞は次のように解説していた。すなわち、「普選の取締

図２－５　（→口絵）

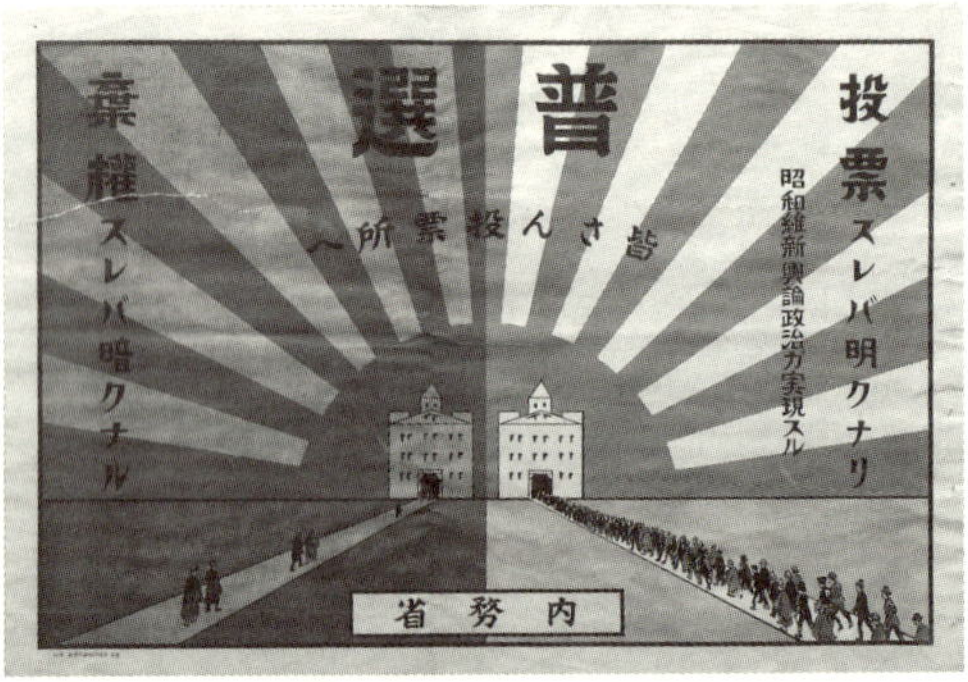

や罰則を当局が余りやかましく宣伝するものだから一般に普選とは恐ろしいものといふ観念を与へ、この調子では多数の棄権者が出るかも知れないと今更の如く心配し出した内務省では棄権防止の宣伝ポスターを廿万枚印刷し全国各府県を通じ各市町村の適当の場所に掲示し国民の注意を喚起することになった」[61]とした。前節において紹介した「選挙の心得」に代表される違反防止ポスターが、有権者の投票への意欲を殺ぎ、萎縮させることを危惧した内務省は、選挙違反ではなく棄権防止に力点を置いた啓蒙ポスターを大量に作成し各地方に配布したのである。こうした政府の懸念と配慮は各地方庁に伝えられ、下位レベルの啓蒙活動にも反映されていたことは、東京市の公報紙上においても確認することができる。すなわち、新選挙法による種々の違反事項を列挙し解説した記事は、続けて「しかしながら取締規定のやかましいことなどを気にするのあまり、棄権などをすることは、絶対禁物です。規定の厳しいのも畢竟みんなが『公正に選挙』をするやうにしたいが為に外なりません」と、禁止事項に萎縮することなく投票場に行くことを促す文言を敢えて付していた[62]。そもそも、既述のように府県議選の低投票率は政府部内においても問題視されていたため、投票率向上のための施策を展開することは、選挙戦初頭より中央から地方に対し要請されていた。例えば、前出の地方長官会議では「選挙事務に関する指示」が各府県に対し出されていたが[63]、東京市の公報は、その内容を「衆議院議員選挙事務に関する注意事項」として紹介し、棄権率防止の方策を講じることを謳っていた[64]。さらにかかる地方長官会議では、内務当局から投票率向上のための、より具体的施策も内訓として出されていることが新聞に報じられたが、その内容は次の通りである。

一、会社の社長や工場主に対し、選挙当日、使用人や労働者が選挙権を行使できるよう仕事に差し支えなき限り余暇をあたえるよう地方長官より懇談させる。

二、有権者に投票所を確知させるため、(イ)投票入場券の裏に投票所を記入、(ロ)市区町村役場以外に投票所を設けた場合は、市区町村をして町字毎に投票所を掲示する。

三、講演会、ポスター、ビラ、その他の方法により貴重な選挙権の行使につき国民に政治的訓練を行うこと。(65)

こうした内務省からの指示や内訓を受け、各府県等の地方レベルにおいても棄権防止の選挙啓蒙活動が行われ、その活動は投票日に近づくにつれより強化されることになった。以下、大阪、東京の事例を中心にかかる啓蒙活動の実態を紹介してみたい。

(2) 大阪府の啓蒙活動

既述のように大阪は、府県議選において五割台の最低投票率に止まった地域だけに、棄権防止の啓蒙活動には力を入れる必要があった。そもそも府議選に際しては、大阪府警察部高等課が内務部地方課と協力し、課長、係長以下、二か月以上に亘り映画に講演にと暑熱と戦いながら宣伝を続けたが、(66)その成果は必ずしも上がらなかったのである。総選挙を迎えた大阪府地方課では、府県議選で全国首位を占めた棄権率を受け、棄権防止に力を注ぎ、棄権を戒めたポスター約三万枚を印刷し、府下各市町村に配布し、与えられた参政権を十分行使するよう一段の普及を図ることになった。(67)とりわけかかる啓蒙活動の中心にはポスターを据え、そのための予算措置と作成枚数や配布の方法、掲示場所などについての概要が次のように報じられている。すなわち、大阪府は府議選では映画、講演会を多数開催し棄権防止に努めたが、案外その効果あがらず、今回総選挙では更に一歩を進め棄権防止に全力を傾注することになったが、期間が短いので講演会を催す暇がなくポスター一点張りで進むことに決し、府費一千五百円を投じ、棄権防止のポスターを三万二千枚印刷し、大阪、堺、岸和田の三市では各警察署、郡部では各町村長、警察署長の手を経て、電車内吊下用として五千枚、停車場用として五千枚を、残り二万二千枚は理髪店、湯屋、寄席、その他一般公衆の目につき易い個所に吊るすことになった[68]、とする。

図2－6 →口絵

以上のような大阪府の方針の下、同府が作成した棄権防止のためのポスターで投票日一週間前の二月一三日に完成をみたのが図2－6である[69]。該ポスターは赤と黒の二色刷りで、日本列島の地図の上に、「忘るな！　二月二十日!!」「国の為!!!」「棄てるな！　一票!!」の標語が記され、選挙民に対し投票日と棄権防止を強調するとともに、投票自体が国家への貢献であることを訴えていた[70]。

こうした棄権防止のための啓蒙活動は、府レベルだけでなく区レベルでも積極的に展開され、新聞はそうした啓蒙活動の実態を次のように伝えていた。すなわち、大阪市内の各区役所でも投票に関する色々な注意宣伝に努め、特に投票区域や投票場所が昨年府議選の際と変更のあった所では間違いの生ぜぬよう区民に徹底させねばならぬので、西区、東淀川区ではポスターを要所に掲げ、港区、西成区などでも各戸に注意書を配った。此花、東成、北、南の各区などではビラを、北区ではまた別に「汝の一票の力を知れ」とのモットーを記した棄権防止宣伝ポスターを区内に掲げた[71]。あるいは、棄権防止の宣伝ポスターを出すというので南区役所では意匠考案中、区長は都都逸入りがおもしろかろうと「与へられたる選挙の権利なぜにあなたは棄権する」「議員選挙に手間ひまいらぬ、思ふ候補者書けばよい[72]」の二つの文言を考えたことが伝えられた。さらに、大阪島之内署では、総選挙では一人の棄権者も出さぬようにと、署長が陣頭に立ち種々の手段を用いながら啓蒙活動を展開した。新聞には、棄権防止宣伝の講演をレコードに吹き込む署長の写真が、該レコードは管内の飲食店、蓄音機店などへ無料で配布される予定である、との説明が付され掲載されていた。これ以外にも同署は、「普選当初の尊き一票」「棄権すな」と印刷したポスター三千枚を管内の道頓堀、千日前の各劇場、カフェー、喫茶店などに貼ったり、各活動写真館には幻燈をもってポスターを映し宣伝するなど棄権防止に努めていた。[73]

(3)　東京市の啓蒙活動

東京府議会議員選挙は、既述の昭和二年の府県議選には実施されなかったものの、大阪同様に都市部を多く抱える東京においては、普選実施後の投票率の低下が懸念されるところであった。[74] したがって、例えば東京市においては、棄権防止のための普選事務施設要綱（以下、普選要綱と略）が定められ、その中では、㈠、『棄権防止』『理想投票』の宣伝ビラ七十万枚配布、㈡、ポスター三万枚の掲出、㈢、勤人労働者の投票に便宜供与方の依頼書三十万枚の配布、㈣、劇場、活動写真館等の幕間講演、㈤、市長助役のラジオ放送、（中略）、㈦、投票所入場券の配布励行」など、選挙啓蒙のための具体的施策が決められていた。[75]

図２－７と２－８は、右の普選要綱において言及されていた選挙啓蒙ポスターである。図２－７は、[76] 朱と青の二色刷りで、カーテンを開けると旭日が輝いている意匠で、カーテンの上には、「廿日は必ず投票して下さい、そして、迷はず、惑はず公正に、尊き一票を御使ひ下さい」と、投票日を強調し公正な投票を促し、旭日の図柄には「あかるい日本にするために」と、普選の成功が明るい日本の将来につながることを訴えていた。図２－８も、[77] 朱と青の二色刷りで、「いよいよ普選、二月二十日」と投票日を強調し、図２－７と同様の「迷はず・惑はず・公正に」の文言とともに「決して棄てるな尊き一票」と棄権防止を訴えていた。また「幸福も禍も一票か

図２－７ ➔口絵

図２－８ ➔口絵

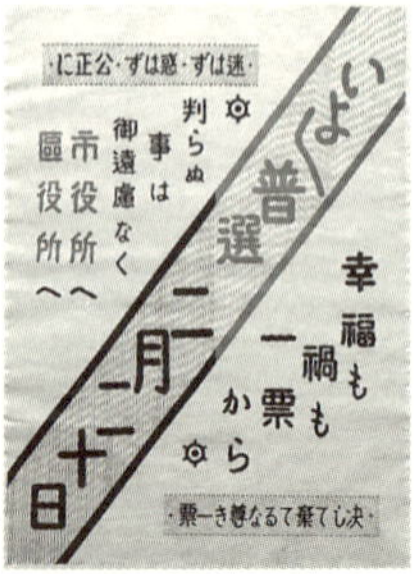

ら」とし、先の内務省作成ポスターの意匠に示されていたのと同様のメッセージ、今回の投票が日本の将来の明暗を分けることを訴えるとともに、新たに選挙権を獲得した選挙民の不案内を見越し「判らぬ事は御遠慮なく市役所へ区役所へ」と、新有権者への配慮も示していた。

また、右記東京市の普選要綱の㈢に従い、東京市は、都下七千の大小会社に総選挙の公正な実施と棄権防止の目的を以って次の依頼状を配布した。「普選の実施に当り御協力を乞ふ」と題した該文書は、選挙の公正さと棄権防止のため「㈠、別紙『選挙の心得書』を御部内に配布せられ、且適当の方法を以て、選挙の公正に行はるるの要ある所以を特に御訓話御鞭撻ありたきこと、㈡、選挙当日（二月二十日）は月曜日に付夫々勤務せらるべき日ではありますが、選挙は実に公民としての尊き責務でありますから、投票の為には格段の御便宜を与へられ、寧ろ必ず投票するやうに御勧説ありたきこと」と記されていた。(78)

さらに、右記の普選要綱㈦に「投票所入場券の配布励行」が謳われていたように、その郵送は実行され、さらに公報上でも、かかる入場券の実際が紹介され、投票所での手続きの仕方が詳細に解説されていた。(79) こうした東京市の啓蒙活動に関し、新聞のコラムは、同市は、はじめての普選の万全を期すると称し、内務省の印刷物以外に、「普選の心得」なる小冊子を配り選挙権行使の重大なる意義を説き、棄権防止に努力すると共に、更に投票場入場券を発行郵送して確実に有権者なることを知らしめる等、全くかゆいところに手が届くような指導ぶりであった、少なくとも横浜人の眼にはそう見えた、との評価を与えていた[80]。横浜在住と目される同コラム執筆者は、東京市とは対照的に横浜市の不熱心さを次のように難じていた。すなわち、これに反して我々の市では、選挙人名簿縦覧の法定手続以外には、投票所の所在をポスターで指示したばかりで、心得書は固より入場券さへ出さなかったため、多くの選挙人は推薦状の類を受け取って、初めて自分が有権者になったことを知る、如何にもたより無い感を抱かざるを得なかったと嘆じていたため、選挙啓蒙運動へのエネルギーの注ぎ方は地域により少なからぬ差があったようである[81]。

また、先の内務省の内訓では、講演会、ポスター、ビラ、その他の方法による選挙啓蒙活動の推進が謳われていたが、その他の手段としては、新聞はもとより、映画やマッチ、ラジオなども利用された。

東京市では同市社会教育課が、全国の模範となるべき実績を上げるため、活動写真を以て普通選挙法の如何なるものかを紹介するとし、公報には、二月三日を皮切りに、八日間八箇所で選挙啓蒙映画（映画は『東京日日新聞』提供の「普選の実施と国民の自覚」三巻）が上映されることが告知されていた[82]。さらに、東京市は宣伝マッチ数万個を作成し、各役所や銀行会社其の他に配布したが、その意匠は、中央に市のマークを現はした赤黒二度刷のペーパーに「迷はず公正に必ず棄てるな貴き一票」との標語を記し、下方に東京市各区役所と黒地に白く抜いてあった[83]。

さらに当時普及し始めたラジオも普選啓蒙活動に積極的に活用された。例えば、二月一八日から三日間ＪＯＡＫは普選宣伝のために音頭取りをすることになり、「皆サン投票シマセウ」「御用モアリマセウガ国民ノ権利タル清キ一票ヲオ忘レナイヨウ」「棄権スルコトハ立憲国民ノ資格ヲ自ラ棄権スルコトデスカラ」などの要領で、アナウンサーが熱心に声を張り上げ放送した[84]。このようにラジオを通じての啓蒙活動は、右の東京市の普選要綱においても市長助役によるラジオ放送として掲げられていたが、その要綱通り、投票日前日の一九日には、東京市長の市来乙彦がラジオ放送を通じ選挙啓蒙の演説を行い、かかる内容は公報紙上において紹介された。そこにおいて市長は、選挙権拡張の歴史と意義を説いた後、「先づ第一に『必ず投票すること』であります。」と投票を強く訴えていた。「皆様方の選挙権は、国民の有する最も重要な権利の一つであります。権利は之を行ふが当然のことであります。即ち選挙権を行ふと云ふことは、国民の政治上の義務であります。義務を棄てると云ふことは一つの罪であります。即ち投票を致さないと云ふことは政治上の罪である。投票は必ず致さねばならぬものであると云ふことを御忘れにならぬ様に願ひたいのであります」(85)と、選挙権行使は国民の権利であるとともに義務であるため、棄権はその義務放棄を意味するとしていた。投票日前日の鈴木内相の声明同様、棄権は政治上の罪と断じ、有権者に威嚇ともとれる強い表現や用語を用いながら投票を促していたのである。

(4) その他の府県の啓蒙活動

その他の府県においても、投票率向上のための対策が種々行われたことを新聞は紹介していた。その内のいくつかを紹介すると、例えば、山形県は、市町村長に有権者が投票所まで安全かつ円滑確実に足を運ぶことができるよう雪国ならではの、次の通牒を発していた。すなわち、一、道路指導標の設置督励保存、一、投票所への雪踏みの励行人夫による除雪、一、雪崩の危険ある個所に対する予防施設が、対策として挙げられていた。仙台市では、県議選で五割の棄権を出したことに鑑み、入場券を発行するとともに、「棄権せぬやう、時間に遅れぬやう」と印刷したポスターを各戸に配布し、青森県では投票を出来る限り容易にするため山間部は投票所を八箇所に分割したり、北海道では投票日の繰上げを行ったりしていた(86)。さらに千葉県葛飾郡柏町役場では各戸に棄権防止のビラを配布したが、その文句は「これも身のため国のため、サアサア行きませう投票に、仕事の合ひ間を見計ひ、執務時間の後先に、杖を頼りに老の身も(87)」と、その文言がふるっているとして紹介されていた。

また、東京市が棄権防止のための啓蒙活動として、雇い主等に対し従業員が投票に行き易くするための配慮を要請していたことを紹介したが、これは地方長官会議に際し内務省より各府県庁に対し出された既述の内訓に基づくものであったため、同様の施策は他の府県においても行われていた。例えば、山梨県では、棄権防止の標語一〇万枚を印刷配布しただけなく、各工場に対し公休日の変更や、時間繰り合わせ、公休日と関係なく休日にするか、うち一項を実施すべしと、七日に通牒が発せられていた(88)。

さらに大阪府と東京市の事例として紹介したような選挙啓蒙ポスターも、他の府県において作成されたが、ここでは確認できる兵庫県や長崎県作成のポスターやビラを紹介してみたい。**図2－9**に示す兵庫県のポスターは、黄、赤、黒の三色刷りで、右に「尊い一票棄権すな」との棄権防止の標語、左に「総選挙は二月二十日、朝七時より夕六時まで」と投票日時が記され、中央には背広を着て帽子をかぶった男性が、投票用紙を持つ左手を掲げている意匠である(89)。さらに、**図2－10**に示す兵庫県が作成したビラには、「◎棄権すな・棄てるな、尊き一票を行使してこそ光りあり　◎権利の上に眠るな(90)」あるいは「有権者に告ぐ」と題し、「貴重な参政権を無にするな、棄権は普選の精神に反する」と(91)、お上が棄権防止を命令調で訴える文言も見出すことができる。長崎県の場合は、**図2－11**に示す青、赤、黒の三色刷りのポスターで、「貴重な選挙権です、皆さんお互いに投票致しませう」と投票を勧説する文言に投票用紙から投票箱へ赤い矢印が描かれた意匠である(92)。これ以外にも、**図2－12**は「投票の勧め」と題し、選挙権の意義を次のように文字だけで説明した大判のポスターが作成された(93)。そこには、「衆議院議員選挙は国政に参与する皆様の代表者を選ぶ大切な仕事でありまして皆様の投票に依つて決まるのであります。立憲政治は此の一票の選挙権を土台として行はれるのでありますから皆様が此の貴重な権利を持ちながら之を使はないといふことは、それこそ立憲国民としての任務を盡さないことになるのであります。選挙権のある方は進んで投票を行ふことを切にお勧め致します」と、投票権を行使しない人は立憲国民の任務を果たしたこと

図2－9 ➔口絵

図2－10 ➔口絵

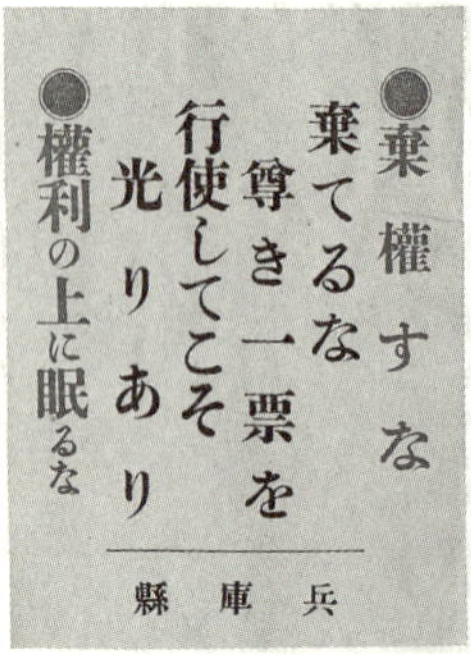

図2－11 ➔口絵

図2－12 ➔口絵

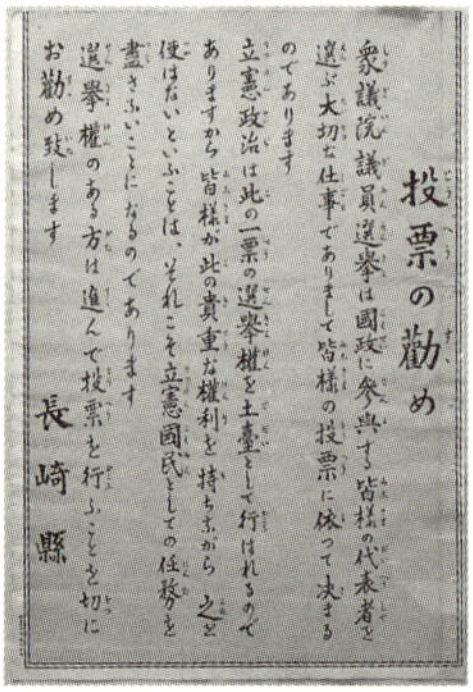

にならないと説いていた。長崎県警察部が選挙違反防止のための選挙啓蒙ポスターを作成していたことは既に紹介したが、同警察部作成のポスターは、それ以外に三種確認でき、**図2－13**には、「普選の第一頁、公明な選挙運動」(94)、**図2－14**には「届けた運動員の外は只演説と推薦状」(95)、**図2－15**には「清い一票、明るい日本」(96)と、公明な選挙を求める選挙違反防止の標語が各々躍っていた。

以上のように、各府県や各市区において、種々の方法により選挙啓蒙活動が積極的に行われたが、それらの活動は、各々に通常の予算では賄えぬほどの財政負担を強いることになっていた。例えば東京市の場合、府当局と協力し意義ある最初の普選に棄権者を防止しようとポスター、撒きビラ等で大童の宣伝をしたが、この選挙のために要する市の費用は非常なもので、有権者名簿の市の負担分一七万、臨時雇いの人件費、備品代などの外にポスター、ビラ代を合わせると三万五千余円に上っているから、全部で二〇万円余となり、この予算を市会に諮る時間がなかったので全部予備費から支出することになったとする(97)。さらに、各府県からは選挙対策費として中央への追加予算請求が押し寄せていることを新聞は伝えていた。すなわち、

図2－13 →口絵

図2－14 →口絵

図2－15 →口絵

政府は、普選実施に備え、内務省及び各府県に要する費用として第二予備金より四〇万円を支出し、多きは一万円余、少なきは四、五千円位を地方に割り当てたが、これまでと違う普選のことで意外に費用が嵩み予算だけでは足りず、各府県より内務省に選挙費増額承認の申請が寄せられていた[98]。こうした多くの府県における選挙対策費の増大は、最初の普選に対応するための事務経費とともに、既述した選挙啓蒙活動に起因していたのである。

(5) 民間の選挙啓蒙活動

ところで、以上のような選挙啓蒙活動は、内務省や地方庁以外の民間においても積極的に行われた。ここでは、『普選資料』の中に選挙啓蒙ポスターとして確認できる婦人団体と新聞社の事例について、以下紹介したい。

まず、普選達成婦人委員会は、東京連合婦人会の総会に緊急動議を出し、棄権防止の宣伝ビラ五〇万枚や一目瞭然に飲み込めるポスターを考案し、全国の婦人団体、女学校などに発送することを決定していた[99]。図2－16[100]は、「主催　普選達成婦人委員会、東京連合婦人会」と記されていることから、かかる経緯の中から作成されたポスターと考えられる。朱、青、黄、黒の四色で、上段に横書きで「貴き一票」、

図2－16 →口絵

図2－17 →口絵

その右下には「正しく用ひて」、左下には「棄てないように」と各々縦書きで記され、公正な選挙と棄権防止を訴えていた。

新聞社も選挙啓蒙活動の一翼を担い、選挙ポスターを作成していた。図2－17(101)が、それであるが、赤と黒の二色刷りで、左下に、「昭和三年二月一日、東京朝日新聞付録」とあり、大判(五三・五×一九cm)であるため、新聞に付録として折り込まれ配布されたと考えられる。赤い太陽の下「清い一票明るい日本」と赤字で大書され、従前の啓蒙ポスター同様、今回の選挙の意義を示していた。さらに下段には「総選挙の状勢は?あなたの清き一票は?普選の母・東京朝日新聞の厳正公平なる報道とその批判」と記され、選挙啓蒙とともに選挙報道を通じ部数拡大を目指す自社宣伝を行っていた。

因みに、第一章において紹介したように、朝日新聞社は、内務官僚が留学中英国やスイスで集めた選挙ポスターを所収した『英瑞選挙ポスター集』を発刊したり、ポスター標語と意匠の懸賞募集の企画を立て、優秀作品をまとめた『普選ポスター集』を発刊する等、普選実現をめぐり他社に先駆けた企画を積極的に展開していた。朝日の幹部であった緒方竹虎は、同社発刊の普選解説書の序文において「普選獲得の歴史上新聞紙の功績は大だが、その間、朝日新聞が普選の陳渉《ママ》呉廣をもつて自らを任じ、あらゆる努力をこの運動の成功に向かつて払つたことについても、特に世の記憶を新にして、あへて僭越の誇りを受けぬだろうと信じる(102)」と、自社が普選運動の先陣を切ってきたことを自負する一文を寄せていた。右のポスターに見る「普選の母」の文言は、そうした自負の表れということができよう。

また『大阪朝日新聞』は、本社機を用いた普選飛行を行い、京阪神の空より「自由公正なれ、情実を排せよ、買収されるな、正しき人を選べ、棄権するな」と警告するビラ一〇万枚を撒布することになった(103)。これ以外にも、『東京朝日新聞』は、国民に選挙を印象づけ、投票日を忘れさせぬようにするため、各戸に国旗を掲揚させることを提言していた(104)。投票日に関しては、『東京日日新聞』も、従業員の投票を容易にするため、投票日を公休に準じ、給料の差引きを行わず、場合に応じて半休、四分の一休などを認める「選挙デー」の創設を提言していた(105)。

このように、わが国最初の普選を成功裡に終わらすべく、婦人団体、新聞社など政府以外の種々の民間分野においても、選挙啓蒙活動が積極的に行われたのである。

以上、府県議選での低投票率に危機感を抱いた政府が、棄権防止の啓蒙活動を各府県に要請し、中央地方を問わず積極的にその活動が行われたこと、さらに民間においても同様の選挙啓蒙活動が展開されていたことを明らかにした。「かくて官民一致の歩調で普選へ！　普選へ！　の気分は全都市を通じ横溢する(106)」ことになった。確かに、既述のように投票率の高低は買収の強弱に起因するとの解釈から、投票率に注目することの無意味さを指摘する論はあったものの、第一回普選の選挙戦を通じその行方は関心の的であり続けた。投票率の高低が普選の成功と失敗の判断基準になると考えられていたことは、投票日当日の新聞の社説が次のように論じていたことからも看取できる。すなわち、最初の普選という国民的試験に及落をつける一大案件は、既成政党勢力の消長でも無産政党の台頭でもなく投票率の多寡である、有権者激増に伴い、棄権者も激増すれば、選挙権拡張は無益に行われたもの、普選実施は尚早であったことを示すことになる、選挙への冷淡無関心、棄権者の増大は、現代議会政治存立の基礎を忽ちくつがえすことになる、棄権は議会政治存立の基礎に対する叛逆を意味するので、本日の試験にこれを戒める所以である、と訴えていた(107)。

表２－３　普選以降の衆議院議員選挙の投票率

	実施内閣	実施年月日	納税資格	有権者数／人口比	投票率（全国）
第16回総選挙	田中	昭和３年２月20日（月）	なし	1241万／20.12％	80.33％
第17回総選挙	浜口	昭和５年２月20日（木）	〃	1280万／20.19％	83.34％
第18回総選挙	犬養	昭和７年２月20日（土）	〃	1310万／20.02％	81.67％
第19回総選挙	岡田	昭和11年２月20日（木）	〃	1430万／20.66％	78.64％
第20回総選挙	林	昭和12年４月30日（金）	〃	1440万／20.54％	73.31％
第21回総選挙	東條	昭和17年４月30日（木）	〃	1459万／20.36％	83.16％

出所：『衆議院議員選挙実績―第１回～第30回―』（財団法人公明選挙連盟、昭和42年）より作成。
注：有権者数の万以下は四捨五入。

表２－３に示すように第一回普選の投票率は、八〇・三三％で八割を維持することになった。従前の制限選挙下に比すれば、必ずしも高いとはいえないものの府県議選の投票率に鑑みれば、最初の普選の実績としてその体裁を保つことができたといえる。そして、この結果を安堵の念を含みながら肯定的に見る評価は、次の通り朝野を問わず共通していた。(108)

総選挙後の昭和三年六月一五日に開催された地方長官会議に際し、望月圭介内相は、訓示の中で、府県議選の低投票率を遺憾としながら、他方、衆議院議員選挙の棄権率が抑えられたことに関しては、各位の指導督励と国民の政治的自覚とに依ったものでありまして、憲政の前途に対し深く欣ぶ所であります、と賛辞を送っていた。(109)また、田中内閣の内閣書記官長の座にあり、与党政友会の代議士でもあった鳩山一郎も、府県議選の結果に鑑み三割を超えるのではないかと危惧されていた棄権率が、必ずしも高くはなく、列国の例に比し優秀なる成績を示したことを、心から喜んでいるのであります、と評していた。(110)新聞も、外国の例を引きながら、その結果を次のように高く評価した。すなわち、普選の効果は、国民の政治的自覚と並行すべきであり、それは必然的に棄権率の低減という形になって現れる。今回の総選挙において、この棄権率が予想以上に低率であったことは、過般の府県議会選挙に比し驚くべき好成績であるだけでなく、外国の例、英国、フランス、米国等に比すれば、むしろかれ等から羨ましがられる計数を示している、われ等はこれを以て、わが政界に到来した

普選時代を予示するものと見て、衷心の喜びとするものである、と同様の賛辞を寄せていたのである。(111)

結語

以上、第一回普選に際しての新有権者の選挙に対する基本的認識を、投票率に注目しながら考察した。彼等の意識の基底には、選挙への無関心や冷淡さ、従前より常習化された買収を当然視する考えが根強くあったことを明らかにした。政府は、かかる買収を防ぐために、さらには新選挙法への理解不足から発生する選挙違反を防止するために、選挙啓蒙活動を積極的に行ったが、それが有権者の選挙に対する意識を萎縮させることが明らかになるにつれ、違反防止より棄権防止に力点を置いた啓蒙活動を展開することになった。棄権防止のための啓蒙活動は中央地方、朝野を問わず積極的に行われ、当初懸念されていた低投票率は回避することができたのである。

しかし、これらの事実から浮かび上がることは、従前の研究において前提とされてきた理想化された国民像、すなわち政治参加の意義を自覚しその権利行使に積極的な有権者像と、現実のそれとの格差である。最初の普選に際し投票率は八割を維持したものの、その背景には朝野において問題視される有権者の政治的無関心があった。さらに、彼等の選挙に対する関心の度合いは、政府による違反防止の啓蒙活動と取締りを前にして容易に萎縮するほど弱かったため、選挙後半戦になると、政府は投票率向上のため、棄権防止に力点をおいた啓蒙活動を種々のレベルにおいて積極的に行うことになった。

ここにおいて、統治者の側が投票率低下に危機感を抱き、多額の予算を投じてまで有権者である国民に投票を促す種々の啓蒙活動を行っていたことは注目すべきであろう。そこには、本来、国民の政治参加の権利であるはずの投票が、統治者の側により促されるという倒錯が生じている。これは、既述したように、有権者各自が政治参加の権利として投票権の行使を必ずしも切望していなかった事実を間接的に裏づけているだけでなく、統治者の側が、投票率の低迷は第一回普選を汚し立憲政治の土台を損なうとの認識を抱いていたことを示していた。被統治者の権利行使の問題を統治者の側が心配しながら啓蒙活動を何ら抵抗なく展開していること、加えてそのことに関し被統治者の側も違和感なく受け入れていることは今日の選挙でも確認できる現象である。それは、わが国においては統治者と被統治者との関係が截然と区別された対抗関係にはなく、両者間の心理的距離の近接、さらに言えば融合が存しているからこそ生じる現象であった。[112]

その後の総選挙の投票率は、**表2－3**に示したように、第一七回八三・三四％、第一八回八一・六七％、第一九回七八・六四％、第二〇回七三・三一％、第二一回八三・一六％と、七割から八割前半を推移することになる。普選の導入は総選挙レベルで見ると投票率の漸減傾向をもたらしているものの、顕著な下落をもたらすことはなかったといえよう。八割台を維持した第一七、一八回総選挙は政党内閣下で実施され、七割台に止まった第一九、二〇回総選挙は、政党政治崩壊後の非政党内閣下、粛清選挙運動が展開される中で実施された。さらに、八割台を回復した第二一回総選挙は、候補者を事実上政府が推薦する翼賛選挙であったため、これらの投票率を一律に並べ性急な結論を導き出すことは危険であろう。有権者の意識とともに各投票率が意味する内容に関しては、今後の検討課題としたい。

（1）　戦前昭和の政党政治期、既成政党の選挙に際しての集票メカニズムに関しては、浅野和生「戦前総選挙における集団投票」（大麻唯男伝記研究会編『大麻唯男・論文編』財団法人櫻田會、一九九六年）、酒井正文「戦前期二大政党対立下の選挙における地方指導者の事大主義的傾向」（同上）において、その一端が検証されている。

（2）　府県会議員選挙は、九月二一日の鳥取を皮切りに一〇月一四日の静岡まで実施された。

（3）　例えば、政友会の代議士であった植原悦二郎は、とりわけ都市部で棄権率が高かったのは、市の関係から県会の権限が制約されているため有権者は府県議選に興味を抱けなかったことを原因の一つに挙げている（植原悦二郎「誤まれる見解」『中央公論』昭和二年一一月）。

(4) 大正期における大阪府の府議会選挙の投票率は、八一・九〇％（大正四年九月二〇日）、八七・〇〇％（大正八年九月二五日）、八七・七〇％（大正一二年九月二〇日）であった（『大阪府会史・第四編・上巻』大阪府会史編纂委員会、昭和三二年）。

(5) 大正期における鹿児島県の県議会選挙の投票率は、七〇・九八％（大正四年九月二五日）、七三・七三％（大正八年九月二五日）、七五・四五％（大正一二年九月二五日）であった（『鹿児島県議会史』鹿児島県議会、昭和四六年）。

(6)「普選の不成績」『時事新報』昭和二年九月二七日。

(7) 清沢冽は、府県議選の棄権率が高かったことに、気の毒なほどあわてたのは、七、八年も前から、普通選挙は国民の要望なりと書いてきた全国の新聞であると論じ、新聞が、自己の思い込みで理想化していた国民像と実際のそれとが大きく異なり、狼狽している様を冷笑していた（清沢冽「議会政治に近道はない」『中央公論』昭和二年一一月）が、そうした通弊は、従前の普選運動研究や、さらには婦人参政権を含めた近代日本の参政権拡張の歴史の書かれ方にも共通している。

(8)「棄権防止の一策」『東京朝日新聞』昭和三年二月一〇日。

(9) 本田については、第七章でも言及するが、第一回普選に長崎一区（長崎市、西彼杵郡、北高来郡、南高来郡、対馬島庁管内）より出馬し初当選を果たす。

(10)「本田英作の推薦状」C-69-3。また、投票間近の白熱戦を視察できると期待し秋田の県議選へ応援演説に行ったものは、「これが待ちに待つた普選に依る選挙か」と疑いたくなる程情熱のない言論戦に幻滅したとの感想記を寄稿していた（石井満「情熱なき言論戦」『中央公論』昭和二年一一月）。

(11) 野党民政党の代議士小泉又次郎は、有権者が投票所に行く際の服装に関し次のような進言をしているが、そこにも最初の普選に際しての有権者の戸惑いを垣間見ることができる。すなわち、投票には、殊更に衣服を更め、威儀を正うする等の必要は全然ない、従来の如く羽織、袴の礼装を為すが如きは無用の事である、何人と雖も平常衣の儘、若くは仕事衣の儘、容易に投票するような習慣を作らねばならぬ、と訴えていた（小泉又次郎「普選最初の試練を終へて」『民政』昭和二年一一月）。

(12) 蜃気楼生「地方行脚選挙挿話」『民政』昭和二年一一月。

(13)「懸賞募集・最初の普選を見て㈠ 集つた所感と印象の中から、島潤三〈憂鬱な群集〉」『大阪毎日新聞』昭和二年一〇月一日。

(14) 宮本は、前回の第一五回総選挙に、茨城旧三区（那珂郡）より出馬し二回目の当選を果たしている。

(15) 宮本逸三「地方政戦の跡を顧みて◎頼まれねば投票しない」『政友』昭和二年一一月。

(16) 同様に与党政友会代議士山本慎平（長野五区）も、地方政戦の実際を通じて実感した選挙民の意識に関し、総選挙になっても画時代的な変化は来さうにもない、選挙権を拡張しても無理解な投票がザラだ、当分は駄目だ、と半ば諦めと投げやりな感想を寄せていた（山本慎平「地方政戦の跡を顧みて◎無理解な投票がザラだ」『政友』昭和二年一一月）。
(17)「地方普選を視る―既成政党の魔の手今尚ほ去らず・東北三県の巻(二)」『東京朝日新聞』昭和二年九月二日。
(18) 馬場恒吾「選挙の正体を凝視めて」『改造』昭和二年一一月号。
(19) 前掲・蜃気楼生「地方行脚選挙挿話」。
(20) 前掲・馬場「選挙の正体を凝視めて」。第一章で紹介した新日本同盟の調査報告は、巨額の選挙運動費が投票買収のために支出されることは公然の事実とした上で、次のような現実を紹介していた。すなわち、普選になれば、戸別訪問が出来ず、買収も有権者の範囲が広汎となり、到底投票買収が困難になると予想されたが、事実は戸別訪問も種々の名義の下で行われ、買収も盛んに行われた。従前のように一票、十円、二十円、三十円の高額にはならなかったが、五円、三円、平均一円内外で、煙草敷島一個で取引された所もあった。都会は農村に比して買収は少なかったが、町の有力者、ブローカーが、地盤取引の名目で纏めて候補者ないし事務長から収受した所が多く、結局、買収費は都会、農村とも嵩んだ。農村では有権者が投票場へ赴く日当として収受することは、少しも怪しまれない状態であった。買収の方法は、従前同様、其土地のボス、ブローカーを介して散布され、あるいは青年団、組合への寄付金などの形式で行われた、とする（前掲『普選第一次の総選挙経過』）。
(21) 下村宏「行詰った経済と普選」『普通選挙　その日は来た』大阪東京朝日新聞、昭和三年、一〇三～四頁。
(22)「政界の巨頭の普選座談会(一)」『東京日日新聞』昭和三年一月一日。
(23) 藤森成吉「南信血戦記」『改造』昭和三年四月。藤森は、長野三区より、労農党候補として出馬するが、六位で落選した。
(24) 前掲・馬場「選挙の正体を凝視めて」。
(25)「政戦を行く・言論戦よりも黄金戦の土地・普選時代とも言へない・青森県」『東京日日新聞』昭和三年二月六日。
(26) 前掲「政界の巨頭の普選座談会(一)」。
(27) この座談会の記事を読んだ吉野作造も、出席者のかかる発言を敷衍し、都会と田舎を比べると都会ほど棄権率が多く、田舎ほど棄権率の少い理由も、買収等が盛に行はれるか否かによるものであるため、投票率の高低を有権者の政治意識の高低を計る基準にすることを戒めていた（吉野作造「社会時評」『中央公論』昭和三年二月）。
(28) こうした買収の根強さは、総選挙の投票日前日の社説においても次のように、警戒を促していたことからも窺うことができる。すなわち、銀弾を武器とする誘惑の魔手は今夜事を遂げんとしているので、わが貴重な一票を、銀弾の射るにまかせ、売票奴の群におちるか否か、それは、今決定されんとする問題であると、していた（「その前夜・売票奴」『東京日日新聞』昭和三年二月一九日）。
(29) わが国における選挙違反の歴史に関しては、季武嘉也『選挙違反の歴史―ウラからみた日本の百年―』（吉川弘文館、二〇〇七年）が詳しい。
(30) 「内閣総理大臣訓示」『東京市公報』昭和三年二月九日。
(31) 「秘・指示事項・府県会議員総選挙取締ニ関スル件〈昭和二年六月地方長官会議〉」（『昭和戦前期内務行政史料・第二巻、昭和二年』ゆまに書房、二〇〇〇年）。
(32) 「違反防止の選挙啓蒙ポスター（内務省）」A－2－1。因みに、この大きさは、内務省令が定めた選挙ポスターの最大サイズである。
(33) 『東京日日新聞』昭和三年一月二四日。
(34) 『東京日日新聞』昭和三年一月二八日付夕刊。
(35) 「街頭の雪の中に普選の声を聞く」『東京朝日新聞』昭和三年二月七日。
(36) 「長崎県警察部作成啓蒙ポスター」A－12－1。
(37) 「懸賞募集・最初の普選を見て㈤集った所感と印象の中から、愛知・煙涯生〈恐ろしい選挙㈠〉」『大阪毎日新聞』昭和二年一〇月五日。
(38) 「懸賞募集・最初の普選を見て㈤集った所感と印象の中から、兵庫県・草男生〈恐ろしい選挙㈡〉」『大阪毎日新聞』昭和二年一〇月五日。
(39) 『時事漫画』昭和三年二月一九日。なお、『時事漫画』は、府県議選に際しても、選挙戦を運動会の障害物競走に模し、候補者が「普選法規」と名づけられた網を先を争いながら潜る姿の絵に、「千何百の候補者が法網のもぐり合ひ競争」との文を付し、煩瑣な普選法規に悪戦苦闘する候補者を風刺していた（同、昭和二年九月一八日）。
(40) 『大阪朝日新聞』昭和三年二月一五日。
(41) 川島正次郎（代議士）「最初の普選を顧みて・法を改む必要」『政友』昭和三年四月。
(42) 安藤正純（文部参与官）「普選の戦より旋りて・所感と希望の二三」『政友』昭和三年四月。
(43) 匹田鋭吉（代議士）「最初の普選を顧みて・取締法を簡に」『政友』昭和三年四月。
(44) 「普選か不戦か」『東京日日新聞』昭和三年二月一六日。

(45) 既述の地方長官会議の翌二五日に開催された警察部長会議において、鈴木内相は、府県議選において買収等の違反を根絶できなかったことは遺憾ゆえ一層の努力を促すとともに、新選挙法は選挙運動を公明にするために定められているので、その趣旨の徹底を図ることを説いていた（「鈴木内務大臣訓示要旨」『山岡万之助文書』マイクロフィルム、A－Ⅳ－1－28、国立国会図書館憲政資料室所蔵）。

(46) 府県議選に際し総体的に棄権率が高かったのは、新選挙法の細かい規則が徹底しなかったことや、厳罰主義で選挙をこわい、危険なもの、親しみにくくしたことが原因であると論じられた（川原次吉郎「普選の戦跡を観て」『雄弁』昭和二年一一月）。

(47) ポスターの取締方針が緩和されたことは、第三章において言及する。

(48) 『東京日日新聞』昭和三年二月四日。

(49) 同右。

(50) 社説「棄権は何を語る」『国民新聞』昭和二年九月二七日。

(51) 前掲・木村『府県議戦の実際に見たる普選の取締と罰則』。

(52) 『国民新聞』昭和二年九月二八日。この種の企画は、第一章において紹介した国民新聞社主催の展覧会として結実したと考えることができる。

(53) 『国民新聞』昭和三年一月二四日。

(54) 「鈴木内務大臣訓示要旨」（前掲『山岡万之助文書』）。

(55) この声明の前段で、鈴木内相は、野党民政党が謳う議会中心主義は、民主主義の潮流に棹をさした英米流のもので、わが国の国体とは相容れないと語り、物議をかもすことになった。

(56) 池田超爾「鈴木内相議会否認の声明に就て」『民政』昭和三年三月。

(57) 『東京日日新聞』昭和三年二月五日付夕刊。

(58) 「棄権防止策いろいろ・まづ元締の内務省がポスターを全国へ」『東京朝日新聞』昭和三年二月八日。

(59) 該ポスターは『東京朝日新聞』（昭和三年二月八日）や『東京日日新聞』（昭和三年二月八日）に、大きく写真入りで紹介されている。

(60) 「棄権防止のための選挙啓蒙ポスター（内務省）」A－3－1。図2－1の内務省作成の「選挙の心得」ポスターと同じ大きさで、内務省令が定めたポスターの最大のサイズであった。

(61)『東京日日新聞』昭和三年二月五日付夕刊。
(62)『東京市公報』昭和三年二月九日。
(63)『東京日日新聞』昭和三年一月二五日。
(64)『東京市公報』昭和三年二月九日。
(65)『東京日日新聞』昭和三年一月二四日。
(66)『大阪毎日新聞』昭和二年九月六日。
(67)『大阪毎日新聞』昭和三年二月三日。
(68)『大阪朝日新聞・大阪版』昭和三年二月一五日。
(69)「棄権防止の選挙啓蒙ポスター（大阪府）」A－7－1。
(70)『大阪毎日新聞』は、該ポスターを写真入りで紹介しながら、市部二万枚、郡部六千枚、市電三千枚、郊外電鉄二千枚を、各警察署、市電気局、各電鉄会社あて即日送付、配布掲示方を依頼したと報じていた（『同・市内版』昭和三年二月一四日）。
(71)『大阪朝日新聞・大阪版』昭和三年二月一五日。
(72)『大阪朝日新聞・大阪版』昭和三年二月三日。
(73)『大阪朝日新聞・大阪版』昭和三年二月一〇日。
(74)大正期の東京府議選の投票率は、七〇・〇％（大正四年）、七一・八％（大正八年）、七六・七％（大正一三年）と七割台で推移していた。因みに、第一回普選後の六月に実施された選挙では、五八・八％に下落している（櫻井良樹『帝都東京の近代政治史─市政運営と地域政治─』日本経済評論社、二〇〇三年、六七頁）。
(75)『東京市公報』昭和三年一月三一日。新聞も、東京市役所内では選挙関係者が日曜返上で召集され対策が協議されたことを次のように報じた。東京市は有権者に最初の普選の趣旨を徹底させ、その権利行使を促すため、電車内には「公正に投票するように」の意味のポスターを掲げ、活動館や劇場では幕合い又は休憩時間に同様の宣伝をするとともに「選挙の心得」を一般有権者に配布する、とした（『時事新報』昭和三年一月二二日付夕刊）。
(76)「棄権防止のための選挙啓蒙ポスター（東京市）」A－4－2。
(77)「棄権防止のための選挙啓蒙ポスター（東京市）」A－5－1。
(78)『東京市公報』昭和三年二月一六日。
(79)『東京市公報』昭和三年二月九日。

(80)「鉄筆・普選の感想」『東京朝日新聞』昭和三年二月二六日。
(81)同右。
(82)『東京市公報』昭和三年二月七日。こうした映画を用いた啓蒙活動が、映画館や劇場の幕間まで利用し行われていたことは、次のような六コマ漫画による風刺からも窺うことができる。すなわち、街中が選挙で覆われ、その喧騒を逃れるため映画館に駆け込んだものの、そのスクリーンにまで、普通選挙に際しての選挙の心得が上映され、主人公が驚愕とともにため息をつくシーンが描かれていた。娯楽の場である映画館においても選挙啓蒙が行われ、一般庶民が辟易するほど、その活動は徹底していたことがわかる(『時事漫画』昭和三年二月五日)。
(83)前掲・福田『第一回普選政戦史』、一三五頁。
(84)同右。
(85)『東京市公報』昭和三年二月一九日。
(86)「棄権防止いろいろ」『東京朝日新聞』昭和三年二月八日。
(87)「選挙百話」『東京朝日新聞』昭和三年二月八日。
(88)『東京朝日新聞』昭和三年二月八日。こうした職場での配慮は、大阪府でも、工場従業員の棄権防止に全力を注ぎ、鉄道従業員は交代で投票、大阪市内の工場、商店等もこれにならう模様であることが伝えられていた(同上)。
(89)「棄権防止のための選挙啓蒙ポスター(兵庫県)」A－8－1。
(90)「棄権防止のための選挙啓蒙ビラ(兵庫県)」B－3－1。
(91)「棄権防止のための選挙啓蒙ビラ(兵庫県)」B－3－2。
(92)「棄権防止のための選挙啓蒙ポスター(長崎県)」A－10－1。
(93)「棄権防止のための選挙啓蒙ポスター(長崎県)」A－9－1。
(94)「棄権防止のための選挙啓蒙ポスター(長崎県警察部)」A－11－1。
(95)「棄権防止のための選挙啓蒙ポスター(長崎県警察部)」A－13－1。
(96)「棄権防止のための選挙啓蒙ポスター(長崎県警察部)」A－14－1。
(97)『読売新聞』昭和三年二月一六日。
(98)同右。
(99)「婦人室・積極的に交渉する・棄権防止を期して」『東京朝日新聞』昭和三年二月九日。

(100)「選挙啓蒙ポスター（普選達成婦人委員会）」A－6－1。
(101)「選挙啓蒙ポスター（朝日新聞社）」A－6－2。
(102) 緒方竹虎「普選と朝日新聞」（前掲・関『普選講座』、三頁）。
(103)『大阪朝日新聞』昭和三年二月一九日。
(104)「棄権防止の一策」『東京朝日新聞』昭和三年二月一〇日。
(105)「選挙デイを設けよ」『東京日日新聞』昭和三年二月二日。
(106) 前掲・福田『第一回普選政戦史』、一三五頁。
(107)「日本に於ける最初の普選」『時事新報』昭和三年二月二〇日。
(108) 既述のように投票率の高低を買収の強弱との関連から評価する見方は依然として存在した。例えば、総選挙後の総括において、一度地方の選挙事情を実見した者は、皆異口同音に、低い棄権率の原因は買収の徹底にある（「普選を顧みて㈦」『東京朝日新聞』昭和三年三月二日）と解説されていたことは、それを物語っていた。
(109)『昭和戦前期内務行政史料・第三巻、昭和三年』ゆまに書房、二〇〇〇年。
(110)「鳩山一郎の演説」（前掲『普選の第一戦陣・我等斯く戦へり』）。
(111)「示唆と刺激に充ちた普選」『東京日日新聞』昭和三年二月二三日。前出の新日本同盟の調査報告書は、棄権率が府県議選に比し低下した理由として、第一に、投票日が全国的に天気良好であったこと、第二に、農村が閑散期であったこと、第三に、新聞や関係官庁の棄権防止の宣伝が相当行き届いたこと、を挙げながら、他方、買収、情実、干渉による「狩り出し」が有効であり、それが棄権率を下げたことは看過できない、との見方を示していた。とりわけ農村において、ブローカーが区域を分担して有権者を三々五々狩り出して投票所に赴かせたことは至る所に見受けられた事実である、と記していた（前掲『普選第一次の総選挙経過』）。
(112) わが国における統治者と被統治者との間の心理的融合と、そこから統治者側の投票率向上のための選挙啓蒙運動が違和感なく行われていることへの指摘は、中川八洋『日本政治文化論―欧米デモクラシーへの挑戦―』（原書房、一九七七年）に拠る。

第三章　政党の選挙ポスター

序

既述のように男子普選法成立により、納税資格撤廃に伴う選挙権拡大に加え、小選挙区制から中選挙区制への改正が行われたため、各候補者が選挙運動の対象とすべき選挙民は前回総選挙に比し、約一二倍に急増した。また、従前の選挙運動の主軸と目されていた戸別訪問は、情実投票と買収の温床になるとの理由で禁止された。

こうした選挙民の急増と戸別訪問禁止を背景に、第一回普選に際しては、「文書戦と言論戦」こそ、選挙の公明さを確保し政策中心の選挙を実現させる、普選を飾るにふさわしい選挙運動として高唱された。前者に関しては、とりわけ選挙ポスターへの関心が高揚したが、第一章において、選挙ポスターが総選挙に本格的に導入されたのは、この第一回普選であることを指摘し、選挙ポスターの利用が朝野において推奨され、その利用を前提とした関連法令の整備が行われたこと、さらに、第一回普選では選挙ポスターが、街の美観と秩序を損なうほど氾濫し、従前の総選挙とは異なる風景を現出させていたことを明らかにした。こうしたポスターの横溢は、各政党各候補者が選挙民への新しいアピール手段として、あるいは支持獲得の新手段として重視し、その作成と掲示に労力と経費を注いだ結果であった。

本章の目的は、第一回普選で初めて本格的に導入された選挙ポスターの内、実際に用いられた政党の選挙ポスターに注目し、衆議院の議席の多くを占有する政友会、民政党の二大保守の既成政党と、普選の実現を契機に結成された社会主義系の政党、いわゆる無産政党各派のポスターを順次紹介しながらその内容分析を行うことにある。(1)

各政党は、選挙民の支持獲得のためいかなる意匠や標語により、いかなる政治的アピールを行っていたか、その内容から窺うことができる各政党の戦術の一端を明らかにするとともに、選挙ポスターをめぐる取締当局の動向をも検証し、第一回普選に際し展開された選挙戦の内実に迫りたいと考えている。

なお、『普選資料』の中には、政友会、民政党の既成二大政党以外、無産政党と同様に第三勢力として該総選挙に候補者を擁立した実業同志会と革新党の候補者のポスターも見出すことができるが、前者に関しては第六章において、後者に関しては第七章において改めて検証する。また、『中央公論』[2]や『歴史写真』[3]には、該総選挙のために政党や候補者が作成した種々の選挙ポスターがまとめて写真入りで紹介されている。本章では、これらの画像に見出すことのできるポスターも適宜、考察のために利用する。[4]

第一節　既成政党の選挙ポスター

(1)　政友会のポスター

最初に、該総選挙を実施した田中義一内閣の与党、政友会のポスターを紹介してみたい。新聞は、政友会のポスターに関し、同党は三種類のポスターを三〇万円かけ作成したと報じたが、[5]ここでは『普選資料』の中に見出すことのできる図3－1〜4の四種類のポスターについて解説を加えてみたい。政友会が自党のポスター作成に当時の人気風刺漫画家北沢楽天を起用したことは、第一章において既に指摘したところである。かかる四種のうち三種に楽天のサインを確認できるので、まず、楽天作の三種のポスターを紹介したい。

図3－1の政友会のポスター[6]は、解散の引き金になった民政党による内閣不信任案提出を問題視する意匠と標語を採用している。昭和二年一二月に開会された第五四帝国議会は、衆議院で多数を占める野党の民政党が内閣不信任案を提出したことを受け解散され、わが国最初の普選による総選挙が実施されることになった。そもそも普選法成立直後より議会の解散総選挙は待望されていて、しかも衆議院の任期満了が直近に控えていたため、該

図3－1 ➔口絵

図3－2 ➔口絵

図3－3 ➔口絵

議会の解散は織り込み済みの感があったが[7]、政友会は敢えてこの問題を取り上げていた。すなわち、政友会と前面に大書された路面電車が進行する線路上に、浜口雄幸似の老人が不信任の旗を掲げ交通の往来を妨害する図案である。困惑する運転手の背後で満員の乗客は、窓から身を乗り出し手を振り上げ交通を妨害する老人に怒りを爆発させ、その横には「大道の邪魔もの」と大書されている。政友会政権の政局運営を不信任案提出で妨害し遅滞させるという民政党の負のイメージを、選挙民に印象づけていた。

図3－2は[8]、「農村振興はこれこの腕」の標語の横で鍬を持つ若い壮健な男性を描き、政友会が農村振興を図る力強い政党であることを表現していた。農村票の獲得を目指した選挙ポスターといえよう。

図3－3は[9]、上半分に「不景気と貧乏神を追ひはらふは政友会」と、太陽の明るい光の中に大書された文字とは対照的に、下半分は暗い色調で、「消極政策」と書いた荷を抱える浜口雄幸似の鬼、「不景気」と書かれた、破れたうちわを持つ若槻礼次郎似の老婆、両者の間には「銀行つぶし」の言葉が付されている。民政党の経済政策により銀行破綻や不景気がもたらされたとの同党の負のイメージと、民政党の上位にあり不景気を解決する能力のある、明るい政友会の肯定イメージが対照的に印象づけられていた。

以上三点は、いずれも北沢楽天作のものであるが、図3－1と図3－3に見られたように、風刺漫画としてならした北沢の民政党の党首浜口、さらには同党顧問若槻を邪悪視した描き方は、民政党への嫌悪、恐怖感を選挙民に抱かせるに十分な効果を発揮していた。新聞は、後者のポスターについて、貧乏神の顔が浜口や若槻に似ているというので政友会候補者連が大喜びしていると伝えていた[10]。

図3－4[11]は、新聞紙上においても度々写真入りで紹介されたことから[12]、政友会の代表的ポスターといえる。中央上部に「国民諸君は何づれの姿を望むや」と、選挙民に投票態度決定をめぐる問いかけの文言を配しながら、中央下部には「地租ヲ市町村ニ移セバ恒久財源ヲ得テ市町村民ノ負担ガ軽クナリ従ツテ地方ハ発展ス」と明記していた。従前より政友会が政策として掲げていた地租の地方委譲を中核とする地方分権問題を争点として取り上げながら、左右に政友民政両党のイメージが効果的な意匠と標語により比較対照的に描かれている。

右半分には、「政友会　地方分権」と記されたランニングシャツを着て前を向き軽快に走る男性ランナーが描かれ、その上に、「地方分権　丈夫なものよ、ひとりあるきで発てんす」の文字が、右横には「地方に財源を与ふれば完全な発達は自然に来る」とし、政友会の唱える地方分権を進めれば、地方社会の健全な発展を促すことを印象づけていた。

図3－4　（→口絵）

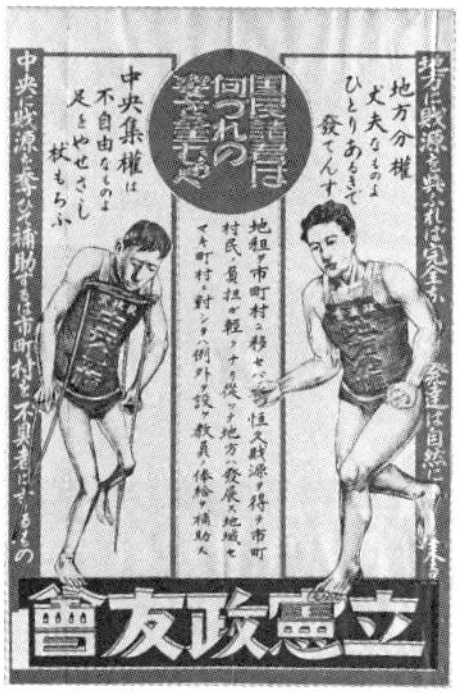

これとは対照的に、左半分には、「民政党　中央集権」と記されたランニングシャツを着て、杖を付き俯く痩せ細った足の男性ランナーが描かれ、その上に、「中央集権は不自由なものよ、足をやせさし杖もちふ」の文字が、左横には「中央に財源を奪ひて補助するは市町村を不具者にするもの」と記されていた。党首の浜口を始め、顧問の若槻や政友本党から合流した床次竹二郎まで、彼等は中央官僚出身であるため、民政党は官僚体質

を有する、中央集権的な政策を志向する政党との印象を抱かれがちであった。該ポスターは、民政党のかかる印象を強調しながら、中央集権的な民政党の政策では、地方社会の自立と発展は期待できず衰退の道を辿ることを印象づけていた。

以上のように、**図3－2**を除く三点の政友会のポスターは、政友会の肯定イメージと民政党の負のイメージを、比較対照的に印象づける意匠と標語が採用され選挙民にアピールされていた。

(2) 民政党のポスター

次に、野党第一党であった民政党の選挙ポスターを紹介したい。新聞は、同党は四種の自党の選挙ポスター三〇万枚、[13]あるいは五種のポスター百万枚[14]を作成したと伝えていたが、ここでは、『普選資料』の中で確認することのできる四種類のポスターについて解説を加えてみたい。

まず**図3－5**は、[15]田中政友会総裁が第五四帝国議会を前に、浜口民政党総裁に会見を申し込んだのを風刺し、[16]上半分に、田中総裁が握手を求めているのに対し浜口総裁が扉の向こう側で手をポケットに入れたまま横を向いている図で、その横に「堂々と戦ひませう」との標語が書かれている。新聞紙上でも写真入りで紹介されたか[17]かるポスターは、舞台裏で事を運ぼうとする田中政友会の不明朗な議会運営の姿と、それを峻拒する浜口民政党の公明正大な姿勢を印象づけていた。[18]その下段には、「解散」の文字の議事堂を背景に、若槻、浜口、床次の民政党幹部三名が、「弾劾」「民政」「不信任案」と書かれた旗を掲げ腕組をしながら、「政友」と書かれた小旗を持つ二人の前に立ちはだかる図の横に「民政党の主張は公明正大　普選の徹底!!!」との標語が記されていた。田中政友会内閣に不信任案を議会で突き付け弾劾姿勢を強める、公明正大な民政党の毅然とした姿勢と、普選の積極的

図3－5　→口絵

図3－6　→口絵

図3－7　→口絵

推進者との印象を選挙民にアピールしていた。

図3－6[19]は、上段の「皆さんおまどひなさらぬやうに」の言葉の下、財政政策をめぐる民政党の肯定イメージと、政友会の負のイメージが、標語と意匠により左右対照に効果的に描かれ、選挙民に民政党候補への投票を促していた。すなわち左半分に描かれた民政党については、端正な和服姿の婦人が利発そうな学帽をかぶる男の子と歩く姿の上に「整理緊縮　真面目で押し行く民政党　内に漲る堅実味！」との説明があり、その先には、謹厳実直そうな紳士の下、打出の小槌から小判が溢れ、金庫と箪笥の前には預金通帳が燦然と輝く図柄で、民政党の緊縮健全財政こそ、国家の富を豊かにすることを強調していた。

これとは対照的に右半分に描かれる政友会に関しては、高価なショールと宝石を身に纏いバッグを小脇に抱えながら子犬を引き連れる有閑マダムの上に「借金して　見えを張る政友会　内面はこの通り」との説明が付されていた。その先には、借金に頭を抱える男性、金庫には蜘蛛の巣が張り「質通」が散乱している図柄により、積極財政を謳う政友会の財政政策は上辺だけで、その本質は借金財政であることを印象づけていた[20]。

図3－7[21]は、民政党と題された右半分を使い、「国民の総意を反映す」の標語の下、浜口が聴衆を前に右手を振り上げ熱い演説を行う姿の

図3−8　(→口絵)

図柄により、普選下の選挙運動の象徴である演説にエネルギーを注ぐ浜口民政党の肯定イメージを強調していた。これとは対照的に政友会と題された左半分には、「私利党略」の標語の下、銀行と目される建物に民衆が殺到する上空に「銀行」「取付」「休業」と書かれたビラが舞う図を背景に、政友会の田中が芸者の三味線に合わせお猪口とお銚子を散乱させながら踊る姿が描かれている。不況にあえぐ民衆の苦しみを横目に、暢気に酒に興じる田中政友会の不真面目さが印象づけられていた。

図3－8は[22]、**図3－7**のポスターと同じ構図で、右半分の民政党に関しては全く同じであるが、左半分の政友会に関しては、標語と意匠が異なっている。すなわち、左半分の政友会に関しては、上空を舞うビラに「銀行」「財閥」と書かれ、「らちのあかない小田原評定」と大書された言葉の下、政友会の三人が書類を前に腕組して座り考え込む図になっていて、無駄な議論を繰り返し、時間を浪費する実行力のない政友会を印象づけていた[23]。

(3)　民政党の選挙ビラ

民政党に関しては、同党が該総選挙に際し有権者に配布するために作成した選挙ビラ一一枚も『普選資料』の中に見出すことができる。そこでは、最初の普選に際し、民政党が有権者に訴えようとした主張や政策の詳細を確認することができる。以下、既に紹介した政党のポスターと関連させながら、これらのビラの概略を紹介してみたい。

まず、**「第五十四議会解散に対する声明」**と題するビラは[24]、前出のポスターの中でも取り上げられていた、田中内閣の議会運営を批判していた。政府与党が、民政党の提出した不信任案に対する質疑を行う前に議会を解散したことを問題にし、これを「立憲政治の暗討ち」と批判した上で、政友会は「私党の営利機関」であり「党勢の拡張と党人の私益」を基礎に内外政策を決定していると断じながら、政友会による党派人事や、外交政策の失政が論難されている。すなわち、朝鮮総督に「山梨某を任命した」ことを始めとする満鮮の植民地官吏や内外の官吏任命を「党略的職員の配置」と断じ、対外政策に関しては、「西伯利唖出兵以来の悪思想に疑《ママ》はれて、我特殊地域たる満蒙にまで排日の猛火が揚がる」、とする。さらに、内地の経済財政は「与党の党略と宣伝と朝令暮改とにより日に日に踏み荒らさるのみ」、政友会は六千万同胞を蔑視し、「国民に挑戦し」、「普選を汚辱せん」と難じながら、同内閣の内外政策への総括的批判を強い言辞を交え行っていた。以下のビラでは、ここで言及されている政友会の各施策に対し、より詳細な批判が行われている。

　第一に、政友会の党派人事として、具体的事例と人名を挙げながら糾弾しているのが「**疑雲に包まれたる現内閣の人事行政　山本満鉄社長、馬場勧銀総裁、山梨朝鮮総督、木下関東長官、久原外相説と森外務次官　内相の威信を失墜した三知事の辞職**」[25]と題するビラである。そこでは五つの項目に分け、政友会の党派人事が解説されている。

「一、人事行政は国政の基」は、田中内閣発足後、短期間に多数行われた人事の悉くが「党利党略」より出たものと概括する。昭和初頭の政友会と民政党による二大政党政治は、政権交代の度に、知事を始めとする地方官の大幅更迭が実施された。野党はこれを党派人事として糾弾することになるが、政権交代の度に行われる大幅地方官の更迭と、それへの批判は、結果として党利党略で政策や人事を行うという既成政党像を一般に印象づけることになった。該総選挙では、野党の民政党が、選挙を前にして政府与党の行った地方官更迭を党派人事として批判した。

こうした更迭は「一、空前の地方官大更迭」として取り上げられ、田中内閣が選挙対策として、知事の七割四分、内務部長の八割一分、警察部長の九割三分という空前の大更迭を実施したことが論難されている。さらに、同内閣が政権発足直後の昭和二（一九二七）年五月一七日に実施した地方官更迭をめぐり生じた個別具体的な混乱にも踏み込んでいる。すなわち、田中内閣による地方官更迭は、望月圭介逓相の大分来訪を陛下の行幸より有り難いといって問題となった「不敬知事藤崎某《ママ》[26]」を生み出しただけでなく、「福岡県から石川県へ遣られた大塚惟精[27]」「富山県から島根県へ遣られた白上祐吉《ママ》[28]」「群馬県から復興局へ追ひ込まれた縣忍[29]」等は、左遷を不満に、辞表を叩きつけ鈴木内相の威信は地に落ちた、と人事の混乱に言及している。彼等の多くは、民政党の前身である憲政会を与党とする第一次若槻礼次郎内閣の下、大正一五（一九二六）年九月に実施された人事により就任した経歴を持つ。したがって、憲政会（民政党）を与党とする政権下に抜擢された彼等は、政友会への政権交代により八か月という短期での辞任を余儀なくされることになり、更迭当事者の反発もあり党略人事の典型として取り上げられていたのである。

「三、疑雲に包まるる現内閣の首脳部」は、内閣に列する政治家の経歴を問題視していた。陸軍の機密費流用が疑惑として取り沙汰された田中首相を始め、預金部から数百万を借り倒したとして問題になった鳩山一郎内閣書記官長、預金部から数万円を借り倒しただけでなく満鉄事件等の親玉と目された森恪外務政務次官、シーメンス事件で有名な山本条太郎の満鉄社長、加藤友三郎内閣の後継をめぐり陰謀をめぐらしたとされた馬場鍈一の勧銀総裁への就任が、批判の俎上に上げられた。

「四、朝鮮総督、関東長官」では機密費の責任者山梨半造の朝鮮総督以外に、木下謙次郎の関東長官、久原房之助の外相説に至っては世人を唖然とさせる、と難じた。「五、植民地[30]と大都市占領[31]」では、与党政友会の猟官運動が取り上げられ、田中内閣発足とともに更迭された斎藤実朝鮮総督、上山満之進台湾総督については、同内閣による排斥運動の結果とし、さらに政友会の党勢拡張のため京都市長市村光恵[32]、東京市長西久保弘道[33]が追い出されたとし、政友会による党派人事が植民地や「市」レベルにまで及んでいることを問題にしていた。

民政党の批判は、政友会の人事だけでなく掲げる政策にも向けられた。前出の政友会のポスターの中で同党が、地租の地方委譲を訴えながら地方分権を志向する政党であることを強調していたことは指摘したが、「**地租委譲はテンから嘘　昭和四年から六年へ＝遂に実行不可能**」と題したビラは[34]、その非現実性を指摘しながら、政友会の主張を欺瞞として次のように批判していた。すなわち、政友会は昨年の府県議選で地租委譲を第一の旗印として天下に宣伝したが、これを葬ろうとしている。地租委譲は租税の体系を乱し、いずれ新税の創設を余儀なくされ、国民負担の均衡を破壊する。そもそも政友会がこれを提案したのは、護憲三派内閣下、憲政会の税制整理に対抗し、これを内部から破壊する陰謀のためであった。当時その案の説明にあたった三土が現内閣の蔵相になったので、具体案つくりを実行しようとしている。政友会は、地租委譲と地方分権を結びつけて提案しているが、地方負担を増加させるため地方分権とは一致しない。大蔵省や内務省の専門家は最初から、その実行不可能を説いている。国庫の補塡財源がないため、一時のがれで実行は昭和四年としたが、これには即時断行を掲げていた陣笠連が反対し混乱、大醜態を演じている。府県議選での批判により、実行困難の内実が判明し闇から闇へ葬りたいと思っているが、天下に宣伝した手前葬ることができないので、実施期を昭和六年とする巧妙欺瞞手段に出ている。実行延期から実行困難を政友会自ら裏書きしている、とした。以上のように政友会の主張する地租委譲を論難していた。

政友会批判は、田中内閣の対支外交にも向けられ、「**田中の脱線外交　山東出兵の大失敗**」[35]と題するビラが作成されていた。そこでは、田中内閣が主催した東方会議をして、何等具体案を作成できなかったと断じ、その後開催され日支の耳目を聳動した大連会議も支那の対日反感と畏怖を徴発した、とする。山東出兵は、国帑の濫費を招き、次のような外交的損害をもたらしたとする。第一は、従前の隠忍と自重が水泡に帰したこと、第二は、革命の蹉跌は日本の武力干渉によるとの南方政府の悪寒を生じさせたこと、第三に、排日ボイコットを生起したこと、第四に、南方派の英米人への反感が日本に転嫁し、日本人ひとりが対外的悪寒を引き受けることになったこと、第五に、華盛頓会議以来、世界各国の支那をめぐる日本への誤解が解かれつつあったが、その監視がよりを戻したこと、を挙げていた。

外交問題は、前出の政党の選挙ポスターに取り上げられることがなかったように選挙の争点の中心に据えられることはなかったが、政党のビラや候補者レベルの挨拶状や推薦状の中では、論及したものが散見される。例えば、民政党候補者の選挙文書の中では、「現内閣の対支外交は不始末無定見……支那を指嗾し帝国に反抗せしむるもの(36)」、「政府は無用の山東出兵を敢行し無思慮にも満蒙中心、利権拡張等を誇大に宣伝して何等得る所なく却て、支那側の反発を激発し……善隣交誼の根本義を破却せんとするもの」と訴えていた(37)。さらに、こうした批判は、外交問題に止まらず支那との経済摩擦に発展することへの懸念、わが国の経済に負の影響を及ぼすことへの危惧に及んでいた。すなわち、工業立国の道を歩むべき日本にとり支那は、四億の民を有するゆえその販路として、あるいは原料供給地として、その親善は不可欠であり、日支経済外交を主唱する立場から現内閣の武断外交は断じて反対である(38)。あるいは、気に入らなければ剣と鉄鎖を持ち出す侵略主義的言動で隣邦支那を敵に回した田中外交は、世界各国からの孤立と、最大市場である支那での排日、日本品排斥を招き、日本の不景気と失業問題を加速させるとし、「侵略主義」的な田中外交が経済に悪影響を及ぼすと批判していた(39)。既述したように、外交問題は選挙の主要争点にはならなかったものの、候補者レベルの訴えを見ると、山東出兵を始め政権与党の対支外交には批判の矛先が向けられ、それが外交に止まらず不景気や失業の加速など経済に悪影響を及ぼすことが指摘され論難された。

このように、民政党候補が田中外交を、「武断外交」、「侵略主義」等、非常に強い言葉を用いながら舌鋒鋭く批判していたのとは対照的に、政友会候補は民政党の批判に対する弁明に終始した。反対党は山東出兵に対し世の人気を博せんがため声を大にしてしきりに反対するが、在支同胞の生命財産のため「我が国は、独立国として、其対面から申しても、自衛の上から申しても出兵は止むを得ざる措置……更に満蒙に於ける特殊地位の確保と其の経済的開発は、其歴史的並びに地理的の事情に基づき、特殊の考慮を払はなければならぬ必要からなのであります。然るに、是等の事に就き何の弁へもなく、無闇に侵略主義呼ばはりをしまする事は、正しく眼中党利党略ありて国家なきものの方言と申さなければなりません」(40)、と抗していた。あるいは、前内閣の下では、南京事件等で国威が侮辱され在留同胞の生命財産が脅威を受けても袖手傍観するのみ、現内閣は、内政不干渉と在留同胞保護とは別個の問題と捉えて出兵を断行したが、数も四〇〇〇に過ぎず必要なきは直ちに撤兵する方針であるとし、在留邦人保護を目的とした限定的な出兵であることが説明されていた(41)。

右のような外交問題への政友会候補の言及は、民政党候補に比し少なく、言及しても民政党の批判への反論あるいは弁明の色彩を帯びていた。外交問題自体は、選挙の主要争点にはならなかったものの、野党民政党による田中外交批判は、世論の潮流に沿うものであり選挙戦においても政府与党批判に適宜利用されたことがわかる。

「普選の一票は普選の功労者へ　終始一貫の民政党と普選の仇敵政友の態度」

(42)と題するビラは、民政党をして普選功労者と評しながら、それとは対照的に政友会を普選の仇敵として批判する内容である。選挙ポスター同様、民政党のポジティブイメージ、政友会のネガティブイメージを、対照的に印象づける内容になっていた。そこでは、普選を推進してきた民政党が、天皇統治の下、議会中心主義の徹底を精神とし、労務者の地位向上と労資関係の合理化を促進する政策を実行してきた「民衆」政党であることを強調していた。これに対し、政友会は、普選を危険思想としこれを民衆より奪ってきた「非民衆」政党であると訴えていた。具体的な政友会批判は、ゴチックの字体により大略、次のように論難されていた。まず、陸軍機密費問題をめぐり「世間の疑惑に包まれて居る田中大将」と書き、機密費流用疑惑に関連させ首相の負のイメージが印象づけられていた。また、前政権の若槻内閣が枢密院の反対により倒閣に追い込まれた経緯について、政友会は「枢密院と通牒」して「経済界に放火」し、「若槻内閣を焼き打ち」にしたと批判した。さらにその結果、前出の民政党ポスターにも描かれていたように、財界が大混乱に陥り休業銀行に押し寄せる悲惨な預金者の群れを生み出した。その一方で、政府与党は、かかる様子を眺めながら我が党内閣成立の祝賀会を開き万歳を高唱していたと説明し、国民の苦痛を実感できない「政府」あるいは与党「政友会」像を強調していた。銀行に押し寄せる庶民をよそにして酒に興じる田中首相の姿を描いた図3－7の民政党のポスターは、かかる政府与党像を効果的に描き出していたといえる。さらに、前述のビラでも言及されていたように政友会は地租委譲案を地方負担の軽減策として提案しているが、それらは最初から実行の意志なく、大衆を欺瞞するものと改めて断じていた。

以上は、与党政友会批判の内容であったが、以下に紹介するビラは、民政党の政策や主張の詳細を解説する内容になっている。

「民政党の整調主義　社会主義でない、資本主義でない、国民翹望するところはこれ」[43]と題するビラは、自党の基本姿勢、基本哲学を大略、次のように説明していた。すなわち、従前のわが国の立憲政治は問題を抱えながらも普選実現まで進展してきた。国民が目覚めれば、国民の総意をよく反映する政党が繁栄し、社会を構成する各々の立場の利害が普選のレンズを通じ議会のルツボの中で溶け合って一つの国民意識に陶冶するであろう。世人が議院政治に不満を抱くのは過去の生温いリベラリズムに愛想を尽かした結果であり、専制的な側面は嫌いであるがその力強い点に惹かれレイニズム、ムッソリニズムが謳歌されている。議院政治が善をなすに力強いものであれば、誰が物好きにファシズムにかぶれたりするであろうか。英雄の独断に任せねば、国民の意思を決定し得ない国民は自慢でもなければ名誉でもない。従前のリベラリズムの通弊に流れず、社会主義、共産主義、国家主義、自由主義等と異なる「国家整調主義」というのが適当と思う、とした。

ここからは議会政治の混乱から指導力に欠けた政治への不満が社会に鬱積していたこと、その解決策が選挙の争点となっていたことを読み解くことができる。こうした社会の不満を背景に同時代の中で脚光を浴びつつあった左の社会主義や共産主義、右のファシズムと一線を画しながら、民政党は、自らの思想的立場を「国家整調主義」と称し説明していた。民政党が左右のイデオロギーを排する一方で、「リベラリズムの通弊」との文言を用いながら、「自由主義」を、政治と経済に停滞と混乱をもたらす一因と認識していたことは注目される。「自由主義」の定義は、曖昧であるが、政治の停滞をもたらす議会政治と、貧富の格差や失業を生み出す自由競争に基づく資本主義を、その意味に含むと考えられる。いずれにせよ保守の既成政党の中でも「自由主義」という言葉は、既に魅力を失い、選挙で自党が依って立つ思想的基盤としてこれを前面に打ち出すことには消極的であったことが確認できる。その代わりに掲げられたのが「国家整調主義」という言葉であろうが、そこには同時代の混乱の中で台頭した、国家を肥大化させる志向を有する左右のイデオロギーの挑戦を前にして、国家がどのような役割を果たすべきかについて、その答えを見つけられず模索する既成政党の姿が、さらには同時代の苦悩が浮き彫りにされていた。

「民政党の諸施政革新策　貴族院、枢密院の改革を断行せよ　是れ普選政治実現最初の緊急事！」(44)と題するビラは、明治時代に確立されたわが国の統治システムの問題点と、その改革案を提示している。そこには、国民の真の意思が反映されない政治制度ゆえに、金権政治、特権政治が行われ、政界の腐敗堕落が生じた、との認識が示されていた。とりわけ、前若槻内閣の政権運営の障害となった貴族院と枢密院が批判の俎上に載せられていた。衆議院と異なり解散がない貴族院と、時代錯誤の勢力でありながら政界において幅をきかせ政治干渉する政治機関としての枢密院が問題視された。伊東巳代治伯と政友会が通謀して、若槻内閣の財界救済案を否決し幣原外相を弾劾した、その責任は断乎糾弾されるべきとしながら、民衆政治と相容れるような改正が必要と訴えていた。枢密院は官制を改正し、同院が政治に干与できないような純然たる御諮詢機関にすべきとしながら、貴族院については、その徹底改革には大権の発動たる憲法改正が必要であるため妄りに私議はできない、とし具体的内容に踏み込むことは避けていた。

教育問題では、**「義務教育費国庫負担の主張　地方負担軽減の根本問題」**と題するビラ(45)を作成していた。ここでは、地方財政の約八割が教育費に占められ、市町村の貧富の程度により教育施設や教員の質が異なり全国平等でないことが問題視されていた。民政党は義務教育費教員俸給七千五百万円を一億四千万円に増額したように、義務教育の国庫負担の増大を目指しているとした。政友会は地租委譲による地方分権という複雑曖昧な空手形を出しているが、民政党は、国家の補助による全国均一の教育を目指し、その提案は大地にしっかり踏んで立って居る、と自負していた。

金融問題と政府系金融機関の改革については、民政党の経済的整調策とし**「特殊銀行の重役を民選へ　日本銀行の改革、庶民銀行の設立」**と題するビラ(46)の中で論じている。そこでは、政友会時代、金融機関に政党の魔手が侵入し、伏魔殿と化したとし次のように具体的に論難していた。すなわち、野田卯太郎を始め、鳩山一郎、森恪等は、国際汽船、日本紙器、泰昌洋行のために、大蔵省預金部より資金を借り受け濫費し、二億三千万円という巨額の損失を与えた。朝鮮銀行や台湾銀行は、同預金部の金を引き出し党人や政商を私する為に悪用された、とする。また、勧業銀行総裁に馬場鍈一を据えたのは、現内閣の党利党略を裏書きするもので、同行は第二の台湾銀行になる、と批判する。前憲政会内閣時代の浜口蔵相は、こうした預金部からの資金流用を防ぐ策として、預金部の預金法と預金部資金運用委員会の二制度を設けたが、特殊銀行の改革も急務であるとし、特殊銀行の総裁、重役は政府任命を廃し、全部株主公選にすることを提言していた。もっとも、特殊銀行のトップ人事は、株主民選にすべきと提案しながら、他方、政府統制は加え資本家的横暴に流れることは抑制すべきであるとも主張し、矛盾する留保も付けられていた。したがって、改革の具体案については、慎重な考究を経て作成に努力している過程であると、未確定であることを認めつつも、我々が一度朝に立てば忽ちその実現を見る、と楽観的展望を示していた。

さらに、民政党は、交通輸送手段として鉄道から自動車へ重点を移した政策を提言していたが、それは「**民政党の自動車道路網政策　交通の大勢は既に自動車時代に入る　鉄道建設費を割いて之を築造せよ**」[47]と題するビラの中で説かれていた。そこでは、従前の鉄道拡張政策が政友会の党勢拡大に終始したことを批判しながら、鉄道から道路建設への政策比重の移行が必要なことを以下のように論じていた。

すなわち、鉄道と道路はともに国民生活に重大な関係を持つものであるが、従前鉄道は党勢拡張の看板に利用され一部の利権屋の腹を肥やすだけであり、政友会内閣のそれは醜悪であった。世界交通の大勢は、鉄道の時代を去り、自動車の時代に入り、今や飛行機の時代に入ろうとしている。現在でも三〇哩くらいの距離なら鉄道より自動車の方が、時間経費の面ではるかに経済的であることが立証されている。これを七〇哩くらいまで伸ばせることは識者の一致した意見である。にもかかわらず政友会内閣は不経済な鉄道線路を敷き国家の公費を党勢拡張のため浪費している。民政党は、国家の幹線道路の完成に向って努力するのはいうまでもなく、その幹線道路を中心に付近の小都市、村落を結ぶ府県道の舗装に鉄道建設費の幾分を割いて行う。このことは、地方の開発振興を来たし、鉄道の貨物乗客の増加につながり、鉄道が栄養線になり非常な価値を持つことになる。これが、党勢拡張政策でない真の鉄道政策である、とした。

政友会の党利党略の象徴として鉄道建設が批判の俎上に載せられ、道路建設に重点を移行することが説かれているが、後者も党勢拡張の手段になることへの懸念は抱かれていない。モータリゼーションの到来を予兆させる提言である一方、車の台数が多くないため、そのためのインフラ整備が一般有権者の関心や利益には直結せず、利益誘導とは認識されにくかった当時の状況を窺うことができるであろう。

国民生活の安定のための政策、とりわけそれに直接影響する税制改正については「**社会政策的地方税制整理、民政党の家屋税、営業収益税改正、自転車税廃止案**」(48)と題するビラが作成された。国民生活の安定のためには、富の分配を公平にすること、そのためには税の負担軽減が大事である、とし次のような提言をしていた。すなわち、免税点を従前の四百円から八百円に引き上げる営業収益税の改正、時と場所に応じた公平適当なる家屋税への改正、我が国庶民階級唯一の交通機関である自転車購入に際し、三割乃至五割に当たる税をかけられている自転車税の廃止、民政党は、これらを慎重な研究調査の結果五四議会に具体案として提出予定であった、とする。

以上が、民政党が選挙のため競合政党の政友会を批判しながら、自党の政策を訴え解説するために作成したビラの概要である。

以上、政友民政両党が作成した各四種類のポスターと民政党の選挙用のビラを紹介した。筆者が調査した新聞等において、写真入りを含め紹介言及されていた両政党の選挙ポスターは、先に掲げた合計八種類の内のいずれかであった。したがって、それらは両党が作成した政党ポスターの主要なものを網羅していると考えてよいであろう。以下、これらのポスターやビラから読み解くことができた選挙戦の、さらには同時代の政治の内実をまとめておきたい。

第一は、それらのポスターやビラが、政権を目指し熾烈な競合対立を繰り広げる両政党の姿を、さらには昭和初頭の政界の構図、すなわち政友会と民政党両党による二大政党時代の到来を象徴的に物語っていたことである。

前回の第一五回総選挙後、護憲三派内閣を構成する政友会、憲政会、革新倶楽部、さらに野党の政友本党の四政党が分立していたが、護憲三派内閣の閣内摩擦が激化する中、革新倶楽部は政友会と合同し、他方、政友会を与党とする田中内閣成立後には、憲政会と政友本党が合同して民政党が誕生した。このように大正末に分立していた主要四政党は、政友会と民政党の二大政党に収斂し、この二大政党が、犬養毅内閣崩壊まで、政権交代を繰り返し昭和初頭の政党政治の中核を担うことになる。第一回普選は、その二大政党の対立構図確定後、初の総選挙であったため、その後両党が政権を目指し熾烈な抗争を繰り広げる端緒として位置づけることのできる選挙であった。

このようにお互いを強烈にライバル視する対立意識が、前出のポスター八種類の内、一種類を除く全てに、両党を比較対照する手法を採用させたといえる。すなわち、政友民政両党とも、そのポスターに、自党の肯定イメージを標語や意匠でアピールするに止まらず、それとは対照的に競合政党の負のイメージを強調する、比較対照の構図を積極的に取り入れていた。そのことは、民政党が作成した選挙用のビラの中に、右のような比較対照の構図に基づく政友会批判が強く打ち出されていたことにも示されていた。

第二に、右記のように激しく対立した両党の争点として取り上げられているのは、解散総選挙に至るまでの議会運営と景気に直結する経済政策であった。

議会運営に関しては、図3－1のポスターに見たように、政友会は、内閣不信任案を提案して政局を遅滞させる民政党の負のイメージを印象づける一方、逆に民政党は、図3－5に見たように、議会に不信任を提案し公の場での論戦を挑んでいるにもかかわらず、舞台裏で話をつけようとする政友会の負のイメージを強調していた。あるいは、自党のビラの中では、不信任案をめぐる質疑を行う前に解散したことを非立憲的行為と難じていた。経済政策に関しては、選挙戦中、政友会は、自党の政策を「積極政策」「積極進取」と評しつつ、民政党の政策を「消極政策」「退嬰政策」と批判した。民政党は、自党の政策を「健全政策」「緊縮政策」と評しつつ、政友会を「放漫財政」「借金政策」と批判した。こうした対立軸は、政党レベルに限らず第四章で改めて検証する候補者のレベルにおいても盛んに論及されることであるが、政友会の図3－3や民政党の図3－6の意匠を凝らした各ポスターに象徴されるように、両党各々かかる争点を重点的に取り上げていたことを確認できた。

その一方で、当時問題化していた対支出兵を中心とした外交問題が、前出の八種類のポスターに取り上げられることはなかった[49]。政友会の山本条太郎が、該総選挙で演説して回った体験談として、大衆が最も耳をそばだてたのは生活問題であったと指摘していたように[50]、有権者の生活に直結しない外交問題の比重は低かった。民政党のビラの中では、外交問題が、与党政友会を攻撃するための争点として取り上げられていたが、候補者レベルの挨拶状の中では、かかる外交摩擦が経済に影響を及ぼし景気や失業の悪化を加速するとの観点からの批判に及んでいた。こうした批判の展開にも、有権者の関心が自らの生活に直結する問題に向いていたことを示していた。

第三は、既述のように政友民政両党はお互いをライバル競合視するが、それ以外の政党は視野の外にあったことである。選挙権の拡大と小選挙区制から中選挙区制への移行は、本来ならば、第三政党、新興政党躍進の可能性を高めるため、それへの危機感や対抗姿勢が二大既成政党のポスター上に表現されてもおかしくなかったが、そうした標語や意匠を見出すことはできなかった[51]。実際、選挙結果は、政友民政両党が第三党の進出に危機感を抱く必要がなかったことを裏付けていた。後出の表5－2に示すように、定数四六六名のうち、政友会二一七名、民政党二一六名で、両党が議席の約九三%を占有し、第三政党の躍進はなかった。例えば、第六章で詳述するように、前回第一五回総選挙で八名を当選させた実業同志会は、当該総選挙では三一名の候補を擁立したが、結果は前回選挙より半減の四名の当選にとどまった。また、新有権者の支持を期待し結成された無産政党各派からは、合計八二名の候補が出馬したが八名しか当選できなかったのである。

以上、政友民政、両既成政党の選挙ポスターやビラから看取できる特徴を明らかにしたが、次にかかる既成政党の視野の外に置かれていた無産政党のポスターを解説紹介してみたい。

第二節　無産政党の選挙ポスター

(1) 共通意匠のポスター

周知のように、普選の実現を機に無産政党結成の機運が盛り上がり、当初統一無産政党結成が目指されたものの、イデオロギー上の対立や人的確執から、右派の社会民衆党（以下、社民党と適宜略）、中間派の日本労農党（以下、日労党と適宜略）、左派の労働農民党（以下、労農党と適宜略）に分立したまま、無産政党陣営は初の普選による総選挙を迎えることになった。[52] 無産政党各派も自党の選挙ポスターを作成したが、新聞紙上で、日労党の手書きによるポスター作成風景が写真入りで紹介されたように、[53] 経費の点から資金力のない無産政党やその候補者が多種多様なものを大量に作成することは困難であった。このことは、第一回普選に際し、実際に選挙運動に携わった当事者の体験談の中でも述懐されていた。例えば、日労党の三輪寿壮は、既成政党は金と人手を惜しまずポスターを貼りビラを撒布できるが、自分達の場合、ポスターは金が嵩んでそうベタベタ貼れず、第一ポスターの数が不足していたと嘆じ、[54] 社会民衆党より出馬した赤松克麿も運動費が少ないためにポスター戦でも圧倒されたと述懐していた。[55] さらに選挙戦後これを総括した新聞も、金の乏しい無産派がどこでも概して最後のポスター戦で著しく圧倒されていたと伝えていた。[56] 表1－2に示した道府県別の候補者一人あたりの平均ポスター数は、人口が密集しポスターの効果が高いと考えられる東京や大阪など大都市を含む地域が相対的に多いが、それが突出した数になっていないのは、都市部に無産政党候補が多く出馬していたため平均数を押し下げたと推断す

図3－9 ➔口絵

図3－10 ➔口絵

図3－11 ➔口絵

ることもできる。

文藝春秋社長で社会民衆党より出馬した菊池寛は、第一章で紹介したポスター以外に、「文芸家にも議席を与へよ、読書階級の人は菊池寛氏を選べ」との文言が記された図3－9[58]、「読書階級知識階級の諸君が投票すべき本区唯一の代表は菊池寛君」と書かれた図3－10[59]、菊池の似顔絵とともに「勤労階級、無産階級の人々が特権階級の政党に投票する法やある⁉」と書かれた図3－11[60]のポスターを作成していた。このように菊池が多種多様のポスターを作成できたのは、彼に資金力があったためで無産政党候補の例外と考えてよいであろう。資金力に欠ける多くの無産政党候補者は、各政党本部が考えた定番の同じ意匠と標語に、自分の名前を入れて印刷するか、あるいはあらかじめ空欄になっている個所に名前を後から手書きで入れることができるポスターを利用していた。若干の改訂を加え利用できるようにすることで、ポスター作成費の削減を試みていたといえよう[61]。その結果、無産政党の場合、既成政党のように政党と候補者のポスターが必ずしも別立てではなく[62]、同一政党の候補者間で政党本部作成の同じ意匠のポスターを共同で利用していた。以下、この点を確認しながら無産政党各派の選挙ポスターを紹介してみたい。

図3―12 ➔口絵

図3―13 ➔口絵

図3―14 ➔口絵

(2) 無産政党各派の選挙ポスター

まず、社会民衆党は、図3−12〜14に示すようなポスターを作成した。すなわち「働く者に減税、富豪に重税」のスローガンの下、屈強な男が、「財産税、不労利得税、土地増加税、資本利子税重課、相続税重課、奢侈税、等々」と書かれた大きな袋を、資本家や大地主の上に降ろそうとし、脇では俸給生活者、小売商人、労働者、農民、自由職業者が応援の手を振り上げている意匠である。[63] 社民党は、他の無産政党と異なり、労働者、農民以外にも俸給生活者（サラリーマン）や小売商人、自由職業人などより広い層からの支持獲得を前面に打ち出していたが、そうした方針が表現されたポスターは、小川清俊（図3−12）[64]、田万清臣（図3−13）[65]、小池四郎（図3−14）[66]、さらには宮崎龍介[67]の各候補者が利用していたことを確認できる。[68] また、図3−15、3−16に示すように、多数の選挙民の手が、自分の名前を書いた投票用紙を掲げる意匠も、西尾末広（図3−15）[69]と田万清臣（図3−16）[70]が同じように利用していたことがわかる。

以上は、筆者が複数の候補者が共通の意匠のポスターを利用したことを実物により確認できたものであるが、これ以外にも、新聞や雑誌等において写真入りで紹介された選挙ポスターを加え照応してみると、社会民衆党候補は、数種類以上の共通意匠のポスターを利用していたことがわかる。そのことが確認できる次の代表的三種の意匠を紹介してみたい。

図3−15 (→口絵)

図3−16 (→口絵)

第一は、図3−17の小川清俊の選挙ポスター(71)に見ることができる、円グラフを利用したポスターである。この意匠と同種のポスターは、衆院選に先立つ府県議選に既に同党が利用していたものであるが(72)、上段に「清き一票は勤労者の代表へ」と大書した下に大きな円グラフが描かれ、その殆どを占める部分に「勤労無産階級は総人口の九割五分」と書き、残りのわずかの部分に「大金持階級」と記している。人口の殆どが勤労無産階級であり、普選の実現によりそれらの人々が新選挙民となり、自党がその代弁者であることを円グラフで明確に印象づけていた。この意匠のポスターは、総選挙に際し社会民衆党のポスターとして、さらには岡崎憲が利用していたことを確認できる(73)。

第二は、図3−18の田万清臣の選挙ポスター(74)に見ることができる、旗を翻す労働者の姿を描いたポスターである。(75)雄叫びを上げている(76)彼等の上には「民衆の牙城　社会民衆党」と記されている。この意匠のポスターは、小池四郎、宮崎龍介、吉川末次郎(77)が利用していたことがわかる。

第三は、図3−19の下田金助の選挙ポスター(78)に見ることができる、男性が重そうな大きな藁の束を担ぎ押しつぶされそうになりながら歩く意匠であり、同じ意匠を片山哲が自らのポスターに採用し利用していた(79)。藁の上には「戸数割、車税（自動車、荷車、荷馬車）等など」と記され、重税が庶民の背中に伸しかかっていることを示し、その意匠の上には「農村の友よ社会民衆党はこの重税の全廃を約束する！」との標語が配され、重税撤廃を訴えていた。左上には「君の一票は！」と記され、その下に候補者の名前が大書できるようになっている。最下段には、図3－12〜14同様、「農民、労働者、小売商人、俸給生活者、自由職業者の政党、社会民衆党」と、自党が支持を期待する層を列挙していた。

なお、『普選資料』の中には、共同利用されたであろう、男性が演壇から「全勤労大衆の生活安定の為めに諸君の投票を要求する」と絶叫する姿を描いた田万清臣の選挙ポスター図3－20[80]も確認できる。

以上のように社会民衆党は確認できるだけでも数種類以上の、各候補者が共通に利用できる意匠のポスターを作成していたことがわかる。[81] とりわけ、図3－12〜14、3－18、3－19のポスターは、同じ色彩とタッチの画風ゆえ同一作者によるものと推定される。新聞は、党本部において、図3－17を一万枚、図3－18に関しては候補者一人あたり三千から六千枚の予算で作成したが、候補者より多少の実費を徴収する予定と報じていた。[82] このように社会民衆党は、党本部が意匠を考えこれを作成することにより、各候補者のポスター作成費用の軽減を図っていたが、これは他の無産政党各派についても同様であった。

日本労農党の場合は、三種一万五千枚のポスターを印刷したと新聞は報じていたが、[83] その中の一種として図3－21に示すように、赤旗に「パン、正義、

図3－17 →口絵

図3－18 →口絵

図3－19 →口絵

図3－20 →口絵

図３−21　➔口絵

図３−22　➔口絵

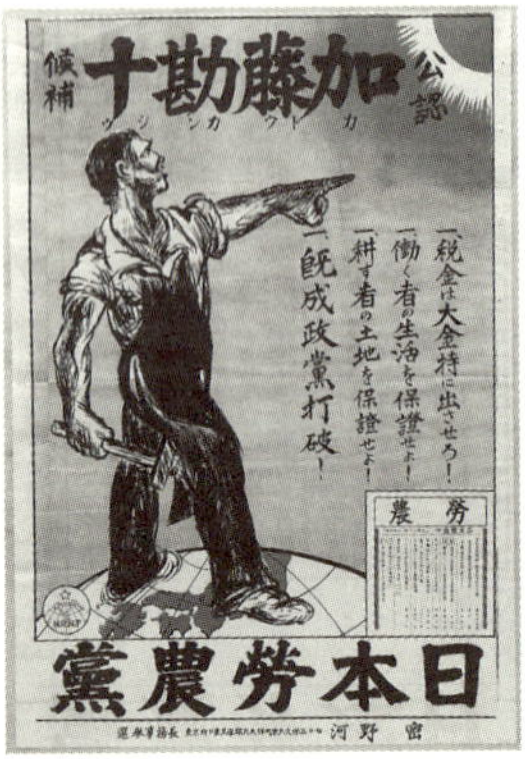

図３−23　➔口絵

自由」の文字を白抜きで大書し、公認候補の名前だけ空欄になっているポスターを見出すことができる。[84] これと同じ意匠は、杉山元治郎（大阪五区、五位で次点）[85]や、さらに麻生久（栃木一区、七位落選）と福田狂二（島根一区、五位落選、手書きで名前を記入）が、須永好（群馬一区、八位落選）は同じ意匠を用いながら旗には、自分の名前を大書し、「土地、正義、自由」の文字を、加藤今一郎（愛知二区、八位落選）は、旗に「金権政治をブチコワセ、民衆にパンと自由を与えよ」と、標語を若干変えて利用していたことがわかる。[86] 社会民衆党のポスターに見られたように、労働運動や農民運動を象徴する旗を意匠として利用しているが、日労党の場合は、それが非常に鮮やかな赤を使った「赤旗」であることが印象的である。

『普選資料』の中には、現段階では共通利用が確認されていない、加藤勘十（東京五区、六位で次点）、阪本孝三郎（大阪四区、一〇位落選）、河上丈太郎（兵庫一区、四位当選）の選挙ポスターを確認できる。図3−22の加藤勘十のポスター[87]は、労働者が右手にハンマーを持ち、左手で太陽を指さす意匠で、一、税金は大金持に出させろ！　一、働く者の生活を保証せよ！　一、耕す者の土地を保証せよ！　一、既成政党打破！　とその主張が列記されていた。図3−23[88]も加藤のポスターで、右手に松明を掲げ、左手にハンマーと鎌が描かれた盾を持つ男性が描かれ、「二

図3－24 ➔口絵

図3－25 ➔口絵

図3－26

図3－27 ➔口絵

十才以上の男女に選挙権を与へよ！　働く者に国家をして生活を保証せしめよ！」との文言が書かれていた[89]。阪本孝三郎の選挙ポスター図3－24[90]は、背景に険しい山々を配した意匠に「新日本の建設者」と大書し、河上丈太郎の選挙ポスター図3－25[91]は、多くの煙突から煙りが立ち上る工場を背景に、「普選だ!!普選だ!!　一票は煉瓦なり、新日本を築く煉瓦なり」との文言が書かれていた。

労農党の場合、二種を印刷させ、一種は、図3－26のように鎖を引きちぎった鉄腕が田中と浜口に拳骨をふるい「総選挙費用をおくれ党員一人が十銭だ」「此ポスターを見たら党本部へ直ぐ送れ！　切手でも振替でも！」と党へのカンパを党員に促す意匠で[92]、他の一種は労働者と農民が肩を組む図で、同党は前者を約二百枚、後者を約六千枚作成したと新聞は報じていた[93]。

後者に関しては図3－27に示す野田律太（大阪一区、九位落選）のポスターがそれであり[94]、工場の煙突を背景に鍬とハンマーを持つ農民と労働者が肩を組む図に、労農党の主張と題し、「労働者に食と仕事を与へよ！　働らく農民に土地を保証しろ　凡ての人民に自由を与へよ！」との標語が記されている。これと同じ意匠のポスターは、大山郁夫（香川二区、四位で次点）や[95]、神道寛次（神奈川一区、五位落選）、大橋治房（大阪四区、六位落選）、小岩井浄（愛媛二区、五位落選）も利用していたことを確認できる。(96)意匠に「工場の煙突」、「ハンマーと鍬」、標語に「労働者」「農民」「人民」の文言があることからもわかるように、労働運動や農民運動、さらには社会主義運動が対象とする層を、自覚を支持する選挙民として想定していることがわかる。

因みに、労農党候補の選挙ポスターとしては、図3-28に示す野田律太(97)と図3-29に示す大山郁夫(98)のポスターを確認できる。後者のポスターは、「地主の三土か農民の味方大山か」との文言が書かれているが、同じ選挙区の政友会候補三土忠造を指す「地主の三土」の文字は、毛虫や蛙により表現され、「農民の味方大山」の部分からは手や足が出て、「地主の三土」を蹴飛ばす意匠になっていた。

図3−28 （→口絵）

図3−29 （→口絵）

図3−30 （→口絵）

図3−31 （→口絵）

日本農民党（以下、日農党と適宜略）のポスター図3-30(99)は、右手に鎌を持ちながら、左の拳を振り上げる農民の姿を描き、「農民の威力を実現せよ！　農民は日本農民党へ!!」との言葉が躍っていた。また、図3-31の高橋亀吉のポスターに見るように、鎌の図案を背景に「議会を農民の手に!!　農民は日本農民党へ!!」との標語が付されていた(100)。どちらのポスターも、無産政党の中で、その名称通り「農民」に特化した選挙民を支持層として想定していることを鮮明にした意匠と標語といえよう。後者の意匠のポスターは、須貝快天（新潟二区、五位で次点）[101]、大沢一六（栃木二区、九位で落選）[102]が利用していたことを確認できる。また既述の図3－21の意匠を利用し日労党のポスターに登場した加藤今一郎は、日本農民党のかかる意匠のポスターをも作成している[103]。無産政党各派の間では、選挙協定が行われたが、日労党と日農党の間でも行われ、新潟二区より日労党は細野三千雄を擁立しようとしたが須貝快天に譲り、栃木二区と愛知二区より立候補する大沢一六と加藤今一郎を両党共同候補とすることが発表されていた[104]。日労党と日農党という異なる政党のポスターへの加藤の登場は、彼が両党の共同候補であることを端的に示していた[105]。

以上、無産政党各派のポスターは、当事者の述懐や新聞報道の種々の記事からも明らかなように、資金力の限界により、既成政党に比すと、その種類と数において圧倒的に劣勢に立たされていたことがわかる。すなわち無産政党の場合、候補者各人が独自の意匠を凝らしたポスターを多種大量に作成することは資金的に困難であった。したがって、党本部が各候補者の共同利用できるような自党のポスターを企画し、統一的に作成配布していたのである。その結果、同一政党の候補者の間では少なからぬ同じ意匠のポスターが見出される結果になった。また意匠に関しては、赤旗、鎌や鍬とハンマー、工場やその煙突など、労働運動や農民運動、社会主義や共産主義運動の中でも頻繁に用いられた図柄が多用され、期待する支持層は労働者と農民であり、批判攻撃の主対象が資本家と地主の有産階級であることが明確に示され、その色彩やタッチを含めた画風も既成政党のそれとは一線を画するものが多かった[106]。

第三節　選挙ポスターへの取締り

これまで、政民両党の既成政党と無産政党各派の選挙ポスターの内容を分析してきたが、本節においては、これら選挙ポスターの作成や掲示をめぐり政府当局はいかなる取締りを行っていたのか、その影響を含め内実を検証してみたい。第一章において明らかにしたように、該選挙は普選法成立後、最初の衆院選挙であり、選挙ポスターが本格的に導入されたのも最初であった。したがって、候補者を含めた選挙運動者の側に、普選関連法令下、選挙ポスターを利用した選挙運動の方法に戸惑いと混乱があったことはいうまでもなく、これを取り締まる側も同様の問題を抱えていた[107]。

取締りの責任官庁であった内務省は、普選法に基づく統一府県議選と第一六回衆院選挙の各々について、実際の選挙施行経験を踏まえ、選挙後にその問題点や改善点について各府県庁より意見を上申させたが、その報告書をみると、選挙ポスターの取締りをめぐり、現場では種々の困難に直面していたことを看取できる。例えば、選挙ポスターの内容を規定した内務省令により、ポスターは二色二度刷りまでとされていたが、印刷技術上、かかる規定の下でも数色を表現できるので、色彩制限を撤廃するか、あるいは一色または一度刷りに制限すべきとの上申がなされていた。この提言には、取締現場において、二色以上で作成されたように見えるポスターに関し、二色二度刷りに違反しているか否かを判断することの困難と当惑が表出されていた[108]。

また、投票日当日を除けば、ポスターの掲示場所に制限はなく同一場所に多数を並べて貼ることについても制限はなかったが[109]、風致保存の点から数と場所の制限が提案されていた[110]。日労党の河野密は、当初ポスターを三枚以上貼ると禁止されたが、政友会候補がべたべた貼りまくり始めるとそれをやってもよいとお許しが出るようになった、と取締方針が揺れていたことを指摘している[111]。これらの上申や候補者の述懐からは、所構わず無秩序に貼られるポスターを前に、取締当局の一部では当初これらを規制しようとしたものの、規制のための法令上の根拠がなく、与党候補者がそれを実行しだしたことを受け、途中から傍観せざるをえなかったことがわかる。[112]

さらに、社会民衆党は、東京で内務省と警察庁の内閲の下で作成した亀井貫一郎（福岡二区、二位当選）のポスターが、地元選挙区において、資本家大地主を蹂躙し社会制度を根本から破壊する如き寓意があるとして掲出禁止を命じられたため、抗議の声明書を出していた。[113] また、同党の宮崎龍介も、党本部では、内務省・警視庁検閲済みとなっているポスターが、地元の警察署では掲示を禁止され、あるいは警察署ごとにその可否が異なり、取締りの不統一振り狼狽振りは、むしろ滑稽であったと揶揄していた。[114] 既述のように無産政党の場合、多くの候補者が同一の意匠や標語を用いたポスターを利用していたので、その方針の不統一振りはより浮き彫りになったといえる。

こうした政府のポスターを始めとする選挙関連の文書図画に対する取締りは、当然のことながら無産政党だけを対象とせず、野党第一党の民政党に対しても行われた。とりわけ、選挙戦早々民政党が田中首相の機密費問題等を糾弾するパンフレットを作成し攻勢をかける動きを見せていたことに対し神経を尖らせた政府与党幹部は、一月二九日午後の会議でその対策を決定し全国に通達を出したが、新聞はその内容を次のように伝えていた。[115] すなわち、民政党が虚構の事実を宣伝文書やポスターなどに印刷して政戦に臨む情勢が顕著になったので、虚構の事実を宣伝文書、ポスター、演説において宣伝する場合は、党派を問わず強圧し政策本位による政戦の効果を上げるよう全国に伝達した、とする。[116] その前後より、内務省や警察等による民政党のポスターに対する差し押さえが実際に行われたことを、新聞は大きく報道した。例えば、日比谷署が民政党の機密費パンフレットを押収した際、同時に同党のポスター二万枚を差し押さえたことや、[117] 西神田署が二八日夜、印刷中の民政党のポスター一六万枚を押収したことなどが伝えられた。[118]

そうした一連の報道から、先に示した図3－7の民政党のポスターも差し押さえられたことがわかる。すなわち、民政党が作成したポスター四種の内二種が差し押さえられたことを伝えた記事は、その内の一種の内容を紹介していたが、それは図3－7に該当した。[119] 以後、この選挙ポスターの公の場での掲示に抑制がかけられたことは、次のことから窺うことができる。例えば、『大阪朝日新聞』（昭和三年二月一日付夕刊）は、政友会、民政党、労農党のポスターを写真入りで紹介し、民政党のポスターとして図3－7を取り上げているが、左半分の田中が酒に興じる部分は労農党と政友会のポスターの下になり隠す配慮がなされている。あるいは『国民新聞』（昭和三年二月二日）が「政党のポスター競べ」と題して写真入りで紹介した際も、民政党のポスターに関しては、図3－7の左半分の政友会を批判する部分が削除されている。[120]

また、先に民政党のポスターを紹介した際、図3－8が、図3－7のポスターと同じ構図で、右半分の民政党に関しては全く同じであることを指摘したが、両者の内容を比較検討すると、図3－7のポスターが右のように差し押さえを受けた後、図3－8がその改訂版として作成された可能性の高いことがわかる。すなわち、図3－7は、既述のように政友会を「私利党略」と形容し、空を舞うビラには「取付」「休業」の文字が、意匠には、芸者を前に酔っ払って踊る田中が描かれ、全体として刺激的な言葉や意匠により政友会を批判していた。これに対し、図3－8は、上空を舞うビラから「取付」「休業」の文字が消え、代わりに「銀行」「財閥」と記され、「私利党略」の言葉とともに田中を風刺する図が削除され、かわりに「らちのあかない小田原評定」の言葉の下、政友会の三人が書類を前に腕組して座り考える意匠になっている。全体として図3－8は、図3－7に見出すことのできる刺激的な言葉や意匠が削除され、政友会批判に相当抑制がかけられていることがわかる。また、選挙後半戦になり、新聞紙上において民政党のポスターが取り上げられる場合、図3－8は示されても、図3－7のポスターの全容が写真入りを含め紹介されることは管見の限りなかった。[121] 同種の意匠のポスターを同時に作成する必要がないこと、あるいはインパクトに欠ける同種のポスターを後から自発的に作ることも考えにくいことを考慮すれば、図３－８のポスターは、図３－７が新聞報道にあるような取締りを受け、改訂を余儀なくされた結果と推定できる。

以上、無産政党や民政党のポスターに見たように、政府は政党の作成するポスターに対し当初は種々の取締りを行う方針を打ち出し、図３－７の民政党のポスターの扱いに象徴されるように、その一部は実行に移されていた。しかし、他方において、同一場所に複数貼ることが禁止から容認へと変わったり、地域によってポスター掲示の可否が異なったり、その取締方針の一貫性と統一性には問題があった。さらに押収されたはずの図３－７のポスターが現存し、不都合な部分が隠されたり、削除されていたとはいえ新聞紙上に写真入りで紹介されていたことに鑑みれば、該ポスターが巷に相当数流布していたことは明らかであり、その取締りは徹底さを欠いていたといえよう。さらに新聞は、田中首相が浜口総裁に叩頭している民政党のポスターの原図も、治安警察法、出版法に違反するとして差し押さえられたことを報じていた[122]。該ポスターは図３－５である可能性が高いが、新聞紙上において「内務省で黙認する選挙ポスターの色々」と題し、写真入りで紹介されている[123]。また、政友会の作成した図３－４のポスターに関しても、政友会を健康そうな青年に見立て、民政党は松葉杖を突いた病人に描いた廉で内務省から大目玉を食ったことが報じられていたが[124]、かかる図案は修正されることなく流布していた[125]。

先の厳格な取締方針が出され民政党のポスターなどへの差し押さえが行われている中、政府のかかる姿勢に関し「冊子やポスターを、矢鱈に取締る思想は古い。損でもある[126]」、「取り締まりも過ぎると選挙圧迫になる。高がポスターではないか、国民の判断に委して大きく出ることだ」との批判が新聞紙上においてなされた[127]。また、内務省警保局において、政友、民政のポスターは極めて卑近な絵画で例示するので攻究を重ねた結果、双方とも之を容認することになったので、これにより既成政党のポスター戦はいよいよ激しくなるものと一般の注目を惹いている、と新聞は伝えていた[128]。

以上の政府、内務省の取締方針に関しては、新聞報道に基づくものゆえ今後他のより確度の高い資料による確認や検証の必要があるだろうが、現存する資料や新聞による報道、さらに第一章において明らかにしたように実際のポスター戦が右の新聞の予測に沿う形で激化したことを考えると、図3－7のように一部のポスターには掲示の規制がかけられたものの、その取締りは徹底したものではなく、相当程度容認する姿勢であったことがわかる。

結語

以上、第一回普選に際し、政友会民政党の二大既成政党と新興無産政党のポスターを分析した結果、各党とも意匠と標語を凝らしたポスターを数種類に亘り作成し、各党が普選下の選挙を戦う上で、選挙ポスターを重要視していたことが明らかにされた。そして、両既成政党のポスターからは、昭和初頭の二大政党対立時代が予兆され、争点としては、解散に至るまでの議会運営と選挙民の生活に直結する経済政策が取り上げられていたこと、無産政党のポスターからは、各党が期待した支持層、あるいは、その意匠の共通性から選挙資金の劣勢を窺うことができた。

さらに、民政党のポスターのうち改訂を余儀なくされたと考えられるポスターが存在したことや、無産政党のポスターの中には掲示を禁止されたものもあったことから、政府の選挙ポスターへの圧力があったことを確認する一方で、その一貫性、統一性、徹底さは圧倒的に欠けていたことも明らかにした。冒頭で指摘したように、選挙期間中、ポスターが街中に溢れたことからも明らかなように、普選法成立後初の総選挙であることによる取締りの混乱に加え、朝野を問わずその利用が叫ばれていた選挙ポスターゆえに、その作成掲示に関しては、苛烈な取締りを実行できる状況にはなかったといえよう。

（1）議会解散時、野党民政党が二一九名の議会第一党、与党政友会が一九〇名の第二党で、かかる二大保守の既成政党が全体の約八八％の議席を占めていた（『議会制度百年史・院内会派編・衆議院の部』大蔵省印刷局、平成二年）。
（2）「普選第一回記念ポスター」『中央公論』昭和三年三月。
（3）「言論戦と相俟て総選挙の大勢を左右する各派各様のポスター戦」『歴史写真』昭和三年三月。
（4）右の両誌に写真入りで紹介されている選挙ポスターは、重複は多いが全く同一ではないので、重複を厭わずできる限り利用し、以下、前者は「中央公論掲載ポスター」、後者は「歴史写真掲載ポスター」と表記する。
（5）『東京朝日新聞』昭和三年一月三一日。
（6）「政友会の選挙ポスター」A－17－1。『東京日日新聞』（昭和三年二月八日付夕刊）には、政友会のポスターとして、このポスターが写真入りで紹介されている。
（7）新聞は、新春早々解散総選挙を前提とした紙面作りをしていた。例えば、『時事新報』（昭和三年一月四日）は、「各府県に於ける総選挙大観㈠」と題する連載を開始している。また『中央公論』（昭和三年二月）、『改造』（昭和三年二月）ともに解散総選挙を見越して特集を企画している。すなわち、前者は、「解散を前にして新有権者に与ふ」と題し、安部磯雄（社会民衆党）、武藤山治（実業同志会）、麻生久（日本労農党）、永井柳太郎（民政党）、清瀬一郎（革新党）、高橋亀吉（日本農民党）、牧野良三（政友会）、大山郁夫（労働農民党）が各党派を代表して寄稿し、例えば、牧野は冒頭、「第五十四議会の解散は最早疑ふ余地がない」と断じていた（牧野良三「朝野その地位を換ふるも可なり」）。また、後者も、「解散・どうする」と題し、三輪寿壮、山川均、緒方竹虎、清瀬一郎が寄稿し、例えば、日本労農党の三輪も冒頭、「開会中の第五十四議会は十目の見るところ正しく解散の一途あるのみ」と断じていた（三輪寿壮「総選挙戦と選挙法」）。
（8）「政友会の選挙ポスター」A－16－1。
（9）「政友会の選挙ポスター」A－18－1。「歴史写真掲載ポスター」の中でも、図3－3が政友会を代表するポスターとして紹介されている。また、各党派の選挙ポスターの概要を比較的詳しく伝えた『東京日日新聞』（昭和三年二月一〇日）は、政友会のポスターとして、図3－1と図3－3を紹介していた。前掲『普選第一次の総選挙経過』も同様に各党派のポスターの内容を比較的詳しく伝えているが、これは右の『東京日日新聞』が取り上げたポスター、説明ともに同旨であるので以下は出典を略する。

(10)「普選を掃く」『読売新聞』昭和三年一月二七日。その一方で、第一章の注(77)で言及したように、図3―1や図3―3は意匠が醜悪過ぎるとして、顰蹙を買ってもいた。

(11)「政友会の選挙ポスター」A―19―1。

(12)例えば、『東京朝日新聞』(昭和三年一月三一日)、『大阪朝日新聞』(昭和三年二月一日付夕刊)、『国民新聞』(昭和三年二月一二日)。

(13)『東京朝日新聞』昭和三年一月三一日。

(14)『大阪毎日新聞』昭和三年一月二七日。

(15)「民政党の選挙ポスター」A―60―1。新聞は、田中が、議会休会明け直前の一月一八日、電話にて民政党浜口総裁に会見を申し込んだことを伝えていた。会談は、対支問題を含め協議を行うことを目的としていたが、浜口は議会再会直前に諒解を求める会談には応じることはできないとしてこれを拒否し、与党政友会内の反対もあり、実現には至らなかった。新聞は、かかる動向を大きく報じ(『東京日日新聞』昭和三年一月一九、二〇日)、これを社説でも取り上げ、国民の挙って聞きたい重大問題の一つ、その真偽を国民の前に明らかにするのが議会と議員の職責であるにもかかわらず、暗から暗に葬ろうとする企て(「中止された両党首会見」、同右、昭和三年一月二〇日)と批判していた。

(16)民政党は、議会解散後の声明の中でも、かかるポスターの背景として考えられる次のような経緯を取り上げ、政友会を批判していた。すなわち、田中首相は対支政策の根本を誤り、我特殊地域たる満蒙にまで排日の猛火が揚がるようになった。田中首相は見苦しくも此の問題に関し我党総裁の軍門に憐みを乞わんとして我党に一蹴されたと、断じていた(「第五十四議会解散に対する我党の声明」『民政』昭和三年二月)。

(17)『東京日日新聞』(昭和三年二月八日付夕刊)は、「内務省で黙認する選挙ポスターの色々」と題し、このポスターを写真入りで紹介していた。また、第一章で紹介した図1―20の船に貼られたポスターの中にも、該ポスターを確認することができる。

(18)『東京日日新聞』(昭和三年二月一〇日)は、このポスターを「田中政友会総裁が第五十四議会前に浜口民政党総裁に会見を申し込んだのを諷し田中総裁が握手を求めに行くと浜口総裁がひぢ鉄を食ハシてゐる絵画に『堂々と戦ひませう』といふ皮肉な標語」と紹介していた。

(19)「民政党の選挙ポスター」A―63―1。

(20)　このポスターは、『東京朝日新聞』(昭和三年一月三一日)、「中央公論掲載ポスター」、「歴史写真掲載ポスター」の中でも、民政党のポスターとして写真入りで紹介されていた。
(21)「民政党の選挙ポスター」A-61-1。
(22)「民政党の選挙ポスター」A-62-1。
(23)『時事新報』(昭和三年二月一九日)には、このポスターが写真入りで紹介されていた。
(24)「民政党の選挙ビラ」B-12-1。
(25)「民政党の選挙ビラ」B-15-1。
(26)　藤山竹一のこと。藤山は、昭和二年五月一七日に実施された地方官更迭により大分県知事に就任したが、前任者の田寺俊信は、大正一五(一九二六)年九月二八日に就任したばかりであったので、田寺は就任八ヶ月での更迭であった(前掲『戦前期日本官僚制の制度・組織・人事』)。
(27)　大塚は、右の田寺同様、大正一五(一九二六)年九月二八日より福岡県知事に就任したばかりであった(同右)。大塚の福岡から石川への更迭は、昭和二(一九二七)年五月一七日であったが、大塚は、翌一八日に、石川県知事を辞職しているので、一日だけの知事在職となった(同右)。なお、大塚は、昭和四年七月二日の民政党の浜口内閣発足直後の、翌三日、内務省警保局長に抜擢された(同右)。
(28)　白上佑吉も、大正一五(一九二六)年九月二八日に富山県知事に就任したばかりであった。白上も大塚同様、人事発令翌日の五月一八日に辞職したため、島根県知事在職は一日だけであった(同右)。
(29)　縣は、昭和二年五月一七日に群馬県知事に就任し、昭和三年一月六日に更迭された(同右)。
(30)　斎藤は、原敬内閣下の大正八(一九一九)年八月一三日より朝鮮総督に就任していたが、田中内閣発足後、八ヶ月弱の昭和二(一九二七)年一二月一〇日に辞職している。因みに、斎藤は、浜口内閣発足一ヶ月後の昭和四(一九二九)年八月一七日に、朝鮮総督に返り咲いている(同右)。
(31)　上山は、第一次若槻内閣下の大正一五(一九二六)年七月一六日に台湾総督に任命されたが、田中内閣下の昭和三(一九二八)年六月一五日に更迭され、川村竹治が就任、浜口内閣発足直後の昭和四(一九二九)年七月三〇日に石塚英蔵が就任した(同右)。
(32)　市村は、昭和二年八月二〇日に京都市長に就任し、三ヶ月も経たぬ一一月一三日に更迭されている(『日本の歴代市長　二巻』歴代知事編纂会、昭和五九年)。

(33)　西久保は、第一次若槻内閣下の大正一五（一九二六）年一〇月二九日に東京市長に就任したが、田中内閣発足八ヵ月後の一二月一二日に更迭されている（東京都政史料館編『東京都職制沿革』昭和三一年）。西久保は、明治二八年に東京帝国大学法科を卒業し、同期には、浜口雄幸、伊沢多喜男、下岡忠治、上山満之進、久保田政周らがいた。第二次大隈重信内閣下、伊沢の後を受け警視総監に就任（大正四年八月）、その後、貴族院の勅撰議員（大正五年一〇月）になり、同院では憲政会系の同政会に所属していた。東京市長も、伊沢の後を受けての就任であった（前掲『戦前期日本官僚制の制度・組織・人事』。牛山栄治『巨人　西久保弘道』春風館、昭和三一年）。以上の経歴から、憲政会、民政党系の官僚と目されていた。西久保市長在任中、とりわけ田中内閣成立後の東京市議会における市長支持派の切り崩し、市長不信任決議の通過、辞任までの経緯については、前掲・牛山『巨人　西久保弘道』（一三七〜五八頁）に詳しい。

(34)　「民政党の選挙ビラ」B－14－3。

(35)　「民政党の選挙ビラ」B－15－2。

(36)　「三木武吉の立候補挨拶状」C－43－1。三木は、既述のように東京一区より民政党候補として出馬し、三位で当選を果たす。

(37)　「野田文一郎の立候補挨拶状」C－63－1。野田は、兵庫一区より民政党候補として出馬しトップ当選を果たす。また、衆議院の命により南北の支那視察を行った前職の民政党候補者広瀬徳蔵は、軽率な山東出兵は徹頭徹尾失敗と批判しながら、視察の結果を踏まえ、南京政府からは国民革命成就を妨げる出兵として怨みを抱かれ、北方においても張作霖の配下が日貨排斥などで排日の気勢を挙げているとし、さらに、田中の陸相時代のシベリア出兵にも言及しながら田中を出兵病にかかる首相と断じ、日支親善、東洋平和に一大不幸をもたらした軍閥外交と、非難していた（広瀬徳蔵「紙上政見発表演説」C－61－2）。広瀬は、大阪三区より民政党候補として出馬し、二位当選を果たす。

(38)　「中島弥団次の立候補挨拶状」C－47－2。中島は、東京二区より民政党候補として出馬しトップ当選を果たす。これ以外に中亥歳男も、無謀な山東出兵や信念なき満蒙積極政策の齟齬は、支那の猜疑を生み、善隣の誼を失う、対支貿易を減退させる（「中亥歳男の立候補挨拶状」C－64－2）と難じていた。中は、兵庫一区より民政党候補として出馬し、六位で次点に泣く。

(39)　「鶴岡和文の挨拶状『私の意見と御頼み』」C－53－3。鶴岡は、東京六区より民政党候補として出馬し、四位で当選を果たす。

(40)　「中島守利の立候補挨拶状」C－30－1。中島は、東京六区より政友候補として出馬し、三位当選を果たす。

(41)　「向井倭雄の立候補宣言」C－37－3。向井は、長崎一区より政友会候補として出馬し、二位当選を果たす。

(42)「民政党の選挙ビラ」B－12－2。
(43)「民政党の選挙ビラ」B－12－3。
(44)「民政党の選挙ビラ」B－13－1。
(45)「民政党の選挙ビラ」B－13－2。
(46)「民政党の選挙ビラ」B－14－1。
(47)「民政党の選挙ビラ」B－13－1。
(48)「民政党の選挙ビラ」B－14－2。
(49) 候補者レベルのポスターでは、政友会の小川平吉が「対支外交の振張」を標語に加えていたが（『東京朝日新聞・市内版』昭和三年二月一六日）、このように対外問題が取り上げられることは、必ずしも多くはなかった。小川は、長野三区より政友会候補として出馬し、二位当選を果たす。
(50) 山本条太郎「最初の普選を顧みて・正攻法で直進」『政友』昭和三年四月。
(51) 立候補宣言や推薦状等のポスター以外の選挙関連の文書上でも、政友会民政党各々、その批判の矛先は専らお互いに向けられ、無産政党に対する批判は非常に少ない。例えば、民政党の機関誌は、池田超爾の「無産政党の人々に答ふ」（『民政』昭和二年八月）と題する論説を掲載し、無産政党から民政党に対し行われている批判への反論を掲載していたが、このように正面からの反論が掲載されることは珍しかった。因みに、こうした傾向は、総選挙に先立ち行われた普選による統一府県議選においても同様であった。すなわち、同選挙後、これを総括した評の中で、演説会において既成政党は既成政党同士で互いに攻撃しあっていたが、双方とも無産政党や新興勢力の攻撃はしなかった。無産陣営に好意的な該評者は、その理由として既成政党にとって無産政党は眼中に置かなかったかもしれないが、その実、新有権者の大部分を占める無産階級の感情を害うことをおそれたためと解説していた（川原次吉郎「普選の戦跡を観て」『雄弁』昭和二年一一月）。ここでは、前者の理由に注目しておきたい。なお、府県議選挙後、最初の普選を体験した読者の所感の中でも、同様の傾向が指摘されていた。すなわち、府県議選であるにもかかわらず、両党がお互いの攻撃にのみ専念して府県に関する肝心の議論を聞くのが少なかったとの不満が寄せられるほど、政友、民政は両党間の批判に終始していた（「懸賞募集・最初の普選を見て㈠　集つた所感と印象の中から、田中三次『文書戦貧弱』」『大阪毎日新聞』昭和二年一〇月一日）。
(52) 第一回普選における無産政党の選挙戦の実際に関しては、中村勝範「第一回普通選挙と無産政党」（『法学研究』昭和三七年八月）に詳しい。

(53)『東京日日新聞』昭和三年一月二六日。該記事は、日労党はポスターも商売人に頼まず全国芸術同盟の手で作成し実費五銭で、労農党も芸術家連盟の筆により、社民党でも青柳氏が絵筆によりをかけ一枚三銭で作成しているとし、無産政党陣営はいずれも自己の関連団体や個人に、その作成を依頼していたことを伝えている。

(54) 三輪寿壮「東京府下を舞台として」『改造』昭和三年三月。

(55) 赤松は、宮城一区より社民党候補として出馬するが、七位で落選する。

(56) 赤松克麿「因襲の圧力に抗して」『改造』昭和三年三月。

(57)『大阪毎日新聞』昭和三年三月一日。

(58)「菊池寛の選挙ポスター」A-111-1。

(59)「菊池寛の選挙ポスター」A-109-1。

(60)「菊池寛の選挙ポスター」A-107-1。

(61) 無産政党陣営のポスターについて新聞は次のように伝えていた。「こん度の普選をいろどる新しい武器の一つはポスターである、政友会や民政党は本部では作らないが無産政党は本部で考案をこしらへて盛んに地方の候補者へ送つてゐる、社会民衆党は二種類で一万八千枚、その代金千百余円を奮発して公認候補者一人に対して少なくとも五百枚、京都、兵庫、大阪などへは一人について千枚もみんな無料でドシドシ送つてゐる、労農党はすばらしく腕のいいポスターを一万枚刷らせて活版屋から本部へ届けたばかりのところをそつくり警視庁に押さへられて悲観しているが、それでもこりずに別なのを又二種類大急ぎで作らせて地方へ送りこんだ、日労党も農民党も、二、三種づつ作つた、田舎町の四辻の壁に無産党のポスター合戦が見られるわけだ、ポスターの絵や文句が右翼と左翼の色彩をはつきり出してゐるから面白い、民衆党のは『勤労階級は勤労者の代表へ』といふ文句で有産者と勤労者の比率を示した図の色合い至極おだやかであるが、労農党の差し押へをくつた分は全体強烈な赤色ですごい顔つきの男が怒号してゐる、背景には紅蓮の災に赤旗がなびいてゐてポスターとして文句も強い」(『大阪毎日新聞』昭和二年九月二二日)。ここで言及されている社会民衆党のポスターは、図3-17の意匠である。

(62) 既成政党も、無産政党同様、名前だけを差し替えたり、書き加えたりすることにより共同で利用できるポスターを何種類かは作成していた、と見られる。例えば、政友会候補の中村愛作(東京一区より出馬し九位で落選)が作成したポスター図3-32(A-34-1)の意匠は、同党の他の候補者も利用していたことが確認できる。該ポスターは、朝日をデザインした円の中に、笑顔の青年、中年、老人と目される男性の顔が描かれ、下に「大衆の味方」「産業立国」と記され、朝日の外には、上段に自分の名前を大書し、その下に「貴下の貴き一票を」と記され、左端に「国富本位の積極政策」、右端に「かたよる政治を排し」、下段には「君も政友会!!」「僕も政友会!!」の文字が躍っていた。これと同じ意匠のポスターは、「歴史写真掲載ポスター」の中で、横川重次（埼玉二区、政友会、五位で次点）が利用していたことを確認できる。また、同じく「歴史写真掲載ポスター」には、図3－33に示すように、左側に「立憲政友会公認候補者」と記され、その横に、名前を大書するための空欄を設けた政友会のポスターが紹介されている。ポスター上段には「清き一票」と書かれた投票用紙と、それを挟むように「我等が普選」のゴチックの文字が配されている。下段には「『熱意真摯、正義任侠、努力実行』の人として、『人格識見、経倫声望』、倶ニ最適任者」と記され、右側に描かれた矢の羽には「郷土の為めに」との大きな文字が、その矢先は、左の候補者の名前に向けられている意匠である。「中央公論掲載ポスター」には、同じ意匠のポスターの左の空欄に手書きで「三土忠造」（香川二区）と、記されたポスターが紹介されているが、かかる意匠のポスターは、三土以外の候補者も手書きで名前を入れ利用したと推定される。

(63) 図3－12～14の意匠のポスターは、『東京日日新聞』（昭和三年二月八日付夕刊）が社会民衆党のポスターとして写真入りで、さらに同紙による政党各派のポスター概要の紹介記事でも言及されていた（昭和三年二月一〇日）。

(64) 「小川清俊の選挙ポスター」A－117－1。小川は、東京五区より社民党候補として出馬し一〇位で落選する。

(65) 「田万清臣の選挙ポスター」A－124－1。田万は、大阪一区より社民党候補として出馬するが、六位で落選する。

(66) 「小池四郎の選挙ポスター」A－128－1。小池は福岡四区より社民党候補として出馬するが、六位で落選する。

(67) 宮崎は、東京四区より社民党候補として出馬するが、七位で落選する。

(68) 宮崎龍介が同じ意匠のポスターを作成していたことは、「中央公論掲載ポスター」、「歴史写真掲載ポスター」、『時事新報』（昭和三年二月一九日）において確認できる。安部磯雄も同種の意匠のポスターを利用していた（『時事新報』昭和三年一月二七日付夕刊）。

(69) 「西尾末広の選挙ポスター」A－125－1。西尾は、大阪三区より社民党候補として出馬し、三位で当選する。

図3－32 （→口絵）

図3－33

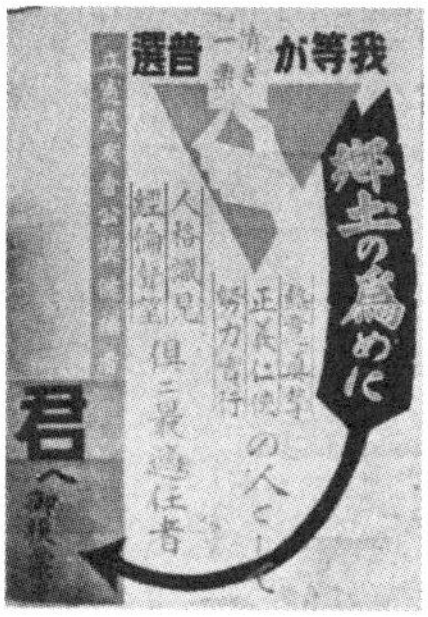

(70)「田万清臣の選挙ポスター」Ａ－123－1。
(71)「小川清俊の選挙ポスター」Ａ－118－1。
(72) 府県議選において用いられたポスターは、上段の言葉が「勤労者の一票は勤労者の代表へ」と記され、円グラフ内の言葉は「大金持階級」ではなく「有産階級」、下段に社会民衆党と書かれた上に「勤労階級の政党」の言葉が付されている等、若干異なる個所もある（前掲『普選ポスターと新戦術』）。
(73)「歴史写真掲載ポスター」には、候補者名がなく社民党のポスターとして、「中央公論掲載ポスター」には、「横浜支部」名が入った岡崎のポスターとして、各々紹介されている。岡崎は神奈川一区より出馬するが、四位の次点に泣いた。
(74)「田万清臣の選挙ポスター」Ａ－121－1。
(75)「中央公論掲載ポスター」。
(76)『国民新聞』昭和三年二月一二日。
(77)『時事新報』昭和三年二月一九日。吉川は、京都一区より社民党候補として出馬するが、一三位で落選する。
(78)「下田金助の選挙ポスター」Ａ－120－1。下田は、東京七区より社民党候補として出馬するが、八位で落選する。
(79)「中央公論掲載ポスター」、「歴史写真掲載ポスター」。片山は、神奈川二区より出馬するが、六位で落選した。
(80)「田万清臣の選挙ポスター」Ａ－122－1。
(81) さらに「中央公論掲載ポスター」と「歴史写真掲載ポスター」を照応すると、これら以外に社会民衆党の選挙ポスターとして次の二種類を確認できる。第一は、図3－34に示すように、シルクハットに三つ揃えの服を着て太った資本家と目される男が、庶民に向け鞭を振り上げ、その腕を、筋肉質の手がしっかりと摑んで押さえている意匠である。その手の横には「民衆党」、上には「民衆の死活はこの一票から」の文字が躍っていた。この意匠は、鈴木文治（大阪四区、トップ当選）（「中央公論掲載ポスター」）と小池四郎（福岡四区、六位落選）（「歴史写真掲載ポスター」）が使っている。第二は、図3－35に示すように、屈強な男性がハンマーで杭を打ち、そこから浜口や田中がはじき飛ばされている意匠で、右上に「このスローガンを見よ！」、男性の肩の横に「社会民衆党」、杭には「富豪に重税、貧乏人に減税、金利、地代、物価を引下げよ、働く者の生活を保障せよ」と記されていた。これは、小山寿夫（「中央公論掲載ポスター」）と片山哲（「歴史写真掲載ポスター」）のポスター

図３－34

図３－35

として紹介されているが、小山は出馬していない。
(82)『東京朝日新聞』昭和三年一月三一日。
(83)同右。
(84)「日本労農党の選挙ポスター」A-130-1。この意匠のポスターは『国民新聞』（昭和三年二月一二日）においても写真入りで紹介されている。
(85)「中央公論掲載ポスター」、「歴史写真掲載ポスター」。
(86)いずれも「大原社会問題研究所ポスター」に拠る。麻生（同、PA0002）、福田（同、PA0206）、須永（同、PA0401）、加藤（同、PA0334）。
(87)「加藤勘十の選挙ポスター」A-131-1。
(88)「加藤勘十の選挙ポスター」A-132-1。
(89)この意匠に関しては、「大原社会問題研究所ポスター」（PA0530）の中に同種のものが確認できる。「政見発表大演説会」と記され「日時、場所、弁士、事務長」を記入する欄が設けられ、候補者の誰もが使うことができる体裁になっていた。
(90)「阪本孝三郎の選挙ポスター」A-133-1。
(91)「河上丈太郎の選挙ポスター」A-134-1。
(92)『大阪朝日新聞』（昭和三年二月一日付夕刊）、「中央公論掲載ポスター」、「歴史写真掲載ポスター」。
(93)『東京朝日新聞』昭和三年一月三一日。
(94)「野田律太の選挙ポスター」A-140-1。
(95)「中央公論掲載ポスター」、「歴史写真掲載ポスター」。
(96)「大原社会問題研究所ポスター」に拠る。神道（同、PA0391）、大橋（同、PA0322）、小岩井（同、PA0368）。
(97)「野田律太の選挙ポスター」A-141-1。
(98)「大山郁夫の選挙ポスター」A-142-1。大山の選挙運動に関しては、大西比呂志「大山郁夫と第一回普通選挙—日農香川と労働農民党—」（『早稲田政治公法研究』第二二号、一九八七年）を参照のこと。
(99)「日本農民党のポスター」A-137-1。
(100)「高橋亀吉の選挙ポスター」A-138-1。高橋は、山梨より出馬し六位の次点に泣く。
(101)『国民新聞』昭和三年二月一二日。

(102)「大原社会問題研究所ポスター」(PA0104)。なお、『時事新報』(昭和三年二月一九日)は、同じ意匠の大野金吾のポスターを紹介しているが、彼の出馬は確認されていない。

(103)「中央公論掲載ポスター」、「歴史写真掲載ポスター」。

(104) 前掲・中村「第一回普通選挙と無産政党」。

(105) 無産政党の選挙協定に関しては、兵庫一区より日労党候補として出馬した河上丈太郎に対する労農党兵庫支部連合会と同神戸支部連名の推薦状を『普選資料』の中に確認できる(C－94－1)。そこには、労農、日労両党が選挙協定を行い、兵庫二区と三区においては共同候補を推し、一区においては労農党が日労公認候補の河上を推薦支持し、日労党と共同闘争委員会を以て戦うことが宣言されていた。

(106) 無産政党のポスターの独特な意匠に関しては、組合外の一般農民は恐怖心さえ抱くものがあったことが指摘されている(前掲・中村「第一回普通選挙と無産政党」)。例えば、図3－20の田万清臣のポスターには、怒髪天を衝く演説者の形相が描かれているが、そうした意匠は一般選挙民の支持獲得ではなく、むしろ恐怖心を抱かせ遠ざける効果を持ったといえよう。

(107) 選挙法の解釈をめぐり内務省と司法省で齟齬があったため、調整を余儀なくされたり、警視庁が、候補者などからの質問応答に忙殺されていることを新聞は伝えていた(「警視庁高等課は八方から質問攻め・殺到する普選法の疑義に対し回答に連日大悩み」『東京朝日新聞』昭和三年一月二七日付夕刊)。また、府県議選前に、内務省では内務司法の行政解釈をまとめた小冊子を全国の警察署に配布したが、その後集まった疑義の解釈は、十一、二日頃に前回同様警察官に配布する段取りになっている、と報じられた(「推薦状の解釈・政府の解釈一致し第二回小冊子警察に配布」『東京朝日新聞』昭和三年一月二〇日)。解散の一日前、内務省警保局から「警官必読用普選要項」のパンフレット一〇万冊の大注文が三秀舎に舞い込んだことも新聞は伝えていた(『東京朝日新聞』昭和三年一月二四日)。

(108) 色彩制限の撤廃要請は、東京、栃木、静岡、滋賀、長野、山形、秋田、富山、鳥取、徳島、香川、鹿児島より、一色または一度刷りへの改正要請は、大阪、長崎、新潟、群馬、山口、福岡より出されていた(「昭和三年二月衆議院議員総選挙ニ於ケル法令ノ運用ニ関スル調」『衆議院議員選挙革正審議会・第十八号』、2A－36－委680、マイクロフィルム委－097、国立公文書館所蔵)。

(109) 第一章において紹介したように、内務官僚が書いたポスター啓蒙書は、選挙民にアピールするポスターの効果的貼り方として、複数のポスターを同一場所に貼ることを指南していた。

(110) ポスター掲示の制限、例えば、一候補者に付き一ヶ所一枚、または相互間の距離を一町あけるなどの提案は、東京、愛知、和歌山、福岡、岐阜から、ポスターの禁止が長崎から、ポスターによる選挙運動の禁止が群馬より出されていた。（前掲「昭和三年二月衆議院議員総選挙ニ於ケル法令ノ運用ニ関スル調」）。選挙後、街中のポスター氾濫への反省からこうした制限、さらには全廃に向けての動きが党派を超えて出たことは第一章において指摘したところである。因みに、右の上申によれば、選挙期日後一定の時間にポスター類の撤去を義務付ける提案が、東京、長崎、滋賀、宮城、山形、富山、広島、和歌山より出されていた（前掲「昭和三年二月衆議院議員総選挙ニ於ケル法令ノ運用ニ関スル調」）。

(111) 河野密「選挙断片」『改造』昭和三年三月号。河野は、日労党より出馬した加藤勘十（東京五区）のポスター（A－132－1）の掲載責任者として名前が記載されていることから、加藤の選挙運動責任者であったことがわかる。

(112) 府県議選では、選挙用の文書図画に関する規定は、内相の所管で、府県知事や警察署長にはないにもかかわらず、大阪では、引札、ポスターは三十間の間隔を置かねばならぬ、立札、看板は一町の間隔を置かねばならぬとの命令を出す一大失態を犯した、と指摘されている（清瀬一郎「所感三つ」『大阪毎日新聞』昭和二年一〇月三日）。

(113) 『東京日日新聞』昭和三年二月七日。

(114) 宮崎龍介「病に倒れて」『改造』昭和三年四月。労農党の細迫兼光は、内務省において検閲済みのポスターが地方では殆ど禁止された、とする（細迫兼光「欺瞞に充ちた普選法」『中央公論』昭和二年一一月）。

(115) 例えば、新聞は民政党「滅茶滅茶に政府をコキ下すパンフレット一千万冊」「ポスター百万枚の大仕掛け」との見出しで、同党が今後論及する内容の一つとして「三百万円事件、機密費事件の疑雲と田中、山梨の其の後」を挙げていた（『時事新報』昭和三年一月二七日）。

(116) 「泥試合的政戦排撃・虚構の宣伝ポスター等、政府は徹底的に弾圧の方針」『東京朝日新聞』昭和三年一月三〇日。また、これに先立ち、選挙ポスター取締りに関し新聞は、次官会議で次のような決定が下されたと報じた。先般来内務、司法、警視庁、各当局者間において協議中であったが、二六日の次官会議（午前一〇時より、鳩山書記官長、前田（米蔵）法制局長官、宮田（光雄）警視総監、杉山（四五郎）内務次官外、出席）で報告承認、一、政策を示さずして単に反対党を罵言ざんぼうする種類のものは厳禁すること、例へば、既成政党を泥棒呼ばはりをするの類のもの、あるひは、ある党派は収賄その他悪事醜行をのみ行つてゐるが自分の党派は清廉であるとかの意味を示して選挙の妨害をなすものは絶対に禁止することを決したとする（『東京朝日新聞』昭和三年一月二七日）。この決定を受けてか、鈴木喜三郎内相は、談話の中で、政府は選挙に用いるポスターについて相当取締ることにした、と語っていた（『時事新報』昭和三年一月二七日）。

(117) 『東京日日新聞・市内版』昭和三年一月二九日。

(118)『時事新報』昭和三年一月二九日。

(119)図柄を二等分し、右に浜口総裁の演説、左に田中首相によく似た男が芸者に三味線を弾かせステテコを踊り、窓からは銀行が休業や取付に会っている光景が見え、これに「私利党略」と注している、と紹介していた(『東京朝日新聞』昭和三年一月三一日)。内務省警保局「秘・普選第一次総選挙と出版物(昭和五年四月)」(JACAR〈アジア歴史資料センター〉Ref.A0401045600 警察庁9・4E・15-3、357、国立公文書館所蔵)には、昭和三年総選挙当時の禁止宣伝印刷物は二九件で、内、民政党本部発行ポスター二件と記されている。

(120)内務省は昭和三年一月三一日、新聞記事差止事項として、「出版法ニ依リ禁示処分ニ付セラレタル『ポスター』其ノ他ノ出版物ヲ其ノ儘掲載シタルトキハ禁止処分ニ付セラルルコトアルベキノ件」を、各府県に「警告」していた(「秘・新聞記事差止事項調(昭和七年七月二十二日現在)」JACAR Ref.A04010491800、警察庁9・4E・15-4、581、国立公文書館所蔵)。

(121)『時事新報』(昭和三年二月一九日)は一面を使い各種の選挙ポスターを写真入りで紹介しているが、そこでは図3-7ではなく図3-8が掲載され、各党派の選挙ポスターの概要を比較的詳しく伝えている。既述の『東京日日新聞』(昭和三年二月一〇日)も、民政党のポスターとして、図3-5と図3-8を紹介し、図3-7には論及していなかった。

(122)『東京日日新聞』昭和三年二月一日。

(123)本章の注(17)(18)参照。

(124)『大阪朝日新聞』昭和三年二月一日。

(125)本章の注(12)参照。

(126)「時事小観」『時事新報』昭和三年二月一日付夕刊。

(127)「時事小観」『時事新報』昭和三年二月二日付夕刊。

(128)『東京日日新聞』昭和三年二月一日。また、三日の閣議では、普選関連法が煩雑なために違反に厳しく対処すると選挙民の萎縮や恐怖心を招くおそれがあるので、与野党より取締緩和の要望が出て内務省で慎重審議することが決定された、と報じられた(『時事新報』昭和三年二月三日付夕刊)。先述した二六日の次官会議における決定に対しては、内相訓示に選挙警察との新用語が出現したことを揶揄しながら、選挙ポスターを厳禁するように見得る、反対党への攻撃なくして効果ある選挙戦を望むことができるか、地方警察官のその場限りの御用判断により取締りが行われるなら、政府反対党候補に関する限りポスター利用の機会はなくなる、として批判の社説が掲げられた(「選挙を明るくせよ」『東京朝日新聞』昭和三年一月二八日)。

第四章　候補者の選挙ポスター

序

本章の目的は、第一回普選において実際に用いられた各候補者の選挙ポスターやビラを、立候補宣言や推薦状とともに紹介しながら、その内容分析を行い、彼等が選挙民の支持獲得のため、いかなるアピールをいかなる意匠や標語により行っていたか、その特徴を明らかにすることにある。さらにそれらの特徴から間接的ながらも窺うことができる、初の普選に臨む候補者や有権者の選挙をめぐる種々の意識を明らかにするとともに、選挙戦の実際についても考察を加えてみたい。

第一節　政見や政策の提示

第一回普選に際し、各政党が、自党の政見や政策を表現するため種々の意匠を凝らした選挙ポスターを作成したことは、前章において明らかにしたが、候補者レベルの選挙ポスターにおいても、同様のことを確認できる。その意匠や標語に、政見や政策、あるいは政治姿勢が描かれている代表的な事例として、東京一区（定員五名）より出馬した、政友会、民政党、実業同志会の各候補者のポスター三点を紹介してみたい。

図4－1に示すのは、政友会候補として出馬した本田義成のポスターである(1)。「積極政策」と書かれた小槌で「消極政策」と書かれた鐘を叩き、鐘から出てくる音には「不景気は日本外に退け」「貧乏神は追ひはらふ」と記されている。政友民政両既成政党とも、選挙民の生活に直結する経済問題を自党の選挙ポスター上に積極的に掲げたことは前章において既に指摘したところである。政友会は、自党の経済政策を積極政策、民政党の経済政策をして不景気を招く消極政策と批判していたが、かかる政友会の姿勢は、候補者本田のポスターにも反映されて

図4―1 ➔口絵

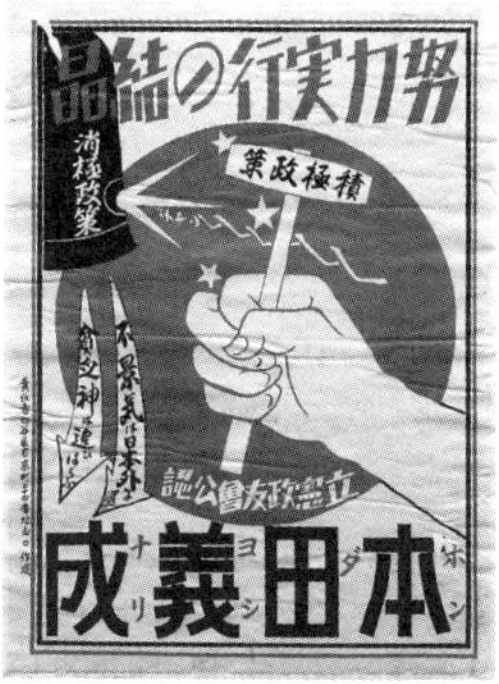

図4―2 ➔口絵

図4―3 ➔口絵

いた。「鐘」「小槌」「音」の意匠を利用することにより理解を容易にし、政友会の積極政策による景気回復への期待を、有権者に効果的に抱かせるポスターになっていた。

図4―2に示すのは、民政党候補として出馬した三木武吉のポスターである[2]。衆議院と目される議会の門前で、似顔絵により描かれた候補者の三木が、節分の豆をまき、鬼を追い払う図柄である。議会の解散が一月二〇日で投票日が二月二〇日ゆえ、選挙戦渦中に行われる日本の伝統行事、節分の「豆まき」の様子を意匠として採用していた。庶民の伝統行事である「豆まき」を描くことにより、政治や選挙に対し心理的距離を置く有権者の意識を近づけ、関心の喚起をねらったポスターといえよう。追い払われる鬼に結び付けられた札には、「放漫政策」「生活難」「不景気」等と記されている。前章において紹介したように、民政党も、自党の選挙ポスター上において経済問題を取り上げ、政友会のそれを無責任な虚栄を張る放漫借金政策と批判していたが、候補者三木のポスターにも同様の主張を看取できる。政友会を鬼に見立て、同党の放漫政策とそれに伴って生じる生活難と不景気を、自らが議会の場で批判し追い払うことを訴えていた。

図4―3に示すのは、実業同志会より出馬した水上嘉一郎のポスターである[3]。この総選挙では、普選による明るい新時代を象徴する図柄として、「太陽」や「朝日」、「蠟燭」などの光源が党派を超え好んで利用されたが、

水上も、太陽の光を図案化する中で自らの政見を表現していた。第七章において改めて詳論するように実業同志会は、政府や官が持つ権限や仕事の削減を主張し、それによる国費の節約、廃減税の実施による国民負担の軽減を訴えていた。水上は、太陽光線に同会が掲げる「官業の大整理」「営業収益税の全廃」等の政見を書き込みながら、自らの選挙ポスターを作成していたのである。(4)

以上、東京一区の党派の異なる候補者の、政見や政策がその意匠に巧みに表現されていた代表的ポスターを紹介した。ポスターに描かれた各候補者の主張は、候補者独自のものというよりは自党の政見や政策を反映したものであり、その独自性は政見の内容よりは意匠の凝らし方に発揮されていたといえる。もっとも、ここで紹介したような政見や政策を意匠に凝らして盛り込む選挙ポスターが、多数を占めていたわけではない。各自の政見や政策に関しては、立候補宣言書や推薦状などの文書の中で主張されることが多く、ポスター上においては、難解なそれらを表示することは避け、むしろ自らの知名度を上げるため、あるいは選挙民に自己への投票を直接的に促すため、より単純な意匠、より直截的な文言を用いたポスターの方が多く作成された。以下、そうしたポスターの特徴について解説を加えていきたい。

第二節　写真や似顔絵の利用

候補者の選挙ポスターの多くには、選挙民に対する自らの認知度を高めるため、自分の写真や似顔絵が掲載された。利用される自画像は、全身、上半身、顔だけのもの、掲載の位置も、上、中央、横、その大きさも大小さまざまであった。図４－４の政友会候補者鳩山一郎のポスターに代表されるように、(5)その多くが背広ネクタイ姿であり、殆どが澄ました顔であるが、図４－５の民政党候補者紫安新九郎のポスターのように、(6)選挙民に親しみ

図4－4

図4－5　➔口絵

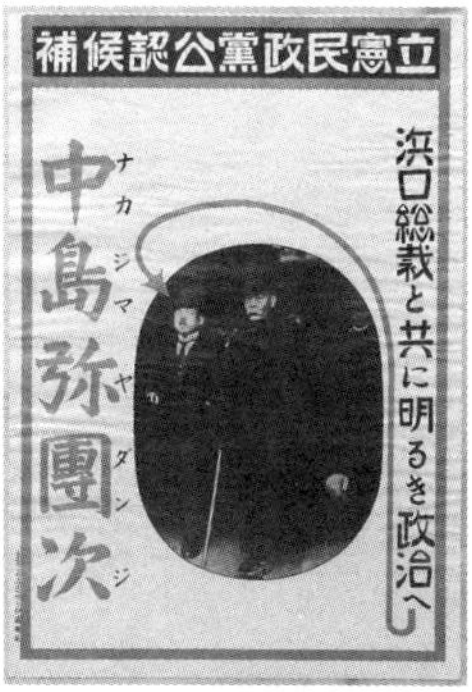

図4－6　➔口絵

やすさをアピールするため笑顔のものもある。

さらに、写真や似顔絵は、自分自身のものだけでなく、自党の党首を登場させる選挙ポスターも作成された。当時朝日新聞の幹部であった緒方竹虎は、普選時代を迎えるに際し、選挙では大衆に訴える旗印と、大衆を引きつける映画スターに喩えられるような民衆リーダーが必要になると説いていた(7)。緒方は、政友会と民政党の両既成政党ともに、そうしたリーダー不在と断じていたが、普選の実現とともに大衆の政治参加が進み、彼等を魅了するリーダーの存在が、従前に増し選挙に影響することを予見していて興味深い。また、候補者の選挙ポスターへの党首の登用は、選挙に際してのリーダーの重要性を裏づけるとともに、その登用のされ方から、候補者及び選挙民が党首に対しいかなるイメージを抱いていたかも間接的に窺うことができる。以下、そうした点に着目しながら、自党党首を登用させている候補者ポスターに関し考察を加えてみたい。

図4－6－2

まず、図4－6は、民政党候補者中島弥団次の選挙ポスターである(8)。ポスターの中央に自らが浜口の側近として寄り添って歩く写真を大きく掲載している（図4－6－2）。その横には「浜口総裁と共に明るき政治へ」との標語

図4－7 →口絵

図4－8 →口絵

図4－8－2

が記され、そこから伸びる矢印は写真の中の中島を指していた。中島は、立候補の挨拶状に付した略歴の中でも自らが浜口の側近であることを強調していた。すなわち、浜口と同郷の土佐出身で、東大法科卒後大蔵省入省、加藤高明内閣下、浜口が蔵相になると、浜口に引き立てられ大蔵秘書官となり、浜口が内相に転じると自らも内務秘書官に、若槻礼次郎内閣が倒れて以降は、浜口の秘書を務めていると書いていた。[9] 出身、大学、官界、政界と一貫して浜口と関係が深いことを紹介していた。このように立候補の挨拶状においても党首浜口と親しく、信頼されている側近であることを強調していたが、ポスターの意匠においてもそのことを選挙民に印象づけていたのである。**図4－7**は、民政党候補者石川弘のポスターである。[10] ポスターの右側には似顔絵による浜口の上半身が大きく描かれ、浜口の手には候補者である石川の上半身の写真が印刷された投票用紙が握られ、党首浜口が自己を推挙していることを印象づける意匠になっていた。さらに**図4－8**は、民政党候補者上原正成のポスターである。[11] ポスター左の自己の顔写真に向けられた二つの矢印の、一方の右上の源には浜口の顔写真が配され（**図4－8－2**）、浜口が上原を推していることが印象づけられていた。

以上は、写真や似顔絵により候補者と浜口がポスター上に並んで掲載された事例であるが、**図4－9**に示す民政党候補者石原善三郎のポスターに見るように、[12] 演説する浜口の写真（**図4－9－2**）が大きく掲載されたポス

図4−9 ➔口絵

図4−9−2

図4−10 ➔口絵

図4−10−2

ターや、図4−10のように、党首浜口の似顔絵（図4−10−2）を採用し燕尾服姿の浜口が右手を差し出し、その右側には「尊き貴下の一票を枡谷寅吉へ」と書かれた枡谷寅吉のポスターや、[13] 図4−11のように、[14] 右手を振り上げる浜口の姿を似顔絵により描いていた本多喬行のポスターを確認できる。

このように民政党候補者のポスターやビラには党首の写真や似顔絵がしばしば登場する。[15] さらに民政党候補は、ポスターに限らず、ビラや推薦状等にまで、浜口の写真を登場させていた。例えば、図4−12の東京一区の三木武吉のビラには、上半分に三木と浜口の写真（図4−12−2）が並んで掲載されていた。[16] また、図4−13に示すように、武内作平については、浜口単独による推薦状が作成され、そこには浜口と武内とのツーショットの写真（図4−13−2）が掲載されていた。[17]

以上のことは、党首の浜口の写真が選挙民に肯定的なイメージで捉えられていたことを窺わせ、少なくとも民政党の候補者がそうした認識を前提に自らのポスター、ビラ、推薦状を作成し選挙戦に臨んでいたことを示していた。

こうした浜口の候補者ポスターへの登用に比し、民政党の競合政党である政友会の総裁田中義一が候補者のポスターやビラ等に登用される事例は必ずしも多くなかった。田中が、政権与党の党首ばかりでなく現役

図4―11 ➔口絵

図4―12 ➔口絵

図4―13

図4―12―2

図4―13―2

の首相であったことに鑑みれば、本来ならば浜口以上に頻繁に登場すべきであるにもかかわらず、その頻度は高くなかったと推断される。(18)

確かに、第五章で改めて論及する東京五区より出馬した佐藤安之助は、自分の挨拶状の略歴紹介において自らが田中の側近であったことを書き、(19)あるいは田中単独で書かれた推薦状を選挙民に送付し、(20)田中と親しい関係にあることを強調していたが、彼は陸軍出身の政治家であった。また、雑誌々上において紹介された選挙ポスターの中には、図4―14に示す政友会公認候補窪井義道のそれを見出すことができ、そこには「総理は田中　議員は窪井」の標語の下、自己の写真とともに田中の写真が掲載されているが、(21)窪井は田中と同郷の山口からの出馬であった。

このようにポスターやビラ、挨拶状や推薦状に、自分と田中との距離が近いことをアピールする候補者はいたし、全国の地方支部より党首田中の講演会参加要請が殺到していることを新聞は伝えていた。(22)しかし、党首の田中を自らのポスターや推薦状等に登用した右の事例は、陸軍出身、あるいは田中と同郷という、特殊な関係からであり、田中の登用のされ方と頻度は、浜口のそれとは明らかに異なっていた。社会民衆党の党首安部磯雄の人気が全国的に高いことを指摘した論者は、その説明の中で「仮に政治家として人気投票をやってみても、安部磯雄は田中義一に必ず負ける、と誰が保証するか。」[23]と田中が新興無産政党の人気党首に比しても劣る可能性があることを示唆していた。因みに、第一章で論及した社会民衆党の菊池寛は、図４－15に示すように、田中よりイメージが上とされる党首の安部と自分の写真を上段に掲載した（図４－15－２）ポスターを作成していた。該ポスターには、「早稲田大学附近の方方に!!　安部磯雄先生を後援せんとする方は安部先生と同一の政党なる菊池寛氏を投票して下さい。これ安部先生に対する最高の援助です。」と記されていた。[24]早稲田周辺の有権者の支持を獲得するため、人格者として名高い早大教授の党首安部を積極的にポスターに登場させていた。政友会の田中と相違する党首のイメージを裏付けていた。

図４－14

図４－15　➜口絵

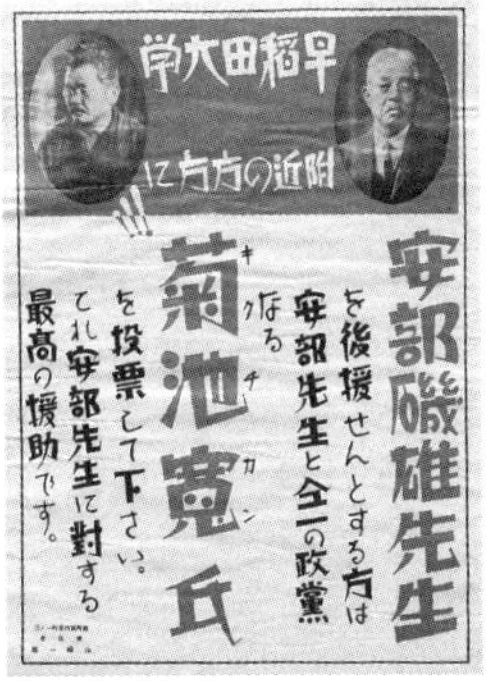

図４－15－２

　また、民政党の斎藤隆夫は、田中をして、一介の武人にして政治上の修養なく、況んや憲政の運用に付ては何等理想を有する人ではないと断じていた。[25]普選や政党政治の時代を迎える中、陸軍出身という田中の経歴から生み出される負のイメージは、斎藤の言に代表される競合政党の民政党の陣営はもとより、自党である政友会

図4－16 (→口絵)

陣営においても少なからず共有され、ポスターへの田中の登用を抑制させていたと考えられる。

第三章において民政党の政党ポスターを紹介したが、その意匠からも右のことを確認できる。すなわち、民政党のポスターは、一方で政友会や党首の田中を批判的に描きながら、他方において、それとは対照的に自党党首浜口の毅然とした姿が描かれている。すなわち、図3－5で示したように、舞台裏での妥協を目指し擦り寄ろうとする田中を撥ね付ける浜口の毅然とした姿や、図3－7で示したように、酒に興じる田中とは対照的に民衆を前に熱弁を振るう浜口の精悍な姿が描かれていた。これに対し、政友会のポスターには、図3－1に示したように往来を妨害する浜口似の人物が描かれ、図3－3においては、党首浜口や幹部若槻が醜い老婆として描かれながら、本来ならそれらとは対照的に積極的に描かれるべき毅然とした党首田中の似顔絵をいずれにも見出すことができなかった。それどころか、政友会の候補者の中には、自党の党首である田中ではなく犬養毅をポスターの意匠に登用させる者もいた。例えば、図4－16は、政友会候補者山本芳治のポスターであるが、そこには犬養毅が大きく描かれている。犬養が投票用紙の形をした候補者山本の上半身の写真を掲げ、自らを支持していることを印象づける意匠になっていた[26]。山本は、前回の第一五回総選挙では、大阪旧四区より革新倶楽部候補として出馬し初当選を果たし、革新倶楽部から政友会に合流した人物である。革新倶楽部の政友会への合流をめぐる選挙への影響については第七章において改めて論及するが、従前の党派歴に鑑み政友会の中でも犬養に近い存在とはいえ、党首の田中ではなく敢えて犬養を登場させていることは注目される。候補者山本のかかる選択は、自らの党歴の関係とともに選挙民を含む一般庶民に抱かれる田中と犬養のイメージの相違から導き出された結果でもあった。

以上のように、民政党候補者は、ポスター、ビラ、推薦状等、種々の図画文書媒体に浜口の写真や似顔絵を積極的に登場させていたが、これとは対照的に、政友会の場合は、自党及び候補者のそれらに田中を登場させることに、慎重で抑制的であった。普選による選挙権拡大を背景に、大衆の広範な支持獲得の必要性から、各候補者は知名度の高い党首に依存し期待したものの、同時に、両党首の扱いの相違は、彼等が党首のイメージに無頓着ではいられなかったことを物語るとともに、選挙民が党首に対し抱くイメージの差異を間接的ながらも浮き彫りにしていたといえる。

第三節　新有権者の代弁者であることを示す標語や意匠

既述のように普選の導入に伴い、有権者は従前の三百万人から一千二百万人へと増加し、この九百万の新たに選挙権を獲得した人々の投票の行方が選挙の結果を大きく左右することが予想された。無産政党結成の気運は、こうした選挙民の支持を期待し高揚したものであるが、既成政党及びその候補者も、当然のことながら彼らの支持獲得に無関心でいるわけにはいかなかった。新選挙民を意識して自党がその代弁者であること、自分がその代表者であることを印象づける必要があった。「民衆」や「大衆」という言葉は、このように新たに政治参加の道が開かれた人々を象徴的に総称する言葉として多用されることになる。第三章で紹介した民政党が作成した選挙ビラの中では、民政党の主張は「民衆」が謂わんとするところのもの、行わんとするところは「民衆」の欲するところ、「民衆」の中にあり、その一人として「民衆」と共に進まんとするのみ、(27)と自党が「民衆」と一心同体の関係にあることを強調していた。

「民衆」や「大衆」、さらにこれらに類似する言葉や、それらを盛り込んだ標語は、党派を超えた候補者のポスターやビラの中でも多用された。例えば、政友会、民政党の二大既成政党、実業同志会を始めとする保守系諸派のそれらには、「民衆の代表」[28]、「民衆の味方」[29]、「大衆の味方」[30]「民軍の勇士」[31]、「民衆政治の急先鋒」[32]、「民衆政治の確立」[33]、「民衆政治は新しき候補者より」[34]、「民衆ノ力、政治ノ中心ハ特権旧式政治家ヨリ民衆へ」[35]等、無産政党の候補者陣営から「既成政党は厚かましくも民衆の味方を自称して諸君の前に現はれてゐる」と揶揄されるほど[36]、かかる言葉は躍っていた。

図4－17 ➔口絵

　こうした傾向は、無産政党の候補者のポスターやビラも同様であり、例えば「民衆の父」[37]、「民衆の牙城」[38]、「民衆政治の確立へ」[39]と、「民衆」の言葉が躍っていた。無産政党の場合、そのイデオロギー上の特徴を反映し「無産階級」や「労働者」「農民」「無産者」等、新選挙民の中の特定層を意識した言葉がより多用されたが、そうした言葉は、保守の既成政党やその候補者のポスターやビラの中にも、散見することができた。例えば、民政党のビラは、「各種社会政策を実行し労務者生活の向上を図る」と訴え[40]、図4－17に示す同党候補者のポスター上にも「青年と無産者の味方」の文言が書き込まれ[41]、他方、政友会候補者のビラや立候補の挨拶状や推薦状の中にも「労働擁護の旗頭」[42]、「我ら無産者の声を聞かれよ」[43]「普選は無産階級と青年との活躍の舞台」[44]等の言葉も見出すことができた。無産政党が期待する支持層を表現する言葉を敢えて用い、彼らを取り込む姿勢を示していたのである[45]。

　また、該選挙は、普選による初の総選挙であったため「普選」の文字も、ポスターやビラ等で多用されることになるが、従前より普選の推進者であったことを強調することは、選挙民に対し自らが「民衆的」、「大衆的」であることへのアピールにつながった。とりわけ、民政党及びその候補者は、自らが普選の功労者であることを訴えるとともに、(46)それとは対照的に政友会が普選の妨害者であったことを強調した。第三章で紹介したように、民政党は、普選推進者としての「民衆的」「大衆的」な自党のプラスイメージ、普選妨害者としての「非民衆的」「非大衆的」政友会のマイナスイメージを印象づけようとしていたのである。(47)

こうした民政党のアピールの代表例として、同党の候補者三木武吉のポスターを挙げることができる。図4－18の三木のポスターは、自らを「普選の闘将」と大書し、(48)同じく図4－19のポスターは、(49)似顔絵により描かれた三木が「普選車」と銘打たれ民衆の乗った手押し車をねじり鉢巻で汗を流しながら引き、それを沿道の大衆が「三木君たのむよ」「三木サンバンザイ」との喚声を上げながら旗を振っている。その後ろで普選車前進を妨害するように逆向きに引っ張る人の背広には、「普選反対、七年前の政友会」（図4－19－2）と記されていた。大正中葉に政友会を与党とする原敬内閣が、議会に提案された普選案を衆議院の解散により葬ったことを(50)選挙民に想起させ、普選を妨害し反対した政友会像を印象づける意匠になっていた。(51)

こうした民政党に対し政友会でも、前出の図4－16の同党候補者山本芳治が「『普選即行』に盡力」との文言をポスターに記載していたが、(52)彼は既述のように革新倶楽部からの合流組である。政友会陣営からは、民政党の如上

図4—18 →口絵

図4—19 →口絵

図4—19—2

の主張に対し、「民政党は普選法を己れ独り制定する如く吹聴することの厚顔に驚嘆せり」(53)、との揶揄や、「民政党の安達(謙蔵)選挙長は最近普選は我党の力で出来た(中略)と出鱈目を振りまいて居るが、一体生計の独立だとか何とか云つて、普選に久しく邪魔を入れてゐたのは誰か。(54)(括弧―筆者注)」との反発が表出したが、従前の経緯を踏まえれば、総じて該問題に関し政友会は民政党に対し守勢に回らざるを得なかったといえよう。

以上のように、普選の導入に伴い、党派を超え各政党は自党が民衆や大衆の代表であることを訴え、それらは各候補者のポスターやビラの意匠や標語にも象徴的に反映されていたことを明らかにした。

第四節　昭和維新と忠君愛国

第一回の普選は、従前の納税資格が撤廃された選挙法に基づく最初の総選挙となるため、新しい時代の幕開けと捉えられた。新時代を迎える期待と興奮は、こうした納税資格の撤廃とともに、大正から昭和へと改元されて最初の総選挙であったことによっても、もたらされていた。したがって、新紀元の下での最初の総選挙という視点からの選挙の意義付けが繰り返し行われていたが、その中で、候補者が、好んで用いたのが「昭和維新」という言葉であった。前出の図4－5の民政党の紫安の選挙ポスター上に「昭和維新の建設！」との言葉が見えるが、彼は図4－20に示す、別のポスターの中でもこの言葉を使っていた(55)(図4－20－2)。

このようにポスター上にも散見された「昭和維新」という文言は、立候補宣言や推薦状の中では多くの候補者が好んで用いた。周知のように「昭和維新」は、この総選挙の数年後には、軍部の青年将校や国家主義者が、既存の政治経済体制である政党政治や資本主義制度を打破するために唱えた革新思想を表徴し、行動を起こすための標語として掲げられた。

しかし、最初の普選に際し唱えられた「昭和維新」は、そうした意味内容を必ずしも含まず、新紀元の下、新しい時代の幕開けを意味する言葉として、「昭和新政」と殆ど同義で使われた。とりわけ、最初の普選に際しては、「普選の導入」こそ「昭和維新」を象徴する出来事であると見做され、候補者の推薦状の中では両者が関連づけられ、例えば、普選は「昭和維新の門出」[56]「普選の劈頭、昭和維新」[57]「昭和の維新ともいふべき光輝ある普通選挙の第一回」[58]と枕詞のように語られていた。あるいは、普選の投票に関して「何卒昭和維新を寿く一票を投ぜられんことを切望」[59]と説かれ、「普選制度運用の実効を収め、昭和維新の完成を期す」[60]と、普選の成功が「昭和維新」実現を意味するとしていた。したがって、「昭和維新の議会に送る最適任者」[61]「昭和維新の一戦士」[62]「昭和維新の中央議政壇上に活躍するに足る人物」[63]と、候補者を推薦する言葉の中でも多用された。

図４－20　➔口絵

図４－20－２

右の使われ方からもわかるように「昭和維新」という言葉に改革の具体的内容が共通に定義されているわけではなかった。むしろ以下紹介するように各政党、各候補者は、「昭和維新」という言葉に自らが主張する政見を引き寄せた解釈を行っていた。以下、その点について検証してみたい。

政友会幹事長の秦豊助は、「昭和維新の首途」[64]と題する短い評論を書き、総選挙を控えた自党の方針を機関誌上で次のように解説していた。すなわち、

我が国は総ての点に於いて行き詰まり、世界の大勢に応じ、時代の潮流に処するためには昭和維新が必要と認める。息詰まれる現状を打開して新しき局面を展開しなければならぬ。明治維新と昭和維新とは其の意味方法を異にするが、共に国家の一大改革、明治維新は政治上の一大改革、昭和維新は経済上の大改革、我が党の産業立国政策がそれである。明治維新

は中央集権、それは当時としては適当なる改革であるが、今日は事態が異なり地方分権を行わねばならぬ。産業立国の方針を遂行し、地方分権を断行することが昭和維新の実現、とし政友会が唱える産業立国と地方分権に向けた改革が「昭和維新」の神髄であると主張していた。

他方、民政党顧問の床次竹二郎は「昭和維新を画すべき今回の総選挙」[65]と題した論考を機関誌上に書き次のように論じていた。すなわち、今回の選挙で昭和御一新の基礎を築く、昭和御一新は政界革新から始めるべき、一つは政党界の改善で二大政党対立の形を作る、与論の発達をはかる、お互いに不自由を感じている言論の自由、出版の自由を図る、とし二大政党制と、世論に基づく政治と言論出版の自由の促進を説いていた。

さらに同党の候補者の中には、明治維新が、皇権の確立と統一日本が目的であったのに比し、昭和維新は、我党の政策である各種社会政策を実行し、労務者の向上を図り、労資関係の合理化を促進することが、その目的の一つであると論じる者もいた[66]。新有権者を意識し、労働者の地位向上のための改革を行うことを昭和維新の骨子の一つにすることは、既述のように政友会の中にも見え、「無産階級に向つて洞察力と同情心とを持つ人の手により新制度が樹立されねばならない、普選実行をもつて昭和維新の第一歩なりと称すのもこれより起こる」[67]、と説く候補者もいた。

ここにおいて「昭和維新」という言葉は、従前は納税資格の制限により選挙権を持っていなかった国民の政治参加、換言すれば普選を通じた無産階級の政治参加、さらに社会政策を通じた無産階級の生活向上を意味していたので、党派やイデオロギーを超え、社会主義政党陣営でも用いられることになる。

例えば、社会民衆党候補菊池寛が選挙用に作成した冊子誌上に、党首の安部磯雄は「昭和維新の為に一票を活用せよ」と題する一文を寄せているが、そこでは明治の維新が、大名や武士から二本の刀を取り上げることを意味したのに対し、昭和の維新は、金力大名からその特権を取り上げることである、と解説していた[68]。同党の小川清俊への鈴木文治による推薦文も、昭和維新とは、民衆本位の政治の出現であり、これにより俸給生活者、労働者、小売商人等、我々中流以下の民衆の生活を安定し明るくすることと説き(69)、さらに同党の候補者の為藤五郎は、明治の大維新が三〇〇大名の切り捨て御免の特権を農工商の庶民階級に投げ出したものとするなら、普選は昭和の維新ともいわれる国家の重大事件で、それは遊んで寝て贅沢三昧に耽っていた人の手から、政治を生活する人の手に移すものと説明していた(70)。

日本労農党の河上丈太郎の推薦状も、金権政治を打破し光明輝く明るい民衆政治を確立することが昭和維新であると書き(71)、日本農民党の高橋亀吉は、自らの選挙宣伝用新聞の中で「昭和維新の叫び」と題した一文を書き、大正維新が、憲政擁護を訴え、薩長の官僚政治を全国の財産家の手に奪取した改革とするなら、昭和維新は、少数財産家の手に独占された政治を国民大多数の働く者の手に取り戻すことと定義していた(72)。

以上のように、無産政党陣営の候補者は、明治維新が政治改革の性質を持つのに比し、「昭和維新」という言葉をして、総じて無産陣営の政治参加と、彼らのための経済制度、社会構造の変革、すなわち経済的な特権階級を打破し無産階級の生活向上を目指す改革との意味を持たせて使っていた。

ところで、選挙ポスターの中には、**図4－21**に示すように「忠君愛国」(73)、**図4－22**に示すように「正義愛国の士」(74)、選挙ビラにも「愛国の士」(75)と、「愛国」「忠君」という言葉を見出すことができる。

図4－21　(→口絵)

図4－22　(→口絵)

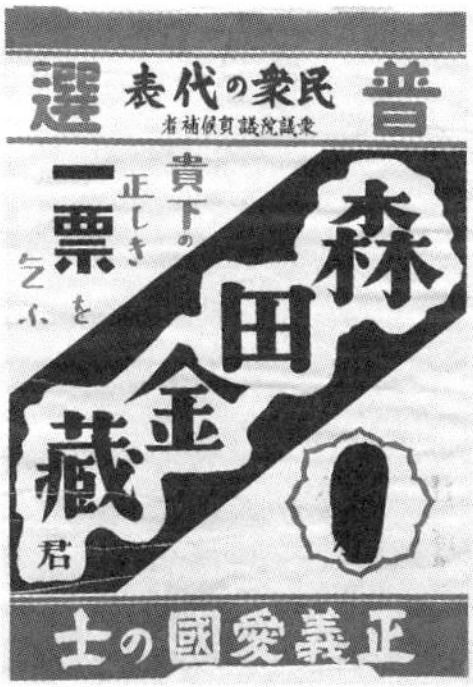

第一章で紹介したように、朝日新聞が募集し三等に入選した標語に「真

面目な投票はたやすい愛国」があったが、「愛国」は、立候補宣言や推薦状の中で、候補者の信条を表す言葉として多用された。例えば、既成政党候補者の立候補挨拶状や推薦状の中では「愛国殉公、報国の丹心を有する」[76]、「憂国愛民の士が普選の手刀を揮って一挙党略政治を屠り祖国を泰山の安きに置く」[77]、「民衆を背景に一意専心愛国純情の熱誠に燃ゆる快男児」[78]「毎朝天照大神を礼拝」[79]と、候補者の美質を称え、あるいは「無邪気な少年少女諸君に愛国の精神と、雄大な気魄とを滋《ママ》養の大任に当る小学校教育は国家存立の根底」[80]と説かれていた。この「愛国」は、既成政党だけでなく、社会民衆党の安部磯雄の後援会が作成した推薦状の中にも見え、安部を「愛国の思念に燃えた偉大な教育家」と称え、「貴下憂国の赤誠に訴へる」と書いていた[81]。自党候補者の小川清俊に寄せた安部磯雄による推薦文にも「諸君の愛国的熱情に叫び求めるもの」との一節を見ることができる[82]。

「忠君」については、「皇室を中心として国利民福を計り、民衆生活の安定を主義主張として居られる忠君愛国の士」[83]、「国民は、君に忠、国を愛する憂国の士を要望」[84]との文言や、前出の安部磯雄に寄せた吉野作造の推薦文の中にも「何人に投票することが最もよく陛下の叡慮に協ひ国家の進運に貢献する所以なるかは、賢明なる有権者諸君に於て固より既に一点の疑ひもない所でありませう。」の一節を見ることができる[85]。

因みに、第一六回総選挙は、第五四帝国議会が解散され実施されることになったが、解散に先立ち衆議院では、「即位ノ大礼御挙行ノ際賀表捧呈ニ関スル件」の決議案だけは、則元由庸より提出され全会一致で可決された[86]。則元の推薦状は、同決議案の提案者の一人であることを強調し、人格第一人者であることがその任に選ばれた理由、と讃していた[87]。

このように候補者の脳裏には、当選すれば自らも参列することになる間近に控えた天皇の即位式が意識されていた。それらは、候補者の挨拶状や推薦状の中に、「今上陛下御即位の御大典を今秋に期し希望に輝く」[88]、あるいは「新帝陛下即位の大典を挙げさせ給ふ千載一遇の年に当る」[89]との一文を書き、選挙後に控える天皇即位の大典への関心の高さが示されていた。また、政友会候補が民政党の政治姿勢を批判する際に、議会の解散により予算が不成立になったことは「御大礼費を含む予算を否決」したことを意味する、との論法を用いていた。[90]「昭和維新」「愛国」「忠君」という言葉は、数年後に台頭する軍部の青年将校や国家主義者達が熱狂と狂騒の中で掲げることになるが、普選で唱えられた際の意味内容は、それとは一線を画し、候補者と有権者が日本人として自然な感情を普く共有し、肯定的に受容されている価値観を表徴する標語として、選挙戦の中でも好んで用いられていたことを確認しておきたい。

第五節　選挙の啓蒙と知名度向上

普選導入に伴い選挙権は大幅に拡大されたものの、新有権者の選挙に対する関心や意識は必ずしも高くなく、これに危機感を抱いた政府が投票率向上のための選挙啓蒙活動を積極的に行ったことは、第二章において既に明らかにしたところである。こうした状況下、各候補者も、自己に対する投票を促すためには、それに先立ち有権者が抱く選挙への心理的抵抗を除去し、彼等の関心喚起に努める必要があった。以下、かかる苦心の跡と工夫を、各候補者のポスターやビラの意匠や標語により確認してみたい。

まず、各候補者のポスターには、投票用紙や投票箱等、選挙に関する図案を用いながら自らの名前を選挙民に印象づけ、投票を促す意匠の工夫がなされていた。例えば、候補者の選挙ポスターの意匠で多用されたのは、図4－23に示すように投票用紙に筆により自分の名前を書き込む場面である。[91] 図4－24に示すポスターは、「来る20日の選挙にはアナタの同情の筆先で」と右側に大書し、中央には筆を持つ手と、カタカナの振り仮名付きで「山本芳治」と記された投票用紙、その左には「書いて下さいこの通り」と懇願調の指示文まで付されていた。[92]

図4—23 →口絵

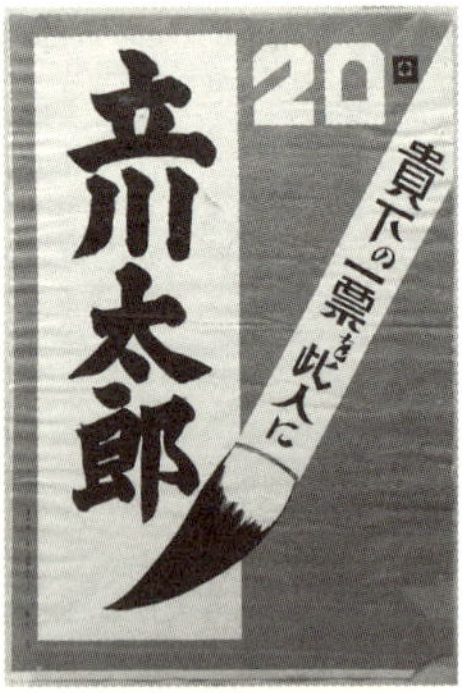

図4—24 →口絵

図4—25 →口絵

図4—26 →口絵

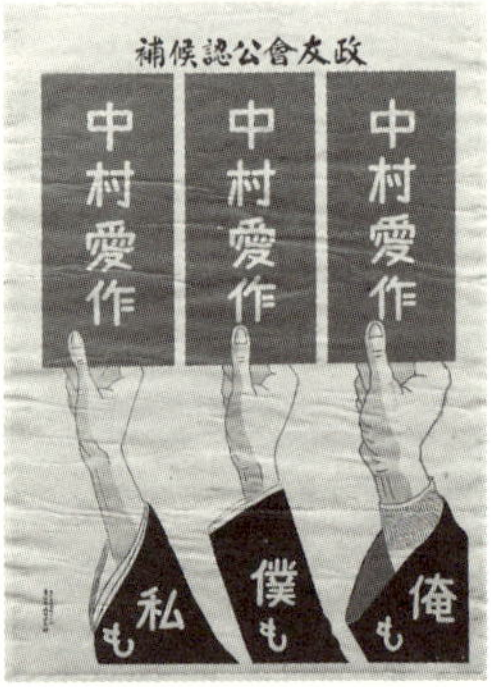

図4—27 →口絵

図4−25[93]や図4−26[94]に示すように、自分の名前を書き込んだ投票用紙を選挙民と目される民衆が掲げる場面は多くの候補者が採用した意匠であり[95]、さらに、図4−27のようにそれを投票箱に入れる場面なども表現されている[96]。ポスターに投票用紙を描き、投票に関するこれら一連の場面を意匠により具体的にイメージさせながら、選挙民を自己への投票に導いていた。

また、図4−27の選挙ポスターには日捲りカレンダーを意匠に用い、投票日の二月二〇日が強調されていたが、これも候補者による選挙民に対する啓蒙の一環と捉えることができよう。自らの名前や写真とともに投票日を強調することにより、選挙に対する意識を高め自己への投票を促す効果をねらったものといえる。例えば、図4−28に示すように、投票日の「20」を図案化し「0」の中に候補者自身の写真を入れた意匠や[97]、同じ候補者の図4−29のように、名前と「20日」を大書した横に「此日と此名を御記憶下さい」の文言を付し、投票日と自分の名前を選挙民の脳裏に同時に焼き付ける効果をねらったポスターが作成されていた(98)。あるいは、図4－30のように、右手に自分の名前を記した投票用紙、左腕には「我等の代表」と書かれたポスターを抱え、「20」の数字をプリントしたランニングシャツ姿で疾走する図案など(99)、各々投票日の「20」を強調する工夫をしていた。

このように投票用紙、投票箱、投票日等を強調する事例から明らかなことは、各候補者のポスターに、選挙を所管する政府や地方庁が行うような選挙啓蒙の内容が盛り込まれていたことである。そもそも普選実施により新たに選挙権を得た人々が、選挙初体験に伴う種々の戸惑いや混乱を抱えていたことは想像に難くない。例えば、第二章で紹介したように、普選による初の統一府県議選に際し、投票は羽織袴の正装で行わなければならないのかとの質問が発せられたり、投票入場券を投票用紙と誤解し投票所の官吏ともめたりしたエピソードが笑い話として伝えられていた。こうした事情下の選挙であるため、自己への投票を誘導するためにも、選挙民に対する選挙啓蒙は不可欠であった。

選挙民に撒布されたと考えられる選挙ビラに、投票会場の説明が付されているのも、かかる配慮の結果であった。例えば、図4－31に示す選挙のビラには、投票会場となってい

図4－28 (→口絵)

図4－29 (→口絵)

図4－30 (→口絵)

図４－31　➜口絵

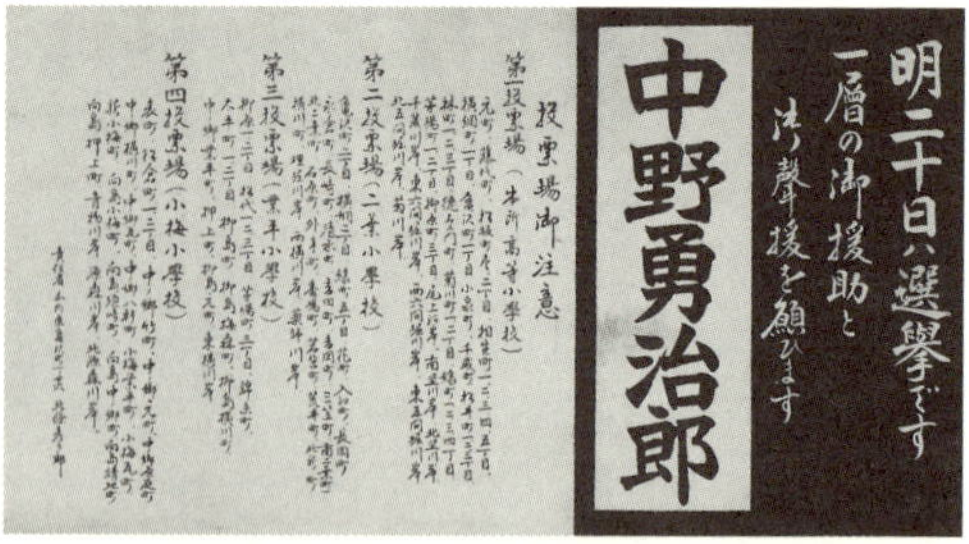

図４－32　➜口絵

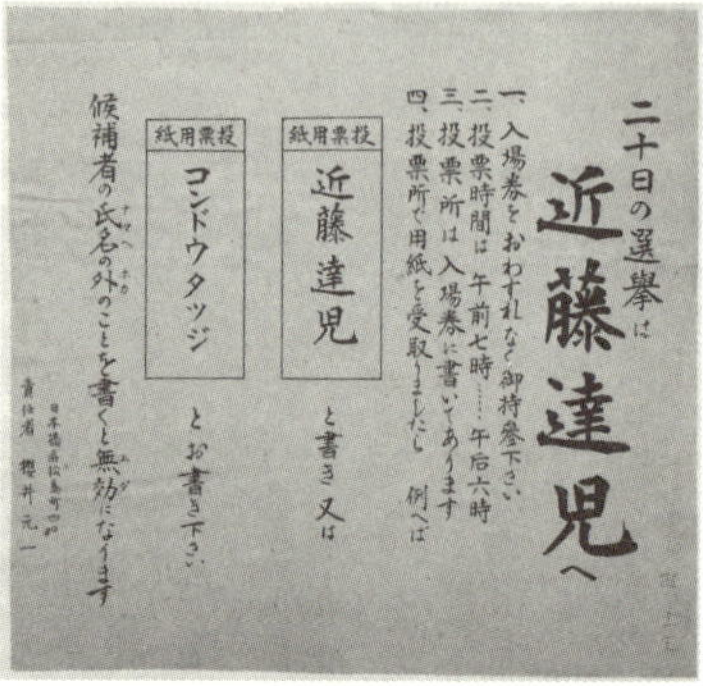

る四つの小学校名と、各投票所が対象とする町丁名の一覧が付されていた。[100] また図４－32に示す近藤達児の選挙のビラには、投票所へ行き投票するまでの手順が、次のように懇切丁寧に説明されていた。すなわち、二〇日の選挙では、一、入場券を忘れぬこと、二、投票時間は午前七時より午後六時まで、三、投票所は入場券に記載されている、四、投票所で用紙を受け取ったら、「近藤達児」か「コンドウタツジ」と書く、候補者の氏名以外のことを書くと無効になると、有権者に対し投票に際しての注意事項まで解説していた。[101]

ところで、右の近藤達児のビラに見るように、投票用紙に名前の書き方までが指南されていたことに注目したい。普選の実施は、有権者の裾野を広げることになったが、その中には識字能力の必ずしも高くない人々が相当程度含まれていることが予想された。こうした識字能力と投票との関連については、例えば、新たに選挙権を獲得した無産階級に関し、次のような解説がなされていたことが参考になる。すなわち、「事実上無産者に文字の無いものが多く、文盲でなくても、人の名は読めはするが、書くのがおつくうだ、仮名で書くのはごうはらだといふ連中は可成り多い[102]」、としていた。こうした新選挙民を前にして、各候補者は、漢字、カタカナ、かな、と自己の名前の種々の書き方を、ポスターやビラの上で意識的に示していた。例えば、図４－33に示す選挙のビラには、「何卒尊キ一票ヲ」との言葉に、「はまの」「ハマノ」「ハマノテツタロ」「はまのてつたろ」「浜野徹太郎（左にひらがな、右にカタカナの振り仮名—筆者注）」と、候補者の名前を五種類の異なる書き方で記した投票用紙が紐で結び付けられ、左端には「此内いずれの文字にても効力が御座います」との解説の一文が付されていた(103)。同様に、図4－34に示す選挙のビラにも、投票用紙に「ニシミ　西見　にしみ」と、候補者である西見芳宏の名前の三通りの書き方が表示され、その横には、「御投票はニシミとだけで結構です」との解説文が添えられていた(104)。

図4－33　→口絵

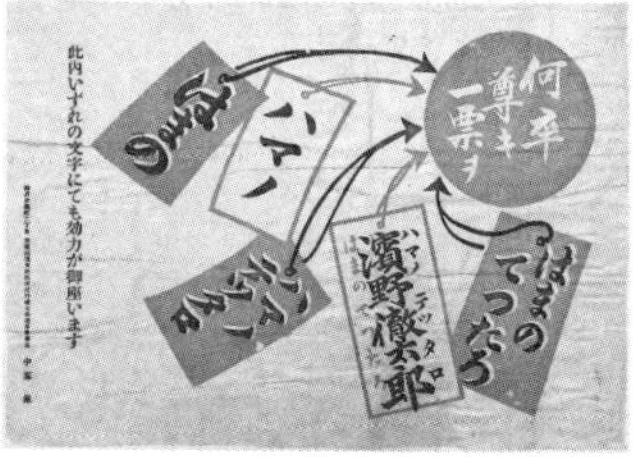

図4－34　→口絵

また、先にポスターの意匠として、自分の名前を書いた投票用紙の図案が多く用いられたことを指摘したが、それらの名前の書き方も、漢字、仮名、カタカナが併用される場合が多かった。例えば、前出の図4－25の鳩山一郎のポスターでは、選挙民が候補者名を記した投票用紙を掲げる図案が用いられていたが、名前には「鳩山一郎」「はとやま一郎」「ハトヤマ一郎」の三種類の書き方が示されていた(105)。同様に、第三章で紹介した図3－15の西尾末広、図3－16の田万清臣の各ポスターにも、選挙民が差し出す投票用紙には、「西尾」「ニシオ」、「田万」「タマン」「たまん」との表記がなされていた(106)。これ以外にも、図4－35の妹尾順蔵のポスターは、空から自分の名前を記入した投票用紙が多数舞い降り、「妹尾」と記された法被を着た人物が陣笠で掬おうとする図柄が採用されていたが、その投票用紙には漢字、カタカナの二種類で候補者名が表記されていた(107)。

以上、各候補者は、ポスターやビラを通じ自らの知名度向上を図る際に、有権者が投票日を忘れずに選挙会場まで足を運び、候補者の名前を投票用紙に書き、投票する

図4―35 (→口絵)

までの過程を、具体的に解説していた。こうした工夫は、新たに選挙権を獲得した人々が抱く戸惑いや混乱の払拭のために行われたものであるが、そのことは、彼等の選挙や投票に対する心理的距離感を逆に示すことにもなっていた。

第六節　投票の懇請

以上、各候補者の選挙ポスターやビラには、政見や政策の詳細を訴えるよりも、知名度向上を図る目的から名前の大書や、似顔絵及び写真が、さらには有権者の足を投票所に向けさせ自らへの投票を促すための、より単純で直截的な意匠や標語が採用されていた。普選下の選挙運動は「文書戦と言論戦」が主軸になると高唱され、ポスターやビラとともに演説も注視されることになるが、その演説においても同様の傾向が表出されていた。すなわち、演説において政見や政策の詳細を説くことは必ずしも有効ではなく、むしろ情に訴えることの重要性が指摘されていた。例えば、選挙期間中に選挙運動の実際を報告した新聞は、演説会は政策を高唱して選挙人の共鳴を得ようとするのではなく、感情に訴えてその同情を買わんとする手段であるに過ぎない、とし政策等というものは全く選挙にとっては他人である、普選になっても投票を動かすものは政策より情実であり最後に金であることはどこの事務所でも公然といわれている(108)、とした。また、政友会の小谷節夫は、「選挙干渉を高調して有権者の同情を求める硬い泣きか、有権者の憐みを求める軟かい泣きか、トカク泣きの手が一番よくきいたといわれて

「いる」とする。[109] 同様に、政友会の安藤正純も、今度の普選で栄冠を勝ち得た候補者の勝因の一つとして、「泣き演説」を挙げ、「同情」心に弱いことは日本人の善い一面としつつも、ただ同情も盲目的同情ではこまる、一体演壇で泣き演説をしたり、有権者に哀訴嘆願、低頭平身したりする、そんな自信のない、弱い候補者を、自分等の代表者に出して何んとする、と情に流される選挙を戒めていた。[110]

以上は演説において指摘されたことではあるが、ポスターやビラにおいても、「同情」等の情緒的文言を多用しての懇請が行われていた。例えば、前出の図４－５の紫安新九郎の「切ニ御同情ヲ！」[111]や、前出の図４－８の上原正成の「厚き御同情御願ひ奉り候」[112]は、その典型であり、さらに図４－36の酒井栄蔵のポスターは「貴下のお力でどうか勝たして下さい！」[113]と情緒に訴える懇願をしていた。立候補宣言や推薦状の中でも、前回選挙で敗北した屈辱を払拭するための戦いであることを民政党の野田文一郎陣営は、「長恨血涙忍ぶべからざる四年の屈辱に堪へ今日再び立候補」[114]「前回ノ選挙ニハ惨敗ノ屈辱ヲ受ケ極メテ同情スヘキ立場ニ在リ」[115]、「同君ノ苦衷ヲ憐ンテ一掬ノ涙ヲ濯イデヤツテ下サイ、切ニ御同情ヲ願ヒマス」[116]、と有権者の同情を買う文言で訴えていた。前回選挙の雪辱戦であることを亡妻に関連させ「(大正―筆者)十三年の選挙後、疲労に因りて殪たる無《ママ》き妻に弔合戦」[117]と表現した民政党の佐藤正、政界進出を志すまでの自らの略歴を亡父亡母への追慕を絡めて回想をした同党の本田英作の、[118] さらには同党の西見芳宏による子供による推薦と、[119] 有権者の同情や共感を呼ぶエピソードや文言を盛り込んでいた。

その中には、中亥歳男のビラの「血あり涙ある諸君の任俠に訴ふ」[120]、藤原米造のビラの「血涙を奮って各位の義俠心に縋る」[121]など、「任俠」「義俠」の文言も見出すことができた。[122] このように同情を請い、義理と人情に訴えながら哀願する泣き落としの表現は、投票日が近づくにつれ強くなり、

図４－36 (→口絵)

より感情的絶叫の度合いも強められた。総選挙に先立ち行われた府県議選挙の場合、投票日前日になると、ポスターの文句も俄かに調子を替へ、「清き一票を恵んで下さい」「お助けを」などというのが現われた、とする。[123]新聞は、投票日当日、京都市内は景気の好いビラが影をひそめて、「お助け下さい」「窮境にあります」など哀願するような悲鳴のようなのがその跡へべたべた貼られたと報じたが、[124]総選挙でも似た光景が繰り返されたのである。こうした哀願懇請は、自らの苦境、苦戦を強調しながら、危機感を煽り選挙民の同情を引き出すことをねらっていたが、それらはポスターよりも有権者に近いビラの中でより多く訴えられていた。例えば、「四面に強敵の包囲を受け敢然として奮闘中です」[125]、「団体的後援なく孤軍奮闘重囲の裡に邁進しつつあり」[126]、「四面重囲の裡に悪戦苦闘する」[127]、「悪戦苦闘せる弱者、高田末吉をお見捨てなく」[128]と訴え、さらには「苦戦!!苦戦!!苦戦!!ふくだは!御同情下さい　危ない!!　危い!!　危い!!ふくだは!」[129]と、悲鳴や絶叫の調子を帯びた文言さえ書き込まれていた。[130]投票日が近づき有権者に送付された懇請葉書には、「もう選挙の余日もなくなりました、それだのにまだ豊多摩郡では、私は碌々演説会も開けず、ポスターすら貼れてません、それ程資力に欠け、手不足です。私の根拠地荏原郡すらとうとう蚕食されてます。しかるに高木は多い多いと空宣伝を流布する者があります。」と、自らが安全圏にあるとの風評が立てられていることに神経を尖らせながら、「苦境にある私に対し何卒絶大な御同情を願ひます」と、支持を情緒的に訴えていた。[131]

こうした調子のビラは、選挙戦が終盤に近づくにつれ、掲示や撒布される回数や量も増加し、投票日当日まで続いたことがわかる。例えば民政党候補者高木益太郎の演説会のビラには、「愈々明日に迫る総選挙!!　諸君の御尽力を仰ぐ」[132]と記され、実業同志会候補者森田金蔵のビラも、「投票明日二十日午前七時より午後六時まで、清き一票を是非御与へ願い上げます。」と投票日前日に撒布されたことがわかる。[133]さらに、民政党候補者小森七兵衛の応援ビラには、「本日（二十日）の投票日、何卒深甚なる御同情御援助を賜はり当選の栄冠を与へられん事を懇願す」[134]と記され、前出の図4－34に示した民政党候補者西見芳宏のビラも「今日この一票を是非」と、敢えて「今日」の文字が大書してあることから投票日当日に配られたことがわかる。[135]さらに図4－37に示す民政党候補者山本平三郎のビラは、投票日当日付の電報に模して山本への投票を懇請する興味深い図案と文面になっている。その文面と形式から、これも投票日当日選挙民に配布されたと考えられるが、ビラの左下の山本と書かれた部分には、切り取りの指示がなされていた（図4－37－2）。投票所に向かう有権者に自分の名前を忘れぬよう、切り取り持参することを促していたのである。[136]

ところで、以上の記載は、投票日当日まで選挙のビラ配布が行われたことを示していたが、これらの選挙運動に関しては、普選法と内務省令[137]により次のような規定が設けられていた。

図4－37　➔口絵

図4－37－2

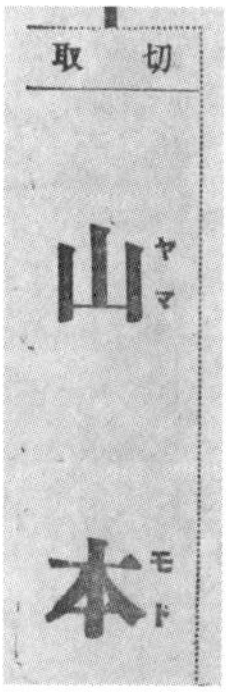

普選法

第九十一条　選挙事務所ハ選挙ノ当日ニ限リ投票所ヲ設ケタル場所ノ入口ヨリ三町以内ノ区域ニ之ヲ置クコト得ス

第九十二条　休憩所其ノ他之ニ類似スル設備ハ選挙運動ノ為之ヲ設クルコトヲ得ス

内務省令第五号

第　五　条　選挙運動ノ為ニスル文書図画ハ選挙ノ当日ニ限リ投票所ヲ設ケタル場所ノ入口ヨリ三町以内ニ於テ之ヲ頒布シ又ハ掲示スルコトヲ得ス

右の規定からわかるように、普選法成立に伴い、投票日当日、投票所の周辺において、[138]選挙事務所を設置したり、選挙ポスターの掲示や選挙のビラ等の配布を行う等の選挙運動が禁止された。内務省は、改正前の選挙法では、かかる規定がなく選挙に際して種々の弊害が生じていたことを、次のように解説していた。

従来、選挙当日ニ於テハ投票所ノ入口及其ノ付近一帯ニ亘リ、各候補者ハ選挙事務所又ハ休憩所等ノ名義ヲ以テ種々ノ設備ヲ為シ、議員候補者、選挙運動者等之ニ拠リ投票所ニ出入スル選挙人ニ対シ叩頭九拝スルヲ例トセリ。甚タシキニ至リテハ、盛装セル議員候補者夫妻及其ノ子女ニ至ル迄佇立シテ、終日選挙人ニ対シ阿附叩頭ヲ為スノ風アルハ、世人ノ顰蹙スル所ナリ。選挙人モ亦之ニ立寄ルコトニ依リ、自己ノ投票ヲ暗示セムトスルハ選挙ノ公正ヲ害スルモノナリ。且投票所ノ入口及其ノ付近ハ、終日雑踏ヲ極メ時ニ気勢ヲ張ルノ行為ニ出テ易ク、為ニ附近ノ公安ヲ害スルニ至リ、其ノ之ヲ選挙ニ於ケル弊風ト為スハ一般ノ与論ナリトス。此ノ風、市部ニ於ケル選挙ニ在リテ殊ニ甚タシト為ス。故ニ本条ハ相俟チ、如上ノ弊風ヲ矯正スルト共ニ、選挙ノ公正ヲ保持セムトスルモノニ外ナラス。（句読点は適宜付した―筆者注）[139]

この解説からは、従前の選挙においては、投票日当日、投票場の入り口付近に候補者の事務所や休憩所が設置され、候補者本人だけでなくその妻や子女に至るまで、終日、投票所に出入りする有権者に対し顰蹙を買うくらい頭を下げ続けていたことがわかる。また、有権者もその事務所や休憩所に立ち寄ることが投票を暗示することになり、選挙の公正さを害していたため、右の改正がなされたことがわかる。このことは、民政党の斎藤隆夫も同党の機関誌上において、同様の解説をしていた。すなわち、「従来の選挙に於て、選挙の当日投票所付近に各候補者の事務所又は休憩所と称する設備を為し、候補者その家族、選挙運動員が選挙人誘引に関する知恵を尽して争ふ様は、寧ろ醜態と云ふ外はない」、とし投票日当日、投票所周辺において行われてきた選挙運動の実態に言及し批判していた(140)。

こうした従前の総選挙に際しての投票日当日の喧噪は、右の改正の結果、改善された。二〇日の投票日当日は、従来になき静けさと厳かさとを以て投票が行われたことが次のように報告されている。すなわち、従来の投票当日におけるが如く、投票所の付近には立看板もポスターもビラもなく、候補者や運動員の行列叩頭もなく、ただ有権者のみが朝来三々五々列を為して投票所に入り、投票を終れば静かに出で来るのみであった、とする(141)。

他方、このように投票日当日、投票所近くで行われる従前の選挙運動の弊害是正のため、三町以内での運動は禁止されることになったのであるが、このことは、逆に投票所の周辺以外における投票日当日のポスターの掲示や、ビラの頒布は認められていたことを示していた。昭和二年に実施された府県議選は、普選導入後初の全国規模の選挙であったため、選挙後内務省は、普選関連法規の運用の実態を、その効果と問題点を含め各府県に対し上申させていた。その報告の中には、投票日当日のビラ撒布に関し、兵庫県より寄せられた次のような問題の指摘と改善のための提言をみることができる。

一、投票日当日ノビラ等ノ撒布禁止

理由　投票当日静粛ヲ保チ運動熱化ノ結果争闘等ノ惹起ヲ未然ニ防止センガ為メナリ（兵庫）

一、投票当日ハ文書図画ハ信書ニ依ルノ外頒布又ハ掲示セシメザルコト

理由　警察官署ニ於テ三町以内ノ地域ヲ告知スルモ往々人夫等誤認シテ法令ニ触ルル場合アリ又神戸市ノ如ク投票所ノ多数設置セル地ニ於テハ実際上配布又ハ掲示スベキ場所ナキニ因ル（兵庫）(142)

右の上申からは、投票日の当日もビラを配ることが認められ、その熾烈さは、秩序ある選挙戦を侵し問題視されていたことがわかる。[143]本章において投票懇請のビラの典型として言及した中亥歳男、森田金蔵、西見芳宏、山本平三郎が兵庫県の選挙区からの立候補であることは興味深く、同県においてその弊害が顕著であったと推断できる。ポスターに関しても、投票日が近づくにつれ、名前を大書しただけの単純なものに傾き、むしろ質より量で同じものが大量に並べて貼られるようになったと、次のような観測がなされていた。すなわち、ポスターも最初は、図案や色調の凝ったものが人目を引いたが、終いには白地に黒、或いは紫で名前だけ大きく書いたものでなければ印象を与えなかった、それも一箇所に三枚や五枚貼ったのでは駄目で、三〇枚も五〇枚も並べられて貼られると投票間際には目に訴えるポスター戦術としてなかなか有効である、と報じられていた。[144]

以上のように投票日が近づくにつれ、ポスターもビラもより情緒的かつ単純なものへと、そして質より量への転換が行われ街中にそれらが横溢することになったといえよう。[145]

結語

以上、第一回普選に際し、各候補者が作成した選挙ポスターとビラの分析を通じ、彼等の、さらには彼等がアピールを行う対象である選挙民の、選挙をめぐる種々の意識を明らかにした。

まず、政見や政策が、工夫を凝らした意匠や標語により積極的に表現されたポスターを見出すことはできたが、それらが街中に横溢したポスターの大勢を占めたわけではなかった。むしろ知名度向上を目的とする単純な意匠や、情緒的に投票懇請を訴える標語が好んで採用され、そうした傾向は投票日が近づくにつれ顕著になった。これらのことは、選挙の勝敗を決するのは、「政策」より「情」との意識が、候補者、選挙民の両者に共有されていたことを示していた。

また、候補者のポスターやビラにおいて、選挙関連の意匠が積極的に採用され、投票をめぐる懇切丁寧な解説も行われていた。選挙啓蒙ともいうべきかかる内容は、普選導入後、新たに選挙権を獲得した有権者の選挙に対する関心の喚起、あるいは彼等の戸惑いや混乱の払拭を目的としていたが、これらのことは、有権者が選挙に対し抱いていた心理的抵抗や距離の実際を逆に物語ることになっていた。

さらに、自らを「民衆」や「大衆」の代表と位置づけ、あるいは同じ党首であるにもかかわらず浜口と田中の間に、ポスターやビラへの登用に差異が見られたことは、普選時代を迎え「民衆的」「大衆的」であることが重視され、それらの意識が候補者、有権者ともに共有されていたことを明らかにした。さらに、自らが「普選」の推進者であったことを強調するとともに、新紀元を迎え最初の総選挙であるため「昭和維新」という言葉を用いながら、「普選」をその改革の象徴として位置づけ、自らがその任を負うにふさわしい政治家であると訴えていた。また、選挙終盤戦になるにつれ、政策より投票懇請を情緒的に訴える傾向が強くなったことを明らかにした。

本章は、資料的制約から、全選挙区、全候補者のポスターやビラに基づき分析を行ったわけではなく、したがって右の結論も、その制約の中から導き出されていることを改めて確認しておきたい。さらに、候補者が作成したポスターやビラから、選挙民の意識を読み解く作業は、間接的な証明の域を出ないであろう。したがって、より広範な資料の収集と考察方法の有効性に関する種々の検討が今後の課題として残されているが、同時代の選挙民の意識を直接裏付ける信頼すべきデータや資料の入手が困難な状況下、かかるテーマに迫る一方法として、本章がいささかなりとも示唆を与えることができれば幸いである。

(1)「本田義成の選挙ポスター」A-23-1。本田の選挙戦については、第五章で改めて論及する。
(2)「三木武吉の選挙ポスター」A-67-1。三木の選挙戦については、第五章で改めて論及する。
(3)「水上嘉一郎のポスター」A-93-1。水上は初立候補であり、一一位で落選した。
(4) 水上のポスターには「国費の大節約」「不経済なる政治の経済化」「腐敗せる政界の革新」「真に住みよい国にする」「養老年金の実施」「下級官吏の増俸」「司法権の独立」「国民負担の軽減」が謳われていた。
(5)「鳩山一郎の選挙ポスター」A-42-1。鳩山は東京二区の前職として出馬し、二位当選を果たす。鳩山の選挙戦は、第五章で改めて論及する。
(6)「紫安新九郎の選挙ポスター」A-80-1。紫安は、大阪二区より、当選五回の元職として立候補し、トップ当選を果たす。紫安に関しては、第七章において、実業同志会の競合候補として言及する。
(7) 緒方竹虎「旗印のない二大政党・興味は無産党の進出力」『改造』昭和三年二月。
(8)「中島弥団次の選挙ポスター」A-69-1。
(9)「中島弥団次の立候補宣言書」C-47-2。大正一三年六月一一日に第一次加藤高明内閣が成立し、浜口は蔵相に就任するが、その二日後の一三日、同省の専売局参事であった中島は大蔵大臣秘書官（兼任）に抜擢された（『官報』大正一三年六月一六日）。第一次若槻礼次郎内閣成立後も、蔵相に留任した浜口は、大正一五年六月三日に内相に転任するが、翌日、中島も内相秘書官に転じている（同上、大正一五年六月五日）。昭和二年四月二〇日、田中義一内閣が発足すると、二日後の二二日、内相秘書官を依願免本官になった（同上、昭和二年四月二三日）。
(10)「石川弘の選挙ポスター」A-86-1。石川は、大阪四区から新人として出馬し二位当選を果たす。
(11)「上原正成の選挙ポスター」A-82-1。上原は、紫安同様、大阪二区より新人として出馬するが、六位で落選する。
(12)「石原善三郎の選挙ポスター」A-72-1。浜口総裁が演説する姿の写真を「浜口総裁の熱弁」との説明文を付しポスター中央上に配し、右に「貴下の力強き一票は識見高き正義の士」、左に「立憲民政党総裁　浜口雄幸」と大書し、総裁浜口を、写真、文字の両面で強調していた。石原とおぼしき人物は、右隅にかろうじて写っている。石原は、大阪一区より新人として出馬するが、四位の次点になる。
(13)「桝谷寅吉の選挙ポスター」A-78-1。桝谷は、大阪一区より新人として出馬し三位当選を果たした。
(14)「本多喬行のポスター」A-87-1。本多は、大阪四区の新人として出馬したが一六位で落選する。
(15) 石川、上原、石原、桝谷、本多は、いずれも大阪の選挙区からの出馬であり、同地域の民政党候補者は浜口を競い合うように好んで自らのポスターに登場させていた。

(16)「三木武吉の選挙ビラ」B－16－2。

(17)「武内作平の推薦状」C－60－4。浜口による推薦の辞が次のように記されていた。すなわち、武内は多年の親友であり、我が党の相談役、大蔵政務次官として財政行政整理に多大な貢献をし、予算委員長の重職にもあったため、国家のために推薦すると記されていた。党首浜口の候補者への信頼と支持が、写真と推薦文により印象づけられていた。武内は前職で大阪三区より出馬し、トップ当選を果たす。

(18) 冒頭に指摘したように、本書は限定された資料に基づき考察を加え、そこから導き出される特徴について指摘しているので、かかる結論は推断に止めておきたい。

(19)「佐藤安之助立候補宣言」C－20－1。佐藤は、東京五区の新人として出馬し、五位当選を果たす。

(20)「佐藤安之助推薦状（推薦人田中義一）」C－22－2。

(21)「歴史写真掲載ポスター」と「中央公論掲載ポスター」において紹介されていた。窪井は、山口二区より新人として出馬するが、次点の六位で落選する。

(22) 地方の政友会支部では、総裁が来ると来ないでは形勢に大変な相違があるというので、「私の方へも」「こちらへは是非お顔を」と、南は九州、北は北海道の網走あたりからも矢文の催促、「とても堪まらん何ぼ何でも網走まではゆけやせんが」となって蓄音機に演説を吹き込んでそのレコードを各支部へ回すことになった、と報じられた（『東京朝日新聞』昭和三年二月一日）。

(23) 来間恭「各派無産政党の台所拝見」『中央公論』昭和二年一〇月。

(24)「菊池寛の選挙ポスター」A－110－1。

(25) 斎藤隆夫「普選の跡を顧みて」『民政』昭和二年一一月。

(26)「山本芳治の選挙ポスター」A－50－1。山本は、大阪二区の前職として出馬するが、四位で落選する。

(27)「民政党の選挙ビラ」B－12－2。

(28)「本田義成の選挙ポスター」A－24－1。「森田金蔵（実業同志会）の選挙ポスター」A－99－1。森田は、兵庫一区の前職であったが、八位で落選する。以下、本文において党派に関する言及がない候補者の初出に関しては、括弧にてできる限り党派を示す。

(29)「丹治剛太郎（中立）の選挙ポスター」A－165－1、「小森七兵衛（民政党）の選挙ビラ」B－17－4、「三木武吉の選挙ビラ」B－16－2。丹治は、兵庫一区より新人として出馬したが、一六位で落選した。小森は、東京三区の新人であったが、七位で落選する。
(30)「中村愛作（政友会）の選挙ポスター」A－34－1。中村の選挙戦については第五章で改めて論及する。
(31)「三木武吉の選挙ポスター」A－66－1。
(32)「中井一夫（政友会）の選挙ビラ」B－10－2。中井は、兵庫一区より新人として出馬し五位当選を果たす。中井の選挙戦は、第七章で改めて論及する。
(33)「西田富三郎（革新党）の選挙ポスター」B－30－1。西田は、兵庫一区より新人として出馬するが、一〇位で落選する。
(34)「上田孝吉（中立）の選挙ポスター」A－163－1。上田は、大阪三区より新人として出馬するが、五位で落選する。
(35)「立川太郎（政友会）の選挙ポスター」A－28－1。立川は、東京一区の新人として出馬し、四位当選を果たす。立川の選挙戦に関しては、第五章で改めて論及する。
(36)「秋和松五郎（労農党）の推薦状」C－99－1。秋和は、東京五区より新人として出馬するが、八位で落選する。第五章において、無産政党間の選挙協力の失敗例として注(167)の中で言及する。
(37)「安部磯雄（社会民衆党）の選挙ビラ」B－32－2。安部は、東京二区より新人として出馬し、三位当選を果たす。
(38)「田万清臣（社会民衆党）の選挙ポスター」A－121－1。
(39)「加藤勘十（日本労働農民党）の選挙ビラ」B－35－1。加藤は、東京五区より新人として出馬するが、六位の次点で落選する。
(40)「民政党の選挙ビラ」B－12－2。
(41)「山本平三郎（民政党）の選挙ポスター」A－89－1。山本は、兵庫一区より新人として出馬するが、一一位で落選する。
(42)「中井一夫（政友会）の選挙ビラ」B－10－2。
(43)「牧野賤男（政友会）の選挙ビラ」B－9－1。牧野は、東京五区より新人として出馬し三位で当選する。
(44)「牧野賤男の立候補挨拶状」C－26－1。
(45)第五章で論及するように、政友会の矢野鉉吉は東京二区（四位で当選）の中でも、普選導入により新有権者が急増した下谷区を主地盤としていたためか、彼の立候補宣言や推薦状には「民衆政治家の本懐」（C－16－1）、「民衆による民衆の政治」（C－16－2）、「民衆政治家　矢野君を応援する」（C－17－1）と、「民衆」という言葉が連呼されていた。
(46)民政党候補者の立候補宣言や推薦状の中には、そのことが頻繁に説かれていた。「普通選挙について最も長き努力と功労とを持つ民政党」（「鶴岡和文の投票懇請葉書」C－54－3）、「普通選挙になるよう盡力」（「小滝辰雄の推薦状（東京二区、五位当選）」C－49－4）、「普選案のために終始盡力」（「頼母木桂吉（東京二区、トップ当選）の宣伝ビラ（対談の中での床次の発言）」C－51－5－1）、「廿年前に普選を唱へた」（「斯波貞吉（東京五区、四位当選）の立候補挨拶状」C－52－2）、「憲政運動に、普選運動に、常に民衆運動の急先鋒に起」（同右（略歴））、「明治四十二年吾人が普選を提唱して以来」（「高木正年（東京五区、トップ当選）の立候補挨拶状」C－53－1）と、民政党並びにその候補者が普選実現に尽力してきたことが高唱された。

(47)　民政党は自党の機関誌上でも、政友会が従前より普選に反対してきたことを次のように厳しい語調により批判していた。すなわち、「現内閣及び政友会は既往多年、普選成立に反対し、普選を以て危険思想と唱へたる徒党である、国民審判の日は将さに来らんとして居る、普選に反対したる徒党を駆逐せよ」、憲政を蹂躙する悪徳政治家を排除せよ、秕政百出国家を退勢に導かんとする朋党を剿滅せよ、と弾劾調の言葉を織り交ぜながら政友会を糾弾しつつ、他方、「而して普選の一票は普選の功労者に与へねばならぬ、普選の首唱者たる我党が普選の収穫を受くべきは当然の理である」、と普選実現の成果が民政党を勝利に導くことは必然との主張を展開していた（「普選をして意義有らしめよ」『民政』昭和三年二月）。また。現内閣は普選を以て危険思想と呼びたる国民権利史上の逆徒である。従って彼等に取って今回の総選挙は最大の苦痛とする所である、とし現内閣及びその与党は普選下の選挙において逆風に立たされることを指摘し批判していた（「画時代的総選挙」『民政』昭和三年二月）。池田超爾「鈴木内相議会否認の声明に就て」（『民政』昭和三年三月）も同様の主張を展開していた。

(48)　「三木武吉の選挙ポスター」A－66－1。

(49)　「三木武吉の選挙ポスター」A－65－1。

(50)　原内閣のかかる解散をめぐる政友会の動向に関しては、拙著『原敬と立憲政友会』（慶應義塾大学出版会、一九九九年）を参照のこと。

(51)　前出の**図4－2**の三木武吉のポスターに描かれた政友会に見立てた鬼にも「普選反対」の札が付けられ、政友会が普選に反対したことを強調していた。

(52)　「山本芳治の選挙ポスター」A－50－1。中央の犬養の服の上に「普選即行に盡力し産業立国に努力せる山本へ御投票を希ふ」との訴えが記載されている。

(53)　井上孝哉（岐阜二区、トップ当選）「地方政戦の跡を顧みて・私が感じた六つのもの」『政友』昭和二年一一月。

(54)　「民政党の出鱈目」『政友』昭和三年二月号。

(55)「紫安新新九郎の選挙ポスター」A－79－1。第二章で紹介したように内務省作成の棄権防止のポスター（図2－5）にも、「昭和維新世論政治ガ実現スル」との言葉が見える。
(56)「矢野鉉吉の立候補宣言書」C－16－2。
(57)「中村愛作の立候補挨拶状」C－10－1。
(58)「頼母木桂吉の推薦状」C－51－5－2。
(59)「三木武吉の立候補宣言」C－43－1。
(60)「佐藤正の立候補宣言」C－55－2。佐藤は、東京六区より民政党候補として出馬し五位当選を果たす。東京六区の選挙戦に関しては、第五章を参照のこと。
(61)「上杉章雄の推薦状」C－60－1。上杉は、東京六区より民政党候補として出馬したが、一〇位で落選した。
(62)「矢野鉉吉の立候補挨拶状」C－16－1。
(63)「中島守利の推薦葉書」C－31－4。中島は、東京六区より政友会候補として出馬し三位で当選した。
(64)『政友』昭和三年一月。
(65)『民政』昭和三年二月。
(66)「山本平三郎の立候補宣言」C－66－1。
(67)「牧野賤男の立候補挨拶状」C－26－1。牧野の同様の傾向は、前節で紹介したように、立候補挨拶状やビラ（注(43)、(44)）の中でも確認される。
(68)「菊池寛の選挙用冊子」C－85－2。菊池寛への著名学者、言論人や作家連名の推薦状の中でも、諸氏の清く新しき一票の集積により、普選の普選たる意義と、昭和維新の維新たる実を挙げたいと思ひます、との一節を見出すことができる（「菊池寛の推薦状」C－86－1）。
(69)「小川清俊の推薦状（鈴木文治）」C－88－2。
(70)「為藤五郎の立候補挨拶」C－88－3。為藤は、東京六区より社民党候補として出馬するも、九位で落選した。
(71)「河上丈太郎の推薦状」C－93－2。日労党の加藤勘十の推薦状にも、「昭和維新、更新の気運は全国に漂っている」と記されていた（C－91－2）。
(72)「高橋亀吉・我らの叫び」C－96－2。
(73)「山本芳治の選挙ポスター」A－48－1。

(74)「森田金蔵の選挙ポスター」A－99－1。
(75)「砂田重政の選挙ビラ」B－9－3。砂田は、兵庫一区より政友会候補として出馬し、二位当選を果たす。砂田の選挙戦は、第五章で論及する。
(76)「横山勝太郎の推薦状」C－42－1。横山は、東京一区より民政党候補として出馬しトップ当選を果たす。
(77)「野田文一郎の挨拶状」C－63－1。野田は、兵庫一区より民政党候補として出馬しトップ当選を果たす。
(78)「上杉章雄の推薦状」C－59－2。
(79)「中村継男の推薦状」C－58－1。中村は、東京六区より民政党候補として出馬しトップ当選を果たす。
(80)「浜野徹太郎の立候補挨拶状」C－68－3。浜野は、兵庫一区より民政党候補として出馬するも、七位で落選する。
(81)「安部磯雄の推薦状」C－87－1。
(82)「小川清俊の推薦状（安部磯雄）」C－88－2。
(83)「三上英雄の推薦状」C－24－2。三上は、東京五区より、政友会候補として出馬するも、九位で落選する。
(84)「三上英雄の立候補宣言」C－23－3。
(85)「安部磯雄の推薦状（吉野作造）」C－87－1。
(86)『議会制度百年史・帝国議会史・下巻』大蔵省印刷局、平成二年、一八九頁。
(87)「則元由庸の推薦状」C－71－1。則元は、長崎一区より民政党候補として出馬し、三位当選を果たす。則元については、第七章で改めて論及する。
(88)「前田米蔵の立候補宣言」C－29－1。前田は、東京六区より政友会候補として出馬し、二位当選を果たす。
(89)「中亥歳男の立候補挨拶状」C－64－2。
(90)「矢野鉉吉の立候補挨拶状」C－16－1。
(91)「立川太郎のポスター」A－29－1。他にも「立川太郎の選挙ポスター」A－30－1、「本田義成の選挙ポスター」A－24－1。立川は、東京一区より政友会の新人として出馬し、四位当選を果たす。立川の選挙戦については、第五章で論及する。
(92)「山本芳治の選挙ポスター」A－49－1。
(93)「鳩山一郎の選挙ポスター」A－41－1。
(94)「中村愛作の選挙ポスター」A－31－1。
(95)それ以外にも「川手忠義の選挙ポスター」A－20－1、さらには、第三章で紹介した社会民衆党の田万清臣や西尾末広の選挙ポスターなど、党派を超えて用いられた意匠である。川手は、東京一区（定員五名）の新人として政友会より出馬し八位で落選する。

(96)「山本芳治の選挙ポスター」A－47－1。

(97)「中村愛作の選挙ポスター」A－33－1。

(98)「中村愛作の選挙ポスター」A－32－1。

(99)「中井一夫の選挙ポスター」A－57－1。

(100)「中野勇次郎の選挙ビラ」B－7－3。中野は、東京四区より政友会候補として出馬したが、六位で落選する。

(101)「近藤達児の選挙ビラ」B－6－4。近藤は、東京三区より、政友会候補として出馬するが、六位で落選する。

(102)関口泰「府県会選挙の結果と普選法の欠陥」『改造』昭和二年一一月。

(103)「浜野徹太郎の選挙ビラ」B－23－1。

(104)「西見芳宏の選挙ビラ」B－22－2。西見は、兵庫一区の民政党候補として出馬するが、一二位で落選する。また、投票日前日に撒布されたと考えられる森田金蔵の選挙ビラには、翌日の投票時間と投票所となる小学校名が示され、「投票は、モリタ、もりたのカナがきでよろし」、と記されていた（B－26－2）。勝田銀次郎のポスターにも、「是非御投票を願ひます、投票にはカツタだけでもかまひません」と、投票用紙の書き方を教示していた（A－166－1）。勝田はビラにも「勝田銀次郎、又はカツタとカナで書いていただいてもかまひません」（B－43－3）、「カツタだけでもけっこうです」（B－43－1）と解説していた。勝田は、兵庫一区の中立候補として出馬し、九位で落選する。また、柚久保虎市のビラも「ユクボトライチ、柚久保虎市、ゆくぼとらいち」と三通りの名前の書き方が大きく併記され、その脇に囲みで「御投票はただユクボとお書き下さってもよろしうございます」（B－44－1）、と各候補とも自らの名前の書き方指南に必死であった。柚久保も兵庫一区より中立候補として出馬するが一三位で落選する。

(105)「鳩山一郎の選挙ポスター」A－41－1。

(106)「西尾末広の選挙ポスター」A－125－1。「田万清臣の選挙ポスター」A－123－1。

(107)「妹尾順蔵の選挙ポスター」A－151－1。妹尾も、東京一区の中立候補であったが、一五位で落選する。また、第七章で紹介する図7－2の鈴木梅四郎の選挙ポスターも、その背景に、自分の名前が記された多数の投票用紙を散りばめているが、「鈴木梅四郎」「すずきうめしろう」「スズキウメシロウ」と、漢字、ひらがな、カタカナの三通りで表記されていた（「鈴木梅四郎の選挙ポスター」A－145－1）。鈴木は、東京一区の当選四回の元職であったが、一〇位で落選する。鈴木の選挙戦については、

第七章で論及する。
(108)「普選を見る」『東京朝日新聞』昭和三年一月二七日。第一回普選時の、投票と買収をめぐる有権者の意識に関しては、第二章を参照のこと。
(109) 小谷節夫（代議士）「最初の普選を顧みて・三つの私の感」『政友』昭和三年四月。小谷は、岡山二区で四位当選を果たしている。
(110) 安藤正純（文部参与官）「普選の戦より旋りて・所感と希望の二三」『政友』昭和三年四月。安藤は東京三区より出馬し、四位当選を果たす。
(111)「紫安新九郎の選挙ポスター」A－80－1。
(112)「上原正成の選挙ポスター」A－82－1。この他にも、榎本鹿太郎（政友会）の選挙ポスターでは、上段に「切ニ御同情ヲ希フ」（A－54－1）と記され、佐藤安之助の選挙ビラは、自らの名前と「皆様ノ御同情ヲ御願ヒ申上ゲマス」（B－8－3）との文言だけが大書並記され、中亥歳男のビラの中でも「ぜひ私共のために熱烈な御同情と特別のご声援をお願ひ申し上げます」（B－20－2）と、「同情」という言葉が多用されていた。榎本は、大阪四区から出馬したが、一五位で落選した。
(113)「酒井栄蔵（中立）の選挙ポスター」A－164－1。酒井は、大阪四区から出馬したが、五位の次点であった。
(114)「野田文一郎の立候補挨拶状」C－63－1。
(115)「野田文一郎の推薦状（浜口雄幸）」C－63－3。
(116)「野田文一郎の推薦状」C－64－1。
(117)「佐藤正の立候補宣言」C－55－2。
(118)「本田英作の宣伝紙」C－69－2－2。本田は、長崎一区の民政党候補として出馬し五位当選を果たす。
(119)「西見芳宏の推薦状」C－68－1。
(120)「中亥歳男の選挙ビラ」B－20－1。
(121)「藤原米造の選挙ビラ」B－39－1。藤原は兵庫一区より中立候補として出馬し、三位当選を果たす。
(122)「任俠にして民衆の味方」（「三木武吉の選挙ビラ」B－16－2）、「任俠に富む犠牲精神」（「三上英雄の推薦状」C－24－2）、「義俠的精神の持ち主」（「中村継男の推薦状」C－58－1）などと、「任俠」と「義俠」は、候補者の美質を表現する文言として多用された。
(123) 前掲『普選ポスターと新戦術』、九～一〇頁。こうした泣き落とし戦術は、昭和五年の第二回普選に際し、第一回の普選を回顧しその問題点を指摘する中でも、改めて次のように批判されていた。すなわち「甚だ怪しからぬ選挙運動の一ツとして、泣き落としがあり感心できない、泣いて諸君の一票を御願ひする、前回総選挙の京都からの候補者に相当これがあつた、候補者諸君一人として泣かざるものなしで、ポロリポロリと涙を見せて、よつて諸君の一票を御願ひする、彼処でも此処でも泣いたさうです、大阪と雖もなきにしもあらずで、泣いて諸君の一票を願ふ、形勢危し、正に落選せんとす、勝敗の決は諸君の一票にあり」との情緒的訴えが横溢したことを批判していた（大阪朝日新聞社論説員永井栄蔵「国政腐敗の因」『第二次普選を前にして』朝日新聞社、昭和五年、一六頁）。

(124)「選挙百話・九、府県議選地から」『東京朝日新聞』昭和二年九月二七日。こうしたことが頻発していたことは、「苟くも政治を議せんとする程の者がポスターに麗々しく泣き言をならべるのは全く見苦しい『××危しお助け下さい』等と来ては『この意気地なし奴が』と先づ痛罵したくなるのを記憶せよ」との反発の感想が寄せられたことからも窺うことができる（「懸賞募集・最初の普選を見て㈤」『大阪毎日新聞』昭和二年一〇月六日）。

(125)「中亥歳男の選挙ビラ」B－19－2。

(126)「西見芳宏の選挙応援ビラ」B－21－3。

(127)「藤原米造演説会のビラ」B－38－2。

(128)「高田末吉の選挙ビラ」B－44－2。高田は、兵庫一区から中立候補として出馬するが、一五位で落選する。

(129)「福田徳久の選挙ビラ」B－44－3。福田は、長崎一区から中立候補として出馬するが、一三位で落選する。

(130) こうしたビラだけでなく、新聞紙上の広告においても投票日が近づくにつれ同様の文言が多用された。例えば、投票日前日の新聞に掲載された民政党公認候補中村継男の広告には「危急存亡の秋、諸賢の清き一票を冀ふ」との文字が躍っていた（『東京朝日新聞』昭和三年二月一九日）。

(131)「高木正年の懇請葉書」C－53－2。このように苦戦を訴えていたのは、東京五区より民政党候補として出馬した高木正年であるが、彼は、四万七二七八票を獲得してトップ当選を果たす。二位で当選した民政党鈴木富士弥の二万九九五票とは、ダブルスコアの大差をつけてのトップ当選であった。そもそも高木は明治以来、連続当選を果たし「高木宗」とも呼ばれる祖父から三代あるいは親子二代に亘る支持者がいて彼の当選は「品川の朝日が東海より出で、多摩川の水が東京湾に注ぐ」如く自明のこととされ、尾崎行雄に匹敵するくらい当選を確実視された政治家であった。しかし、普選になり制限選挙の時より選挙に金がかかり貧乏人は運動資金で困るとこぼしていたという（火山楼「逐鹿場裏に於ける喬木先生」横山健道『高木正年自叙伝』代々木書院、昭和七年、二六五～七頁）。なお、高木は前回の第一五回総選挙で当選の安全圏にあるとの同様の風評を立てられ、危うく落選しそうになったとの苦い経験を語りながら、危機感を煽り支援者への引き締めを行っていた。前回の第一五回総選挙で高木は、東京旧十三区（定員二名）より革新倶楽部候補として出馬し、六九四〇票を獲得しトップ当選を果たしていた。二位の政友本党の土屋興が、六〇七二票で、次点の政友会、牧野賤男が四三二七票であった。二位の候補と僅差であったものの、落選の危機というのは、結果だけから見ると少々大袈裟といえるかもしれない。

(132)「高木益太郎の演説会のビラ」B－17－2。高木は東京三区より民政党候補として出馬し、二位当選を果たす。

(133)「森田金蔵の選挙ビラ」B－26－2。

(134)「小森七兵衛の応援ビラ」B－17－4。

(135)「西見芳宏のビラ」B－22－2。

(136)「山本平三郎の選挙ビラ」B－21－2。

(137) 普選法の第百条に基づき出された内務省令第五号「選挙運動の為にする文書図画に関する件」。これらに関しては、第一章を参照のこと。

(138) 一町が約一〇九mなので、投票所の約三三〇m以内での投票日当日の選挙運動が禁止された。

(139) 内務省『衆議院議員選挙法改正理由書・完』財団法人中央報徳会、警察協会、大正一四年。

(140) 斎藤隆夫「地方議会議員選挙運動の取締（完）」『民政』昭和二年九月。

(141) 前掲『普選第一次の総選挙経過』。

(142)「昭和二年十二月府県会議員総選挙ニ於ケル法令ノ運用ニ関スル調」（『衆議院議員選挙革正審議会・第十九号』、2A－36－委681、マイクロフィルム委－097、国立公文書館所蔵）。

(143)『民政』には、普選による府県議選と総選挙の二回の選挙を踏まえ、府県警察部より内務省宛に提出された改正意見が、参考とするに強ち捨てたものではないとして、その概要が紹介されている。上記調査報告を参考にして書かれたものであろうが、投票日のビラ配布に関して、次のような提言がなされていたことが同様に紹介されている。すなわち、一、投票日当日投票所入口より三町以内の地域において演説会開催を禁止すること。一、投票日当日における一切の文書図画のはん布は郵便によるの外禁止すること、としていた（「選挙法改正に関する参考意見」『民政』昭和三年四月）。前者からは、投票日当日、投票所周辺での事務所や休憩所の設置、ビラなどの散布は禁止されたが、演説は行われていたことがわかる。

(144)『東京日日新聞』昭和三年二月二六日。

(145) 投票日前日、大阪管内電信局は三〇万の電報を受け付けた、と報じられている（『大阪朝日新聞』昭和三年一月二〇日）。

第五章

中選挙区制導入の影響について
——東京選挙区を中心に

序

選挙制度の改正は、候補者の選挙の戦い方に変化を迫るだけでなく、その当落をも左右する場合がある。もとよりその影響は、改正の内容により、あるいは各候補者の従前の地盤や支持母体、競合者の有無等の選挙区事情により、種々異なり一様ではないであろう。

昭和三（一九二八）年に実施された第一六回衆議院議員選挙は、納税資格制限の撤廃による普選導入とともに小選挙区制から中選挙区制への移行が行われてから、初めて実施された総選挙であったため、かかる改正が、政党を中心に行われる公認候補の選考や擁立に、あるいは候補者の選挙戦略やそれに基づく選挙運動に、少なからぬ影響を与えたことは想像に難くない。とりわけ、中選挙区制は、対立政党だけでなく同一政党内における候補者間の競合を加速することが知られているが、該総選挙も候補者の絞り込みから実際の選挙戦の過程の中で種々の混乱が生じ調整が必要とされたと考えられる。

本章では、候補者が有権者に配布した、立候補宣言や挨拶状、あるいは、支援者により作成された推薦状を、右の問題意識に立ちながら分析することを目指している。従前の総選挙でも、立候補宣言や自らの略歴や主張、さらには推薦状を封書により送付することは行われていた。第一回普選でも、これらの印刷郵送費が選挙運動費の少なからぬ部分を占めていたことからも窺えるように[1]、こうした文書による訴えは、選挙運動の中核に位置づけられていたことがわかる。もっとも、既述の如く普選の導入と中選挙区制への移行は、各候補者が選挙運動の対象とする有権者を急増させたため、かかる文書の送付を資金的限界から充分に行えず、自らの立候補宣言の中に、その旨を弁明する候補者もいた[2]。また、現存するこれらの資料の中には、未開封のまま残されているものも多くあるので、有権者が投票行動を決定するために、どれほど関心をもって読んでいたかは疑問である。確かに、立候補挨拶状や推薦状等の選挙文書の多くは、その名前だけを入れ替えれば、誰もが使うことのできる画一的形式と文言により埋め尽くされていた。例えば、推薦状の多くは、各党の幹部連名で「候補者の人格識見がすぐれ新時代に相応しい人物である」等、あらゆる候補者に用いることができる抽象的で画一化された文言を羅列していた。(3)以下に紹介する政友会候補者本田義成のために、自党の幹部が連名で出した推薦状はその典型であり、こうした推薦状は従前の選挙において用いられたものである。(4)

粛啓　益々御清祥奉賀候。偖て今回衆議院議員総選挙に際し貴選挙区に於て同志本田義成君立候補被致候処、同君は志操堅実にして其識見高邁、昭和新政の重大時局に方り最も適任と相認め候間貴君之熱誠なる御援助に因り是非当選の栄を得る様、御厚配被成下度邦家の為め懇願仕候

敬具

昭和三年二月

立憲政友会

田中　義一

小川　平吉

中橋　徳五郎

三土　忠造

山本　悌二郎

望月　圭介

水野　錬太郎

殿

政友会は政権与党であったため、推薦者には、首相で総裁の田中を筆頭に、閣僚の名前を並べていた。(5)候補者が該選挙区の最適な候補者であることを謳う一般的な文面で、候補者の名前だけを書き替えれば自党候補者ならば誰でも使うことが可能な紋きり型になっていた。したがって、かかる文面で推薦者も同一の推薦状は、本田義成だけでなく、中村愛作、(6)畑弥右衛門(7)のそれにも見出すことができる。また、時候の挨拶や候補者の資質を評価し形容する言葉など若干異なる箇所はあるものの、推薦者名が一緒のものも、佐藤安之助、(8)牧野賤男、(9)中島守利(10)のそれらに確認できる。

こうしたことは、民政党についても同様であり、例えば、左記の三木武吉の推薦状は、その典型といえよう。(11)

粛啓

時下益々御清祥奉賀候、陳者衆議院は一月二十一日を以て解散せられ二月二十日総選挙を行はるゝことに相成候、現内閣は昨年四月成立以来、今日に至る迄為す所一に党利党略を本として国家人民の利害を顧みず内治外交悉く失政を重ね到底昭和の新政を託するに足らざるものに候間、我党は国民に代りて内閣不信任案を提出せしに政府は其失政を国民の前に暴露せらるゝこと恐れ、卑怯にも吾等に論議の機会を与へずして直ちに解散を断行せるは非立憲の甚だしきものに有之候、事茲に至つては国民の後援に頼りて現内閣を倒壊するの外無之次第に御座候

今回の選挙は我国に於ける最初の普選にして国家憲政の為最も重大なる意義を有するものに有之候、幸にして貴選挙区に於ける我党の公認候補者三木武吉君は国家の選良として多年の経験を有し人格識見共に適任の士と確信仕候間、何卒同君当選の為熱烈なる御同情と御援助を賜り度切に願上候

敬具

昭和三年一月

立憲民政党（東京市芝区新櫻田町二十七番地）
総裁　濱口　雄幸
顧問　若槻　礼次郎
　　　床次　竹二郎
　　　山本　達雄
　　　武富　時敏
　　　片岡　直温
　　　江木　翼

各位

民政党の場合、政権を担当していない野党であったため、総裁の浜口を筆頭に、顧問を始めとする幹部の名前[12]を並べていた。右の文面と殆ど同一の推薦状は、三木武吉以外にも、同党候補者の桜内辰郎[13]、小滝辰雄[14]のそれにも見出すことができる。推薦人に東京支部の役員を入れる等若干の相違はあるものの、殆ど同一文面の推薦状である。

このように、政友会と民政党の二大政党候補者の推薦状には、自党作成の定式化された文面が利用されていたことを確認できる。その一方で、それ以外の挨拶状や推薦状を詳細に検証してみると、候補者が訴える政策やそれを表現する文言の差異や、推薦者や推薦団体の相違から、彼等がいかなる支持基盤を有していたのか、いかなる地域や層からの支持を期待して選挙戦を展開しようとしていたのか、さらには、各候補者が選挙区においていかなる状況に置かれていたのか、浮き彫りになっている点がある。

本章では、こうした視点から候補者の立候補挨拶状や推薦状を、彼等の経歴とも照らし合わせながら考察し、中選挙区制への移行が候補者の選挙戦に与えた影響を明らかにしてみたい。なお、ここでは、右の課題を解き明かすことのできる候補者の挨拶状や推薦状が『普選資料』の中に比較的残されている東京の選挙区の事例を取り上げる。

第一節　公認調整の難航と候補者の乱立

最初に、小選挙区制から中選挙区制への移行により、本章が注目する東京の選挙区割りがどのように変更されたか、さらには、普選の導入が、選挙区を構成する各郡区にいかなる有権者の増加をもたらしたか、その概要を**表5－1**に基づき確認しておきたい。

まず、第一四回と第一五回総選挙が実施された小選挙区制時代、東京は、旧一区から旧十六区まで一六の選挙区に分割されていたが、中選挙区制への移行により統合が図られた。すなわち、第一区から第七区までの七つに統合され、定数三名が一選挙区、定数四名が二選挙区、定数五名が四選挙区となった。そもそも、小選挙区制時代の東京の一六の選挙区の内、定数一名は一〇選挙区に止まり、定数二名が三選挙区、定数三名が三選挙区含まれていたため、以下のように合区のされ方は一様ではなかった。

東京一区は、旧一区、旧二区、旧三区、旧十一区と、いずれも定数一名の四選挙区が統合され、定数五名の選挙区になっている。東京二区は、定数三名の旧八区と、定数一名の旧九区と旧十区が統合され、定数五名の選挙区に、東京三区は、定数一名の旧四区と旧五区に、定数二名の旧七区が統合され、定数四名の選挙区となっている。東京四区は、定数三名の旧六区が、そのまま定数四名の選挙区となり、東京五区も、定数三名の旧十三区がそのまま定数五名の選挙区となっている。東京六区は、定数二名の旧十四区と、定数一名の旧十五区が統合され、定数五名の選挙区に、東京七区は、定数一名の旧十二区と、定数二名の旧十六区が統合され、定数三名の選挙区となっている。

旧選挙区の定数の合計と新選挙区の定数を比べて見ると、同数である東京二、三、七区を除き、新選挙区の定数は、いずれも増加している。また、統合のされ方は、東京一区の定数一人区同士による合区、東京二、三、六、七区のように定数一人区と複数区との合区、東京四、五区のように合区は行われず定数だけが増加となった場合に大別できる。因みに、東京の場合、合区に際し、小選挙区制下の選挙区の地域が分割され異なる選挙区に併合されることはなかったので、旧来の地盤の継続に混乱を及ぼす要因は比較的少なかったといえよう。

また、普選の導入により、表5－1に示すように、いかなる区や郡においても有権者の増加が見られるものの、その増加率や増加数には、地域差があったことがわかる。有権者の増加率が五倍を超えているのは、東京四区の六・三倍、五区の五・六倍、六区の七・三倍と三選挙区あり、その中でも、六区の南葛飾郡の八・四倍（約六万人増）、同区の北豊島郡の七・一倍（約一一万人増）[15]、四区の深川区の六・八倍（約三万人増）、五区の荏原郡の六・五倍（約九万人増）と、これら四郡における有権者の増加率は顕著であった。こうした急伸は、深川区のように納税資格撤廃により新たに選挙権を獲得する人々が多く住む地域[16]、北豊島郡や荏原郡のように東京の都市化に伴う近郊の開発により人口が急増した地域[17]、南葛飾郡のように両者の特徴が兼ねあわされた地域[18]、を抱えていたために生じていた。

次に、選挙制度改正が、各候補者の出馬にいかなる影響を与えたか、候補者数全般の増減傾向を押さえておきたい。

第16回衆議院議員総選挙有権者数（中選挙区制）

新選挙区	市、区、郡、市庁、島嶼	選挙法改正後の有権者数（人）	有権者の増加率（倍）
一区（定数5人）	東京市　麹町区	8,712（+5,381）	2.6
	同　四谷区	13,828（+9,763）	3.4
	同　麻布区	16,004（+10,803）	3.1
	同　赤坂区	9,450（+5,667）	2.5
	同　芝　区	30,538（+21,072）	3.2
	同　牛込区	22,522（+14,470）	3.2
	計	101,054（+67,156）	3.0
二区（定数5人）	同　神田区	22,133（+17,179）	4.5
	同　下谷区	31,933（+25,404）	4.9
	同　本郷区	22,973（+14,014）	2.6
	同　小石川区	27,342（+17,841）	2.9
	計	104,381（+74,438）	3.5
三区（定数4人）	同　京橋区	22,542（+18,112）	5.1
	同　日本橋区	18,190（+12,907）	3.4
	同　浅草区	45,007（+33,182）	3.8
	計	85,739（+64,201）	4.0
四区（定数4人）	同　本所区	43,538（+36,161）	5.9
	同　深川区	34,478（+29,425）	6.8
	計	78,016（+65,586）	6.3
五区（定数5人）	豊多摩郡	85,643（+66,841）	4.6
	荏原郡	103,541（+87,558）	6.5
	大島庁管内	4,252	
	八丈島庁管内	1,746	
	計	195,182（+160,170）	5.6
六区（定数5人）	北豊島郡	132,409（+113,783）	7.1
	南足立郡	18,802（+15,530）	5.7
	南葛飾郡	70,434（+62,064）	8.4
	計	221,645（+191,377）	7.3
七区（定数3人）	八王子市	8,820（+6,838）	4.5
	南多摩郡	18,085（+13,289）	3.8
	西多摩郡	20,348（+16,102）	4.8
	北多摩郡	26,577（+19,356）	3.7
	計	73,830（+55,585）	4.0
合計		859,847（+678,513）	4.7

出所：『第十五回衆議院議員総選挙一覧』（衆議院事務局、大正15年）及び『第十六回衆議院議員総選挙一覧』（衆議院事務局、昭和3年）より作成。

表５－１　第15回・第16回衆議院議員総選挙（東京）選挙区対照表

第15回衆議院議員総選挙有権者数(小選挙区制)

選挙区	市、区、郡、市庁、島嶼		有権者数（人）
旧一区（定数１人）	東京市	麴町区	3,331
	同	四谷区	4,065
旧二区（定数１人）	同	麻布区	5,201
	同	赤坂区	3,783
旧三区（定数１人）	同	芝　区	9,466
旧十一区（定数１人）	同	牛込区	8,052
	計		33,898
旧八区（定数３人）	同	神田区	4,954
	同	下谷区	6,529
旧九区（定数１人）	同	本郷区	8,959
旧十区（定数１人）	同	小石川区	9,501
	計		29,943
旧四区（定数１人）	同	京橋区	4,430
旧五区（定数１人）	同	日本橋区	5,283
旧七区（定数２人）	同	浅草区	11,825
	計		21,538
旧六区（定数３人）	同	本所区	7,377
	同	深川区	5,053
	計		12,430
旧十三区（定数３人）	豊多摩郡		18,802
	荏原郡		15,983
	伊豆七島		227
	計		35,012
旧十四区（定数２人）	北豊島郡		18,626
	南足立郡		3,272
旧十五区（定数１人）	南葛飾郡		8,370
	計		30,268
旧十二区（定数１人）	八王子市		1,982
旧十六区（定数２人）	南多摩郡		4,796
	西多摩郡		4,246
	北多摩郡		7,221
	計		18,245
合計			181,334

一般に、小選挙区制の場合、各選挙区において展開される選挙戦は、有力二候補による一騎打ちの様相を呈する傾向にあるため、第三位以下に予想される候補者の出馬は見送られる傾向にある。これに比し、中選挙区制の場合、第三候補者以下にも当選の可能性が広がるため、中選挙区制への移行が、各選挙区の候補者の、とりわけ第三位以下に予想される候補者の出馬への意欲を増大させる効果を生んだことは、想像に難くない。さらに、普選導入により約九百万の新有権者が選挙に参加することになり有権者が三倍増になったこと、加えて政党の再編も行われたため、第一六回総選挙は、従前の選挙データや経験に基づく予測を困難にする要因が多々含まれることになった。

各候補者の側において、これらの変動要因が自己に有利に働くと解釈されるならば、当選への期待値は上がり、出馬意欲も掻き立てられることになる。各候補者が、当選へのいかなる見通しを立てながら出馬を決断しているか新聞の解説[19]を参考にまとめると大略次のようになる。第一は、従前よりの自らの地盤を固めることにより当選可能と考える者、第二は、中選挙区制への移行に伴い、自らの地盤に加え他の地域に積極的に進出することにより当選可能と考える者、第三は、選挙区内全般から広く票を集めることにより当選可能と考える者、第四は、選挙権の拡大により増大した新有権者から集票することにより当選可能と考える者[20]、であった。

このように選挙制度の改正は、各候補者に当選への種々の道筋を開き、期待を向上させ出馬を促す気運を醸成させた。こうした状況は、新聞が「栄冠目がけて候補者の洪水」[21]との見出しを躍らせながら、解散直後より公認を求める候補者が政友会と民政党の本部に殺到していることを伝え、この調子でいくと候補者は千名を超える勢いであり[22]、定数の三倍である千二百人内外に上るであろうと予測していたこと[23]、からも確認できる。

もっとも、右のように高揚する出馬圧力に流されるまま政党が立候補を認め公認を出していくならば、同一政党候補者間の同士討ちの危険性が高まるため、与党政友会、野党民政党問わず、その本部や支部は、候補者の整理と公認の調整に追われることになる。しかし、その作業は必ずしも円滑には行われず、公認の決定は、当初の予定とは異なり遅れることになる。例えば、新聞は、政友会は与党であるため立候補希望者が多く、幹部は出馬の断念を宣告しなければならないのであるが、その役目を引き受ける者がなく困惑していること、各支部も調整に苦心していることを伝えていた[24]。他方、候補者の側に立てば、公認になると、公認料や、大臣などの政府大官による推薦状や後援を得ることができ、候補者の信用に関係し得票にも影響するため、必死に本部に公認を要求する[25]、各候補者間の協定諒解がつかないうちに公認を発表すれば、支部内部に重大な紛争を起こし、非公認なら当選しても脱党すると憤慨している者もいるとし[26]、公認決定の遅れの背景にある調整の困難な事情を報じていた[27]。

二月に入り与野党とも候補者の出馬と公認に慎重を期したこともあり、候補者総数は、当初予想された千名を超えることはなかったものの[28]、定数四六六名の二倍強に当たる九六五名に達した。小選挙区制時代の立候補者の総数は、定数四六四名に対し、第一四回総選挙では八四一名、第一五回総選挙では九六六名であったので[29]、前回総選挙とほぼ同数であるが、選挙制度の改正により供託金（二千円）制度が導入され立候補へのハードルは上がっていたことを考慮すると、候補者の出馬意欲は高かったといえよう[30]。したがって、「候補乱立に悩む与野党」の新聞の見出し[31]に象徴されるように、公認調整が不調で同一政党間の共倒れが起きる可能性の高い選挙区が多く出現することになった。本章の考察対象である東京も、全選挙区の定数の合計三一名に対し八八名と三倍近くの候補者が立ち、全国の中でも定数に比し候補者数が多く、政友会、民政党ともに乱立状態になっていた[32]。

これ以降、表5－2に示すように、定数が変わらぬ中、全国の立候補者総数は、政友会と民政党による二大政党時代の第一七回と第一八回総選挙において、八四〇名から七〇六名へと、総選挙の度に約一五％減少している。これは、同一選挙制度の下で選挙が重ねられたことにより、各選挙区の地盤の状況が、より的確に把握できるようになり、当選見込みの低い候補者の出馬が減ったためといえよう。

表５－２　昭和二大政党政治下の総選挙の結果

	政友会		民政党		実業同志会		革新党		無産政党		中立　その他		合　計	
	候補者	当選者	候補者	当選者	候補者	当選者	候補者	当選者	候補者	当選者	候補者	当選者	候補者	当選者
第16回総選挙 田中義一内閣 （与党：政友会） （昭和3年2月20日）	342名	217名	342名	216名	31名	4名	15名	3名	82名	8名	153名	18名	965名	466名
第17回総選挙 浜口雄幸内閣 （与党：民政党） （昭和5年2月20日）	306名	174名	342名	273名	（国民同志会） 12名	6名	6名	3名	98名	5名	76名	5名	840名	466名
第18回総選挙 犬養毅内閣 （与党：政友会） （昭和7年2月20日）	346名	301名	280名	146名			3名	1名	29名	5名	48名	12名	706名	466名

	第16回総選挙	第17回総選挙	第18回総選挙
二大政党の候補者が占める割合	71％	77％	89％
二大政党の当選者が占める割合	93％	96％	96％

出所：『近代日本政治史必携』（岩波書店、1961年）より作成。

　政友会と民政党の二大政党の候補者数に注目して見ると、第一六回は、政友会三四二名、民政党三四二名で、合計六八四名を数え、同数の候補者を擁立している。第一七回は、政友会三〇六名、民政党三四二名で、両党合計で六四八名、第一八回は、政友会三四六名、民政党二八〇名で、合計六二六名と、与党時に強気の候補者擁立を図っているものの、両党候補者の合計数は、選挙を重ねる度に減少していた。同一政党内での、共倒れを防ぐために、前回選挙の結果に基づく候補者の調整や絞り込みが行われていったことがわかる。もっとも、その減少幅は約五％であり既述の全体の減少幅に比し小さいため、結果として全候補者の中で、両党候補者の占める割合は、第一六回で七一％、第一七回で七七％、第一八回で八九％と高くなっている。これは、当選を目指し総選挙に出馬する場合、政友会か民政党のどちらかの公認候補者として出る必要度が高まっていること、候補者の二大政党への依存度が高くなっていたことを示していた。中選挙区制下の選挙で、同一政党候補者間の共倒れを防ぐためには、地盤や公認の調整が必要不可欠になり、その調整過程で中央地方の政党組織の役割が向上し、それに伴い影響力も増大していったことがわかる。

第二節　東京一区の場合

東京一区は、旧一区（麹町区、四谷区）、旧二区（麻布区、赤坂区）、旧三区（芝区）、旧十一区（牛込区）の、いずれも定数一名の四選挙区が統合され、定数五名になった選挙区である。大正一五年に内務省は、小選挙区制下で実施された第一五回総選挙の得票状況を基礎に東京一区の各政党会派の勢力を試算していたが、それによると、憲政会三六%、政友会一七%、政友本党五%、実業同志会五%、新正倶楽部一%、旧革新六%、無所属二三%、其ノ他七%であり[33]、同地は憲政会の後身に位置づけられる民政党優勢の地域といってよかった[34]。**表5－3**に示すように、この選挙区に政友会からは、立川太郎、本田義成、川手忠義、中村愛作の四名が、民政党からは、横山勝太郎、瀬川光行、三木武吉、桜内辰郎の四名が公認候補として出馬した[35]。この内、政友会は立川の一名が、民政党は、公認の横山、瀬川、三木、桜内の四名全てが当選し、

表5－3　東京1区（定数5）の選挙結果

横山勝太郎	13,305	当	民政	前
瀬川光行	10,517	当	民政	新
三木武吉	9,114	当	民政	前
立川太郎	8,459	当	政友	新
桜内辰郎	8,331	当	民政	新
本田義成	7,110	落	政友	前
菊池寛	5,682	落	社民	新
川手忠義	3,305	落	政友	新
中村愛作	3,205	落	政友（中立）	新
鈴木梅四郎	2,764	落	中立	元
水上嘉一郎	1,880	落	実同	新
茂木久平	1,789	落	中立	新
蔵原惟郭	1,584	落	中立	元
田中沢二	466	落*	中立	新
妹尾順蔵	127	落*	中立	新

出所：『第十六回衆議院議員総選挙一覧』（衆議院事務局、昭和３年）。

注：中村愛作は、同一覧では、中立の扱いになっているが、本文で指摘するように最終的には、政友会の公認が出るので政友会候補として扱う。

「落」に＊が付いているのは、供託金没収者である。

右の内務省の調査通り、民政党優位の結果に終わった。

(1) 選挙区制改正が不利に働いた事例

ここでは、東京一区から出馬した候補者の中で、小選挙区制から中選挙区制への移行が不利に働いたと考えられる政友会の公認候補本田義成の事例に注目し、彼の選挙戦の内実について考察を加えてみたい。

政友会の本田義成は、一月二七日に出馬の届け出をし、同日に公認が出ているが[36]、かかる公認決定は東京一区の他のいかなる政友会候補に先んじていた。こうした早さは、政友会の候補者の中でも、次に紹介するような経歴と地盤関係から彼が有力視されていたことを示していた[37]。

本田は、四谷区選出の東京府議会議員と東京市議会議員[38]、四谷区議会議長の経歴を有し、小選挙区制の下で行われた第一五回総選挙において国政進出を目指し、無所属候補として東京旧一区より出馬し初当選していた[39]。当選直後の議会内の会派は、中正倶楽部であったが、革新倶楽部の政友会への合同とともに中正倶楽部の中の多くの議員も政友会への合流を果たし、本田もその中の一人であった[40]。

第一五回総選挙に際しての本田の得票状況は、以下の通りである。四谷区と麴町区により構成された東京旧一区より出馬した本田は、右の経歴からもわかるように、前者を主地盤に集票し一七〇七票を、後者から三三九票を獲得し、合計二〇四六票で当選した[41]。この総選挙では、小選挙区制下であるにもかかわらず、後述するように東京旧一区（定数一名）には憲政会より二名の候補が出馬したため、本田は漁夫の利を得る結果になっていた[42]。もともと同選挙区の有権者は、表5－1に示す通り、四谷区が四〇六五人、麴町区が三三三一人で、合計七三九六人と少ないこともあり、本田は主地盤とする四谷区の半数近くの得票をするだけで当選ラインに達していた[43]。

しかし、中選挙区制への移行に伴い、東京一区は、四谷、麴町以外に、芝、麻布、赤坂、牛込の各区が新たに加わることになり、該選挙区から出馬する候補者は、これらの地域からの集票にも努める必要が出てきた。しかも、表5－1に示すように本田が主地盤とする四谷区以外の地域は大票田区が多く、中選挙区制の導入により同区の有権者数は、東京一区の一割余を占めるにすぎなくなった[44]。こうした選挙区事情もあり、大正一五年の内務省調査において、次期総選挙の政友会候補として本田の名前は挙げられていたが、名望と信用に関しては「四谷区及麹町区ノ一部ニアリ」としながらも、「当落不明」と予測されていた[45]。

以上のような選挙区制改正の影響から、本田が当選するためには前回総選挙では得票の少なかった旧一区の麹町はもとより、他の選挙区であった隣接地域への進出を図る必要があった。例えば、本田を支援する牛込区住人による推薦状には、そうした事情が解説されていた。すなわち、従前本田は、四谷を根拠地にして同地においては優勢であるが、四谷の有権者数は、牛込の半数しかないので隣接区である牛込からの応援が必要である旨を記し、支持を要請していた[46]。この推薦状が指摘する通り、第一六回総選挙における有権者数は、四谷区の一万三八二八人に比し牛込区は二万二五二二人と一・六倍であるため、隣接する牛込の大票田は魅力であり、ここからの集票が目指されたのである。また、新聞は、本田は四谷の地盤を固め麻布への食込みもねらい成果がありそうとし[47]、四谷を超える一万六〇〇四名の有権者を抱える麻布への進出を果たしつつあることを報じていた[48]。こうした状況を踏まえ、投票直後、警視庁の調査報告に基づき政府陣営が行ったとされる東京選挙区の当落予想を新聞は伝えていたが、それによると本田の当選は確実視されていた[49]。

しかし、選挙の結果、本田は次点に止まることになる。得票状況から本田落選の一因を考察してみると、本田が四谷以外の地域への進出に必ずしも成功していなかったことがわかる。本田の各区別得票状況を見ると、小選挙区制下で主地盤としていた四谷（総得票数・一万八三〇票）より三九八七票（得票率・三七％）を獲得したものの、それ以外は、麹町（総・六六九三票）より六〇五票（九％）、麻布（総・一万二一七七票）より七一六票（六％）、赤坂（総・七三五一票）より九九三票（一四％）、芝（総・二万二五四二票）より五一四票（二％）、牛込（総・一万八〇四五票）より二九五票（二％）を、各々獲得していた。得票率で二桁以上を示しているのは、四谷以外には赤坂だけであった。

先に示した推薦状が目指していた牛込区への進出に注目すると、同区からの得票は、二九五票に止まり惨敗していたことがわかる。後述するように牛込区では、政友会から同地を主地盤とする公認の立川太郎が立ち、さらに牛込区への進出を目指す中村愛作も政友会より出馬したため、彼等自党候補者と競合し、同地と地縁関係の薄い本田が食い込むことは困難であったといえる。さらに、牛込区は、対立政党である民政党の有力者三木武吉が確固とした地盤を構築している地域でもあったため[50]、本田の同区への進出はさらに困難であったといえよう。

以上のように、選挙区制の改正は、本田のように旧選挙区において主地盤としてきた地域が多数の有権者を抱えていない場合、他地域への進出が必要不可欠になるものの、それらの地域に対立政党だけでなく自党候補者にも有力候補がいた場合、進出は困難であり落選の可能性が高まっていたことがわかる。

(2) 選挙区制改正が有利に働いた事例

次に、前項で示した本田とは対照的に、小選挙区制から中選挙区制への移行が、当選への可能性を高めることになったと考えられる同じ東京一区の政友会公認候補立川太郎の事例に注目し、彼の選挙戦の内実に関し考察を加えてみたい[51]。

牛込区選出の東京市議の経歴を有する立川は[52]、小選挙区制下の第一四回、第一五回総選挙に、同地を選挙区とする東京旧十一区（定数一名）より出馬するが、いずれも落選していた。立川の前に立ちはだかるのは、同じ選挙区において対立政党である憲政会から出馬する有力候補三木武吉であった。第一四回総選挙では、三木が当選し立川は三位、第一五回総選挙では、事実上三木との一騎打ちになるが、三木が三四四三票、立川が二七九九票で落選した[53]。小選挙区制下において、三木の存在は立川の当選の前に大きく立ちはだかる壁になっていた。したがって、立川は大正一五年の内務省調査において第一六回総選挙の政友会予想候補者として名前が挙げられ、「路店商人ヲ背景トシテ牛込区内ニ相当信望アリ」とされながらも、「当選不明」と予測されていた[54]。

しかし、小選挙区制から中選挙区制への選挙区制の改正は、その壁を乗り越えずして当選を果たす途を立川に開くことになった。以下、このことを検証してみたい。

第一六回総選挙に際しても、立川が牛込を主地盤としていたことは、彼の選挙文書から確認することができる。例えば、牛込自治会と牛込自治会議員会の連名による立川の推薦状が作成され、そこに記された彼の肩書や略歴には、牛込区議会議員や牛込自治副会長という牛込に関連した役職を見出すことができる[55]。また、牛込地区住民連名の[56]、あるいは立川が名誉顧問を務め恩人でもあると記された牛込地区の神楽坂美容術組合名による[57]、推薦状も作成され彼の主地盤が牛込にあったことを示していた。

第一六回総選挙に際し立川は、右に指摘したように自ら主地盤とする牛込区から六四六四票を獲得していた。しかし、その得票は、対立政党民政党の三木の六六一五票の下位にあったため、小選挙区制が継続していたならば、前二回の選挙同様、立川は三木の前に惜敗を喫する可能性が高かった。

また、本田の場合と同様、小選挙区制から中選挙区制への移行は、立川にも牛込区以外への進出を迫ることになったが、第一六回総選挙における立川の各区の得票状況は以下の通りである[58]。小選挙区制下で立川の選挙区であった牛込（総得票数・一万八〇四五票）からは既述のように六四六四票（得票率・三六％）を獲得したものの、それ以外は、麹町（総・六六九三票）より二六三票（四％）、芝（総・二万二五四二票）より四四四票（二％）、麻布（総・一万二一七七票）より八七四票（七％）、赤坂（総・七三五一票）より二四九票（三％）、四谷（総・一万八三〇票）より一六五票（二％）と、牛込以外の得票率はいずれも一桁台に止まり殆ど得票できず本田同様に隣接地域を含めた進出には必ずしも成功していなかったことがわかる。主地盤とする区からの得票率については本田の三七％に対し、立川の三六％と差異がないにもかかわらず、当落の明暗を分けることになったのは、その有権者数であった。立川が八四五九票を獲得し四位当選できたのは、自己の得票の約七五％を占めた牛込区が大票田であり、それが立川を当選ラインに押し上げていたからである。すなわち、小選挙区制下ならば三木との競争に負け落選していたが、中選挙区制になり三木との対決が当落に直結することが回避され、しかも立川の主地盤とする牛込が大票田であったため、その得票数が多くこれを基礎に当選することができたといえる。

このように中選挙区制への移行は、立川に当選の途を開いたのであるが、他方において自党候補者との競争に晒されるようになったことについては、彼も例外ではなかった。とりわけ立川が主地盤とする牛込区において競合する可能性のある中村愛作の政友会からの出馬には神経を尖らさざるを得なかったであろう。以下、立川の脅威になる中村の動向について若干論及しておきたい。

まず、中村については、政友会より立つとの説があるが未定と新聞で観測されていたように[59]、早期より政友会からの出馬が確実視されていた候補ではなかった。中村の立候補の届け出は一月三一日であり[60]、彼に公認が出たのは二月八日であった[61]。東京一区の政友会の他の候補者の立候補の届け出は、川手忠義が一月二四日であり[62]、既述のように本田と立川は一月二七日に行われていたので、中村は最後の出馬であった。中村の出馬後にこれを伝える新聞は、彼を政友会の新人として紹介していたが[63]、二月八日の中村の公認決定は、本田義成の一月二七日、川手の同二八日、立川の二月四日に比して[64]、一番遅れた。

これら立候補の届け出と公認の経緯を見ると、東京一区の政友会は、自党の勢力に鑑み共倒れを避けるためにも、集票地域が重なる可能性のある立川と中村の一本化を図りたかったことがわかる。すなわち、既述のように本田は旧一区の四谷を中心とする地域からの集票を、川手は旧三区の芝区を中心とする集票が期待されていた。(65)公認の日時を考慮すると、政友会としては中村の出馬辞退を望んでいたものの、(66)党内で中村を推す勢力がありこれを背景に彼が立候補の届け出を強行し、党もこれを追認し公認を出さざるを得なかったと見ることができる。(67)

政友会内における中村擁立の気運は、例えば牛込に地縁を有する関係者の次のような推薦状を通じ確認することができる。すなわち、中村が出馬を決意したものの未だ政友会の公認を得ていない二月二日の時点で、立憲政友牛込倶楽部は彼の推薦を決定し、(69)同倶楽部名の推薦状を作成していた。(68)同倶楽部の会長には、政友会の関東地域の有力代議士であった粕谷義三が就き、役員一同として前職、元職の政友会系代議士の名前が連ねられていた。(70)この推薦状の中では、中村が牛込弁天町に居を構え選挙区のために尽力することが謳われていたように、彼は、大票田でもある牛込を有力な集票地域として選挙運動を展開していたと推断される。

こうした動向に鑑みれば、中村の出馬は、牛込を主地盤とし該地域からの集票を期待する立川には脅威になったことがわかる。この点については新聞も観測し、立川は牛込地区を地盤とする政友会公認の中村愛作が出馬したため苦戦を強いられることになり、両者とも牛込以外の地域への猛烈な進出を試みている、と伝えていた。(71)もっとも、この記事の中では、中村は新顔ゆえどこまで牛込で得票できるかは疑問とされていたが、その指摘通り彼は牛込より五三四票しか獲得できず、(72)立川の地盤に食い込むことには成功しなかった。

このように立川は、小選挙区制時代とは異なり自党候補との競争に晒されるものの、競合者としての中村の力が必ずしも強くなかったため、従前の選挙で選挙区にしていた大票田牛込の票を固めることができた。その結果、中選挙区制下においては、牛込においてたとえ民政党三木の後塵を拝することになっても、当選することができたのである。(73)

(3) 同一政党候補者間における地盤調整

以上、東京一区の政友会候補者について、中選挙区制への移行が選挙結果の明暗を分けた対照的な二事例について紹介したが、同選挙区の民政党候補者に関しては、有権者に配布する推薦状の中に候補者同士の地盤調整を公にした内容を確認できるので、以下、かかる事例について紹介してみたい。

民政党候補者三木武吉は、同じ選挙区であるにもかかわらず自党の新人候補瀬川光行のために推薦状を書き、その中で、特定の地域の有権者に対し自らへの投票を控え瀬川へ投票することを促していたのである(74)。東京一区は、既述の通り、麹町、四谷、麻布、赤坂、芝、牛込の各区により構成されていたが、該推薦状において三木は、牛込、麻布、芝の有志の同情により自分は当選ラインを越えているので、麹町、四谷、赤坂、の同志は自分ではなく瀬川に投票するよう依頼していた。新聞も、三木が牛込で他の候補に比し断然優勢であるため、三木が開拓した麹町、四谷、赤坂の地盤を瀬川へ譲渡した結果、瀬川が選挙戦を有利に展開していることを伝えていた(75)。

瀬川は、東京市議会議員を経て(76)、第一五回総選挙で国政進出を目指し、旧一区（四谷、麹町）より憲政会候補として出馬した。候補者調整の失敗から小選挙区制下であるにもかかわらず同会より久保三友も出馬した結果、憲政会の二候補は共倒れで落選し(77)、既述のように本田義成が漁夫の利を得て当選した。こうした経歴を有するため、大正一五年の内務省調査による次期総選挙予想候補にも瀬川は挙げられ、「四谷区及麹町区ノ一部ニ」信望ありとされながらも、「当落不明」と予想されていた(78)。三木の推薦状は、その内容からして瀬川の当選が危惧された選挙戦後半に作成撒布されたものと考えられるが、同一選挙区、同一政党の他候補への票の誘導を公にしている点で興味深いものである。実際、第一六回総選挙における三木の得票状況を見ると、麹町一三九票、四谷四五票、赤坂一三二票であり、三木が自らへの投票自粛を呼びかけた地域からは票は出ていない(79)。

これに対し瀬川は、四谷区より四六七六票、麹町区より二二六一票、赤坂区より一八五三票、と堅実に票を伸ばし二位当選を果たした。[80] こうした選挙結果に鑑みるとき、三木が同じ選挙区であるにもかかわらず、瀬川の推薦状を書くだけでなく、その中で自らの票を瀬川へ誘導していたことは、右三区における民政党票の分散を最小限に抑え瀬川への集約に少なからぬ効果があったと考えることができる。選挙後に掲載された当選者瀬川の人物紹介の中でも、そのことは指摘されていた。すなわち、そもそも三木を国政に送り出したのは瀬川であったため、三木は瀬川を当選させる一心で、麹町や赤坂の票の大部分を瀬川に譲り一万票を作った、と紹介された。[81] 同じ選挙区で、瀬川と主要集票地域が競合した先述の政友会の本田義成の夫人も新聞紙上において、三木の後援を受けた瀬川の攻勢の前に本田は孤立し苦戦したと、夫の敗戦理由として瀬川に対する三木の支援を指摘していた。[82] 実際、瀬川と本田の各区の得票を比較してみると、瀬川は、四谷において四六七六票を獲得し本田の三九八七票を圧し、それ以外の麹町においても、瀬川の二二六一票に対し本田の六〇五票、赤坂は、瀬川の一八五三票に対し本田は九九三票と、いずれも本田を上回る得票に成功していた。[83]

本来、選挙戦において自陣営に当選確実のムードを醸成させる言動を候補者自身が行うことは戒められるべきであったが、三木は敢えてその禁忌を犯す行為をしていた。それは、先に紹介したような三木の瀬川への恩義に報いるという私的理由とともに、選挙後半戦になり選挙の手応えを感じ当選への自信を深めたためと考えられる。牛込に固い地盤を持つ三木は、[84] 大正一五年の内務省調査でも、次期総選挙の東京一区の民政党予定候補者として名前が挙げられ、「牛込区内四谷区ノ一部ニ相当信望アリ」とし「当選確実」と予測されていた。[85] もっとも、三木の場合も、中選挙区制への移行に伴い、牛込の得票だけでは当選ラインには必ずしも達しない可能性があった。したがって、三木は、前出の瀬川の推薦状の中で言及していたように、牛込以外に麻布と芝における票の加算を目指していた。[86] そのことは、例えば三木の推薦状の中に芝区に特化し、その有権者を対象とするものが作成されていたことからも、その一端を裏付けることができる。[87]

選挙の結果、三木は三位当選を果たしたが、三木が支援した瀬川は新人ながら三木を超える票を獲得し二位での当選を果たした。この選挙結果だけを見ると、皮肉なことに三木は自らの得票を上回るほどの瀬川支援に奔走したことになる。両者とも上位での当選であったため問題はなかったものの、仮に、当落ライン上であったならば、三木は自らの得票を他候補に誘導する推薦状を撒布することにより、自ら落選の憂き目を見る可能性もあった。

以上、本節では東京一区の候補者の事例研究を通じ、小選挙区制から中選挙区制への移行が、旧来の地盤の有権者規模や対立政党の候補者との関係から選挙結果の明暗を分けることになった政友会の公認二候補に着目し、彼等の選挙戦の内実を明らかにした。さらに、中選挙区制導入が、同一政党候補者間の競合の度合いを強めただけでなく、それとは逆に同一政党の候補者間の地盤の調整を行わせていたことを民政党の事例を通じて確認した。

第三節　東京二区の場合

東京二区は、旧八区（神田、下谷・定数三名）、旧九区（本郷・定数一名）、旧十区（小石川・定数一名）が統合され、定数五名になった選挙区である。大正一五年の内務省調査は、同選挙区の党派別勢力を、憲政会三三％、政友会二五％、政友本党四％、実業同志会三％、新正倶楽部四％、旧革新三％、無所属二六％、其ノ他二％としているように、憲政会の後身である民政党が若干優位な選挙区であったといえる。ここに、政友会からは、鳩山一郎と矢野鉉吉の前職二名が立ち、両名に公認が出ている。他に政友会系としては、公認は出なかったが一時引退を表明していた旧国民党・旧革新倶楽部系の古島一雄が出馬していた(88)。これに対し、民政党は、中島弥団次、小

表5－4　東京2区（定数5）の選挙結果

中島弥団次	14,681	当	民政	新
鳩山一郎	12,969	当	政友	前
安部磯雄	12,373	当	社民	新
矢野鉉吉	9,078	当	政友	前
小滝辰雄	7,472	当	民政	新
赤塚五郎	4,818	落	民政	新
河合徳三郎	4,187	落	中立	新
古島一雄	3,834	落	中立（政友）	元
高橋秀臣	3,646	落	中立	新
松野喜内	2,397	落	実同	新
佐々木安五郎	2,029	落	革新	前
倉持忠助	971	落*	中立	新

出所：『第十六回衆議院議員総選挙一覧』（衆議院事務局、昭和３年）。
注：古島は、同一覧によれば政友会（公認と明記はされず）となっているが、後述のように政友会とは一線を画す無所属での出馬であったため中立にした。
「落」に＊が付いているのは、供託金没収者である。

滝辰雄、赤塚五郎の三名の新人が立ち、この三名に公認が出て、表5－4に示すように、政友会は、鳩山と矢野、民政党は、中島と小滝の各二名の当選者を出していた。したがって、該選挙区の政友会の勢力状況に鑑みるならば、同党が前職二名に公認を絞ったことは堅実な判断といえた。以下、『普選資料』により選挙戦の内実を追うことができる東京二区の政友会の動向を中心に、同党の公認候補二名に注目しながら順次考察を加えていきたい。

矢野鉉吉は、大正四、八年の東京府議会議員選挙に当選し[90]、東京市会議員選挙には、大正三年より出馬し当落を繰り返していたが[91]、それらの選挙区は、いずれも下谷区であった[92]。このように矢野は、東京府議会、東京市議会に下谷区から出馬を重ね地盤を養成しながら、それを基礎に国政への進出を試みた。神田区と下谷区により構成される東京旧八区（定数三名）から政友会候補として、第一四回総選挙に出馬し五位で落選するが、第一五回総選挙では、二位当選を果たした。第一五回総選挙において獲得した二一二五票の各区の内訳を見ると、下谷から一九三四票、神田から一九一票と[93]、矢野の主地盤が下谷区にあったことがわかるが、彼の選挙文書もそれを裏付けていた。

まず矢野が選挙用に作成した名刺や推薦状、それに付された略歴を見ると、彼の選挙本部は下谷区坂本町に置かれ、現職の東京市会議員であることに加え、前職として「東京府議会議長」だった[94]だけでなく「下谷区学務委員長」や「下谷区会議長」の肩書も強調され、[95]彼の地盤が下谷区にあることを示していた。また、矢野が立候補宣言とともに記した政見の要旨からも、かかる下谷の地域特性を反映した内容を見出すことができる。すなわち、「庶民金融機関の特設」「中小工業救済資金の融通」「居住権の確認」「家賃地代の値下げ」と、地元の中小商工業者や借家人等を意識した項目が並び、末尾には地元商店街の意向を受けてか「デパートメントストアーに対する特別課税」が太字で記されていた。[96]

こうした地盤を持つ矢野は、前職の強みから解散直後より東京二区の政友会候補として名前が挙がり、[97]一月二七日という比較的早期に同党の公認を得ていた。[98]

ところで、普選導入により東京二区を構成する各区の有権者数は、**表5－1**にみるように、神田が、四九五四人から二万二一三三人へ、下谷が、六五二九人から三万一九三三人へ、本郷が、八九五九人から二万二九七三人へ、小石川が、九五〇一人から二万七三四二人へと増加していた。矢野が主地盤としてきた下谷区は、普選導入以後、かかる四区の中で最も多くの有権者を抱える地域になったものの、そこからの集票に頼るだけで当選ラインに達することが保証されていたわけではない。大正一五年の内務省調査が第二区の政友会候補者として矢野を挙げ、「下谷区内ニ相当信望アリ」としながらも「当落不明」と予想していたのは、それを物語っていた。[99]

また、矢野は、選挙資金に恵まれた候補者ではなかったようであり、[100]それは彼の出馬の届け出と公認の経緯からも窺うことができる。既述のように、矢野には一月二七日に政友会の公認が出ていたにもかかわらず、彼が正式に出馬の届け出をしたのは二月二日であった。[101]政党の公認を待たずして、出馬の届け出を先にしてしまう事例が多い中、矢野の場合は、それとは逆になっていた。選挙資金に恵まれていなかった矢野は、普選法により新たに設けられた供託金の用意ができず立候補の届け出が遅れ、ポスターや推薦状の作成も遅れ選挙運動は立ち遅れ気味になったのである。[102]これに加え、下谷区を主地盤とする候補として、既述の古島一雄の他に、民政党の新人小滝辰雄(105)、中立の河合徳三郎(106)と倉持忠助(107)が出馬していたため、選挙の行方は不明であると危機感を募らせる矢野本人の談話が新聞で紹介されていた(108)。

こうした予測に鑑みても、矢野が、当選を確実なものにするためには、下谷区だけでなく、前回選挙では必ずしも集票しなかった神田区から、さらに可能ならば下谷区に接する旧九区の本郷区からの得票も目指す必要があった。かかる情勢下、同じ選挙区で政友会から公認を獲得していた前職の鳩山との間において、次のような地盤協定が成立していることを、矢野の選挙事務長は、新聞紙上において明かしていた。すなわち、矢野は、下谷と神田を選挙運動の主たる対象地域とし、本郷にも少し手を出すが、鳩山が主地盤とする小石川には手を出さない(109)と談じていた。これを裏付けるように矢野が本郷区の出身であることを明記した本郷区会議長を始めとする同区議による推薦状が作成されていた(110)。

矢野は、九〇七八票を獲得し四位当選を果たすが、各区の集票の内訳は、従前より主地盤としてきた下谷から自己の得票の七五％を占める六七八三票を獲得し、それ以外にも神田から一二四九票(111)、本郷から九三六票、小石川から一一〇票を集票していた(112)。最下位当選者の得票数は七四七二票であったので、矢野の場合、下谷区だけからの得票では当選ラインに届かず、他地域への進出が必要不可欠であったことがわかる。

他方、矢野との間で地盤調整を行っていた政友会のもう一人の公認候補鳩山一郎は、明治末より小石川区から東京市議会議員に選出され続け(113)、大正四年の第一二回総選挙に国政に進出した経歴を持つ有力政治家であった(114)。市議選から培養された小石川区における強固な地盤を背景に連続当選を重ねていたので、大正一五年の内務省調査でも、鳩山については、「小石川区ニ最モ信望アリ」とし「当選確実」と予想されていた(115)。鳩山が、小石川区において圧倒的な強さをもっていたことは、選挙結果を見ても明らかであり、それは、同区だけから当選ラインを越える七八六八票を獲得していたことに象徴的に示されていた(116)。

このように小石川区に強固な地盤を有する鳩山は、旧十区の小石川区と旧九区の本郷区に主力を置くだけで当選の可能性が高かったため[117]、神田は当てにせず矢野が主地盤とする下谷に進出することもしないと観測されていた[118]。さらに矢野の形勢不利が伝えられると下谷の自らの票を矢野に譲ったと報じる新聞もあった[119]。鳩山は、既述のように小石川だけからの得票で当選ラインを越し、それ以外にも本郷から三二四三票、神田から一一六一票、下谷から六九七票と、各区より集票し合計で一万二九六九票を得て二位で当選した。鳩山は、矢野が集票を目指した神田区からも、相当得票しているので右の「神田を当てにせず」との報道がどこまで選挙戦の実際を伝えているか定かではない。他方、下谷区に関しては、新聞が観測していた鳩山から矢野への票の譲渡が事実であるか否かについては検証の必要があるものの、同地より必ずしも票は出ていないので矢野への配慮から選挙運動に抑制がかけられていたことが推断される。

以上のように、本節で論及した東京二区の政友会の公認候補である矢野と鳩山の場合は、鳩山が、小選挙区制時代の選挙区を中心とした選挙運動を展開し他地域への積極的進出を試みなくても当選が期待できたため、自らの運動を抑制することにより同一政党候補者間の、激しい摩擦と競争が回避された事例と見做すことができよう。

第四節　東京五区の場合

前節までは、中選挙区制の導入が各候補者の勝敗に明暗を分けた事例や同一政党間の地盤の調整が比較的円滑に行われた事例を紹介してきた。しかし、全ての選挙区においてかかる調整が成功したわけではなく、中選挙区制の導入が、対立政党候補者間だけでなく、同一政党の候補者間の競争を激化させたことは想像に難くない。こうした事情について、新聞は大略次のように伝えている。すなわち、中選挙区制に移行し選挙区が拡大したが、各候補者は、交通機関の発達もあり選挙区のすみずみまで選挙運動を展開している、しかし、その運動は、反対派の地盤切り崩しよりも味方の地盤を切り崩す結果となり、たとえ同一政党候補者間の地盤協定が結ばれていても有名無実化する傾向にある、と選挙戦の混乱を解説していた[120]。

このように中選挙区制への移行直後の第一六回総選挙は、地盤協定が成立していた選挙区においても右のような状況を生み出していたため、公認調整が不調に終わった選挙区における同一政党候補者間の摩擦は、より一層激しさを増したといえる。本節では、選挙区の統合は行われなかったものの、同一政党の候補者間で競合と摩擦が生じたことが『普選資料』の中で確認できる東京五区の政友会の事例を中心に考察を加えてみたい[121]。

東京五区（荏原郡、豊多摩郡、大島・八丈島庁管区）は、既述のように旧十三区と同一地域で、定数が三名から五名に増加した選挙区であった。従前と選挙運動対象地域は変わらず、定数だけが二名増となったため、合区による混乱はなく、出馬を考える者にとっては当選への途が大きく開けたとの印象を抱かせる選挙区であり、一一名の候補が出馬した。

同区を構成する地域の前回の第一五回総選挙における党派別得票数は、憲政会九〇五一票、政友会四二三七票、政友本党六〇七二票、革新倶楽部六九四〇票であった[122]。また、大正一五年の内務省調査によると、東京五区の党派別勢力の比率は、憲政会三〇％、政友会二四％、政友本党六％、実業同志会一％、無所属三〇％、其ノ他九％とされ、これに基づく当選者予測は、憲政会（当選確実一、当選不明三、見込ナシ二名で、内、前職二）、政友会（当選確実〇、当選不明四、見込ナシ一、内、前職一）となっていた[123]。これ以降、政党再編があったので単純な類推は避けねばならないが、憲政会の後身である民政党は、政友会より優勢と見做すことができ、新聞もそうした認識に立ち、選挙観測を行っていた[124]。

こうした情勢下、同区では表5－5に示すように、政友会からは、畑弥右衛門、牧野賤男、佐藤安之助、三上

表５－５　東京５区（定数５）の選挙結果

高木正年	47,278	当	民政	前
鈴木富士弥	20,995	当	民政	前
牧野賤男	17,717	当	政友	新
斯波貞吉	15,009	当	民政	元
佐藤安之助	13,566	当	政友	新
加藤勘十	10,199	落	日労	新
畑弥右衛門	7,443	落	政友	新
秋和松五郎	3,863	落	労農	新
三上英雄	3,105	落	政友	新
小川清俊	2,711	落*	社民	新
石井満	2,415	落*	中立	前

出所：『第十六回衆議院議員総選挙一覧』（衆議院事務局、昭和３年）。
注：「落」に＊が付いているのは、供託金没収者である。

英雄の四名の公認候補が立ち、民政党からは、高木正年、鈴木富士弥、斯波貞吉の三名の公認候補が出馬した。既述のように、東京五区において、政友会は民政党より劣勢にあると見做されていただけに、政友会が民政党の公認三名を上回る四名に公認を出したことは、同党の候補者調整の不調を示していた。解散当初の新聞は、東京五区の政友会の出馬予定者について、畑弥右衛門の他に、朝倉虎治郎[125]と牧野賤男の二人の内の一人、佐藤安之助、石井満、三上英雄の三人の内の一人に公認を出すと予測し、三人の公認候補が出る予定であると観測していた。[126]しかし、政友会は四名に公認を出すことになったため、東京五区は、政友会候補による同士討ちの危険がある選挙区の一つとして注目されることになる。[127]以下、東京五区の政友会の候補者調整の内実を、実際に出馬する畑、牧野、佐藤、三上、四名の立候補届け日と公認が出た日を照らし合わせながら探ってみたい。

まず、東京五区において政友会公認が最初に出たのは、一月二七日の牧野[128]に対してであり、[129]翌二八日、彼は立候補の届け出をしている。[130]牧野は、前回の第一五回総選挙で、当該選挙区と同じ地域の東京旧十三区より出馬し次点に泣いていた。さらに、牧野は、東京旧十三区選出の石川安次郎（憲政会）の死去に伴い、実施された補欠選挙にも出馬したが、憲政会の斯波貞吉に敗れていた。[131]それだけに、彼にとって第一六回総選挙は、過去二度に亘り敗れた選挙の雪辱戦でもあった。[132]こうした従前の選挙での戦績を受け、前出の大正一五年の内務省調査は、東京五区の予想候補者として牧野の名前を挙げ、「同業者並学生間ニ相当信望アリ」としていたが、「当落不明」

との予測を下していた[133]。

前回の第一五回総選挙における牧野の得票状況を見ると、彼は、豊多摩郡より三三〇九票、荏原郡より一〇一〇票を獲得していたので[134]、豊多摩郡に軸足を置いた地盤を形成していたことがわかる。牧野に対する政友会の公認は、右に紹介したように苦杯をなめるものの従前の二回の選挙に政友会候補として出馬してきた経緯と、その中で培養されてきたであろう地盤に期待をかけ出されたものといえた。

牧野に次いで政友会の公認を得るのは畑であった。既述のように解散後の新聞紙上において、東京五区の政友会候補として確実視され名前が挙げられていた畑は[135]、解散直後の二四日には早くも立候補の届け出を行い[136]、牧野に公認が出た翌二八日には、政友会の公認を獲得していた[137]。以下、畑の立候補宣言や推薦状の内容を紹介するが、その中で強調された彼の経歴に鑑みるとき、政友会公認は、荏原郡を中心とした集票を期待し出されていたことがわかる。

大正中葉以降から昭和初頭にかけ急速な進展をみせた東京近郊の都市開発の中でも、目黒線開通とともに行われた荏原郡における宅地開発は有名であるが、畑は、その開発事業を推進した実業家の一人であった。彼を紹介する選挙文書の略歴に、「田園都市株式会社」、「目黒蒲田電鉄株式会社」、「東京横浜電鉄株式会社」、「田園興業株式会社」等の諸事業を完成に導き、「我国都市計画の鼻祖」「先駆者」と謳っていたことは、それを物語っている[138]。彼は、立候補宣言の中でも、東京郊外の諸般の施設整備が遅れていることを批判しつつ、他方において自らが十数年来、荏原郡中部から西部の各村に亘る田園都市開発を企画し約六町歩を拓いたことを強調していた[139]。したがって、荏原郡在住有志の連名による推薦状においても、政友会公認とともに「荏原新興倶楽部公認」であることが列記され、畑が、荏原郡において設備の完備した大住宅地開発を手がけたことがアピールされていた[140]。

このように畑が選挙文書の中で自負するような開発もあり、荏原郡の人口は増加し、第一節において言及したように前回選挙に比して六・五倍、約九万人の有権者増をもたらしていた。畑は、そうした有権者の取り込みに期待していたのである[141]。第一六回総選挙における畑の得票結果を見ると、彼が荏原郡より七一一八票、豊多摩郡より二〇八票と、圧倒的に前者より集票していることは[142]、これを裏付けていた。

他方、新聞は畑について、品川、大崎方面の、漆昌巖、土屋興、両君の地盤を引き継ぎ比較的優勢な地位を保っていると[143]、観測していた。ここで名前が挙がっている漆昌巖は[144]、大選挙区制時代、小選挙区制時代、該地域を地盤とする政友会の議員であった。漆は、畑の推薦者として他の荏原郡の府議二名を加えた連名の推薦状を作成し、畑への支援姿勢を明確にしていた[145]。土屋は、第一四回総選挙では旧十三区より政友会候補として出馬し当選を果たすものの、前回の第一五回総選挙では、政友本党候補として出馬し、前述した政友会候補牧野を抑え当選を果たしていた。第一五回総選挙における土屋の得票状況を見ると、荏原郡の四四二八票に対し、豊多摩郡は一五七〇票と、荏原郡を主地盤にしていたことがわかる。畑は、その荏原郡からの得票を期待され政友会の公認を得ていたが、土屋が前回選挙に際し、政友会ではなく政友本党から出馬していたことに加え、該総選挙の前に死去していたこともあり[146]、その地盤の継承は、後述するように政友会の公認候補佐藤安之助との競合もあり、右の新聞が報じるように円滑には行われず、むしろ混乱が生じていた。

以上のような状況から、当選が確実視されるほど強固な地盤を持つわけではないものの、牧野は豊多摩郡から、畑は荏原郡からの集票が期待できる候補として、政友会は早期の段階で公認を出していた[147]。これに対して、佐藤と三上の両候補に政友会の公認が出るのは、二月二日になってからである[148]。公認発表に先立ち、佐藤の立候補届け出は、一月二六日に、三上のそれは一月二九日に既に行われていた[149]。この立候補届け出と公認発表までに間があることは、政友会内での公認をめぐる調整の混乱を窺わせていたが、以下、そのことを念頭に両候補の選挙戦に考察を加えてみたい。

まず、新人の佐藤安之助は、陸軍出身であり前回総選挙では、埼玉六区より出馬するが落選している。第四章で言及したように、佐藤は、当該選挙で、政友会総裁田中義一の側近であることを有権者にアピールするとともに、田中自身も、佐藤は自分の身代わりのような感がある、との文言を盛り込んだ単独名の推薦状を書き積極的に支援していた[150]。佐藤の人物紹介を行った新聞が、「田中総裁が俺の代りと折紙をつけた佐藤君」との見出しをつけ、田中が「俺の代理だから宜しく頼む」と応援していると伝えていること等からも[151]、佐藤の政友会公認の背景には、総裁田中の強い推薦があったと考えられる[152]。そして、この佐藤は、前述の土屋の地盤の後継者として、荏原郡からの集票を目指していたのである。

しかし、荏原郡からの集票を目指す政友会候補としては、既述のように先に畑に公認が出ていたので、佐藤の出馬と彼への政友会公認は、荏原郡の票をめぐる競合と摩擦を政友会内に生んだ。両候補者が同郡の各町村から満遍なく集票している選挙結果を見る限り、両者間で地盤の調整が行われたとは考えられず、むしろ競合関係にあったことを推断できる。さらに、そうした一端は、土屋興の妻土屋久子が佐藤のために作成した推薦状からも垣間見ることができる。その推薦状の中で土屋の妻は、亡夫の衣鉢を継ぐとの名目で立候補する人がいるようだが、亡夫の遺志を継ぐのは佐藤であることを訴えていたのである[153]。既述の通り、畑は土屋の地盤を継承し選挙運動を展開しているとの新聞報道があったが、それは、土屋の妻の推薦状の内容と矛盾していた。前回総選挙で土屋が政友本党から出馬した関係から、民政党候補もその継承を訴えることができ、土屋の地盤をめぐっては、候補者間の競合と混乱が生じていたといえよう[154]。

選挙の結果、佐藤は、荏原郡より畑には及ばないものの六二四八票を獲得し、同郡への進出を相当程度成功させた。その影響から、逆に畑は、期待していた同郡からの得票を伸ばすことができず七位で落選することになる[155]。このように佐藤の出馬は、先に公認を出している畑との間に、荏原郡を中心とする競合を引き起こしていたので

図5－1

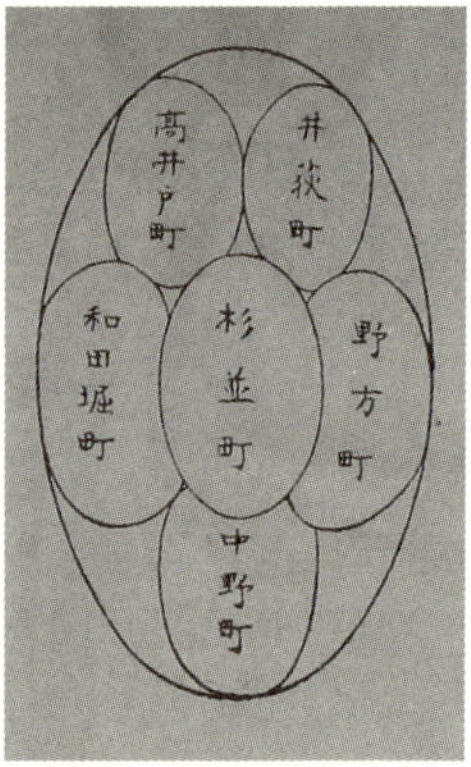

ある。

ところで、新人で陸軍出身の佐藤は、前回総選挙では埼玉より出馬していたことからもわかるように東京五区に確固たる地盤を持っていたわけではなかった。立候補宣言書の前段で、自らの出馬理由ついて、縁故と親しみの深い私の郷里である東京第五区の有権者各位より推されたためと説明しながら、その後段では、出身地とはいえ由来東奔西走に慣れて郷党各位にも余り深き御縁故もなく自然非常な苦戦であると書き[156]、該選挙区に強い地縁関係がない輸入候補に近い存在であることを自認していた。したがって、佐藤が当選を果たすためには、荏原郡だけではなく豊多摩郡からの集票も目指されたが、それは、他の政友会候補との競合を招くことになった。

最後に紹介する三上英雄は、その豊多摩郡を主地盤に出馬を目指していたため、同じ日に公認が出る佐藤との関係からも見ても、さらには、既に公認を得ていた牧野との関係からも、彼の出馬と公認については、より慎重な調整が必要であった。すなわち、政友会が、東京五区における自派の勢力を考慮し共倒れの危険を避けることを目指すならば、公認は三名に絞るべきであり、三上には出馬辞退を説得したいところであった[157]。

これらの状況を念頭に置きながら、彼の選挙運動の実態を、選挙文書を通じて考察してみたい。まず三上が、自らの居住地がある豊多摩北部の有権者を対象に、これら地域からの集票を目指す興味深い挨拶状を作成していたことに注目してみたい。そこには、図5－1に示すように東京五区の中でも、自らの地元及び周辺町の位置関係を示す図が描かれていた。すなわち、三上の立候補宣言書は、自らが居を構える杉並町を取り巻く五町、井荻、野方、中野、和田堀、高井戸の位置関係を示した図を書き入れ、これらの地域からの立候補が自分一人であることを説き、自らが唯一の地元代表であることを強調していた。この六町村の有権者合計は約三万人であるため、その支持を受ければ豊多摩の北部地域選出の代議士になることができると、該地域からの集票に期待する訴えをしていた[158]。

このように三上は[159]、東京五区の中でも豊多摩郡の杉並町出身であることから、近隣の中野、淀橋、代々幡で行われる政見発表演説会を告知する選挙ビラにおいても「当地から出た唯一の候補者」との文言を書き強調していた[160]。他方、先の図解を盛り込んだ三上の宣言書は、豊多摩郡のとりわけ北部は、競争が希薄なため他の候補者が切り込んできて最も激戦地になっていると書き[161]、自らが地元と考える地域への他候補の進出に危機感を募らせていた。しかも、既述したように「地元から出た唯一の候補者」であることを殊更強調し差別化を目指す必要は、対立政党の候補者もさることながら同一政党の他の候補者を、より強く意識したものといえた。例えば、前出の牧野については、中野町の多数の支持者の氏名が連記され、「中野町一万一千五百有余の有権者諸君は一票も残さず御投票下され」と書いた推薦状や[162]、中野、野方、井荻、高井戸、和田堀、落合の各町二〇名前後の支持者の名前を連記した推薦状も作成されていた[163]。これらは、先の三上の挨拶状で見たように彼が自らの地元として支持を期待した地域と重複する。既述の通り、牧野は、従前の選挙に際し、豊多摩郡に軸足を置いた選挙戦を展開していたので、牧野陣営から見れば、自らこそ該地域における政友会の代表との自負があったであろう。中選挙区制への移行に伴う定数拡大を契機に、自ら地盤としてきた地域へ、同一政党の新人三上が挑戦してきたことを意味した。

既述のように三上は自らの地盤と考える豊多摩郡の北部が他候補により蚕食されているとの苦況を訴え、彼の推薦文の中でも、非常な苦戦に陥りいろいろな方面より挟撃され全く当落の岐路に立つ、と危機感を募らせる文言を躍らせていたが[164]、選挙結果はそれを裏付けることになった。得票結果を見ると、政友会が三上に配慮した地盤の調整を行っていなかったことがわかる[165]。すなわち、牧野は、三上が地元として期待し図で説明していた六町より合計二二八三票を獲得したのに対し、三上は、一六二七票と下回っている。居住している杉並町だけ牧野の得票を上回ったものの、他の五町全てにおいて牧野の後塵を拝していた。さらに豊多摩郡全体で見ても、牧野の一万一五七四票に対し三上は二〇二一票と大差をつけられていた。さらに、同党の公認候補者佐藤も当該六町より合計二二一二票を獲得して三上を上回り、豊多摩郡全体で見ると、佐藤は七〇一二票を獲得し三上に大差をつけていた。

このように同一政党の候補者との競争にも晒された三上は、自らが地元として集票を期待した豊多摩北部地域からの得票を殆ど伸ばせず、九位の下位落選になった(166)。牧野は三位、佐藤は五位の最下位当選を果たすが、最下位当選の佐藤と、次点の日本労農党加藤勘十の票差は、三三六七票であった。無産政党間の選挙協定が実現していたならば、佐藤の当選が危うくなる結果であったことに照らしても(167)、該選挙区における政友会の公認調整は不調に終わり、共倒れの危険を招く乱立を防ぐことができなかったといえる。

以上のように小選挙区制から中選挙区制への移行は、競合政党との戦いだけでなく、同一政党の候補者同士の戦いを生むことになり、立候補宣言や推薦状などの文面は、そうした事態に危機感を抱く候補者の意識や対応を垣間見せていたのである。

第五節　東京六区の場合

本節では、東京六区の民政党、政友会の候補者の選挙戦に考察を加える。東京六区（定数五名）は、表5－1に示した通り、東京旧十四区（北豊島、南足立・定数二）と旧十五区（南葛飾・定数一）が、中選挙区制への移行に伴い統合されてできた選挙区であり、東京五区とは反対に、民政党より政友会の方が若干優勢と見做されていた地域である。すなわち、東京六区を構成する地域の前回総選挙における党派別得票数は、憲政会一万一五四八票、政友会一万六七二票と、憲政会の方が若干優位にあったが[168]、政友会は、中島守利、前田米蔵の有力議員を抱えていることもあり、大正一五年の内務省調査によれば、東京六区の党派別勢力状況は、憲政会三三％、政友会三六％、政友本党二％、実業同志会二％、旧革新倶楽部一％、無所属一六％、其ノ他九％と観測され、これに基づく当選者予測は、憲政会（当選確実一、当選不明二、見込ナシ一で、内、前職一)、政友会 (当選確実二、当選不明一、見込ナシ三、内、前職二）としていた[169]。東京五区の場合と同様、これ以降、政党再編があるので単純な類推は避けねばならないが、右の調査結果を参考にするならば、東京六区における政友会と民政党の勢力は、拮抗しているか、若干政友会の方が優勢であると見做され、新聞もそうした認識に立ち、選挙観測を行っていた[170]。

表5－6の選挙結果に示すように、この東京六区に民政党は、中村継男、鶴岡和文、佐藤正の三名の公認候補を立て、三名全員が当選した。政友会は、前田米蔵、中島守利、有馬浅雄、篠房輔の四名の公認候補を立て、前田、中島の二名が当選した。以下、中選挙区制への移行に伴う同一政党候補者間の競合に注目しながら、東京六区における両党の選挙戦の内実に迫ってみたい。

(1)　民政党の事例

既述のように東京六区に民政党は、中村継男、鶴岡和文、佐藤正の新人三名を公認候補として擁立した。右に示した民政党の勢力状況に鑑み、三名の公認は妥当なところであり、公認の絞り込み調整には成功したといえる。しかし、該選挙区においては、公認以外の民政党系候補二名が出馬し、結果として同党系列候補が乱立する選挙区となった。この東京六区の民政党候補者の動向を、当該選挙区においてトップ当選を果たした中村継男を中心に考察してみたい。

表5－6　東京6区（定数5）の選挙結果

中村継男	30,577	当	民政	新
前田米蔵	25,470	当	政友	前
中島守利	22,420	当	政友	前
鶴岡和文	20,024	当	民政	新
佐藤正	17,413	当	民政	新
松谷与二郎	12,438	落	日労	新
有馬浅雄	7,577	落	政友	新
南喜一	6,659	落	労農	新
為藤五郎	5,938	落	社民	新
上杉章雄	4,773	落	民政	新
猪股勲	2,680	落*	実同	新
篠房輔	2,648	落*	政友	新
横田多門	2,147	落*	日労	新
浅賀長兵衛	1,311	落*	中立	前

出所：『第十六回衆議院議員総選挙一覧』（衆議院事務局、昭和３年）。

注：上杉は、民政とされているが、本文に記す通り、彼に公認は出なかった。したがって、同一覧でも、「民政」となっているが「公認」の印は付いていない。
「落」に＊が付いているのは、供託金没収者である。

　まず、中村継男が有権者に配布した選挙文書を見ると、彼が六区の選挙区の中でも旧十四区の北豊島郡からの集票を期待して公認されていたことがわかる。そもそも第一四、一五回総選挙において、北豊島郡を含む旧十四区において、民政党の前身である憲政会の候補として出馬し連続当選を果たしていたのは、浅賀長兵衛であった。旧十四区は、定数二名の選挙区であったが、浅賀は、両総選挙において、政友会の有力候補である前田米蔵を抑え連続トップ当選を果たしていた。[171] したがって、大正一五年の内務省の調査も、憲政会からの有力候補として浅賀を挙げ、「郡内ノ旧家ニシテ名望信用共ニアリ」とし、「当選確実」との予想を出していた。[172] しかし、その後、浅賀は憲政会を脱党したので、[173] 中村が憲政会、あるいはその後身である民政党系の北豊島郡の地盤を基礎に出馬することになったのである。[174]

　このような経緯を受け、中村は東京六区[175]の民政党公認候補として出馬することになるが、右の内務省調査予測にその名前を見出すことができないように、彼は北豊島郡に居住しているものの、同郡に特段の地縁関係がある候補者ではなかった。[176] 投票懇請の葉書の中で自らを「移住者」と表現していたように、[177] 輸入候補に近い存在であったことがわかる。

こうした状況下、一月末、中村が集票を期待する北豊島郡に地縁関係の深い、民政党系の二名の候補が出馬した。既述のように民政党の公認候補は、中村以外に鶴岡和文と佐藤正がいたが、彼等は後述するように南葛飾郡を主地盤としていて、北豊島郡を主地盤とする中村と競合することは少ないと考えられていた。中村が脅威に感じたのは、その北豊島郡の票を蚕食する可能性のある、民政党系の浅賀長兵衛と上杉章雄の二人が出馬したことである。

一月三〇日、浅賀は出馬の届け出をするが、憲政会を脱党し民政党へも参加していなかったので、新聞でも中立候補と見做されていた(178)。しかし、既述のように、前々回と前回総選挙で旧十四区（北豊島、南足立）の憲政会より連続トップ当選を果たしていた前職の出馬であるだけに、中村には脅威であった。

翌三一日には、上杉が、立候補の届け出をした(179)。浅賀と異なり、上杉の立候補届け出を報じた新聞は、彼を民政党の新人と紹介している。民政党は、上杉に公認を出さなかったものの、彼が有権者に送付した「立候補之辞」の中では、民政党候補であることが明記されていた(180)。さらに上杉が、民政党党員であり、北豊島郡に含まれる板橋町の前町長であり、前東京府会議員、参事会員の経歴を有することも強調されていた(181)。

以上のように、一月末になり、中村は、自らが集票を期待する北豊島郡に地縁関係の深い二人の民政党系候補の出馬に直面し神経を尖らせることになるが、その危機感は、有権者に送付した投票懇請の葉書に表出されることになる。その文面は、冒頭、「私と境遇を同じうせらる、方々に!!!」で始まる次のような内容であった。まず、浅賀や上杉を意識し自らが北豊島郡唯一の民政党公認候補であることを強調した上で、「土地の旧家であり名望家である浅賀、上杉氏の突如たる立候補は民政系の方々である丈に政敵以外に甚大なる打撃を受けねばなりませぬ。只力と頼むは私と境遇を同じうせらるゝ此の書面を差上ぐる特別の方々であります。私は土地の門閥家に非ず、名望家に非ず、移住者であり俸給者であります。土地に情実因縁少き私は只一途に貴殿の御同情に訴ふるの外はありません。」と、[182]競合する同一政党系列候補者の具体名に言及しながら危機感を募らせる文言を盛り込み、有権者の支持を訴えていたのである。

ところで、右の文面において、冒頭「私と境遇を同じうせらる、方々に!!!」との文言を掲げ、自らを「移住者」「俸給者」と表現していたことは興味深い。そもそも、北豊島郡は、第一節で紹介したように東京五区とともに、大正中葉以降、東京の都市化の流れの中で、近郊開発が進み、急速に人口が増加している地域であった。[183]これに伴い、北豊島郡の有権者も、前回の選挙比で七・一倍になり約一一万人増になっていた。

中村の「私と境遇を同じ」にする人々に向けたアピールとは、同郡において有権者の急増をもたらしている、東京近郊の開発の中で同郡に移住してきた俸給生活者（サラリーマン）を強く意識したものであった。このように東京五区や六区のように「移住者」により人口が急増していた東京都市近郊の選挙区においては、新聞が有権者の向背は雲のように漂うと表現したように、[184]未だ組織化されていない浮動票が選挙の勝敗を左右すると考えられていた。こうした状況下、中村は、自らが北豊島郡から出る唯一の民政党公認候補であることを強調するとともに、「移住者」と表現されるような有権者を強く意識したアピールを行うことにより、地縁関係の深い民政党系候補との差別化を目指していたのである。[185]

選挙の結果、中村は北豊島郡より三万五四票を獲得し、同郡から浅賀が獲得した一一三一票、上杉の四五七九票に大差をつけることになる。中村は、自己の総得票の九八％を北豊島郡だけから獲得しトップ当選を果たしため、[186]右の葉書の文言は杞憂に終わった。彼にトップ当選をもたらした北豊島郡からの大量得票の一因として、彼が該選挙区において急増していた新有権者層の取り込みに成功したことを挙げることができるであろう。しかし同時に、選挙に際し集票マシーンとして機能していた政党組織の存在も忘れることはできないであろう。選挙前に候補者として名前さえ挙げられていなかった新人で、しかも自ら宣言するように地縁的つながりを持たぬ中村が、トップ当選を果たすことができたのは、彼が民政党公認となり、当該選挙区における政党組織を通じた支援を受けた結果でもあった[187]。それは、中村の推薦状に、北豊島郡在住の東京府議や同郡の前郡会議長、町会議員の名を見出すことができたことからも窺える[188]。

東京においては、大正中葉から昭和にかけ、下位の各種地方議会の候補者選定や調整に政党の影響力が拡大し、普選以後は、二大政党の系列化が一層加速したことが指摘されている[189]。二大政党に系列化された地方議会の各種議員と組織が、選挙に際し集票機能を果たしていたことは看過すべきではないであろう。このことは、落選した浅賀の得票結果からも傍証することができる。既述の通り浅賀は、北豊島郡を地盤として選出された有力な前職議員であった。しかし、その浅賀が、一三一一票しか獲得できず一四名の立候補者中、最下位の惨敗を喫している。このことは、浅賀のような有力な前職議員であっても、政党から離脱すると集票が困難になることを如実に示していた。大正一五年の内務省の調査では、次期総選挙で当選が確実視されていた浅賀が最下位での落選を喫し、それとは対照的に、選挙前まで出馬候補者として名前すら挙がらず地縁関係も薄い新人の中村継男がトップ当選を果たしていたのは、注目されてよいであろう。中村が「移住者」という浮動票の効果的な取り込みに成功したこともさることながら、前述したように候補者の二大政党への依存度が高くなっていく流れを念頭に置くとき、たとえ地縁関係が希薄な輸入候補であっても自党の公認として擁立した候補者をトップ当選させることができるような、政党を中心とする集票組織の構築が進行していたことを確認できる。

東京六区の民政党の残りの公認候補である佐藤正と鶴岡和文は、中村が集票を期待した地域とは異なる南葛飾郡を主地盤とし、同地域からの得票を期待していた。この南葛飾郡においては、第一節にて紹介したように前回選挙に比し、有権者は八・四倍になり、約六万人が増加している。

大正一五年の内務省の調査予測では、鶴岡については「現ニ府会議員タルモ格別信望ナシ」とし、「当落不明」とされ、佐藤については、「南葛飾ノ一部ニ信望アリ」としながらも「当落不明」と観測されていた。[190]南葛飾郡から鶴岡は、自己の得票の七六％を占める一万五三一四票を獲得し、佐藤は自己の得票の六二％を占める一万七七四票を獲得していた。また、両候補の各町村別得票状況を見ると、多くの地域において同様の集票が行われているので、両者間で調整が行われたとは考えにくく、同一政党の候補者ではあったが、南葛飾郡の票を奪い合う、競合関係にあったことがわかる。

まず、南葛飾郡において佐藤を上回る票を獲得した鶴岡の投票懇請の葉書や彼への推薦文を見ると、鶴岡が地元出身であり、父親の代から非政友系の政治活動をしてきたことを強調していたことがわかる。同郡の吾嬬町長の推薦文には、鶴岡がわが国最高の学府帝大文学部を卒業した文学士であることが紹介されつつも、冒頭、彼が南葛飾郡隅田村に生まれ、同郡亀戸町に在住であることが記されていた。さらに、彼の父英文が、非政友系の政治家として、東京府議を約一六年、亀戸町長を約三〇年に亘り務め、[191]父亡き後は、和文が亀戸町長を務めてきたことが紹介されている。[192]投票日四日前には、総裁浜口雄幸単独名による推薦葉書が作成され、そこでも鶴岡が父子二〇年に亘り、南葛飾郡において政友会の迫害に堪えてきた勇士であることが訴えられていた。[193]

このように鶴岡が、父の代から地元の反政友系の政治家として活躍してきた家系にあることを強調したのに対して、佐藤は、前回の第一五回総選挙において、南葛飾郡を選挙区とする東京旧十五区より民政党の前身である憲政会から出馬したことを強調しながら、その存在感をアピールした。すなわち、佐藤は、前回総選挙では、政友会の中島守利との事実上の一騎打ちとなり負けたため、当該総選挙を、自己の復讐戦と位置づけるとともに、第四章で紹介したように選挙の後、疲労により倒れた亡き妻の弔い合戦であると、有権者の情に訴える主張を行っていた。また、佐藤正の略歴及び推薦文の中では、彼が早稲田大学出身であり、報知新聞の記者を経て早稲田大学学長秘書となり、当時学長であった大隈重信の側近であったことが紹介されている。したがって、かかる推薦文には、早稲田出身で民政党の政治家永井柳太郎や報知新聞記者から早稲田大学の講師を経て同党の政治家となった頼母木桂吉、さらには、早稲田大学教授の杉森孝次郎を始めとする早稲田系の政治家や学者が名を連ねていた(194)。

このように、民政党は、同一地域を主地盤とし競合するにもかかわらず、鶴岡と佐藤の両名に公認を出し、鶴岡は、地縁関係が深く非政友系の政治活動歴を有する家系にあることを、佐藤は、従前の出馬歴と早稲田の学閥人脈などを、各々強調し選挙運動を展開していたのである。南葛飾郡以外に、鶴岡は南足立郡から、佐藤は北豊島郡から獲得した票の上積みにより、両候補ともに当選を果たした。しかし、鶴岡は四位、佐藤は五位の下位当選であり、必ずしも余裕のある当選とはいえなかった。例えば、最下位当選の佐藤の場合、次点の日本労農党の松谷与二郎との差は約五千票であった。したがって、東京五区の場合と同様、無産政党陣営で選挙協力が行われていたならば、例えば、労働農民党の南喜一は六六五九票、社会民衆党の為藤五郎は五九三八票を獲得しているので、どちらか一候補との協定が実現していれば、佐藤は落選する可能性が高かった。

以上のように東京六区の民政党の場合、北豊島郡を主地盤とする候補者選考については、中選挙区制の導入により生じがちであった共倒れの危険を招くような公認の乱立は回避したが、非公認の同一政党系候補の出馬は抑えることはできず、結果として乱立状態になっていた。南葛飾郡を主地盤とする候補の選考に関しては、競合する二名に公認を出し当選させることができたが、それは、東京五区の場合と同様、無産政党の選挙協定の不調によりもたらされた結果であり、必ずしも余裕のある戦いではなかった。

(2) 政友会の事例

次に、東京六区の政友会の事例について考察を加えてみたい。同区の政友会からは、前職の中島守利と前田米蔵に加え、新人の有馬浅雄と篠房輔の四名が公認候補として擁立された。

まず、政友会の各候補者の立候補届け日をみると、前田が一月二六日、中島、有馬、篠の三名が翌二七日と、四名ともほぼ同時期に出馬の意思表明を行っていた[195]。しかし、政友会の公認は、二八日に、前田、中島、有馬の三名に対して出されたが、篠については、二月九日まで先送りされていた[196]。右に指摘した該選挙区における政友会の勢力に鑑みるならば、公認候補は三名に絞るのが理想であり、篠の公認決定の遅れは、四名目に公認を出すことへの政友会の混乱と躊躇を窺わせていた。以下、このことを念頭に政友会の各候補の動向について考察を加えてみたい。

まず、前田米蔵は、大選挙区制下の大正六年の第一三回総選挙に東京郡部より出て以降、小選挙区制下の第一四、一五回総選挙では東京の旧十四区において、三期連続当選を果たしていた。小選挙区制下の両選挙では、定数二名の枠を憲政会の浅賀長兵衛と分け合っていたが[197]、第一五回総選挙における前田の得票状況を見ると、北豊島郡より五一八二票、南足立郡より一三二三票を獲得していた。両区の有権者数は、北豊島郡が、一万八六二六人に対し、南足立郡が三二七二人であったため、前者の票の動向が勝敗を決したといってよいであろう[198]。表5－1に示したように第一六回総選挙下の東京六区の有権者数は、普選導入を含む選挙制度改正と都市近郊開発に伴い、北豊島郡が一三万二四〇九人に、南足立郡が一万八八〇二人に増加していた。とりわけ北豊島郡の有権者については、既述のように前回総選挙に比し、約一一万人増で七・一倍と急増していた。

したがって、前田の場合、従前の選挙で自らが主地盤とし、大票田になっていた北豊島郡の票を固めることができれば、当選の可能性は高かった。大正一五年の内務省調査が前田について、「北豊島郡及実業界ニ信望アリ」とし「当選確実」と予測していたのも[199]、これを裏付けていた。少なからぬ前職の候補者は、小選挙区制から中選挙区制への移行による選挙区の拡大に伴い、従前の選挙区の地盤だけでなく新たな地域への進出を迫られたが、前田については必ずしもその必要はなかったといえる。

したがって、前田の選挙戦は北豊島郡に重点を置いた運動が展開されたと推断でき、それは彼の選挙文書や得票状況を通じても窺うことができた。すなわち、北豊島郡の有権者を対象に配布された前田の推薦状には、大正六年以来引き続き「本郡」が選出してきた代議士であり、「本郡」の誇りであることが強調されていた(200)。選挙の結果、前田は、北豊島郡より二万一六六六票を獲得し、それは自らの総得票の八五％を占めるとともに最下位当選者の一万七四一三票を大きく上回っていた。旧十四区を構成していた南足立郡からは三〇八二票を獲得していたが、旧十五区の南葛飾郡からは七二二票しか得票していないことから見ても、同郡への進出は殆ど行っていなかったことがわかる。

他方、政友会の新人として公認を得た有馬(201)と篠(202)は、いずれも北豊島郡選出の東京府議会議員の経歴を有するため、既述のように有権者が急増した同郡からの集票に期待し国政進出を目指したといえる(203)。このように同じ政党で、しかも北豊島郡に地盤を持つ新人二名の出馬は、前田には好ましいことではなかったが、同郡において前田は、有馬、篠に大差をつける得票をしていた(204)。すなわち、同郡より、前田は二万一六六六票を獲得したのに対し、有馬は七〇八六票、篠は二六〇七票に止まっていた。既述のように北豊島郡からの集票を期待して出馬した有馬と篠の二候補は、自党の有力な前職候補である前田を前にして、同郡からの効果的集票をできず落選したのである(205)。しかも有馬と篠の得票を合計しても、当選ラインには達していなかったので、候補者乱立による共倒れというわけでもなかった。

次に、東京六区の政友会の前職中島守利は、明治末より東京府会議員選挙に南葛飾郡より出馬し当選を重ねた後に(206)、国政進出を目指した。大正九年の第一四回総選挙で東京の旧十五区（南葛飾郡・定数一）より政友会候補として、続く第一五回総選挙でも同じく出馬し、両選挙とも憲政会候補との一騎打ちに勝ち連続当選を果たしていた。[207]

こうした府議時代からの経歴からも明らかなように、中島の地盤は南葛飾郡にあったが、[208]そのことは、彼の選挙文書からも確認できる。例えば、中島の写真入り投票懇請葉書には、彼が南葛飾郡新宿町に居を構えていることが明記され、[209]推薦状も中島が同郡からの強い支援を受けていることを示していた。すなわち、南葛飾郡の東京府会議員三名による推薦状、[210]同郡の各町村の一六名連記の推薦状、[211]同郡吾嬬町会議員二名による推薦葉書、[212]同じく吾嬬町請地の五名連記の推薦状[213]を見出すことができる。最後の推薦状は、「復興途上ニアル帝都ニ隣接セル本郡ノ今後ハ多難デアリマス、此時ニ当リマシテ本郡出身ノ中島守利氏ハ其ノ政治的手腕ト謂ヒ其ノ高潔ナル人格」と、中島が震災復興の手腕を発揮することに申分ない政治家であることを謳いながら、南葛飾郡の地元代表候補者であることを強くアピールしていた。

第一六回総選挙において中島は、南葛飾郡より一万六八四〇票、北豊島郡より二八二四票、南足立郡より二七五六票、を獲得し合計二万二四二〇票で三位当選を果した。[214]大正一五年の内務省の調査は、中島について「南葛及南足立、北豊島ノ各郡ニ亘リ相当ノ信望アリ」とし、「当選確実」の予想をしていたが、[215]選挙結果はこれを裏付けるものであった。

このように自己の得票の七五％を南葛飾郡から獲得していた中島は、同郡を主地盤としていたが、前田とは異なり前回の選挙区からの得票だけで当選ラインに達することは困難であることが予想されていた。第一六回総選挙に際しての東京六区を構成する各郡の有権者数は、旧十五区の南葛飾の七万四三四人に対し、既述のように北豊島は一三万二四〇九人、南足立は一万八八〇二人であった。こうした有権者数の規模に鑑み、中島が当選を確実なものとするためには南葛飾郡以外からの、すなわち前回選挙では他の選挙区であった旧十四区からの集票を目指す必要があった。これは、彼の南葛飾郡からの得票だけでは、最下位当選者のラインである一万七四一三票には、わずかではあるが届いていないことからも明らかであった。先の内務省調査が、南葛飾だけでなく、南足立、北豊島にも信望ありと観測していたように、当選のためには旧十四区であった後者の両郡からの票の上積みが期待されていたのである。

得票状況を見ると、前田は、既述の通り北豊島郡から、中島は、南葛飾郡と北豊島郡の一部から集票していた。南足立郡については、各村別得票状況を見ると、両者ともほぼ同様に票が出ていることから、両者の間に協定などはなく競合していたと考えられる。[216]

これらの結果は、既述の前職前田が選挙区としてきた旧十四区への中島の進出を意味し、一部地域において競合が生じていたと考えられる。もっとも、中島は、旧十四区のうち、南足立郡から二七五六票を獲得するものの、大票田である北豊島郡からは二八二四票しか獲得していなかった。その進出は南葛飾郡に隣接する一部の地域に限られ[217]、前田の当選を脅かすほど露骨なものではなかったといえる。むしろ、既述のように前田が、中島の地盤である南葛飾郡から殆ど得票していない事実に照らしてみると、東京六区においては、元々主地盤の異なる前職の有力二候補者の間における激しい競合は生じず、集票地域の住み分けを基礎にした調整が行われていたことを窺わせていた。

ところで、中島の推薦状[218]には、その推薦理由として、政友会公認というだけでなくその人格と手腕を信頼できる旨が記されているものや、新人もとより結構だが経験ある人もこの際必要との文言を見出すことができ[219]、他の新人候補の進出に神経を尖らせていたことがわかる。前者の文言からは、他の政友会候補者との差別化の意図を読み解くことができるが、同党の新人有馬の南葛飾郡における得票は二二六票であり、同じく新人篠の得票は四票と全く得票できていない[220]。したがって、後者の文言にも表出している新人候補への警戒は、自党の新人候補よりも南葛飾郡への進出を試みる、先述した民政党候補の新人鶴岡和文と佐藤正に向けられたものと考えられる。

とりわけ中島と佐藤は、小選挙区制下の第一五回総選挙では、旧十五区（南葛飾郡）において、政友会と憲政会の候補者として事実上の一騎打ちになり、中島が四一六七票を獲得し、佐藤の三四四〇票を抑え当選を果たしていたので、佐藤への対抗心は強かったと推断される[221]。他方、佐藤からみれば、東京六区の政友会前職の中島は大きな壁となっていたのである[222]。

しかし、この東京六区の民政党佐藤正の場合は、第二節で論及した政友会の立川の場合と同様、小選挙区制から中選挙区制への移行が、彼の当選の可能性を高めることになった。すなわち、佐藤正は、前回選挙同様に小選挙区制が継続されていたら中島を圧する必要があり、それは当選への非常に困難な途を佐藤に強いることになったであろう。実際、第一六回総選挙では、旧選挙区の南葛飾郡より、既述のように政友会の中島守利は、一万六八四〇票を獲得したのに対し、佐藤のそれは、一万七七四票と下回っていた[223]。確かに、先述したように、中選挙区制への移行により佐藤は、同一政党から鶴岡という主地盤を同じにする候補の出馬に直面し同郡の票を奪われた影響もあるため、右の佐藤の得票をそのまま中島の票と比較することには慎重さが必要であろう。しかし、小選挙区制が継続していたならば、佐藤は同郡で有力な地盤を有する政友会の中島との直接対決を迫られることになったが、中選挙区制への移行に伴い、中島との票差が佐藤の勝敗に直結することが回避されたことだけは事実である。

以上のように、東京六区の政友会候補に関しては、有力な前職二名が小選挙区制時代の強固な地盤をそのまま維持しながら、しかも旧選挙区との関係から両者間の激しい競合をせずとも当選の途が開けていた選挙区といえた。その結果、同じ政党の新人公認候補は、彼等の地盤に殆ど食い込むことが困難で落選していたのである。

結　語

以上、本章では、小選挙区制から中選挙区制への移行が第一六回総選挙の選挙戦に及ぼした影響に注目し考察を加えた。中選挙区制の導入は、各選挙区の定数増加と選挙運動地域の拡大をもたらしたが、その変化は、有権者の規模や対立政党との関係から、候補者に不利に働き落選に導いた場合と、それとは逆に有利に働き当選に導いた場合があり、選挙結果の明暗を分けていた。

該総選挙は、かかる選挙区制の改正以外に、納税資格の撤廃、第七章で論及するような政党の統合が行われて以降、初の総選挙であったため変動要因が多く、それだけ候補者の出馬圧力は強く、政党の公認調整は混乱と困難を極め円滑には進まなかった。結果として、非公認の候補者を含め同一政党候補者間で共倒れの危険性のある選挙区が多く生じることになった。本章で考察を加えた東京の選挙区も、その例外ではなかったことを、各候補者の地盤と、立候補の届け出から公認決定までの経緯を照らし合わせることにより検証した。

さらに、中選挙区制の導入により従前より選挙運動対象地域が拡大したため、少なからぬ候補者は、従前とは異なる新たな地域の地盤開拓を目指す必要があったが、それは他の候補者との摩擦を生み、競合政党だけでなく、同一政党候補者間の競合を加速させる事態を生んでいた。立候補宣言や挨拶状、推薦状の内容分析により、候補者が期待する主力集票地域の重複や、競合する候補者名を挙げての危機意識の表出などを通じて、そのことを明らかにした。さらに、各候補者は、競合政党だけでなく同一政党の他の候補者との差別化を目指す必要から、地縁関係やその関連の政治活動歴を強調し、あるいは事業、法曹、陸軍、大学等、自らの経歴との関連から派生する独自の訴えをしていた。その内容からは、選挙区の地域特性や、候補者が支持を期待する有権者層を読み解くことができた。とりわけ興味深かったのは、本章で取り上げた東京五区と六区が、いずれも東京の都市化に伴う近郊開発による人口急増地域であったため、そうした有権者層を意識した訴えが行われていたことや、既成政党候補者でありながらも納税制限資格撤廃に伴い生まれた新有権者の取り込みを目指す文言も盛り込まれていたことである。

他方、本章で考察対象とした選挙区の同一政党の候補者間では、競合から生じる摩擦をできる限り回避するため、集票地域の住み分けや票の譲渡をも含む地盤の調整等を行う動きも垣間見ることができた。確かに、第一六回総選挙は中選挙区制へ移行し初めての選挙であり、普選の導入による有権者の拡大と政党の再編という要因も加わったため、かかる動きは未だ模索と混乱の中で行われたといってよいであろう。しかし、選挙区が拡大する中、同一政党の候補者による共倒れを防ぎ、自党から効果的に多くの当選者を出すためには、そうした調整がより一層重要になっていくことを各政党に認識させる選挙でもあった。

当該総選挙では府市から郡区まで、各議会の議員名の推薦状が多く作成されていたが、これらは選挙に際しての中央から地方の各レベルの議会への系列化を物語るものであり、政友会と民政党（憲政会）の二大政党による色分けが地方議会レベルでも進んでいたこと[224]を勘案すれば、選挙に際して政党の組織の役割が次第に増大していったと推断できる[225]。政党を離脱した候補者が惨敗したのとは対照的に、地縁関係の薄い輸入候補者が、政党の公認候補として出馬し上位当選を果たしていた事例からは、選挙に際し機能する二大政党の集票マシーンの構築が進みつつあることを確認できた。小選挙区制から中選挙区制への移行は、従前の選挙区を横断する地盤の調整を必要不可欠にしたが、その役割は地方議会にまで裾野を広げ系列化を進行させていた政党、とりわけ二大政党の組織が担うことになった。**表5－2**に示したように全候補者の中で両政党候補者の占める割合が増加したことからも明らかなように、選挙を重ねるごとにかかる両政党の比重は高まり、各地方の各レベルの政党組織の拡充が促進されたといえよう。

それは、続く二回の総選挙を経るまでの期間、わが国に現出した二大政党制を支え、さらに、五・一五事件により政党政治は崩壊するものの、議会においては依然として二大政党の優位を継続させた、基盤として位置づけることができるであろう。大正末から昭和初頭にかけてわが国においては、興味深いことに小選挙区制ではなく中選挙区制へ選挙制度が変更される中で二大政党政治が確立し、五・一五事件による政党内閣崩壊後も議会におけるかかる二大政党優位の構図が大きく変わることがなかったが、その理由を解き明かす糸口として本章の考察を提供しておきたい。

（1）普選法（第百四十条）は、「議員候補者又は推薦届出者は勅令の定むる所に依り其の選挙区内に在る選挙人に対し選挙運動の為にする通常郵便物を選挙人一人に付一通を限り無料を以て差出すことを得」と定め、候補者は推薦状一回を無料で送付することができるようになった（前掲『選挙法百年史』）。普選法下の選挙運動費に関し、内務省の前回総選挙の調査を元に選挙運動費一万円の予算を組むと、集会費五百円、選挙事務所費二千百円、選挙運動費三千四百円、印刷物費千三百円、その他二千七百円になることが予測されていた。普選法下では、選挙事務所数と選挙運動員数が制限されたため、その費用を多額に見積る必要はないが、有権者が激増したので選挙文書の印刷費が、最多額になることが予想されていた（前掲・坂本『選挙運動新戦術』、六六〜七頁）。

また、選挙後に新日本同盟が普選を総括した前出の調査報告書は、立候補宣言や推薦状の発送について、一回に少なくとも二千円以上を要し、これに印刷費、筆耕料を加算すると、かなりの額に達するので、無料扱いの一回だけで済ました人が多かったとしながら、文書送付にかかる経費を、以下のように詳細に解説していた。すなわち、一選挙区平均約十万の有権者に対し、全部へは発送せぬとしても約五万の有権者に発送する。一回目の郵税無料の宣言書だけでも封筒一枚につき三厘として、その代金、百五十円、宣言書印刷費及び紙代共二銭として千円、封筒書き日当三円として一日十五人、一週間として三百十五円、合計千四百五十円、二回目からは郵税千円が加わり、二度の文書戦で四千九百円と算出していた（前掲『普選第一次の総選挙経過』）。新日本同盟に関しては、第一章の注（49）を参照のこと。

（2）牧野賤男の立候補挨拶状の末尾には、「二〇万の有権者全てに送ることはできないので、従来の知り合いにのみに送るが、そのことを吹聴し、全ての有権者に送らないことを、無礼でも怠慢でもないことを諒解してほしい」との弁明の一節を見出すことができる（C－26－1）。また、高木正年の立候補宣言の後段にも次のような弁明の言葉が書き込まれていた。「私は資力もなく実力もない事は当区の方々の熟知せらるゝ事でありますからこの書状の如きも僅かに一回の配布をなすに止り、其他は再び配布する事は不可能であります。ポスターの如きも之を添付する事は実力の許さない事であります。故にたとへ今後音信の絶ゆる事があつても飽迄当選を希望してゐる事と御承知願ひたい」と弁明していた（C－53－1）。

（3）紋切り型の推薦状については、岡本一平の風刺漫画も「推薦状紋切形」と題し取り上げ、その説明には「ご歴々の名前を連ねた候補者の推薦状なるものが、その文句は大概定まって居る、志操堅実、人格高潔、国政を担ふに足りる人物である相だ。いくら美辞麗句でもかうおそろひに使はれては刺戟が薄らぐ」と揶揄されていた（「普選漫画」『東京朝日新聞』昭和三年二月九日付夕刊）。

（4）「本田義成の推薦状」C－7－1。

（5）小川平吉は鉄道相、中橋徳五郎は商工相、三土忠造は大蔵相、山本悌二郎は農林相、望月圭介は逓信相、水野錬太郎は文部相であった。

（6）「中村愛作の推薦状」C－10－2。

（7）「畑弥右衛門の推薦状」C－19－2。畑については、第四節において改めて論及する。

（8）「佐藤安之助の推薦状」C－21－1。

（9）「牧野賤男の推薦状」C－26－2。

（10）「中島守利の推薦状」C－30－2。

（11）「三木武吉の推薦状」C－44－1。

（12）民政党創立時の顧問は、若槻、床次、山本、武富である。片岡直温と江木翼は、民政党の前身である憲政会を与党とした内閣の時の閣僚であった。

（13）「桜内辰郎の推薦状」C－46－1。桜内の推薦状には、浜口（民政党総裁、前内務大蔵大臣）、若槻（前総理大臣）、床次（前内務大臣）、山本（前大蔵農商務大臣）、武富（前逓信大蔵大臣）の名前が前職の大臣の肩書付きで並んでいた。桜内は、東京一区より出馬し五位当選を果たす。

（14）「小滝辰雄の推薦状」C－49－5。小滝の推薦状には、浜口、若槻、床次の名前が大書され、党の顧問、幹事長、総務の他、東京支部長の高木正年以下、東京支部として三木武吉や横山勝太郎など、東京選出の代議士の名前が並んでいた。

(15) 東京六区の二二万を超える有権者は、全国で最大であった。因みに、最少は、佐賀一区の六万であった（前掲『普選講座』、一六頁）。
(16) 深川区の人口は、関東大震災で大きな被害を受けたため、大正九年の一八・一万人から大正一四年には一六万人と減少し、昭和五年においても一七・七万人と、大正九年時までに回復していなかった（『昭和五年国勢調査報告・第四巻・府県編・東京府』内閣統計局、昭和八年）。したがって、深川区の有権者増は、納税制限資格撤廃に起因していた。
(17) 北豊島郡は、大正九年の三八万人から、大正一四年の六六・五万人、昭和五年の八五・八万人へ、荏原郡も、大正九年の二五・四万人から、大正一四年の五二・六万人、昭和五年の七九・九万人へと急増していた（同右）。
(18) 南葛飾郡の人口は、大正九年の二〇・五万人から大正一四年の三四・七万人、昭和五年の四八万人に増加しているが（同右）、有権者の伸びはそれを大きく上回っているので、納税制限資格撤廃の影響も看過できない。
(19)『東京日日新聞』昭和三年二月一四日付夕刊。
(20) 普選実現に伴い無産政党結成の動きが活発化し、多くの無産政党候補が出馬したのは、その典型であろう。
(21)『東京日日新聞』昭和三年一月二五日。
(22) 同右。
(23)『東京朝日新聞』昭和三年一月二三日。
(24)『東京朝日新聞』昭和三年一月三一日。政友会では、公認候補者は最大でも四百名を超えぬように努め、なるべく三百五、六十名に絞り込む方針であることも報じられていた（同上）。
(25) 政党の選挙資金と公認料に関しては、次のような観測がなされていた。すなわち、政党本部から支出された総選挙の運動費の合計は九百万円内外といわれ、政友会が約五百万（あるいは七百万）、民政党が三百万（あるいは四百万）、実業同志会が四〇万内外、政党本部から支出する公認料は、候補者の信用度によって異なるが、政友会は最高五万円、最低一万円、民政党は、最高二万円、最低七千円で、いずれも二回から三回に分けて渡されたようである。革新党、無産政党に公認料はなかった。なお、候補者によっては、本部から公認料を収受するだけでなく、従属系統の幹部の懐からも、五千円、一万円と集める者もあり、甚だしきは、反対党からも受け当選後物議を起こす者もいた、とする（前掲『普選第一次の総選挙経過』）。
(26)『東京朝日新聞』昭和三年二月六日。
(27) 当初、政友会は、二月五日頃までに全公認候補者を決定する予定であったが、五日になっても、調整の遅れから全公認候補を発表することができなかった（『東京朝日新聞』昭和三年二月六日）。

(28) 『東京日日新聞』昭和三年二月一四日。
(29) 『近代日本政治史必携』岩波書店、一九六一年。以下、総選挙ごとの立候補者総数や政党別候補者数等は、本書によった。第一五回総選挙までは、立候補届け出制ではなかったため、泡沫候補をどこまで数えるかにより数字は異なる。例えば、当時の新聞では、候補者総数を、第一四回、八七五名、第一五回、一〇五七名（『東京朝日新聞』昭和三年二月一四日付夕刊）と報じる場合もあった。小選挙区制下であるにもかかわらず、第一五回総選挙に際し、候補者総数が多いのは、清浦内閣への支持をめぐり政友会が政友本党に分裂した影響によるものである。
(30) 前出の新日本同盟の調査報告書の中でも、供託金二千円の制限があったにもかかわらず各派とも候補者乱立傾向が著しく、殊に政友、民政両党は、党内に各種の権力系統が分流する為、同一選挙区内において、地盤、獲得能力を無視した候補乱立があり、その著しい府県として、東京、大阪、新潟、愛知、広島、福岡、鹿児島が挙げられていた（前掲『普選第一次の総選挙経過』）。また、従前の総選挙では、無競争区が少なからず生まれていたのに対し、第一回普選に際しては、それがなかったことが注目されていた（『東京朝日新聞』昭和三年二月一三日）。こうした事実にも、候補者の出馬意欲の高さを見出すことができる。
(31) 『東京朝日新聞』昭和三年二月一三日。
(32) 『東京朝日新聞』昭和三年二月一一日付夕刊。本章注（30）参照。
(33) 大正一四年六月一日、革新倶楽部と中正倶楽部は、政友会と合同することになるが、これに参加しなかった議員により結成された院内会派が新正倶楽部である（前掲『議会制度百年史・院内会派編・衆議院の部』）。
(34) 「改正法ニ依ル第一回総選挙予想調査（大正一五年内務省警保局刊）」（『昭和初期政党政治関係資料・第一巻』不二出版、一九八八年）。以下、「内務省第一回総選挙調査」と略す。
(35) 一月二七日に決定した民政党の第一回の公認候補者四六名の中に、東京一区で同党より出馬した四名全てが含まれていた（『読売新聞』昭和三年一月二八日）。
(36) 『東京朝日新聞』昭和三年一月二八日。
(37) 『読売新聞』昭和三年一月二八日。
(38) 本田は、解散直後の新聞においても一区より政友会から出ること確実な候補として挙げられていた（『東京朝日新聞』昭和三年一月二二日）。
(39) 本田は、大正八年九月の東京府会議員選挙に四谷区から選出された（任期途中で辞職）（『東京府史・府会篇・第一巻』東京府、昭和四年）。また、大正一一年六月の東京市会議員選挙に四谷（一級）から、同一五年六月には、四谷（二級）より出て当選していた（櫻井良樹「制限選挙期における東京市会議員総選挙の結果について」『麗澤大学論叢』九号、一九九八年）。
(40) 本田義成の立候補挨拶状には、自らの肩書として「前代議士、東京市会議員、四谷区会議長」を明記していた（C－6－2）。
(41) 大正一四年六月一日に政友会への会派変更を行っている（前掲『議会制度百年史・院内会派編・衆議院の部』）。
(42) 選挙戦中盤に新聞が本田を紹介する際も、市会や区会に活躍を続けている事は誰も知るところ、元四谷区長佐藤三吾が選挙事務長となって抜け目なく、今度も充分の勝算はあることだろう、しかも政友会の公認候補、吾党天下の余勢は更に君をして活躍させている、と当選の可能性が高い候補者として報じていた（「普選を行く新旧人（一六）」『読売新聞』昭和三年二月七日）。東京一区は、三木武吉、横山勝太郎の両者先頭を切り、本田がこれに続くとし、選挙を優勢に進めていると観測されていた（『東京日日新聞』昭和三年二月七日付夕刊）。
(43) 『第十五回衆議院議員総選挙一覧』衆議院事務局、大正一五年。
(44) 東京一区の有権者一〇万一〇五四人の中で、四谷区のそれは一万三八二八人であった（『第十六回衆議院議員総選挙一覧』衆議院事務局、昭和三年）。
(45) 前掲「内務省第一回総選挙調査」。
(46) 「本田義成の推薦状（無党倶楽部同人）」C－7－2。
(47) 『東京朝日新聞』昭和三年二月一二日付夕刊。
(48) 投票日の新聞の中には、四谷と麹町で瀬川と対立している本田は、未だ楽観を許さず、赤坂、麻布、芝に進出し地盤の開拓に懸命であり、殊に芝区内の人気が頗る加わっていると観測するものもあった（『読売新聞』昭和三年二月二〇日）。
(49) 『東京日日新聞』『読売新聞』昭和三年二月二一日。また、投票日当日の新聞には、各政党が予想する当選確実の候補者名一覧が掲載されていたが、東京一区については民政党の横山、三木、政友会の本田の名前が挙げられていた（『読売新聞』昭和三年二月二〇日）。
(50) 三木は、牛込区（総一万八〇四五票）より六六一五票（得票率三七％）を獲得していた（前掲『第十六回衆議院議員総選挙一覧』）。なお、本田が牛込で獲得した票は、四谷において競合した民政党の瀬川の六〇四票をも下回っていた。そもそも牛込地区は、民政党の三木の地盤であり、後述するように同一選挙区であるにもかかわらず三木の支援を受けていた瀬川からすれば、牛込区への選挙運動は自制されていたはずである。それにもかかわらず、牛込において本田は、かかる瀬川の票さえ超えることができないほどの惨敗を喫していた。
(51) 立川は、一月二七日に立候補の届け出をし(『東京朝日新聞』昭和三年一月二八日)、公認が決定したのは、二月四日であり(『読売新聞』昭和三年二月五日)、同選挙区の四名の公認候補中、三番目の決定であった。
(52) 明治一七年四月生まれの立川は、第七高等学校、東京帝国大学法科卒、文官高等試験に合格し警視庁警視に任じられる。大正一一年牛込区会議員に当選し、同一五年六月実施の東京市会議員選挙には、牛込区(二級)より出て当選していた。立川の推薦状には、牛込選出の東京府会議員飯塚友一郎と、東京市会議員の佐々木藤一郎、山本繁吉が名前を連ねていた(「立川太郎の推薦状」C-9-1)。飯塚は、大正一一年六月の東京市会議員選挙に牛込区(一級)より出たが落選、同一三年六月の東京府会議員選挙には牛込区より出て当選していた。佐々木は、大正七年六月の東京市会議員に牛込区(二級)より出て当選し、山本は同一五年六月の牛込区(一級)より出て当選していた(前掲・櫻井「制限選挙期における東京市会議員総選挙の結果について」、前掲『東京府史・府会篇・第一巻』、櫻井良樹「戦前期東京府における府議会議員総選挙の結果について」『麗澤大学論叢』七号、一九九六年)。
(53) 『第十四回衆議院議員総選挙一覧』衆議院事務局、大正一三年、前掲『第十五回衆議院議員総選挙一覧』。
(54) 前掲「内務省第一回総選挙調査」。
(55) 「立川太郎の推薦状」C-9-1。牛込自治会には、名誉会長・小笠原長幹(貴族院議員)、会長・高橋琢也(貴族院議員)、理事長・春見晃、牛込自治会議員会には、前出の飯塚、佐々木、山本を始め、牛込区会議員が名を連ねていた。
(56) 「立川太郎の推薦状」C-9-2。
(57) 「立川太郎の推薦状」C-9-3。
(58) 前掲『第十六回衆議院議員総選挙一覧』。
(59) 『読売新聞』昭和三年一月二八日。大正一五年の内務省の選挙予測の次期候補者リストでも、中村の名前は挙げられていない(前掲「内務省第一回総選挙調査」)。
(60) 『東京朝日新聞』昭和三年二月一日。
(61) 『読売新聞』昭和三年二月九日。既述のように、前掲『第十六回衆議院議員総選挙一覧』において、中村は中立候補とされていたが、中村の選挙ポスターには、「政友会公認候補」であることが明記され(A-31-1、A-32-1、A-33-1)、新聞も、中村の政友会の公認決定を報じ、投票日直前に新聞に掲載された東京における政友会の公認候補一覧の広告でも、顔写真入りで中村は紹介されていた(『東京朝日新聞』昭和三年二月一九日)。

(62)『東京朝日新聞』昭和三年一月二五日。

(63)『東京朝日新聞』昭和三年二月一日。

(64)『読売新聞』昭和三年一月二八、二九日、二月五日。

(65)川手は、八位で落選するが、彼の各区の得票状況は、麹町二〇〇票、芝二一二六票、麻布四〇五票、赤坂二四九票、四谷一二八票、牛込一九七票であり、芝区から比較的多くを集票していた（前掲『第十六回衆議院議員総選挙一覧』）。彼の選挙用名刺にも、芝区愛宕山下の住所が明記されていた（C－5－2）。大正一五年の内務省の調査予測では、川手の名前を見出すことはできない（前掲「内務省第一回総選挙調査」）。

(66)解散直後の新聞では、東京一区は本田と立川が公認確実と見られ、川手、中村の中から一名が公認の予定、と予測されていた（『東京日日新聞』昭和三年一月二三日）。

(67)中村の選挙ビラの中では、大平民福沢（諭吉）の愛孫であることや（B－5－3）、図5－2に示すように慶早戦の応援の様子を描くなどして（B－5－4）、慶應人脈が強調されていた。したがって、彼の推薦状には、四谷区在住の犬養毅単独のもの（C－11－1、C－12－2）の他に、犬養毅、井上角五郎、石河幹明、波多野承五郎、林毅陸、堀切善兵衛、門野幾之進、門野重九郎、藤山雷太、藤原銀治郎、朝吹常吉、北里柴三郎、木村清四郎、菊池武徳と、選挙区在住の慶應関係の政財界、学界等の著名人連名の推薦状も作成されていた（C－11－2）。

(68)「中村愛作の推薦状（立憲政友牛込倶楽部）」C－12－1。

(69)粕谷は、明治三一年の第五回総選挙で初当選して以来、埼玉に強固な地盤を築き、自由党、政友会候補として第一六回総選挙まで当選一〇回を重ねる重鎮代議士であった（『議会制度百年史・衆議院議員名鑑』大蔵省印刷局、平成二年）。

(70)副会長に福田市太郎、幹事長に武藤信次、貴族院議員の齊藤安雄の他、前代議士としては、竹内友治郎、中村巍、堀切善兵衛、田辺七六、井上虎治、加藤知正、元代議士として江嶋巌、石川淳の名が並んでいた（「中村愛作の推薦状」C－12－1）。

(71)『東京朝日新聞』昭和三年二月一二日付夕刊。前出の慶早戦を模した中村の選挙ビラ（図5－2）の中で、応援をする人々には、「アザブ」、「赤坂」、「四谷」、「麹町」の文字が見え、牛込周辺地域への進出も目指していたことが確認できる。

図5－2　（→口絵）

(72) 前掲『第十六回衆議院議員総選挙一覧』。

(73) 東京三区(京橋区、日本橋区、浅草区・定数四)に政友会より出馬し三位当選を果たした伊藤仁太郎の場合も、中選挙区制への移行が彼の選挙戦に対し有利な働きをした事例として指摘できるであろう。伊藤の選挙ビラに「制限選挙に破れても普選で勝たせませう」との文言を見ることができるように(B-6-3)、彼は、制限選挙下の第一一回総選挙から前回の第一五回総選挙まで五回連続出馬しいずれも落選していた。とりわけ小選挙区制導入後の第一四、一五回の総選挙では、浅草区を選挙区とする東京旧七区(定数二名)において、国民党、革新倶楽部から出馬するも、いずれも頼母木桂吉と安藤正純を前にして次点に泣いていた。しかし、中選挙区制に移行したため、浅草区は、日本橋区と京橋区を加え、定数四名の東京第三区に含まれることになり、それは伊藤の当選への途を広げることになった。すなわち、第一六回総選挙の得票結果を見ると、伊藤の浅草区からの票(七一七五票)は、従前同様に頼母木(一万三八七〇票)、安藤(七六二三票)のそれを下回っていたため(前掲『第十六回衆議院議員総選挙一覧』)、小選挙区制のままであったら落選していた可能性が高い。しかし、伊藤は、浅草区が、他の二区に比し大票田であったため票の絶対数が多いことに加え(有権者数は、京橋区二万二五四二人、日本橋区一万八一九〇人、浅草区四万五〇〇七人)、日本橋区からの集票にも成功し(一一八九票)、最下位当選の安藤(八七五〇票)を上回る票を獲得し(九四二三票)三位当選を果たすことができた。

(74) 「瀬川光行の推薦状(三木武吉)」C-47-1。各党の公認が出そろう二月初旬、三木が瀬川の支援をしていること自体について、「瀬川光行氏は三木おん大を介添として是が非でも当選せねばと力んでゐる」と、新聞紙上で観測されていた(『読売新聞』昭和三年二月六日)。

(75) 『東京日日新聞』昭和三年二月一九日。

(76) 瀬川は、大正一一年の東京市会議員選挙では、四谷(二級)より、一三年の選挙でも、四谷(二級)より出て当選を果たしていたように(前掲・櫻井「制限選挙期における東京市会議員総選挙の結果について」)、東京旧一区を構成していた四谷区に強い地盤を有していた。

(77) 本田の得票が二〇四六票であったのに対し、憲政会の久保三友が一七六九票、同じく憲政会の瀬川が一六七七票であったため、瀬川の落選は、憲政会の候補者調整の失敗に伴う同士討ちの結果であった(前掲『第十五回衆議院議員総選挙一覧』)。

(78) 前掲「内務省第一回総選挙調査」。

(79) 第一六回総選挙に際し、三木は、牛込区より六六一五票、芝区より一〇八六票、麻布区より一〇九七票を獲得し(前掲『第十六回衆議院議員総選挙一覧』)、この三区の得票合計が自己の得票九一一四票の内、九七%を占めていることから、彼の要請はほぼ遵守されたといってよい。

(80)　前掲『第十六回衆議院議員総選挙一覧』。

(81)　「普選の代議士初見参(四)」『東京日日新聞』昭和三年二月二九日付夕刊。

(82)　『東京日日新聞』昭和三年二月二三日。既述のように瀬川と本田は、大正一一年の東京市会議員選挙より四谷区から出馬し（瀬川は二級、本田は一級）、大正一五年の選挙では、ともに四谷区（二級・定数二名）から出馬し争っていた。両者とも当選するが、本田が一位（一五六二票）で、瀬川は二位（一三四八票）であった（前掲・櫻井「制限選挙期における東京市会議員総選挙の結果について」）。

(83)　前掲『第十六回衆議院議員総選挙一覧』。

(84)　明治以来府市議選で牛込区は、鳩山和夫の地盤であったが、次第にその地盤は緩み、大正四年の総選挙前後より、鳩山一郎を応援する公正会に対抗し、三木が台頭し彼が指導する公民会が勢力を伸ばしていた（櫻井良樹「日露戦争前後における東京市の政治状況」櫻井良樹編『地域政治と近代日本─関東各府県における歴史的展開─』日本経済評論社、一九九八年）。

(85)　前掲「内務省第一回総選挙調査」。この調査にあるように、三木はもともと四谷の一部にも支持層を持っていたが、これを瀬川に譲ったことになる。新聞は、芝の横山とともに、牛込の三木は、永年の顔なじみと固い地盤が動かず、両人がもっとも形勢有利と観測する一方、三木は瀬川とともに赤坂の民政票を争っている（『東京朝日新聞』昭和二年二月一二日付夕刊）として、ここでは三木が瀬川のために該地域における民政票を譲っていることには言及されていない。

(86)　三木については、芝区選出の若林成昭と藤原久人の二名の市会議員連名による推薦状が作成され、彼が芝区からの集票を目指していたことを裏付けていた（C-44-2）。若林は、明治四五年、大正三年、七年の東京市会議員選挙の芝区（二級）から、一一年、一五年では芝区（一級）から当選し、藤原は大正一五年の芝区（二級）より当選を果たしていた（前掲・櫻井「制限選挙期における東京市会議員総選挙の結果について」）。

(87)　小選挙区制下に旧三区を構成した芝区は、民政党の有力者横山勝太郎が地盤を置く地域であった。横山は、第一四、一五回総選挙ともに東京旧三区（芝区）の憲政会候補として出馬し当選を果たし、一六回でも自己の票の七割余を芝区より獲得しトップ当選を果たしていた（前掲『第十六回衆議院議員総選挙一覧』）。こうした芝区における横山の強固な地盤に関しては、政党組織というより彼の個人的後援組織の色彩が強かった（櫻井良樹「一九二〇年代東京市における地域政治構造の変容」前掲『帝都東京の近代政治史』）。当然のことながら三木の芝区への進出は、横山との競合を招くことになるため、両者の間で何らかの調整が行われた可能性があるが、その点については定かではなく今後の検討課題である。

(88)　前掲『第十六回衆議院議員総選挙一覧』において古島は、政友会候補と見做されているが、公認にはなっていない。古島については、第七章で改めて論及する。
(89)　中島弥団次は、推薦状の中で、中原徳太郎の後継者であることを強調していた（「中島弥団次本郷選挙委員推薦状」C－48－3）。中原は、小選挙区制下、東京旧九区（本郷）より第一四回総選挙に出馬し落選するが、その後補欠選挙で当選し、第一五回総選挙では憲政会より出馬し当選した。その中原が、昭和二年一一月一七日に死去したため、中島は、その地盤継承者であることを有権者に訴えながら出馬したのである。中原の妻により、中島が中原の正統な後継者であることを綴った肉筆複写の葉書も作成され配布された（C－49－2）。中島は新人ながらトップ当選を果たすが、本郷区から自己の票の半数近くを集票しているので、上記の地盤の継承は、円滑に行われたと考えられる。中島については、彼のポスター（図4－6）とともに第四章においても論及している。
(90)　国政に進出する前の矢野は、大正四年九月の東京府議会議員選挙で、下谷区（定数四名）から、同志会系候補として出馬し最下位当選、大正八年九月の選挙では、無所属で出てトップ当選を果たしていた（前掲・櫻井「戦前期東京府における府議会議員総選挙の結果について」）。
(91)　矢野は、大正三年六月の東京市会議員選挙では下谷区（三級）で当選、続く同七年六月と同一一年六月の選挙では、いずれも下谷区（一級）から出馬し落選するが、同一五年六月の選挙では当選していた（前掲・櫻井「制限選挙期における東京市会議員総選挙の結果について」）。
(92)　第一六回総選挙の政友会候補になる牧野賤男も、東京府議会議員選挙に定数四名の下谷区より出馬し当選している。大正四年の府議選では、牧野が二位で矢野は四位、大正八年は矢野が一位で牧野は四位であった（前掲『東京府史・府会篇・第一巻』）。牧野が東京二区ではなく、東京五区より出馬する経緯については、第四節で言及する。
(93)　前掲『第十五回衆議院議員総選挙一覧』。
(94)　矢野は、東京府議会議長に大正一三年二月から五月まで就任していた（前掲『東京府史・府会篇・第一巻』）。
(95)　「矢野鉉吉の名刺」C－17－2。
(96)　「矢野鉉吉の立候補宣言書」C－16－2。下谷区は、浅草区や本所区同様、衣服、建具、菓子、麺等の製造業、酒、菓子を含む食品や被服販売業に携わっている人々が多い地域であった（前掲『昭和五年国勢調査報告』）。また、下谷区は深川区とともに、関東大震災の焼失地域であり中小零細工業者や都市雑業層の混在と密集に特色があり、東京市役所一九三〇年の『借地借家争議調査』にみる借家争議調停事例では、本所、浅草、下谷、深川の上位四区で全市の五三％を占めていた（大岡聡「戦間期都市の地域と政治―東京、「下町」を事例にして―」『日本史研究』四六四号、二〇〇一年）。

(97)　解散直後の矢野は、新聞において二区より政友会から出ることが確実な候補として挙げられていた（『東京朝日新聞』昭和三年一月二二日）。

(98)　『読売新聞』昭和三年一月二八日。

(99)　前掲「内務省第一回総選挙調査」。

(100)　内務省の調査によれば矢野の資産は二万六千円で、これを東京二区の他の候補者と比較すると鳩山一郎の五〇万には遠く及ばないものの、古島一雄の六千円、倉持忠助の七千円よりは上回っていた（前掲「内務省第一回総選挙調査」）。

(101)　『東京朝日新聞』昭和三年二月三日。

(102)　既述のように大正一四年の衆議院議員選挙法の改正、いわゆる普選法の施行に伴い、候補者の立候補の届け出制（第六十七條）と、供託金制度（第六十八條）が設けられた。それによると「議員候補者の届出又は推薦届出を為さむとする者は議員候補者一人に付二千円又は之に相当する額面の国債証書を供託することを要す。議員候補者の得票数其の選挙区内の議員の定数を以て有効投票の総数を除して得たる数の十分の一に達せさるときは前項の供託物は政府に帰属す。」とされた。無産政党の候補者をはじめ選挙資金に恵まれない者には、この供託金を用意すること自体が困難であり出馬への壁になっていた。

(103)　矢野の人物紹介をした記事の中では、彼の立候補の届け出が遅れた理由として、無産政党候補に劣らぬほど貧乏であるため、供託金の工面が困難だったことが紹介されている（『読売新聞』昭和三年二月四日）。

(104)　古島は、第一四回総選挙では国民党から、第一五回総選挙では革新倶楽部から、東京旧八区（定数三名）より出馬し当選していた。第一五回総選挙の結果を見ると、神田区（八五四票）より下谷区（九〇五票）からの得票が多いが、前者より後者の方が有権者数の多いことに鑑みれば（神田区・四九五四人、下谷区・六五二九人）、古島は、両区に地盤を有し、若干神田区に強かったということができる（前掲『第十五回衆議院議員総選挙一覧』）。因みに、第一六回総選挙で古島は落選するが、神田区の得票（一七七八票）は、下谷区のそれ（一三〇九票）を上回っていた（前掲『第十六回衆議院議員総選挙一覧』）。古島については、第七章において改めて論及する。

(105)　小滝辰雄は早稲田大学卒業後、憲政会の機関誌『憲政公論』発刊に携わり、大正九年には下谷区会議員に当選した。大正一一年の東京市会議員選挙で下谷区（一級・定数三名）より憲政会候補として出馬し二位当選すると、地下鉄道を主唱するとともに、震災後の帝都復興に尽くし、続く大正一五年選挙でも下谷区（二級・定数三名）より憲政会候補として出馬し三位当選を果たし、下谷区の非政友会系、民政党の頭目として活躍してきたことが選挙では強調されていた（「小滝辰雄トハ如何ナル人カ」C－49－4、前掲・櫻井「制限選挙期における東京市会議員総選挙の結果について」）。第一五回総選挙には東京旧八区より憲政会候補として国政進出を目指すが五位で落選した。得票結果を見ると、その経歴からも窺われるように、殆どの票を下谷区より獲得していた（神田区一八九票、下谷区一一五二票〈前掲『第十五回衆議院議員総選挙一覧』〉）が、大正一五年の内務省の調査では、次期総選挙の予想候補者として名前を見出すことはできない（前掲「内務省第一回総選挙調査」）。第一六回総選挙は主地盤とする下谷区から大量集票し最下位当選を果たした（神田区八九九票、小石川区三三二票、本郷区五二六票、下谷区五七一五票〈前掲『第十六回衆議院議員総選挙一覧』〉）。民政党の推薦状では、同党の幹部以外に、東京支部として三木武吉、横山勝太郎等の東京の民政党の前職代議士が名前を連ねていた（「小滝辰雄の推薦状」C－49－5）。政権要目の中では、軍備飛行機の充実や、南米、メキシコ、アジア大陸等への日本民族の発展を図ることを冒頭に掲げていた（「小滝辰雄の挨拶状」C－49－3）。

(106) 河合徳三郎は、中立候補として出馬し、下谷を主軸とした得票を行うも七位で落選した（神田区五〇五票、小石川区七〇一票、本郷区四八八票、下谷区二四九三票〈前掲『第十六回衆議院議員総選挙一覧』〉）。選挙では、河合が、尋常小学校卒業後、土木建築業に身を投じ、大正一二年には下谷日暮里に慈善病院を建て困難民を施療し、大正一五年には下谷寛永寺坂新道路工事竣工と同時に困窮者救済所を建てるなど社会奉仕活動に努力してきたことが強調された（「河合徳三郎氏の経歴の概要」C－107－1）。また、立候補の挨拶状の中では、わが国が短期間で選挙権を拡大し普選を実現することができたのは、明治天皇の恩沢によって参政権が早期に付与されたことにあるが、あまりに容易に与えられたため、その聖旨が理解されていないのが問題である、公益を図ることが忠君愛国とし、その重要性を訴えていた（「河合徳三郎の挨拶状」C－106－1）。さらに、親友として頭山満、内田良平、杉山茂丸、鶴見祐輔による連名の推薦状も作成された（C－106－2）。

(107) 倉持忠助は、露天商を職業とする異色候補であり普選を象徴する候補者といえた。大正一〇年に下谷区山伏町に居を構え、露天商の親分となり、露天商の弊風の改善、生活や社会的地位の向上を訴え、日本露店組合連合会を結成し、露店電灯の料金値下運動を展開していた（前掲・大岡「戦間期都市の地域と政治」）。したがって、倉持の立候補挨拶状には、「家賃地代値下連盟会名誉会長、日本露店組合連合会々長」の肩書が記され、「我々露天商人の社会上に於ける地位は、香具師、テキヤ、若しくは夜店商人として、一種の賤民の如き、取扱を受けて来ました。私もこの階級にあつて生活すること已に二十年、今尚這般の苦悩辛酸を共にしつゝある者で」あったが、普選の実施により、生活改善と社会的地位向上を要求する具体的権利を獲得したと、出馬の動機を語っていた（C－103－3）。このように普選の実現により国政レベルにもかかる異色候補を見出すことができたが、政党などの強固な集票組織を持たぬゆえ、下谷区で若干の集票をできたが総じて散票しか獲得できず（神田区一四二票、小石川区一二四票、本郷区九二票、下谷区六一三票〈前掲『第十六回衆議院議員総選挙一覧』〉）候補者中最下位で落選し供託金を没収されていた。大正一五年の内務省調査でも、次期総選挙における東京二区の無所属候補として倉持の名を見出すことができるが（原文では倉持正助と誤記）、名望信用に関しては「特記スベキモノナシ」とし「当選見込ナシ」とされていた（前掲「内務省第一回総選挙調査」）。しかし、その後、昭和四年の東京市議会議員選挙に下谷区より政友会系候補として出馬し連続三期の当選を果たした（前掲・大岡「戦間期都市の地域と政治」）。

(108)『読売新聞』昭和三年二月四日。

(109)同右。

(110)この推薦状には本郷区会議長の村上熊八以下、同区会議員七名、前区会議員三名の名前が列記されている（C－17－1）。また、同推薦状に記された矢野の閲歴紹介には、彼の下谷区の現住所の前に、出身地が本郷区真砂町（旧高崎藩邸）であることを記すことにより、本郷区との地縁関係を強調していた。

(111)矢野の神田区での得票が伸び悩んだのは、既述の古島の出馬の影響が大きかったと考えられる。

(112)前掲『第十六回衆議院議員総選挙一覧』。

(113)鳩山は、東京市議会議員選挙に小石川区（三級）より、明治四五年四月、大正三年六月、同七年六月、同一一年六月（同区・一級）と連続当選していた（前掲・櫻井「制限選挙期における東京市会議員総選挙の結果について」）。

(114)鳩山は、既述のように大正四年三月の第一二回総選挙から国政に進出し、大選挙区制時代の第一二、一三回総選挙は東京市から、小選挙区制時代の第一四、一五回では、小石川区の旧十区より出て、連続当選を果たしていた。但し、第一五回総選挙では、政友会ではなく政友本党からの出馬で、革新倶楽部の佐々木安五郎、憲政会の森脇源三郎を抑えての当選であった。

(115)前掲「内務省第一回総選挙調査」。

(116)前掲『第十六回衆議院議員総選挙一覧』。

(117)鳩山の推薦状には、「赤門運動会有志総代、帝大運動部有志総代、帝大卒業生有志総代、帝大学生有志総代」と列記された、彼の母校で本郷にある東京帝国大学関係者のものも見出すことができ（C－15－2）、ポスターでも図5－3に示すように、学帽を被った子供を登場させる等、本郷の地縁と学閥絡みの意匠を採用していた（A－39－1）。

(118)『読売新聞』昭和三年二月六日。

(119)矢野の形勢が不調であったため、数日前に鳩山が下谷の自らの地盤を譲り、矢野の形勢が挽回したと報じられた（『東京日日新聞』昭和三年二月一九日）。

(120)『東京日日新聞』昭和三年二月一二日。

(121) 激戦地東京の中で、最も候補者が乱立した選挙区として注目されたのは、四区であった。四区は、定数四名に対し、四倍の一六名の候補者が立ち、その内、政友会は三名の公認に二名の非公認、民政党も二名の公認に三名の非公認が立ち、両党とも定数を超える候補者が出馬したため、新聞は、激しい同士討ちは免れない選挙区と解説していた（『東京日日新聞』昭和三年二月一四日付夕刊）。本来ならば、四区を取り上げるべきであるが、残念ながら関連の選挙関連文書の制約から考察の対象とすることができなかった。

(122) 前掲「改正選挙法（大正一四年・法律四七号）有権者見込数と第十五回総選挙有権者比較表」。

(123) 前掲「内務省第一回総選挙調査」。

(124)『東京日日新聞』昭和三年二月二日付夕刊。

(125) 朝倉虎治郎は、大正四年、八年、一三年の東京府議会議員選挙に豊多摩郡より出て連続当選していた（前掲『東京府史・府会篇・第一巻』）。

(126)『東京朝日新聞』昭和三年一月二三日。『東京日日新聞』（昭和三年一月二三日）においても、東京五区の政友会については、同様の観測をしていた。

(127) 東京で政友会の同士討ちの危険性がある選挙区としては、東京五区の他に四区と七区が挙げられていた（『東京日日新聞』昭和三年二月一〇日）。

(128) 牧野の推薦状は、彼が多年東京府議会議員、同議長として自治制に経験と功績があることを強調していた（「牧野賤男の推薦状」C－27－2）。牧野は、明治四五年四月と大正三年六月の東京市議会議員選挙に下谷区から出馬し（両方とも落選）、政治活動への関心を示していた（前掲・櫻井「制限選挙における東京市会議員総選挙の結果について」）。その後、大正四年、大正八年の東京府議会議員選挙に出て当選するが、下谷区からの出馬であった（前掲『東京府史・府会篇・第一巻』。なお、東京府議会議員選挙の結果については、前掲・櫻井「戦前期東京府における府議会議員総選挙の結果について」も参照）。牧野の府議会議長就任は、大正一三年二月二〇日のことであるが、同日辞職し、即日、矢野鉉吉が選出されている（同上）。矢野も大正四年と八年の東京府議会議員選挙に、牧野同様、下谷区から出て当選している。他方、大正一三年一月三一日に衆議院が解散

図5－3　→口絵

され五月一〇日に実施された第一五回総選挙に、矢野も牧野も政友会から出馬する。矢野は、下谷区が含まれる東京旧八区からの出馬であったが、牧野は東京旧十三区からであり、府議会議員選挙とは異なる地域からの出馬を余儀なくされていた。こうした事情を考えると、牧野の議長当選、即日辞職は、総選挙に向けての「東京府議会議長」という肩書作りのためと、出馬する選挙区をめぐり彼が譲歩したことへの配慮と見ることができる。一日にも満たぬ形式にすぎない「東京府議会議長」在任であったが、当該総選挙の推薦状の中でも牧野の経歴として強調されていたことは、それが総選挙に際しての箔付けの意図を有していたことを改めて示していた。

(129)『読売新聞』昭和三年一月二八日。
(130)『東京朝日新聞』昭和三年一月二九日付夕刊。
(131)大正一四年一一月一二日に石川が死去したため、同年一二月一九日に補欠選挙が実施され（前掲『議会制度百年史・院内会派編・衆議院の部』）、結果は憲政会の斯波が九一五八票、政友会の牧野が六九二五票となり、牧野は二千票余の差をつけられ落選した（「第十五回衆議院議員補欠選挙一覧」前掲『第十五回衆議院議員総選挙一覧』）。
(132)牧野は二度、選挙に出て敗戦の苦い汁を味わっているので今回は堅実な運動を展開していると報じられた（『東京朝日新聞』昭和三年二月一二日付夕刊）。
(133)前掲「内務省第一回総選挙調査」。同調査の職業欄に「弁護士」とあるように、彼は、東京弁護士会副会長の経歴を持ち、大審院長横田秀雄による推薦状も作成されている（「牧野賤男の推薦状」C－28－2）ので、ここでいう同業者とは法曹界を指すと考えられる。また、彼は、立候補挨拶状の中に、「普選は無産階級と青年との活躍の舞台である」との文言を、太字で盛り込んでいたが（「牧野賤男の立候補挨拶状」C－26－1）、そうした主張は、右調査の「学生間に信望あり」と付合していた。また、この挨拶状には、今日までの政治は、制限選挙で一割四分の有産特権階級が、八割六分の無産階級を支配し、綱紀の頽廃、政治の腐敗、人心の堕落、百弊、ここに発する、と無産政党候補者が好んで用いるような主張もしていた。新有権者の取り込みを強く意識した牧野の主張は、第四章で言及したように、彼の選挙ビラにも見出すことのできる特徴であった。
(134)前掲『第十五回衆議院議員総選挙一覧』。
(135)大正一五年の内務省調査には、牧野以外の三名の政友会公認候補者名を見出すことはできない（前掲「内務省第一回総選挙調査」）。
(136)『東京朝日新聞』昭和三年一月二五日。
(137)『読売新聞』昭和三年一月二九日。

(138)「畑弥右衛門の推薦状」C－18－2。

(139)「畑弥右衛門の立候補宣言」C－18－1。帝都郊外の一片地であった荏原郡西北の新大地、数十万坪を、内外の人の魅了する帝国文化の権威ともいえる田園都市にし、その事業は、荏原郡からさらに隣の、東京五区を構成する豊多摩郡にも伸びていくことが高唱されていた（「畑弥右衛門の推薦状」C－18－2）。

(140)「畑弥右衛門の推薦状」C－19－1。

(141)東京五区の中立候補石井満の立候補宣言の中でも、自らの選挙区が都市近郊開発の中にあることを指摘しつつ、それに伴うインフラ整備が遅れているため、その改善の必要をアピールしていた。すなわち、わが国人口の八割が都会に住むような都市化が進み、中でも東京近郊に於ける発達は顕著で、選挙区である豊多摩荏原二郡の町村も、世界で例外的な発展ぶりを呈している、しかし国政担当者の多くは田舎を選挙区にする政治家なので都会生活者の利益は閑却され、教育機関、道路、交通、電気、瓦斯、水道、下水等、文化的都市に必要な進歩的設備が整備されていないため、その改善を推進し東京郊外生活者の福祉に貢献したいと訴えていた（「石井満の立候補宣言」C－108－1）。なお、既述のように、解散直後の新聞報道の中には、石井を政友会の候補として予測する記事もあった。

(142)前掲『第十六回衆議院議員総選挙一覧』。

(143)『東京朝日新聞』昭和三年二月一二日付夕刊。新聞は、投票後に行われたとする政府陣営の当落予測を伝えているが、東京五区の政友会では、当選予定者として牧野と畑が挙げられていた（『東京日日新聞』昭和三年二月二一日）。

(144)漆は、政友会創立後の第七回から一三回までの全ての総選挙に、東京郡部より同党の候補者として出馬している。しかも、第二次大隈内閣下で政友会に逆風が吹いた第一二回総選挙を除く、六回の総選挙で当選を重ねた重鎮であった。

(145)「畑弥右衛門の推薦状」C－18－2。荏原郡在住で東京府議会議員選挙に同郡より選出されていた平林浅次郎と立石知満の名前が連記されていた。平林は、大正八年と一三年の選挙で、立石は、大正一三年の選挙で当選していた（前掲『東京府史・府会篇・第一巻』）。

(146)土屋は、昭和二年一二月一日に死去していた（前掲『議会制度百年史・院内会派編・衆議院の部』）。

(147)『読売新聞』昭和三年二月三日。一月末に新聞が紹介した候補者一覧（二九日、午後一〇時現在）では、畑、佐藤、牧野を、政友会の新人として紹介しながら、三上は中立の新人として扱う新聞もあった（『東京日日新聞』昭和三年一月三〇日）。このことからも窺われるように、三上に公認が出るか否かは不透明であった。

(148)『東京朝日新聞』昭和三年一月二七日付夕刊。

(149)『東京朝日新聞』昭和三年一月三〇日。
(150)「佐藤安之助の推薦状（田中義一）」C－22－2。佐藤支援は、田中だけでなく陸軍関係者も積極的に行い、陸軍大将・福田雅太郎単独による推薦状（C－21－3）や、坂西利八郎、堀内文治郎、瀧本秀見、長尾穂次、福田雅太郎、木田伊之助、芝生佐市郎の陸軍関係者連名による推薦状も作成されていた（C－21－2）。さらに、右の瀧本秀見の印のある推薦状の中では、代議士の中に、在郷軍人出身者が少ないため、国防問題や軍人問題について隔靴掻痒の感があるので、議政壇上に在郷軍人出身者を送り、吾等の希望を貫徹するに努める、と訴え（C－23－1）、彼が在郷軍人の利益代表であることを明確にしていた。
(151)『読売新聞』昭和三年二月二〇日。選挙後の人物紹介の中でも、佐藤については、田中大将自らが援軍の総指揮をとり、佐藤はおらの代りだと思って助けてやってくれと、頼み廻るほどの熱心さであった、とのエピソードが紹介されている（「普選代議士初見参(九)」『東京日日新聞』昭和三年三月七日）。
(152)大正一五年の内務省の調査は、土屋について「負債及健康上ヨリシテ再起ノ見込ナシ」とし、次期総選挙の出馬の可能性はないと判断していた（前掲「内務省第一回総選挙調査」）。
(153)「佐藤安之助の推薦状」C－22－1。
(154)こうした地盤の譲渡に関しては、選挙戦の中、種々の風評が立ち候補者間で猜疑心や警戒心が高揚することになる。東京五区の民政党候補高木正年は立候補宣言の末尾に、「自分の地盤を他に譲る事は決して致しません。私の名を利用する者がありましても私の知らざる事と御承知を願ひたい。」と、地盤譲渡の風評を打ち消す文言を書き込んでいたのも、それを物語っていた（「高木正年の立候補宣言」C－53－1）。
(155)既述のように、畑は豊多摩郡からは散票しか獲得していない得票結果に照らしても、豊多摩郡は、畑の選挙運動の対象外地域であったことがわかる。
(156)「佐藤安之助の立候補宣言」C－20－1。佐藤の略歴を紹介した中でも、佐藤が本籍を荏原郡に置き、同郡に家屋を有するものの、「未だ政治運動を試みない新人である」と記していた（C－20－2）。また、先の土屋の妻の推薦書面の中でも、佐藤は、政友会公認とはいえ選挙区の地盤関係が希薄で旧有権者間において振っていない、との危機感を滲ませる文言が綴られていた（「佐藤安之助の推薦状」C－22－1）。
(157)三上の立候補の届け出が、四人の政友会候補の中で一番遅かった背景にも、そうした事情を推断できる。
(158)「三上英雄の立候補宣言書」C－24－1。
(159)三上を候補者として取り上げた新聞の人物紹介では、「運動員の魚屋がバクチをしても弱者の味方三上英雄君」との見出しを付け、弁護士会の副会長時代、三上が無産者の味方として活躍したことが紹介され、従前より普選運動の推進に尽力してきたことが、本人から語られるとともに、職工からの熱い支援を受けていることも伝えられ（『読売新聞』昭和三年二月一〇日）、三上が新有権者の票に期待をかけていることを窺わせていた。

(160)「三上英雄の選挙ビラ」B－8－4。

(161)「三上英雄の立候補宣言書」C－23－3。

(162)「牧野賤男の推薦状」C－27－2。

(163)「牧野賤男の推薦状」C－27－1。

(164)「大衆時報」C－25－1。新聞の体裁をとっているが、その内容は、三上支援のための機関紙であった。その中には、杉並町有志総代による推薦文も掲載され、三上が杉並町在住の唯一の候補者であること、しかし多数の候補が続出し非常なる苦戦を演じていることが記され、より一層の支援を訴えていた。

(165)公認決定後、二月一〇日の新聞に掲載された立候補者一覧（一〇日午前零時）において、三上は政友会公認として紹介されることになるが（『東京朝日新聞』昭和三年二月一〇日）、投票日前日の二月一九日の新聞に掲載された、東京の政友会公認候補を顔写真入りで紹介した広告の中に、三上は含まれていなかった（『東京朝日新聞』昭和三年二月一九日）。

(166)三上は総選挙後の昭和三年六月一〇日に実施された東京府議会議員選挙に、豊多摩郡より出馬し当選している（前掲『東京府史・府会篇・第一巻』）。

(167)無産政党進出への期待を紙面に滲ませていた新聞は、選挙協定が実現していれば無産政党候補者の当選を出すことができた選挙区の典型として東京五区を取り上げていた（社説「第一日の開票に見る」『東京日日新聞』昭和三年二月二一日）。同区においては、社会民衆党、日本労農党、労農党の三党による統一候補擁立の協定ができ、日労党の加藤勘十候補への一本化が一旦は成立していた。無産政党の選挙協定の模範と見做されていたのが該選挙区であった。加藤の立候補挨拶に見える、「当区唯一の無産階級を代表する候補者」との文言は、右の選挙協定の反映であった（C－91－2）。しかし、この協定は、労農党候補の出馬により破綻してしまった。したがって、東京五区からは、社民党より小川清俊、日労党から加藤勘十、労農党からは秋和松五郎が各々出馬することになり、各候補の推薦状を確認することができる。加藤勘十が次点であった結果に鑑みれば、仮に無産政党間の選挙協定が遵守されていれば、無産政党は該選挙区において当選者を一人出すことができたといえよう。こうした経緯もあり、佐藤の当選は、無産政党の同士討ちで射止められたものと解説されることにもなった（「普選代議士初見参(九)」『東京日日新聞』昭和三年三月七日）。

(168)　前掲「改正選挙法（大正十四年・法律四七号）有権者見込数ト第十五回総選挙有権者比較表」。
(169)　前掲「内務省第一回総選挙調査」。
(170)　『東京日日新聞』昭和三年二月二日付夕刊。
(171)　前回の第一五回総選挙で、浅賀は、北豊島郡より六八一七票、南足立郡より一二九一票を獲得し当選した（前掲『第十五回衆議院議員総選挙一覧』）。因みに、浅賀は、東京府議会の北豊島郡選出の川口彌三郎失職に伴う補欠選挙で当選した後、大正四年と八年の府議会選挙にも同郡より出て当選している（前掲『東京府史・府会篇・第一巻』）。
(172)　前掲「内務省第一回総選挙調査」。
(173)　浅賀は、大正一五年一二月一五日、憲政会より脱退し衆議院の所属を無所属へと変更している（前掲『議会制度百年史・院内会派編・衆議院の部』）。
(174)　中村は、浅賀の脱党以後、一年数ヶ月、滝野川、王子方面に活動し、浅賀が固めた民政党（憲政会）の地盤を根拠に運動を展開し形勢有望と観測されていた（『東京朝日新聞』昭和三年二月一二日付夕刊）。
(175)　前掲「内務省第一回総選挙調査」。同調査予想は、東京六区の民政党の前身である憲政会の予想候補者として、浅賀以外に佐藤と鶴岡の名前を挙げていた。解散直後の新聞でも、東京六区の民政党候補者として佐藤と鶴岡の名前は挙げられていたが、中村の名前を見出すことはできなかった（『東京日日新聞』昭和三年一月二三日、鶴岡和文は、鶴賀英文と彼の父親英文が誤記されている）。立候補の届け出は、一月二三日に鶴岡が（『東京朝日新聞』昭和三年一月二四日）、二五日に佐藤が行っていた（『読売新聞』昭和三年一月二六日）。この間の二四日、民政党東京支部は、鶴岡と佐藤の公認を決定したが（『読売新聞』昭和三年一月二五日）、そこにも中村の名前を見出すことはできない。
　中村の立候補の届け出は、二七日に行われ（『東京朝日新聞』昭和三年一月二八日付夕刊）、同日、民政党の第一回公認発表も行われ、そこに東京六区の候補として、中村、鶴岡、佐藤の三名の名前を見出すことができる（『読売新聞』昭和三年一月二八日）。

　これらのことから、佐藤と鶴岡は、東京支部の意向もあり早くから公認候補として予定され本人もその意志を固めていたが、浅賀が地盤としてきた北豊島郡の穴を埋める候補としての中村擁立については、鶴岡、佐藤より遅く中央も関与しながら決定されたと推断される。
(176)　中村の推薦文に付された略歴によれば、彼は、熊本市花園町生まれ、県立熊本中学、長崎高等商業学校を卒業後、教頭として教鞭をとるなどして、税務監督局に勤め、同事務官まで昇進した後、大正一二年に退官、退官後は、官民の賛助による税務懇話会を組織し、一般納税者の申告の指導にあたっていた、とする（「中村継男の推薦状」C－58－1）。
(177)「中村継男の投票懇請葉書」C－58－2。
(178)『東京朝日新聞』昭和三年一月三一日。浅賀は、「立候補の御挨拶」（C－109－3－2）の中で、中立として出馬した理由として、政党を否認したり無視するわけではないが、政党の堕落と政治家の腐敗が明らかな事実となる中、良く主義に殉じ政策の実現に努める純真無垢な政党がないことを挙げていた。
(179)『東京朝日新聞』昭和三年二月一日。
(180)「上杉章雄の立候補之辞」（C－59－1）の中では「立憲民政党衆議院議員候補者」と書き、「上杉章雄の推薦状（御願ひ）」（C－60－1）の中では、「民政党候補者」と明記されていた。また、『読売新聞』（昭和三年二月六日）紙上においても、民政党候補として扱われている。大正一五年の内務省の調査によれば、上杉は「北豊島郡ノ西部ニ相当信望アリ」としながらも、「当落不明」とされていた（前掲「内務省第一回総選挙調査」）が、この予想調査では、上杉は政友会候補とされている。新聞の観測記事にも、従前板橋区は政友会の前田に好意的であったとの記述が見えるので（『東京朝日新聞』昭和三年二月一二日付夕刊）、町長であった上杉も政友会からの出馬が予測されていたといえる。
(181)「上杉章雄の推薦状」C－59－2。上杉は、浅賀の辞職に伴う補欠選挙で当選し、大正一一年一〇月一〇日には、東京府議会の参事会員に選出されている（前掲『東京府史・府会篇・第一巻』）。
(182)「中村継男の投票懇請葉書」C－58－2。
(183)本章注（17）参照のこと。
(184)『東京朝日新聞』昭和三年二月一二日。
(185)彼は、その内容から投票日を間近に控え送付されたと考えられる投票懇請葉書の中でも、自分が北豊島郡唯一の民政党公認候補であること、しかし門閥、財閥でないため「敵の重囲に陥らんとして居る」と、危機を訴え支持の獲得に努めていた（「中村継男の投票懇請葉書」C－58－3）。
(186)中村は、北豊島郡以外の南葛飾郡と南足立郡からは散票しか獲得せず、選挙運動の対象外としていたことが、その得票結果よりわかる。
(187)こうした輸入候補については、東京五区において民政党より出馬した鈴木富士弥の場合も同様であろう。前回、前々回の選挙で鈴木は、静岡の選挙区から出馬していたので、自らの略歴の中では、渋谷町の住人であるとの部分に傍点を付しながらも、立候補挨拶の中では、自分は渋谷町の住人というだけで「この選挙区では顔なじみが少いので心細いので何とぞ御同情下さい」と、第四章で紹介したような有権者の情に訴える文言を書いていた（C－52－1－1）。鈴木は、このように地縁関係の薄い輸入候補であったが、二位当選を果たす。

(188) 推薦者の友人代表として、保坂治太郎（西巣鴨在、東京府議、東京府参事会員）、榎本銈太郎（滝野川町在、東京府議、前北豊島郡会議長）、小泉金之助（尾久町在、東京府議、警務委員）、戸枝錦太郎（滝野川町在、同町議、荒玉水道組合議員）、横瀬精一（滝野川町在、同町議、昭和青年同志会長）の名前を見出すことができる（「中村継男の推薦状」C－58－1）。保坂は、大正八年の東京府議会議員選挙に北豊島郡より選出され、榎本と小泉は、大正一三年の同府議会議員選挙に同郡より選出されていた（前掲『東京府史・府会篇・第一巻』）。これ以外にも、中村の住居のある同郡滝野川の町会議員八名、同町在住の所得税調査委員一名の計九名連記の推薦状等（「中村継男の推薦状」C－58－4）も確認できる。因みに、このように町会議員の推薦状がある滝野川町だけから、中村は他のいかなる候補をも圧倒する五四五五票の大量得票に成功していた（前掲『第十六回衆議院議員総選挙一覧』）。

(189) 前掲・櫻井『帝都東京の近代政治史』、二三九～七八頁。

(190) 前掲「内務省第一回総選挙調査」。

(191) 父の鶴岡英文は、明治四〇年九月の東京府議会議員選挙に南葛飾郡より出て当選して以降、明治四四年、大正四年、八年と連続当選し、四期務め、大正一三年の選挙では、和文が出馬し、四名の定数の内、トップ当選を果たしていた（前掲『東京府史・府会篇・第一巻』）。

(192) 「鶴岡和文の推薦状」C－55－1。こうした経歴を生かし鶴岡は、亀戸町から三四二一票を獲得し他の候補を圧する（佐藤は一四〇一票）得票をしている。投票日六日前に最後のお願いとして出された葉書にも、自らが此の選挙区に生まれ、父子ともに二〇年に亘り政友会と戦ってきたことが記されていた（「鶴岡和文の投票懇請葉書」C－54－3）。

(193) 「鶴岡和文の推薦状（浜口雄幸）」C－54－4。友人代表の大澤梅次郎（南葛飾郡町村会長兼同郡吾嬬町長）の推薦状（C－55－1）にも、鶴岡が、父の代から地元に密着し、反政友の政治活動を展開してきたことが、強調されていた。このように町長の推薦状が出された吾嬬町から、鶴岡は二八八三票と他の候補圧する（佐藤は一九五六票）得票をしている。

(194) 「佐藤正君略歴及推薦」C－56－2。

(195) 『東京朝日新聞』昭和三年一月二七、二八日。

(196) 『読売新聞』昭和三年一月二九日、二月一〇日。

(197) 既述のように、第一四回、一五回総選挙とも、浅賀が一位で前田が二位の結果に終わっていた（前掲『第十四回衆議院議

員総選挙一覧』、前掲『第十五回衆議院議員総選挙一覧』)。

(198) 憲政会の浅賀は、北豊島郡より六八一七票、南足立郡より一一九二票と、北豊島郡において前田を上回る票を獲得し、トップ当選を果たしていた(前掲『第十五回衆議院議員総選挙一覧』)。

(199) 前掲「内務省第一回総選挙調査」。

(200) 「前田米蔵の推薦状」C-29-2。推薦人や推薦団体の住所には、上駒込、中里、滝野川の地名を見出すことができる。

(201) 有馬は、大正一三年六月の東京府議会議員選挙に北豊島郡(定数八名)より出て、七位当選を果たしていた(前掲『東京府史・府会篇・第一巻』)ことからも同郡を地盤にしていたことがわかる。大正一五年の内務省の調査によると、六区からの予想される政友会候補者として有馬の名を見出すことができるが、「居村付近ニ相当信望アリ」としながら「当選見込ナシ」と断じられていた(前掲「内務省第一回総選挙調査」)。

(202) 篠は、大正八年九月の東京府議会議員選挙に北豊島郡(定数六名)より出て三位当選を果たし、続く大正一三年六月の選挙でも同郡より出て、五位当選を果たしていた(前掲『東京府史・府会篇・第一巻』)ことからも同地を地盤にしていたことがわかる。因みに、大正一五年の内務省調査で、次期総選挙予想候補者の中に、篠の名前を見出すことはできない(前掲「内務省第一回総選挙調査」)。

(203) 新聞によると、北豊島郡の有権者数は、全国でも大関級で同郡だけでも一選挙区に匹敵するため、候補者の一大宝庫であり、ここを目標に戦陣を張っているものも少なくなく、政友会では前田、有馬、篠の名前が挙げられていた(『読売新聞』昭和三年二月六日)。

(204) 新聞は、東京六区では、政友の有馬が滝野川から、同党の篠が長崎を根拠に共食いをする等して、前田は、後述する政友の中島よりは苦戦だろうが、前田と中島の二人が政友では当選間違いないであろうとの下馬評を伝えていた(『東京朝日新聞』昭和三年二月一二日付夕刊)。

(205) 有馬は七五七七票の七位で落選した。篠は二六四八票の一二位で落選したが、それは供託金を没収されるような惨敗であった(前掲『第十六回衆議院議員総選挙一覧』)。自己の得票の内、北豊島郡からの得票は、有馬が九四%を、篠が九八%を占めていたことからも明らかなように、彼等は他地域への進出は全くできていない。それだけに、北豊島郡からの集票だけが頼りであったといえる。

(206) 中島は、国政に出る前、東京府議会議員選挙に、南葛飾郡より、明治四一年九月の補欠選挙に出て当選、以後も同郡より、明治四四年九月(定数二名でトップ当選)、大正四年九月(定数三名でトップ当選)、大正八年九月(定数四名で最下位当選)

と、連続当選を果たしていた（前掲『東京府史・府会篇・第一巻』）。中島の父親は、郵便局長、南葛飾郡新宿町町長、農会長を歴任し農事改良に尽力し、彼自身も日露戦争後の地方改良運動の中の「模範村」を作り上げる上で行政能力を発揮し、地域から政治家にのし上がっていった（源川真希『近現代日本の地域政治構造―大正デモクラシーの崩壊と普選体制の確立―』日本経済評論社、二〇〇一年、四〇～一頁）。

(207) 第一四回総選挙では、中島の二四八二票に対し憲政会の守屋此助は一八四一票、第一五回総選挙でも中島の四一六七票に対し憲政会の佐藤正は三四四〇票と、どちらも対立候補を抑え当選した（前掲『第十四回衆議院議員総選挙一覧』、前掲『第十五回衆議院議員総選挙一覧』）。

(208) 中島を紹介する新聞は、「清濁合せ呑む選挙民の『番頭』腰は低いが腹は太い政友の親分」との見出しを付け、「南葛の親分」と称していた（『読売新聞』昭和三年二月一八日）。

(209) 「中島守利の投票懇請葉書」C－31－2。

(210) 南葛飾郡から選出されていた東京府議会議員の島田文治（大正一三年六月選出）、田中源（大正八年九月、一三年六月選出）、右川慶治（大正一三年六月選出）の三名（前掲『東京府史・府会篇・第一巻』）による推薦状で、中島が十数年に亘り、東京府議会議員を務め社会公共の為に身を挺してきたことが紹介されていた（C－31－1）。

(211) 「中島守利の推薦状」C－31－3。

(212) 「中島守利の推薦状」C－31－4。

(213) 「中島守利の推薦状」C－32－1。

(214) 前掲『第十六回衆議院議員総選挙一覧』。

(215) 前掲「内務省第一回総選挙調査」。

(216) 前掲『第十六回衆議院議員総選挙一覧』。

(217) 中島は北豊島郡の中でも、とりわけ南葛飾郡に隣接する南千住、三河島、日暮里、尾久の各町より集票していた（前掲『第十六回衆議院議員総選挙一覧』）。

(218) 「中島守利の推薦状」C－32－1。

(219) 「中島守利の投票懇請・推薦状」C－31－4。

(220) 前掲『第十六回衆議院議員総選挙一覧』。

(221) 前掲『第十五回衆議院議員総選挙一覧』。

(222) 新聞でも、南葛、足立の政友中島の地盤はなかなか動かず、民政の鶴岡、佐藤の両君が民政から立ち、中島の牙城に迫っているが牢固たるものあり、とし同じ政友の前田とともに中島の優勢が観測されていた（『東京朝日新聞』昭和三年二月一二日付夕刊）。

(223) 前掲『第十六回衆議院議員総選挙一覧』。

(224) 前掲・櫻井「一九二〇年代東京市における地域政治構造の変容」の中では、東京市の各区内に存在し、政党からは独立して各種選挙の候補者選定や調整を行ってきた公民団体（公共団体・自治団体）の力が大正以降弱まり、それに代わり政党が影響力を強めていたことが指摘されている。とりわけ大正中葉の小選挙区制導入以降、かかる団体の政党の系列化や組織替えが行われつつ、大正末から昭和初頭にかけ東京市政の二大政党化が加速されたことを検証しているが、そうした傾向は濃淡の差はあれども、各地方において進行したと考えられる。

(225) こうした中央と地方議会との系列化は、右の櫻井論文も指摘するように、政党を中核としてだけでなく中選挙区制下に生じやすい代議士個人を頂点とする系列化も進行していたと考えられ、かかる観点からの実態解明については今後の検討課題である。

第六章

政治啓蒙活動の新展開と行財政改革の提言

――実業同志会と武藤山治

序

大正一二（一九二三）年四月二三日、鐘紡をその卓越した経営手腕により拡大成長させた実業家である武藤山治は、政界革新を訴え実業同志会（以下、適宜、実同と略す）を創立した。実業同志会は、創立の翌年五月一〇日に実施された第一五回衆議院議員選挙に三一名の公認候補を擁立し八名の当選者を出した。したがって、実同にとり第一六回衆議院議員選挙（第一回普選）は、会創立後二回目の総選挙であり、大幅議席増を目指した選挙であった。[1]

この総選挙で武藤は、政友会、民政党の二大既成政党批判を行いながら、政府官僚が不必要な組織と仕事を抱えていることを難じ、その民間への開放を説く改革を訴えた。その主張は、わが国が近代化の歩みを始めた明治以降、設計され運用されてきた統治システムの問題点を衝き、その整理統合を促す非常に画期的な提言であり、刺激的、さらには挑発的な内容をも含んでいた。[2] しかし、本章で詳述するように実同は、武藤の期待に反し当選者四名と前回総選挙より半減する惨敗を喫した。

本章は、第一六回総選挙に際しての実同及び会長武藤の選挙運動の実態とその主張、さらには実同の敗因を考察しながら同時代の選挙の内実を解き明かすこと目指す。[3]

第一節　前哨戦としての補欠再選挙

第一五回総選挙後、護憲三派内閣の下で普選法が成立したことを背景に、実業同志会は党勢拡大を目指し政治啓蒙活動を積極的に展開した。その成果の有無は、第一六回総選挙の結果により示されることになるが、これに先立ち実施された補欠再選挙は、実同の来る総選挙を占う前哨戦として注目され、実同自身も重視し精力を注いだ選挙であった。以下、該選挙について概観してみたい。(4)

まず、大正一四（一九二五）年四月二八日に実施された千葉旧六区の補欠選挙(5)に千葉三郎が当選した。千葉は、東京帝国大学卒業後、プリンストン大学に留学し、帰国後、武藤の側近として働くようになり、実同の理事を務め東京を中心とした関東地域での組織拡大の使命を武藤から与えられた。千葉は地元の憲政会系支援者との関係から実同公認ではなく無所属で立ち、政友会の小高長三郎を抑え当選し、同年六月一三日に実業同志会に参加した。(6)

続く大正一五年八月一二日、大阪旧一区で補欠再選挙が、同日、大阪旧二区でも補欠選挙が実施され、そのいずれにおいても実同候補者が当選した。大阪は、会長武藤のお膝元で実同発祥の地であり、本拠地でもあったため、彼は事実上自分の選挙のようにこれを捉え、該選挙に実同の全精力を注いだ。(7)このことは、実同の機関紙がかかる選挙が行われるまでの経緯から選挙結果まで、多くの紙面を割きセンセーショナルに報じたことに示されていた。

まず、大阪旧一区では、当選した議員が選挙違反で辞職したことを受け(8)、大正一四年五月二一日に補欠選挙が実施された。この選挙では実同の羽室庸之助が、憲政会候補紫安新九郎と争い事実上一騎打ちの戦いをしたが、(9)苦杯を舐めた。(10)しかし、この補欠選挙の前に行われた行政区画の変更に伴う選挙区画の変更に疑義が出て、大審院で選挙無効の判決が下され、紫安の当選は無効となり再選挙が実施されることになった。実同は、この裁判から再選挙が実施されるまで、補欠選挙を管轄した憲政会を与党とする政府、内務省の責任を追及しながら、羽室支援の運動を展開した。(11)このように大阪旧一区の選挙は、補欠選挙が裁判所の判断で無効となり実施された異例の再選挙であった。

再選挙では、羽室が八一二一票を獲得し、憲政会の紫安新九郎の五四五〇票を抑え当選した。選挙直後の機関紙の冒頭、武藤は「政戦の跡」と題する戦評を大きく掲げ次のように書いていた。すなわち、この選挙は、政府党憲政会の総務紫安との九十余日に亘る戦いで、政府及び其の与党憲政会は全力を此の一戦に集中したので、吾実業同志会にとり天下分け目の激戦であった、と評しながら、政府が全力を挙げて支援した与党候補との一騎打ちに勝った意義を高らかに謳っていた。[12]

大阪旧二区では、第一五回総選挙で同区より実同候補として出馬し当選した田中譲が選挙法違反により辞職（大正一五年七月一〇日）を余儀なくされ、これに伴う補欠選挙が、既述の旧一区の再選挙と同日の八月一二日に実施された。田中は、政友会の相島勘次郎、憲政会の本多喬行、革新倶楽部の松田政之を抑え再選を果たした。[13]武藤は、政友会、憲政会、革新倶楽部が早くから運動に着手していたのに比し、田中の出馬が説得に時間を要し出遅れたため当選は密かに危惧されていたが、東区の田中に対する信任と同情は前回総選挙を遙かに勝るもので「反対派立候補者に対し圧倒的多数を以て当選せられた」[14]と、護憲三派を構成した三政党の候補者を相手にしての勝利を誇らしげに書いていた。

このように補欠選挙や再選挙が実施された経緯に鑑みれば、必ずしも実同の躍進を示すものではなかったものの、いずれも既成政党の候補を相手に当選を勝ち取っているので、第一六回総選挙に向け気勢が上がる結果であった。前出の「政戦の跡」は、事実上、勝利宣言とも呼べる内容であり、そこでは「正義必勝」の古の諺は「吾等を欺かざること」を心に感じた、と武藤は興奮気味に書いていた。[15]因みに、かかる大阪の補欠再選挙に関しては、開票当日の両候補の選挙本部の様子や、選挙後の九月一一日に開催された祝賀会を兼ねた政戦報告会の様子を克明に記録し編集した映像が残されている。[16]機関紙に掲載された政戦報告会の広告には、前者の上映が「補選実況活動写真映写」と宣伝されているように、[17]かかる映像は自党の躍進を記録に残すだけでなく、内外に印象づけるために利用されたと考えられる。こうした映像による記録と、その活用の中にも、武藤の該選挙にかける意気込みと当選への歓喜を見ることができる。

既述の通り、前回総選挙において実業同志会は、八名の少数当選に止まった。しかし、それは会創立早々に選挙が実施されたため、自党の主義主張が浸透しなかったことに原因があると考えられた。それに比し、第一六回総選挙はそれから四年近くの時間を経ての実施であったため、自派の政策への国民の理解は深まり大阪の補欠再選挙における勝利もあり、多数の代議士の誕生も可能との期待が会内で高まっていた。(18)

実際、実同はこの間に精力的な啓蒙活動を展開していた。政治教育啓蒙のための雑誌『公民講座』(19)や、自党の機関紙『実業同志会』(20)を創刊するだけでなく、政策を研究解説した各種パンフレットを発刊した。(21)会長の武藤も、自らの考えや政策を著わした種々の冊子や著書を積極的に公刊した。(22)とりわけ、普選実施を念頭に置きながら、大正一五年末に発刊された『実業政治』は、実同が政権獲得した場合に取り組む政治改革の「設計書」であり、同会のマニフェストに位置づけられる著書であった。(23)武藤は、機関紙に寄せた大正一五年の「年頭の辞」の中で、自ら政権獲得を目指す大志を明らかにしながら、そのために「会の中に調査部を設け吾等政局に立たば、如何に吾が政治を改善するやに付き明細なる設計書を作成して、天下に公表する準備に着手しました」と書いていたが、(24)『実業政治』は、その成果の一部であった。(25)したがって、武藤は、同書を参考にして有権者が政治を考え研究することを望んだ。実同は、罵詈讒謗に満ちた従来の選挙演説会を「空理空論でない実数による政治上の意見」や政策を明確に説き示す場にするため、候補者の演説後、有権者である聴衆との質疑応答の時間を設ける試みをしていたが、武藤は同書がその議論の土台になることを希望していた。(26)

以上のように、実同は、機関紙やパンフレット、啓蒙雑誌、啓蒙書を公刊し、さらに後述するように演劇や活動写真も活用する積極的な政治啓蒙活動を行った。そうした成果が、補欠再選挙での勝利を生み、さらに議会においては少数党ながら存在感を示すことができたとの認識と自負を抱くようになっていた。大正一五年の第五四帝国議会終了後、国民新聞は、議会の成績に照らし現代議士の中で来る普選議会に送るべき人物について読者からの一般投票を行ったが、(27)会長の武藤は、一〇名の当選者中四位に選ばれた。(28)実同機関紙が、上位に選ばれたことを「武藤会長が天下の輿望を握っていることを如実に物語る」(29)と記したように、少数党ながらも世間の認知が進んでいるとの自信を抱くようになっていたのである。

第二節　候補者選考の苦悩

実業同志会は、衆議院の任期満了まで一年となった時期に、来るべき普選による総選挙に備え「全国民に激す」と題し、機関紙上で自党候補者を公募することを次のように訴えていた。すなわち、「近時政治の腐敗、政党の堕落、眞に憂ふべきものがあります、然して之を匡正する途は来年五月総選挙の際、吾々国民奮起し、之を一掃するの外ありませぬ、就ては全国各選挙区に於て左の条件を具備する候補者の推薦を御願ひ致します」として、公募の条件を次のように列挙していた。

一、既往に於て全然既成政党に関係なかりし事
一、人格誠実当選後既成政党の誘惑に陥らざる人たる事
一、選挙費用を自弁し得る人又は恒産なき人と雖も選挙費用の幾分を有志に於て拠出し推薦し得る位立派なる人
一、如何なる好適任者と雖も進んで犠牲的精神を以て候補者たる意思あるや否やを確めたる後推薦し来る事
一、候補者に関係なくとも国を憂ふる方々は上記候補者の選挙費に充当するため金額の多少に拘らず寄付金を申込まる

れば、喜んで此れを受けます、但し匿名又は候補者若しくは選挙区指定差支ありませぬ

実業同志会は政界革新を旗印とする国民運動の急先鋒であります普く同感の士の吾々と協力せられんことを望みます

実業同志会会長　武藤山治[30]

この公募の条件からは、候補者選定に際し、実同が既成政党とは無縁で選挙資金を自分で集められる人物を求め、候補者に対する寄付を積極的に受け入れることまで打ち出していたことがわかる。選挙参謀を務めた八木幸吉は、選挙期間中に新聞紙上において、わが党は金持ちからの資金提供は受けていないにもかかわらず、一般有権者からは資金豊富と誤解され辛いところがある、とその苦悩を吐露していたが[31]、そうした誤解は有権者だけでなく実同候補者及びその希望者にも抱かれるものであったろう。選挙資金は自前で集められることを敢えて条件にしていたのも、そうした誤解に基づき武藤や実同の資金を当てに出馬を希望する者を事前に牽制する狙いがあったといえる。

昭和三年一月二一日、田中義一内閣は、第五四帝国議会を解散し、二月二〇日に総選挙が実施されることになった。実業同志会からの出馬を希望する候補者は、一月二三日の公布日から比較的早期に届け出を行っているが、同党が二三名の公認を決定し公式に発表したのは一月二八日であった。二八日より武藤の地方遊説が予定されていたので、それまでに彼を中心に公認候補の調整が行われたのであろう。前出の八木は、こちらが希望する人は瀬戸際になり周囲の誤解を恐れて思いとどまり、希望しない人からはしきりに頼んでくる、と候補者選定の困難を投票日前に公にしていたが、その選定は苦悩に満ちたものであった[32]。

武藤は、自らの政策に共鳴する者がいても、自分の家は先代から支持してきた政党があるので党籍を変えることは土地の人から非難を浴びるのでできない、との話を聞くが、[33]それは彼が各地方に確立された既成政党の地盤の強さに直面した瞬間であった。こうした既成の地盤や、それに裏打ちされた人間関係への気兼ねは、有権者だけでなく候補者の動向にも反映された。既述のように武藤の側近である千葉が補欠選挙で出る際、憲政会系の支援者との関係から実同候補では差し障りがあるので中立として出馬したことや、長崎旧一区（長崎市）の補欠選挙において、実同より森本一雄が出馬した際、彼が中立を標榜したことも、それを裏付けていた。森本は選挙対策上「中立」を標榜し尾崎行雄の支援を受けたが、会長の武藤は応援に行かれず落選した。[34]選挙後、武藤は中立などという無意味な戦いをするから相当金を投じても何の感銘も与えることができなかった、とその不満を周りに漏らしていたが、[35]候補者が実同を名乗らず「中立」を標榜したことには、各地方において長年に亘り培われた既成政党関係者への気兼ねや配慮を読み解くことができる。八木のいう、候補予定者が「周囲の誤解」を恐れ、出馬を見合わせた背景には、そうした事情も含まれていた。その結果、実同は自党が擁立を希望する有力候補者に逃げられ、公認候補発表直後、武藤の下に会員から自らの選挙区の候補者が貧弱過ぎるとの不満と不安が寄せられたように、[36]知名度や当選の可能性において疑問視される候補者が並ぶことになった。

こうした候補者擁立をめぐる混乱は、和歌山一区の出来助三郎[37]とともに、大阪六区の河盛安之助、[38]京都三区の森下政一[39]が、一月二五日に実同候補者として立候補を届け出たものの、最終的に出馬を取りやめたことにも示されていた。解散直後に武藤は、全国に三三〜四名の候補を立てたいと考え、大阪は実同の根拠地ゆえ各区から一名ずつ候補を立てる予定であると語っていたが、[40]六区からの出馬は見送られることになった。しかもその大阪においては、議会解散直前に、既述の補欠選挙で当選した前職の田中譲が実同を脱会した。武藤の側近であった田中の退会は、実同にとり衝撃であり総選挙を控え痛手であった。これにより実同の大阪の地盤が大動揺を来し、関連する大阪市議会議員や神戸の森田金蔵代議士の退会を予想する新聞もあったため、実同はそれらの報道が事実無根であると打ち消し、党内の動揺を抑えるのに必死であった。(41)

田中脱会の真の理由は定かではないが、前年の九月に実施された統一地方選挙の方針をめぐり武藤と田中との間に確執が生じ、それが田中脱会の遠因になったと観測する新聞もあった。(42)その後一年以内に総選挙が実施されることが予定されていた統一地方選挙は、普選導入後の総選挙を占う選挙であり、地方における組織の構築や拡充の好機であったため、各政党ともこれに積極的に関与した。しかし、武藤は英国を模範にしながら、地方政治とは一線を画する方針を示したのである。(43)実同は、地方議会は中央政界の政争の外に超然として、地方の利害や自治政の発達のために蓋くすべきであるにもかかわらず、既成政党が地方政界に中央政界の問題まで持ち出し攪乱しようとしているのは遺憾の極みとし、政友や民政公認の府県議候補者の存在も可笑しなもので党弊もここに胚胎する、との認識を示していた。(44)したがって、実同本部としては直接地方政界に関与せぬとし、地方支部が候補を独自に擁立することは自由であるが、実同本部が候補を擁立することは見送り、費用と会長の応援は断る方針を示していた。(45)

こうした方針を打ち出した武藤と、地方選挙に積極主義を主張する田中との間に確執が生じている、と一部の新聞が報じたのである。(46)実同は、田中と対立する勢力が主宰する新聞の報道であるため事実に反するとの反論解説を行ったが、(47)英国を模範とし理想主義に傾きがちな武藤の方針と、田中の経歴から類推されるわが国の現実に根ざした活動を志向する方針との間に懸隔が生じたことは想像に難くない。田中は、次期総選挙の候補者に予定されていたため機関紙の人物月旦でも取り上げられたが、そこでは建築請負業松村組を大きくした人物として次のように紹介されていた。(48)明治七年生まれの彼は、朝から晩まで草鞋履きで飛び回り、身を粉にして汗と脂で築き上げた建築請負業松村組の大御所で、情に厚く侠気があり金離れがいいので色々な相談が持ち込まれ、彼のためなら水火も辞せぬと慕われるよい親分、正則の学校は出ていないが、若い学校出の頭からは到底出てこない思慮と分別を持ち合わせている、とする。こうした経歴と資質が実同の大阪における地盤形成に貢献したことは十分想像されるとともに、田中が地方選挙を政党の足腰を鍛える好機と捉え、それと一線を画そうとする武藤の方針との間に、摩擦が生じたことは想像できることであった。また、上記の武藤の言からは、地方議会に二大政党の系列化が進行していることを逆に裏付けていた。

右の田中を含め、機関紙は総選挙を見越し実同から出馬予定の人物紹介を積極的に行うようになるが、そこからは、岡山[49]や徳島[50]においても、候補者が絞られ擁立が有力視されていたことがわかる。しかし、どちらの地域からも出馬は見送られた。二月三日、実同は六名の追加公認を出したが、その中の愛知一区（名古屋市）に関しては、その選考が進まず武藤の怒りを買っていたことを新聞は次のように伝えていた。すなわち、名古屋支部の候補者選考が難航していたため、武藤をはじめとする大阪本部は、六大都市の一つに候補者を擁立できないとは、と憤慨し叱咤していると報じていた[51]。それ以降も実同は、届け出締め切り直前までに追加三名を立て[52]、最終的には、**表6－1**に示すように、合計三一名の公認候補を擁立した。

実業同志会は、右のように候補者擁立の困難な調整を行いながら実際の選挙戦を行うことになるが、その運動は武藤に物心両面において依存することが大きかった。実同は、発足当初の資金は「武藤会長が其の愛蔵の美術品を入札に付し、其の売上高全部を本会のために寄付」したことにより賄われていたことを明らかにしていたが[53]、これ以降も政治資金や選挙資金の獲得は課題であった。既述の通り、候補者公募に際し資金を自前で調達できることを条件に付していたが、そうした候補者は先の八木の発言からも窺われるように必ずしも多くはなかったと推断できる。選挙後、鐘紡の支店から武藤の下に、選挙資金の面で支援者に迷惑をかけている候補者がいてその処理に苦労している旨の書簡が寄せられていたことは[54]、それを裏付けていた。

表６－１　第16回総選挙における実業同志会候補者一覧

	氏名	選挙区		定数	順位	得票数	結果	最下位当選者得票数	立候補届出日	公認日
1	水上嘉一郎	東京１区	新	5	11	1,880	落選	8,331	1/24	1/28
2	松野喜内	東京２区	新	5	10	2,397	落選	7,472	1/24	1/28
3	神山雄吉	東京３区	新	4	8	1,267	落選*	8,750	1/25	1/28
4	寺部頼助	東京４区	新	4	14	1,119	落選*	4,204	1/24	1/28
5	猪俣勲	東京６区	新	5	11	2,680	落選*	17,413	1/24	1/28
6	鷲野米太郎	京都１区	前	5	6	7,754	次点	8,227	1/25	1/28
7	羽室庸之助	大阪１区	前	3	8	3,698	落選	7,301	1/26	1/28
8	武藤山治	大阪２区	前	3	2	9,748	当選	7,054	1/27	1/28
9	田中次太郎	大阪３区	新	4	6	5,227	落選	8,612	1/27	1/28
10	森本一雄	大阪４区	新	4	8	5,293	落選	9,919	1/24	1/28
11	高松正道	大阪５区	元	4	7	9,811	落選	12,332	1/26	1/28
12	大島正徳	神奈川３区	新	4	7	3,512	落選	12,049	1/28	2/3
13	森田金蔵	兵庫１区	前	4	8	4,158	落選	7,477	1/27	1/28
14	森田茂樹	兵庫２区	新	4	8	4,531	落選	10,120	1/26	1/28
15	加納芳三郎	群馬１区	新	5	9	2,549	落選	11,497	1/26	1/28
16	冨田照	千葉１区	新	4	7	3,357	落選	13,975	1/26	1/28
17	千葉三郎	千葉３区	前	4	3	14,738	当選	13,423	1/30	2/3
18	五来欣造	茨城２区	新	3	5	4,679	落選	12,850	1/24	1/28
19	小林庄七	三重１区	新	5	7	6,711	落選	14,379	1/27	1/28
20	岩越謹一	愛知１区	新	5	11	1,766	落選*	10,691	2/2	2/3
21	中田騄郎	静岡１区	新	5	10	8,238	落選	13,508	1/24	1/28
22	堀部久太郎	滋賀	新	5	6	12,461	次点	13,691	1/26	1/28
23	河崎助太郎	岐阜１区	前	3	3	10,212	当選	10,212	1/28	2/3
24	川瀬新一	岐阜２区	新	3	5	6,827	落選	8,156	1/26	1/28
25	針重敬喜	山形１区	新	4	7	3,630	落選	16,749	1/28	1/28
26	松井文太郎	福井	元	5	2	18,624	当選	12,554	2/2	2/3
27	寺田正男	石川１区	新	3	6	1,234	落選*	8,002	2/10	―
28	入交好徳	高知１区	新	3	5	340	落選*	15,342	2/13	―
29	高岩勘次郎	福岡１区	新	4	9	934	落選*	12,918	2/8	―
30	古林喜代太	福岡３区	前	5	9	5,403	落選	9,819	1/27	1/28
31	戒能栄三郎	福岡４区	新	4	8	1,474	落選*	13,788	2/3	2/3

出所：『第16回衆議院議員総選挙一覧』（衆議院事務局、昭和３年）に依拠した。

注：立候補の届け出は１月23日より受付を開始していたが、この日付のデータの基礎とした『読売』は、23、24日の届け出を、25日の新聞で一括して紹介しているので、１月24日に統一した。

滋賀の堀部に関しては、『読売』が報じた１月28日の公認一覧に名前を見出すことはできないが、他の新聞で名前を見出すことができ、１月31日に実同が新聞に出した公認候補の広告（『大阪毎日』昭和３年１月31日）には挙げられていた。

田中次太郎は、１月28日時点では治太郎として発表され、その後２月３日時点で次太郎になっている。

「落選」に＊が付いているのは、供託金没収者である。

そもそも実同発足当初より武藤は、政治資金を特定の個人や組織に依存しない財政基盤の確立を目指していた。彼は、地方政治へのスタンスにおいても窺わせたように、自らの政治活動の理想や模範をしばしば英国の事例に求めたが、「英国自由党が壱千万円の党費公募を発表して以来、同国各地に於ける同志は続々寄付金を集め、今や三ヶ月ならざるに三百万円以上に達し」たことを、紹介しながら政治資金についても、その理想を英国に求めた。(55) 武藤率いる実同は、政党が少数の特定の人物に寄付を依頼したことが政界腐敗の素因になったとし、(56) 英国のように政治資金を一般から薄く広く集めることを理想とし、創立当初より、年額一円の会費制を定めたのである。この会費制については「国民生活に直接ふりかかる政治を善くするための費用を政党の共鳴者が負担するのは当然のことであるとの信念から会員に一円の党費負担をさせつつ党勢の進展を期した」(57) と説明していた。さらに実同は、より多額で安定的な寄付を獲得するため、会員制度のほかに、同会の趣旨に賛成するものより三年間毎年一口一〇円以上を醵出する維持会員制度も創設した。(58)

こうした会員制、維持会員制以外にも、武藤は、実同の活動に必要な政治資金を種々のアイデアにより集めようとしていた。例えば、機関紙の紙面一面を使い、武藤揮毫の種々の扇子、団扇を写真入りで紹介しながら、その販売代金を実同の政治啓蒙活動の資金に充てる試みをしていた。(59) これら武藤揮毫の関連商品の売り上げがどれほど政治資金獲得に寄与したか定かではないが、政治をより透明化するため、資金を広く浅く集めるため創意工夫をしていたのである。

しかし、右の会費制度については、武藤会長の理想論であり実現不可能と反対の声が内部から上がったように、(60) これにより潤沢な政治資金を集められたわけでなかった。実同の発行する種々の出版物上に会費未納者への督促文が屡々掲載されていることは、それを物語っていた。(61) 例えば、大正一三年九月発行の実同の活動報告書の末尾には、「本年度会費未納ノ方ハ至急本部又ハ支部ヘゴ送金ヲ御願ヒ致シマス」と書かれ、昭和二年の新年早々の機関紙にも、「お願ひ　大正十五年度及び十二、十三、十四、各年度会費未納の方は何卒所属各支部或は関東関西両本部の何れかへ御納め下され度候」[62]と、非常に大きく太字で書かれた会費未納者への督励広告が掲載されていた。この間にも、会費を郵券で代用できる制度を設けたので会費未納の方は一円の郵券送付をお願いするとの告知も出された[63]。それら繰り返される懇請は、発足当初に会員になりながらも会費未納者が多数いることを窺わせていた。

さらに、維持会制度の会員も必ずしも武藤の理想通りに集まらなかったようである。維持会員は、制度発足時に入会した八八名に止まっていたので、大正一三年中には少なくとも一万口以上の獲得を目指していた[64]。大正一五年元旦発行の機関誌には、「謹告」と題し、昨年には二万五千口を集める予定であったが、その半数以下の一万三千口に止まったので一層の協力を賜りたいとのお願いが掲載された[65]。しかし、大正一五年中には、二万五千口どころか二万口に達せず、武藤は会員に対し維持会員の勧誘活動を促進することを求める親展の書状を出していた。その内容が機関紙上に、大略次のように紹介された。すなわち、募集中の維持会は思う様に増加せず、会員五二六三名、一万五〇九〇口なので、皆様が年内に一口宛勧誘すれば二万口以上に達し今年度の私の希望が叶うので、度々の御依頼でさぞかし御迷惑とは存じますが、どうか切なる私の願いをお聞き届け下さい、と書かれていた。これを受け取った会員の対応も続けて紹介され、会長の期待に沿うため一生懸命に知り合いを説得してみたが、余力のある友人もなく一口も募集できず、自分もいつ首になるかわからない身の上なので年賦の寄付はできないが、五〇銭の追加寄付を申し出て感激された、とする[66]。これは美談として紹介されたものであるが、同時に武藤が維持会員拡充のためのお願いを会員に繰り返し行い、それにもかかわらず資金の獲得が順調には進んでいない現状を垣間見せていた。

そうした状況は、実業家会員の寄稿の中で、維持会員拡張の必要とともに、その方法までが具体的に説かれていたことからも確認できる。そこでは、まず政治家が物質的利益、利己欲に走り醜態を晒すのは、党費と選挙費の悩みに主たる原因があるが、「金の事を公言するは政治家、学者の恥として」言及されなかったのが不思議としながら、党資金の収集が重要であり、そのためには会費を納める維持会員拡張が急務であると説く。その上で、勧誘の最良有効な方法は、維持会員各自が知人なり友人なりを自分で入会せしめる事であり、彼等に研究の機会を与えるため自分の家に呼び、あるいは友人、知人の家を来訪し宣伝し入会へと導くことが肝要、今日の我が国の民情にては、個人勧誘を除いては外にないとし、具体的な勧誘指南までが説かれていた(67)。

こうした督励や指南が行われたものの、総選挙を半年後に控えた昭和二年八月の機関紙の冒頭には、「政界革新の大事業は党費の公募より、会員はまず一円を納め更に応分の寄付をして戴きたい」との見出しが大きく躍り、維持会は依然として一万八千口に止まっている現状が報告されていた(68)。

以上のように、実業同志会は、発足当初より会員、維持会員制度を創設し浅く広く政治資金を集める努力をしたが、会員の会費未納や、維持会員の拡張も円滑に進まず、資金面での武藤個人への依存体質から脱することはできなかったといえる。

こうした武藤への依存は、活動面においても同様であり、それは選挙の遊説活動をみても確認できる。武藤以外に知名度のある政治家を抱えていない実同は、候補者の応援も会長に頼らざるを得ず、彼は、選挙期間中、自らの選挙区を顧みず各地を奔走することになった。前出の八木は、当時の武藤の置かれた立場と心境を次のように回想する。すなわち、武藤は会長として公認候補者の応援演説に行かねば気がすまない。他党の候補者と違い、同志会の人々は武藤の応援のみを頼りに立候補している人達だから代理では済まされず、山形の候補者も武藤の応援演説を条件に出馬したので代理を立てるわけにはいかなかった(69)、とする。

このように武藤の応援演説を条件に出馬を承諾した候補者もいたので、選挙期間中の遊説行程は車中泊が連続し、既に六〇歳を超えていた武藤には厳しい日程となり、彼が大阪に戻り自分の選挙区で運動ができたのは投票日の三日前であった[70]。機関紙上に紹介された武藤の遊説日程は以下の通りであるが[71]、それは過密で苛酷であったことがわかる。

一月二八日　八幡、大津、京都、二九日　岐阜、三〇日　柏原、長野、二月一日　和歌山[72]、伊丹、西宮、御影、尼崎、二日　津、亀山、大垣、四日　東京市及び郡部、五日　山形、上の山、長井、米沢市、六日　船橋、東京、七日　大阪立会演説会、八日　大宮、九日　桐生、東京、一〇日　国府津、静岡、一一日　大垣、名古屋、一二日　福井、一三日大阪、一四日　大牟田、一五日　小倉、門司、一六日　大阪、神戸、一七、一八、一九日　大阪

このように自党候補者の応援演説に奔走した武藤は、自分の選挙区の運動を十分にできなかった。例えば、昭和三年二月一二日に行われた大阪二区候補者による立会演説会に欠席している[73]。この演説会の様子を記録したメモが武藤の下に残されたが、それによると天王寺区役所で開催された該演説会には聴衆一千名が集まり、会の冒頭、司会者より、武藤は福井にいるため出席できないことが手紙により伝えられた[74]。福井からは、松井文太郎が出馬していたので、その応援に行ったのである。武藤夫人は、武藤自らの選挙区である南区の状況が芳しくないことに加え、老齢でもあるため福井への選挙遊説の取りやめを希望したが、武藤本人は、これを強行した[75]。

立会演説会には、大阪二区の武藤以外の全ての候補者が出席し、川西栄之佑（中立）、山本芳治（政友）、紫安新九郎（民政）、沼田嘉一郎（民政）、上原正成（民政）、村田虎之助（革新）、岩田大中（中立）の順で演説を行った。該メモには、司会者が会の冒頭、武藤欠席の理由を紹介しようとすると「理由は最後にせよ」との野次が飛んだことや、あるいは、「聴衆ハ武藤先生ノ出演セラレザルヲ何トナク心淋シク感ジタモノ、如シ」と記され

ていて、本人が地元で運動をできない選挙陣営の苦悩と危機感が滲み出ていた(76)。

以上のように実同の選挙活動は、投票日直前まで自らの選挙区を空けねばならぬほど会長の武藤に依存しなければならなかったのである。

第三節　既成政党批判と行財政改革案

既述の通り実業同志会は、候補者の公募条件に既成政党とは無縁であることを敢えて盛り込んだように、既成政党とそこに所属する政治家を「職業政治家」と称し徹底的に批判した。ここでいう既成政党とは、議会において有力政党の地位を占める政友会、民政党の両党を具体的に指すことは言うまでもない。図6－1に示した実同候補者森田金蔵の選挙のビラ(77)は、実同が二大既成政党である政友会と民政党と対立する政党であることを風刺漫画により有権者に効果的に印象づけていた。すなわち、凛々しい姿で中央に立つ会長の武藤が、両手で逃げる二大既成政党の党首を押えるシーンが描かれている。右手は、政友会総裁田中義一が腰に下げている軍刀を摑み、左手は、民政党総裁浜口雄幸の腕を押えていた。軍服姿の田中は、「党勢拡張」と「政権利権」と書かれた軍靴をはき、背広姿の浜口は、「政権争奪」「党利党略」と記されたズボンをはいていた。また、武藤は、「立てよ青年（革新の歌）」と題し、既成政党、職業政治家批判のための軍艦マーチの替え歌まで作っていた(78)。

このように既成政党との対決姿勢を先鋭化させた武藤は、少数党ゆえに取り沙汰される既成政党との合流の話も一蹴した。後述する実同制作の政治演劇の台詞は、尾崎行雄や犬養毅の政治遍歴を暗示させながら、既成政党への合流が不得策であることを次のように解説していた。まず、劇中「大崎先生」として登場する尾崎については、中からの廓清を目指し大抵の政党を歩いてきたが失敗し、「醜悪なる既成政党を逃げ出し、今は一人一党の立場をとって居る」と説明していた。「猪飼先生」として登場する犬養毅については、第七章で改めて論及する革新倶楽部が政友会へ合流したことを念頭に置きながら、武藤も犬飼先生のように子分を引き連れて同友会（政友会—筆者）に入って行かれればよいのではとの進言に対し、次のように反論していた。すなわち、犬飼先生も改新倶楽部（革新倶楽部—筆者）の城を守っていれば今度の普選で新興国民の後援を受け国家の為に十分働けたのに、同友会に入ってしまったため、その連中と同じ仲間になってしまい惜しいことをした、憲政の神といわれたのも昔の夢になってしまった(79)、と革新倶楽部の政友会への合流を嘆じていた。

図６—１

このように二大既成政党との合流を排し、それとの対決姿勢を鮮明にしながら、実同は少数党の意義を繰り返し説くことになる。少数党ゆえ政界における影響力がない実同に投票することは無意味とする有権者の考えを払拭し、自党の存在意義を示す必要があったのである。実同が強調したことは、中選挙区制への移行が自党に有利に働き、選挙後、キャスティングボートを握る可能性が高いことであった。すなわち、小選挙区制の場合は政府与党や大政党が勝ちを占めるが、中選挙区制では大政党は複数の候補者を立て内輪の喧嘩が起こる。これに対し小政党は欲張らず一人だけ立て一心に運動するので、漁夫の利を得て一人がうまく当選する。したがって、実業同志会は「役回りが大分いい(80)」と選挙制度の教科書的解説を行っていた。その上で、選挙結果とその後の政局を、次のように展望していた。まず、次期総選挙で

実同は、少なくとも院内交渉団体になるための二五名以上の、さらには中選挙区制になり少数党に有利であるため、三四～五名の当選も可能としていた。(81) その一方で、中選挙区制下、二大既成政党が一選挙区に各二名の当選者を得るのは困難である。政友、民政、各々二三〇より二四〇を得ると豪語するも、両者二百名以下になるのは明らかである。その結果、次の四年間は第三党に依り議会は左右されることになるが、中立六六名中、実業同志会が唯一の鞏固な団体としキャスティングボートを握ることになる、(82) と予測していた。

このように二大政党が勢力拮抗する中で、政局の帰趨を決する影響力を持つ可能性が大きいこと、あるいは、それにより既成政党の暴走にブレーキをかける役割を果たすことができると有権者に訴えたのである。右に言及した演劇の中で、実業同志会や武藤を、大久保彦左衛門、天野屋利平、佐倉宋五郎に準え、登場人物にその意義を語らせていたのは、その証左であろう。(83)

以上のように、実同及び会長の武藤は、少数党の意義を強調しながら既成政党との対決姿勢を鮮明にしたが、以下、かかる同党の主張や政策を、印象的な意匠により表現している選挙ポスター二点を通じ明らかにしてみたい。第一章で紹介したように第一回普選は、わが国の総選挙史上、初めて意匠を凝らした本格的なポスターが活用された選挙であった。政治啓蒙活動や選挙運動に演劇や活動写真等、新しい手法を取り入れることに積極的であった武藤ゆえに、選挙ポスター作成への関心も高かったと推断できる。ここで紹介する二点の実同候補者のポスターも、(84) 候補者独自のものというより実同の、さらにいえば武藤の主張が巧みな意匠により表現されていた。

まず、図6－2は、郵便ポストの下で、郵便貯金を食い荒らすねずみが描かれた東京二区の公認候補松野喜内のポスターである。(85) 郵便ポストが大きく描かれ、そこには「諸君!!! 郵便貯金を喰ひ荒す既成政党を尚助けらるゝか」と大書され、ポストの下は穴が開けられ、「既成政党」、「職業政治家」と記された鼠がポストの中の郵便貯金を食い荒らしている姿が描かれていた。このポストが象徴する郵便貯金の運用実態は、会長の武藤が一貫して批判し続け、取り上げてきた問題であった。武藤は、国民から集め巨額化した郵便貯金が、職業政治家の思惑により、あるいは既成政党の党利党略により、浪費されていることを問題視し[86]、かかる視点からの既成政党批判を精力的に行っていた。

因みに、この郵便貯金の問題は、武藤に限らず民間の実業人、とりわけ民間金融機関関係者からも問題視され、武藤も役員として参加していた財団法人金融研究会がこれを調査研究し報告書を作成していた[87]。その報告書によれば、昭和三年における郵便貯金の総額は、一七億四二七八万円に上り、民間の普通銀行の預金総額九億二一五九万円の倍近くの巨額に達していた[88]。昭和三年の一般会計歳出が一八億一四八五万円であったため、国家予算と同額の規模の資金が郵便貯金として蓄えられていたことになる[89]。

図6－2　➔口絵

武藤は、前回総選挙後に開かれた第四九帝国議会に初登壇することになるが、浜口雄幸蔵相への質疑の中で、この多額の郵便貯金が大蔵省預金部に廻され、大蔵大臣の専断で使用されているとし、この問題を制度と運用面から追及していた[90]。武藤は、講演の中では、政治家が郵便貯金を自分の党勢拡張のために使っているため、一一億円中、二億五千万円の元金がとれなくなっていて民間銀行なら支払い停止になる状態であると批判していた[91]。前出の『実業政治』の中でも、一一億円に達する郵便貯金が、大蔵省預金部に預け入れられ、それ

は政党と不正な関係を持つ政商や政党の縁故者の事業救済のため低利で融通され回収不能な不良貸付が多くなっている、したがって、これを防ぐため、郵便貯金は英国のように国債及び議会が元利支払いを保証する債券の外に一切放資することができないよう法律で定めるべきと提言していた。[92]

実業同志会は、既述の通り自らの政策と主張を一般に訴え解説するためのパンフレットをシリーズとして発刊していたが、その七冊目は『大蔵省の伏魔殿預金部内容』と題し、大蔵省預金部を取り上げ、[93]その運用の内実について具体的数字を上げながら調査報告していた。同書によれば、大蔵省預金部特別会計は、二二億一五〇〇万円余（昭和二年一〇月一五日時点）の資金を運用しているが、その収入の内、一五億七千万円は、国民から集めた郵便及び振替貯金が流れ込み、それが政府系の特殊銀行や特殊会社等に貸し付けられ、二億一三四〇万円が不良貸付になっていて、実際の不良債権はそれ以外にもあることが示唆されていた。[94]

この郵便貯金の問題は、総選挙でも実同が争点の一つとして強調したことであった。議会解散直前の一月一九日に開催され、結果として総選挙前の決起大会になった第二回全国大会で採択された一二項目の決議の一つに「郵便貯金の放資を国債、及び帝国議会が元利支払を保証せる債権に限り、以て郵便貯金を政商救済、党勢拡張の具に供するを防ぐこと」が盛り込まれていた。[95]投票日前日に同党が新聞紙上に、半面を使い掲載した広告の中でも、「既成政党に懲罰を加へよ」と大書し、既成政党批判として掲げた九項目の中の一つに、「郵便貯金二億一千三百四十万円を喰ひ荒したる既成政党」と断じていた。[96]既述の選挙ポスターの意匠は、こうした自党の主張を巧みな意匠で表現していたといえよう。

図6－3は、大阪三区の公認候補田中次太郎[97]の選挙ポスターである。[98]東区が含まれる該選挙区からは、本来、補欠選で当選していた田中譲の出馬が有力視されていたが、前述したように彼は、議会解散直前に実同を脱会したため田中次太郎が擁立されることになった。

このポスターは、頭に「国民」と書かれた人物が、継ぎ当てだらけの服を着て、重そうな大きな荷物を背負い、腰にも二つの袋を下げ、杖をつき足取りも重そうに歩く姿が描かれていた。膝の継ぎ当てには「不景気」、背中の荷物には「国の借金約六十億円」、腰にぶら下げた袋には「一年の費用約十八億円」、「まだこの外に別の会計」、と記されていた。さらに両足にも鎖の重りが付けられ、そこには「山のおくに汽車をかけたり」、「船のつかぬ港に金をかけたり」と書かれていた。ポスター上段には、「重い税金をかるくするために」と大書され、そこから矢印が実同候補者の名前に向けられていた。

図6－3　（➔口絵）

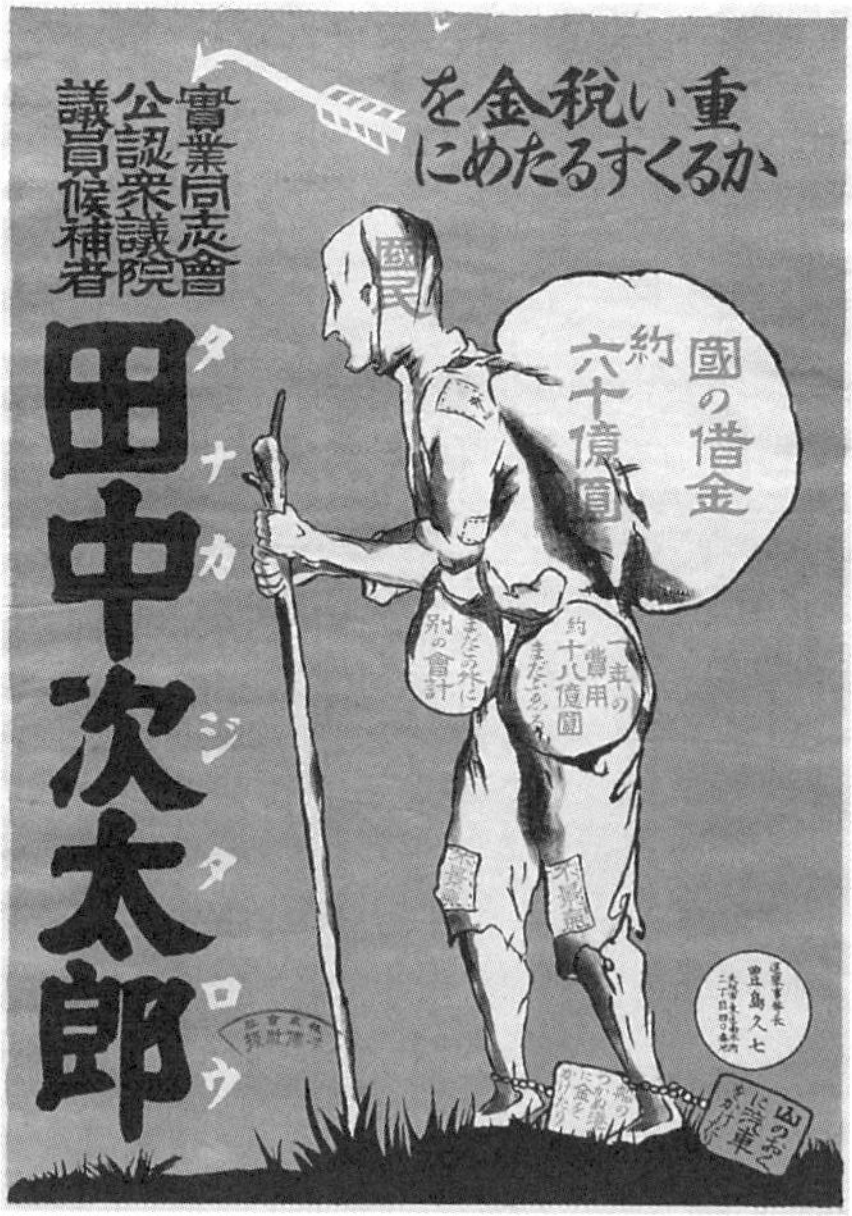

武藤は、明治維新以来、わが国の行政及び財政が複雑になり膨張を重ねていることを問題視していた。政党の党利党略に基づき、山のおくに不必要な線路を延長し汽車を走らせ、船のつかぬ港の新設や改修を行うため、採算を度外視した予算が組まれ、その結果、国家財政の浪費は止まらず年々膨張を続け、多額の借金を抱え国民の背中に重くのしかかっている。そのことを一枚のポスターの意匠により印象的に描いていたのである。

こうした国家財政の膨張は、政府の仕事が次のように広範囲に亘っていることに一因があると武藤は考えていた。前述の『実業政治』の中では、「我国に於ては、鉄道、郵便、電信、電話を始め郵便貯金、簡易生命保険、郵便年金、煙草、塩及樟脳は悉く官営であり、この外に学校の経営、軍器の製造、製鉄、製絨、製材、採炭、印刷等の諸事業も営み、広大なる土地森林を所有し」ている、「財産の国有・事業の官営から」見れば「西洋の社会主義の主張する政策を実行して居ると言つても差支ない」と断じていた。[99]その上で、これらの事業を政府が行うので資本が浪費される、これを整理し民業にまかせれば国費の節約を実現することができるとし、右に挙げた事業ごとにその非効率と資本の浪費を指摘し民間に開放する改革案を提示していた。

さらに、同書は、肥大化した官僚組織も俎上に上げ、一一も省があるので、各省割拠し政策の統一を欠き予算分捕りの弊、事務の渋滞、国費の膨張が起こるとし、次のような統合案を提案していた。それは、農林、商工、逓信を統合して産業省に、国有鉄道は民営化して鉄道省は廃止し、文部省と司法省も廃止し、陸軍省と海軍省を統合し国防省にする。国防、外務、内務、大蔵、産業の五省体制にする提案であった。[100]前述の第二回全国大会の決議の最初の項目にも、かかる五省への統合案が掲げられ、他の項目にも「官業の廃止又は大整理を断行し以て資本の浪費と民業圧迫とを除去すること」が謳われた。[101]

また、前出のポスターの腰に下げた袋に「まだこの外に別の会計」と記されていたが、これは特別会計を示唆していた。武藤は、この問題も初登壇の議会において取り上げ、わが国の会計組織が「一般会計と特別会計と此の二つ帳面を以て、恰も民間ならば総勘定の元帳を二つ持つて居る如き有様で、民間ならば背任罪に」問われるような制度である、と政府を追及していた。[102]因みに、昭和三年の歳出（決算）において、一般会計は、一八億一四八六万円であったのに比し、特別会計は二八億四四四〇万円に達していた。[103]武藤は、世人は一般会計の歳出のみ見て特別会計が膨張して思わぬ国費を国民が負担しているのを気づかず、歳出の節減を行おうとしても特別会計が分立しているので国民の目をかすめ徹底的に行われなくなる、と難じていた。[104]後述するように実同は、政治啓蒙の手段として活動写真を制作し活用したが、その一つである『醒めよ有権者』の中でも、「政府は一般会計と特別会計といふ元帳を二冊作って一般会計だけ国民に示し特別会計は隠してゴマ化してゐる」「特別会計は実に政府財政の手品函でありますⅠ105」と解説していた。武藤は、その具体例を次のように指摘する。「国有鉄道を党勢拡張に利用せんがため鉄道の会計を独立せしめて、鉄道の純益を歳入に繰り入れぬやうにしたのは政友会内閣であり、大富豪、政商の製鉄業を救済に便ぜんがため、八幡製鉄所の会計を鉄道の会計の如く独立にしたのは憲政会内閣であるⅠ106」とし、自党の党勢拡大や党利党略のために特別会計を設けることは、政友会、憲政会の区別なく既成政党の通弊であると断じていたのである。

以上のように、第一回普選に際し、武藤や実同は、既成政党が肥大化した官僚組織と結びつき、郵便貯金や特別会計の制度等を巧みに利用しながら、党利党略に基づく政策を展開していることを批判し続けた。さらに、それが財政の膨張と浪費を招く原因と指摘しつつ、それを阻止するための政府官僚組織の大胆ともいえる整理統合案まで提言しながら、小さな政府を実現することで税金を含めた国民の負担軽減が可能と有権者に訴えたのである。

第四節　演劇と映画を活用した政治啓蒙と選挙運動

大正の中葉に実施された第一二回総選挙に際し、首相の大隈重信が自らの演説をレコードに吹き込み、これを選挙運動に利用したことは知られている。Ⅰ107第一六回総選挙でも田中首相は、自らの施政方針と議会解散理由を吹き込んだレコードを製作し、全国に配布した。Ⅰ108民政党の浜口雄幸も、さらに社会民衆党の安部磯雄までがこれにⅠ109続き、選挙運動用のレコード吹き込みが大流行である、と新聞は伝えていた。このレコード利用に象徴されるように、選挙運動もメディアの発展に伴い、種々の手法が試みられるようになるが、武藤は、演劇や活動写真（映画）を政治啓蒙の手段として、さらには選挙運動の中でも積極的に活用した。

第一次世界大戦後の大正八（一九一九）年、ベルサイユ条約の規定に基づき発足した国際労働機関（ＩＬＯ）は、国際労働会議をワシントンで開催した。武藤は、使用人代表としてこれに参加したが、米国滞在中に社会教育に劇や活動写真が積極的に用いられていることを見聞し、自分が推進している国民覚醒運動にも、これらの手法を使うことを積極的に試みるようになった(110)。

まず、演劇に関しては自ら脚本を書いたことからわかるように、武藤は、多大の関心と期待を寄せ、実同もその活用に力を注いだ。例えば、総選挙前年の昭和二年六月二七日、実業同志会政治教育部主催で、大阪において上演された、普選芝居「日輪を拝め」は、入場者二千名を超える盛況であり観衆涙に濡れる、と機関紙は扇情的に伝えていた(111)。これを上演した演劇一座は、七月に福岡、久留米、大牟田を中心に九州巡業を行うことになるが、その宣伝配布用として製作されたと考えられるビラを確認することができる。それは、冒頭「愛国劇団大一座九州に来る、『日輪を拝め』」との見出しが躍り、本来、演劇に政治を加味すると面白味を殺ぐため至難と考えられていたが、東京劇団の寵児日吉良太郎により政治の演劇化が成就された、と宣伝していた。また、右の大阪上演の会場となった中之島公会堂が満員になっている様子が写真により紹介されるとともに、武藤会長の挨拶が「日吉良太郎の普選劇を薦む」と題して掲載された。そこでは、普選がせまり、政治教育が急務であり、演劇を政治教育に利用することを前から考えていたが、日吉一派が成功したことは、喜びで国民の政治教育に資することを望む(112)、と期待を寄せていた(113)。

これ以降も実同は、政治啓蒙活動に演劇を積極的に利用し、総選挙の前に大阪で開催された関西大会(114)や、東京で開催された全国大会でも(115)、政治教育劇「変節か改心か」と「悪魔払ひ」が上演された。さらに、その梗概が、選挙期間中に発行された機関紙上において二面を使い紹介された(116)。前者は、既成政党から少数党への支持変更が健康なものであり意義あることを説き、後者は既成政党による政治を批判する内容であった。例えば、「悪魔払ひ」は、実同の弱い地域である農村を舞台にし、その荒筋は次の通りである。まず、既成政党の政党拡張員が仏の姿をした僧として現れ、村の衆の望みは何でもかなえると触れ込む。村人は、南無阿弥陀仏を唱えながら、山奥にまで鉄道をひくこと等をお願いし、投票権と書いた大きな天保銭のようなものを賽銭としてあげようとする。そこに、実同所属と目される少壮政治家が現れ、その僧は表面上、仏の姿をしているが、内実は悪魔であることを暴き次のように説く。既成政党は、鉄道、港、学校を建てるといいながら選挙民を釣るが、これらは皆が払った税金、預金した郵便貯金により賄われる。悪魔をこのままにしておくと白蟻が食い荒らすが如くこの帝国を食い潰すことになるので、皆と一緒に白蟻退治が、悪魔払いが必要、と説く内容であった(117)。

このように実同は政治啓蒙や選挙運動に演劇を利用したが、その新奇さから聴衆の招集に効果を発揮することが期待された活動写真も積極的に活用したのである。例えば、大阪五区より出馬することになる高松正道の演説会が盛況であった理由について、次のように解説されていた。すなわち、普選の本舞台が近付いたので一般民衆の政治知識を鼓吹する必要があるので実業同志会政治教育部は巡回講演を行うことになったが、何分本会特製の教育活動写真映写と云う鳴り物入りだから、此師走の寒空にも拘らず何れも満場立錐の余地なき盛況であったと、活動写真が有権者の関心を引き支援者拡大の活動に効果を発揮していることが紹介されていた(118)。

実業同志会は、「寶珠のさゝやき」「醒めよ有権者」の二巻の活動写真を既に制作発表し、関東においては第一五回総選挙の運動に利用し、関西では選挙後、各種演説会に活用していた(119)。その後も、実同は、政治教育に資するため「英国総選挙の実況」を英国より取り寄せ、さらに「実業同志会ノ信条」「実業同志会ノ政治教育ヲ後援セヨ・上下」を制作し好評を博していることが報告されている(120)。さらに実同は、男子普選に基づく初めての総選挙に向け、自派主催の講演会等で、前出の「寶珠のさゝやき」や「実業同志会ノ信条」、「善政に生く」を頻繁に上映し、それ以外にも「国家を救へ」「協同の力」「悪税」「普選の道」等、実同制作の映画を活用した。[121]

実際の選挙運動にかかる活動写真がどの程度利用されたかその詳細は定かではないが、実同候補者の演説会のビラの上段に、「活動写真映写」と黒地白抜きで大書されていたことは、[122]有権者の関心を引く手段として活動写真が積極的に利用されたことを裏付けていた。さらに、右に紹介した作品のいくつかが、選挙運動期間中に政府の検閲を受けていたことも、それらが選挙運動に活用されたことを間接的に物語っていた。確認できる作品と検閲の日付は、以下の通りである。「寶珠のさ、やき」は、昭和三年二月一〇日であり、「悪税」「協同の力」「後援せよ」は、同年二月一四日であった。[123]第一六回総選挙に先立ち成立した普選法及び、その関連法規は、従来の選挙運動の規定と大幅に異なるため種々の混乱が生じていたが、前回総選挙で選挙違反者を出した武藤としては、[124]かかる映像の選挙運動利用に関しても神経質になり確認を求めていたといえよう。

ところで、該総選挙に際し、政府与党では、先に紹介した田中義一首相の演説のレコード吹き込みだけでなく、田中の生涯を追った映画も制作され上映された。[125]さらに、政府与党の政友会内では、選挙民を驚かし招集効果を高めるためとし、解散前から発声映画（トーキー）を作成することが企画され、森恪外務政務次官が、その試作として撮影されていた。[126]その出来がよかったので、昭和キネマが、田中首相、小川平吉鉄相、三土忠造蔵相、山本悌二郎農相の発声映画を制作し、[127]選挙運動に活用された。[128]上映に際しては、機械の調子が悪かったり、技術者が不慣れなこともあり種々トラブルが発生したようであるが、[129]未だ発声映画は珍しかったので集客効果を発揮したのである。このように発声映画は、選挙運動に活用されることになったが、その利用の仕方については新選挙法に照らした確認が必要であった。すなわち、普選法第九六条では、選挙運動を行うことができるのは、議員候補者、選挙事務長、選挙委員、選挙事務員に限定されていたが、演説と推薦状による選挙運動はその限りにあらずとしていた。田中首相の発声映画が、この規定の中の演説に該当するか疑義が出されていたが、内務省はこれを演説と認め、第三者が持ち回って上映することを許可したのである。こうした状況もあり、活動写真を制作していた実同は、その利用の許可を受けるべく先述の通り検閲を受けていたと考えられる。

右に紹介した以外にも、実同は、武藤自身の選挙運動のために自己の略歴と実業同志会の主張や政策を盛り込んだ映像を作成していた[130]。既述の通り、武藤は候補者応援のため自らの選挙区での運動は手薄にならざるを得なかったので、それを補うためかかる活動写真を作成したと考えられる。また、武藤は自党候補者のために奔走したが、全ての応援を充分に行うことができなかったため、それを補うための活動写真も制作されていた。それは、冒頭、武藤が登場挨拶し、候補者の紹介と支援のお願いをする。次に候補者自身による挨拶と支援のお願いが行われた後、武藤が実業同志会の主張と政策を訴える構成になっていた。冒頭部分の候補者の紹介に関しては、中抜きになっているため個別の映像が撮られたわけでなく弁士などによる説明でこれを補うことにより、全ての候補者が選挙演説会等に利用できる構成になっていた。この作品は、昭和三年二月七日に検閲済となっている。武藤は、前出の政府与党の発声映画同様、これを第三者が選挙活動に利用することも可能か、内務省警保局に問い合わせをしていた。これに対し警保局は、政府与党の映画は発声映画ゆえこれを演説と見なし第三者主催の演説会での利用は可能であるが、実同制作のものは、無声映画であり演説とは認めがたい。議員候補者、あるいは法定運動者主催の演説会での利用は可能であるが、第三者が持ち回り、その主催の演説会での利用は不可と回答していた[131]。

以上のように、武藤は、政治啓蒙用の種々の活動写真を制作し、それらを可能な限り選挙運動に活用しようとしていた。普選実現を背景に、国民有権者の興味と関心を引き、理解容易な手段としての演劇や活動写真に期待を寄せ積極的に利用したのであった。

第五節　選挙結果と敗因の分析

既述の通り、第一六回総選挙に際し、実業同志会は、前回とほぼ同数の三一名の候補を擁立した。武藤は、投票日当日の新聞紙上において、わが党は、長年政治教育を行ってきているため他党の俄か拵えの候補者と異なるので、二〇ないし二五名の当選者を出すのではないか、との予想を語っていた[132]。しかし、選挙の結果、当選者は増加するどころか、解散前の九名の半数以下、表6－1に示した通り、武藤山治、千葉三郎、河崎助太郎、松井文太郎の四名に減じる惨敗を喫した。しかも、惜敗といえる次点は、鷲野米太郎、堀部久太郎の二名だけであった。それ以外の二五名の落選者の中で、最下位当選者の得票数の五割に達しなかった者は一七名もいて、その内、八名は供託金まで没収されていた[133]。

これらの結果は、実同が有権者への浸透に失敗し、各地域に未だ充分な政党組織を構築できていなかったことを示していた。そもそも武藤は、英国を模範としながら、個人ではなく政党重視の選挙が行われることを理想とし、わが国の個人の組織に頼りがちな選挙を次のように批判していた。すなわち、政党と候補者個人を別々に考えるわが国民の習慣が政界革新の上に一大障害となっている。立憲政治とは政党の主義主張の争い、投票の目安は候補者個人ではなくその属する政党でなければならない。しかしわが国では政党でなく候補者を目安とする誤った慣習がある。個人を贔屓にするのはいいが肝腎の政党がお留守になる。既成政党への非難が大きい割にその代表者が多数議会に送られるのは、国民が政党と個人を同一に考えず、候補者の政党は非と考えても候補者個人に投票を与えるからである[134]、と難じていた。このように武藤は、政党本位の、強いては政策本位の選挙を理想としたが、長年の間に醸成された政友会、民政党の二大既成政党及びその候補者により構築された地盤は固く、新政党が短期でそれを崩すのは困難であった。実同の場合、未だその組織が充分ではないため、政党本位を目指す武藤の理想と実同の組織の現実とは乖離していたといえよう。

こうした状況にもかかわらず、実同は、組織の脆弱さをはね除け当選できる有力な候補者を揃えることに失敗した。候補者擁立の段階で、支持者より候補者の貧弱さを難じる書簡が武藤に寄せられていたことは既に指摘したところである。選挙後、『時事新報』の経済部記者であった山崎靖純は、実同が敗北したことについて自ら分析した長文の書簡を武藤に送っていたが(135)、その中でも候補者の顔振れが甚だしく貧弱であったことを敗因の一つとして挙げていた。山崎も、日本における選挙では、反政友熱の高い都会において、政友会候補が当選するのを見てもわかるように、有権者は政策より人を見る傾向が著しいにもかかわらず、実同がそれに対応できなかったことを指摘していた。

さらに、山崎は実同が既成政党批判を徹底し、政友、民政両党を攻撃したため現政権批判が不鮮明になったことも敗因として挙げた。山崎によれば、政友も民政もいけないとの議論をし過ぎて、政権を取っている政友会内閣への不信任の態度が不鮮明になったとする。さらに山崎は、都会地の民衆心理は、国政にあたっている政友会が悪ければ先ず是を倒し、次の民政党内閣がいけなければ是を倒すという行き方を好む、と観察していたが、それは、政友会と民政党との対立、さらにはそれに基づく政権交代を前提とした議論であった。二大政党の対立に有権者の関心が集中する中、両党を批判し少数党の意義を説き、実同独自の主張や政策を説いても、その訴えが有権者に届くことは困難であったといえよう。

以上、実同の敗因を概括してみたが、以下、選挙制度の改正が実同の選挙戦にいかなる影響を及ぼしたか考察を加え、これを補強してみたい。

既述の通り、実同は、中選挙区制への移行は小政党の自党に有利に働くと考えていたが、右の結果はその予測が的確でなかったことを示した。確かに一般論として、小選挙区制から中選挙区制への改正は小政党に有利になると考えられるが、第一六回総選挙の実同に関しては、むしろ逆に働いたといえる。このことは、前職ながら落選した候補の選挙結果において確認することができるので、以下、検証してみたい。

まず、確認しておかなければならないことは、前回の第一五回総選挙は、実同結成から日が浅い中で実施されたため、候補者は自党の組織に頼ることができず、その当選は選挙区における自らの知名度と人脈により勝ち取られた事実である。しかも、小選挙区制の場合、選挙運動の対象地域は必ずしも広くはなかったので、その知名度や人脈も広範に亘る必要はなかった。しかし、中選挙区制になり選挙区が拡大したため、候補者は前回選挙に際し対象とした以外の地域における選挙活動が必要とされた。既成の組織が構築されている政党の場合、その補完と調整はある程度まで政党が担うことになるが、それが不十分な実同については、個人の努力に依るしかなく、それに対応できない候補は敗北を喫したといえる。以下、そのことを三つの事例で確認してみたい。

第一は、京都一区より出馬し次点に泣いた前職鷲野米太郎の場合である。京都市の助役であった鷲野は、第一四回総選挙に京都旧一区（定数二・上京区）より出馬するが、この時は、憲政会と政友会の候補の後塵を拝し、次点に泣いた。実同は、この鷲野を第一五回総選挙に同じ京都旧一区より出馬させ、彼は五二五五票を獲得して当選した。二位の憲政会候補が二八二五票、次点の革新倶楽部候補が一九六五票、四位の政友会候補が六三四票であったので、歴史を有する既成政党の三候補者に大差をつけての当選であった(136)。

中選挙区制下の第一六回総選挙に際し、この京都一区は、旧一区の上京区と旧二区の下京区が合同し定数五名の選挙区となった。右に示したように第一五回総選挙での鷲野の大量得票もあったため、実同の一部では二名擁立との威勢のよい話もあったようである(137)。結局、二名擁立は見送られ鷲野一人の出馬となったが、次点に泣くことになる。鷲野の得票を見ると、上京区から五五五六票、下京区より二一九八票であり(138)、京都一区に新たに加わった下京区からの集票が芳しくなかったことがわかる。

第二に、大阪一区（定数三名）から出馬した羽室庸之助の場合である。既述の通り羽室は、大阪旧一区（西区）の再選挙で当選を果たしたが、第一六回総選挙も大阪一区から出馬した。同区は西区だけでなく、補欠選挙で混乱を招くことになった大正一四年の区改正により生まれた港区も選挙区に抱えることになった。港区は、北区と西区から分離して誕生したが、西区の有権者が二万三六五五名であるのに比し、港区は七万九八名と三倍近くの有権者を抱えていたので、同区からの集票が当落に大きく影響したが、羽室は同区より効果的な得票に失敗している。すなわち、西区においては、二四一五票を獲得し候補者中三位の得票を果たしていたが、新設された港区からは、大阪一区当選者三名がいずれも、五千から八千票という大量得票している中、一二八一票と候補者中九位に止まり、落選した。[139]

第三に、第一五回総選挙で当選者を出していた群馬の事例を検証してみたい。第一五回総選挙で実同は小林弥七を、高崎市を選挙区とする群馬旧二区（定数一名）に擁立し、八〇七票を獲得し当選させていた。[140]この票数からも明らかなように小林の当選は、実同の組織的支援ではなく、候補者個人の選挙区における人脈により勝ち取られたことがわかる。実際、群馬県における実同の組織は脆弱であった。大正一三年九月に公刊された実同の活動報告書に記載された本部地方組織の実態によれば、群馬は、前橋、伊勢崎の支部が大正一三年一月、高崎支部が同年三月に創立されていた。しかし、会員数は記載されておらず、高崎支部に関しては役員すら決定されていなかった。[141]昭和二年一一月、武藤会長出席の下、群馬の各支部が統合され群馬支部発会式が開催されたが、[142]これは各支部の組織が脆弱なため総選挙を控え整理統合を図る目的があったといえる。第一六回総選挙では、早い段階から加納芳三郎が出馬の決意を固め活動し群馬一区（定数五名）より出馬したが、供託金没収をきわどく免れる得票しか上げることができず惨敗した。[143]群馬一区は、前橋市、桐生市の二都市に加え、勢多、利根、佐波、新田、山田、邑楽の郡を抱える選挙区であった。前職の選挙区であった高崎市ではなかったことに加え、郡部からの集票にも全く対応できていなかったことがわかる。[144]

さらに中選挙区制への移行は、独立選挙区であった小中都市に、郡部の農村を加えた選挙区を誕生させたが、[145]このことは、都市型の色彩濃厚な実同の候補には不利に働いたと考えられる。第一五回総選挙を総括した中で、「本会の宣伝は未だ都市以外に行き亘らざりしため、候補者は都市に偏し且其一部に当選の確実性を欠きしものありしは甚だ遺憾[146]」と指摘されていたように、実同の組織は都市に偏り地方農村にまでは拡充していなかった。こうした状況を受け、実同も地方農村への支持拡大を目指し、その意図は、武藤が自ら脚本を書いた政治革新劇「醒めたる力」にも確認することができる。まず、その内容は、都市と農村が対立していることを、さらに実同が、都市、商工業者の利益代表と見做され、農村の反感をかっていることを前提にしていた。その上で、かかる認識の改善を目指し、登場人物の会話の中に、次のような一節を盛り込む。すなわち、既成の大政党は、都会には資本家とか事業家という悪い奴らが居て農民の金を皆取る算段ばかりして居る、との悪宣伝をしている。そのため、農村の人々の利害と、町の商工業者の利害とは全く相反して居るように思わされている。しかし農村と町は利害相反するのでなく共存共栄の関係である。営業税は商人のみ払うのでなく地方の人も負担している。地租も地主だけが払うのではなく地方の人を得意とする町の商人も負担している、と解説していた。[147]さらに、既述の政治演劇「悪魔払ひ」の舞台も農村であった。このように武藤をはじめとする実同関係者は、種々の方法を用い、農村部への浸透を図ったが、歴史が浅く限られた都市部にしか組織を有していない実同にとり、長年の歴史の中で地方農村に拡充された既成政党あるいはその候補者の組織を切り崩し、自らの支援者を獲得することは容易でなかったといえるであろう。

以下、中選挙区制になり従前選挙区としていた市部に郡部が加わったため、それへの対応ができなかったことが落選の一因となった事例を紹介してみたい。

第一は、福岡三区より出馬した古林喜代太の場合である。第一五回総選挙に際し、古林は、久留米市を選挙区とする福岡旧二区（定数二）より出馬し、政友会候補と争い一四七五票を獲得し当選を果たしていた[148]。明治一一年生まれの古林は、久留米商業学校校長の経歴を持つが[149]、かかる教歴が集票に寄与したと推断できる。第一六回総選挙では、久留米市を含む福岡三区（定数五）より出馬するが、同区は、久留米市のほか、大牟田市、浮羽、三井、三潴、八女、山門、三池の各郡を抱えることになる。古林は、久留米と大牟田の市部では、候補者中四位の得票をし、各郡では四、五百票を中心に三桁の票を平均して獲得していたが[150]、当選ラインには達しなかった。当選者の集票状況を見ると、彼等は総じて大量得票をする郡を複数持っていたことがわかる。古林の場合、自らの教歴を生かし久留米市だけを対象としていた小選挙区制下の選挙区では当選を果たすことができたものの、郡部を含むより広い地域からの集票に失敗したことがわかる。

第二は、静岡一区より出馬した中田騄郎の場合である[151]。中田は、第一五回総選挙で静岡市を選挙区とする静岡旧一区（定数二）より出馬し僅差の次点に泣いただけに、実同の期待も高く党内では当選確実と予想されていた[152]。中田は、第一六回総選挙でも静岡一区より出馬するが、同区は、静岡市以外に、清水市、さらには、庵原、安倍、志太、榛原、小笠の各郡を抱える定数五名の選挙区に拡大していた。彼は、静岡市からは、三一六五票を獲得し候補者中二位の票を獲得するが、それ以外の地域においては効果的な集票ができず落選した[153]。中田自身、早期より郡部にも積極的な遊説活動はしていたものの[154]、当選ラインに達するまでの組織を築き上げることはできなかった。

以上のように、中選挙区制になり、従前の選挙区が拡大し、その中に郡部の地方農村が含まれるようになると、実同候補者の当選はより一層困難になったといえる。

次に、男子普選実現の選挙への影響について考察を加えてみたい。既述のように第一六回総選挙は、納税資格の制限撤廃により新たに選挙権を獲得した約九百万人の動向が、その勝敗を左右すると考えられた。したがって、各政党とも彼等の支持獲得に腐心した。武藤率いる実同も同様であり、普選実現を背景に啓蒙活動を精力的に展開したことは既に指摘したが、理解容易な演劇や活動写真を積極的に活用したり、その脚本の中に普選により新たに選挙権を獲得した村人を登場させ既成政党の詐術に欺らぬよう啓蒙したことは、その証左である。実同は、普選の実現は有権者の増大ばかりでなくその質も変えるので既成政党に一大打撃になると予測しながら[155]、新有権者の支持拡大に期待を寄せていたのである。しかし、選挙結果は、そうした期待に反するものであった。以下、実同候補者が新有権者の取り込みに失敗したことを確認しつつ、その理由について考察を加えてみたい。

京都一区より出馬した鷲野が、中選挙区制に対応できず次点に泣いたことは既に指摘したが、彼は普選にも対応できていないことがわかる。候補者数の関係などがあり単純に比較することはできないものの、彼が前回総選挙に際し選挙区とした下京区は、普選の実現に伴い有権者が一万三〇八六人から六万六〇二四人へ約五倍に増大したにもかかわらず、彼の同区からの得票数は、制限選挙下とそれほど変わっていなかったのである[156]。兵庫一区から出馬した森田金蔵[157]の場合も同様である。彼が、第一五回総選挙で初当選を果たした兵庫旧一区は、第一五回、第一六回総選挙とも神戸市を選挙区としているので小選挙区制から中選挙区制への移行に伴う影響は受けていない。その一方で、普選導入により有権者は、二万七二八八名から一三万二九九九名へと約五倍増になるとともに、定数も三名から五名に増加した。ここでも候補者数の関係もあり単純な比較はできないが、右のような有権者の増加にもかかわらず、森田の得票は、第一五回の四七六二票から第一六回の四一五八票へと、むしろ減らし八位で落選した[158]。後出の**表7－1**に示すように当選者五名の内訳を見ると、第一五回総選挙では憲政会より出て次点に泣いた民政党の野田文一郎が首位を、二位と五位には政友会の前職砂田重政と新人の中井一夫の二名が、三位には、第一五回総選挙に中立で出馬し落選し、今回も中立候補として出馬した藤原米造が、四位には日本労農党の河上丈太郎が占めた。民政党は、憲政会と政友本党合同に伴う候補者調整の失敗からか五名の公認候補を立て票が分散したため一名の当選に止まり、政友会の二名は、第七章において改めて論及するが、いずれも同選挙区において強い地盤を持つ旧革新倶楽部系の候補であるため、それらの支援を背景に当選していた。新有権者のとりわけ労働者の票は、河上が取り込み当選していた。候補者調整の失敗から民政党が公認候補を乱立させた選挙区であったため、実同の森田は、その間隙を縫って漁夫の利を得ることもできたはずであるが、投票の結果は、新有権者の集票に失敗し、むしろ既成政党候補者間の争いに吹き飛ばされていたことがわかる。

このような事例を通じて、実業同志会は新有権者への支持拡大に成功しなかったことがわかるが、その一因には、武藤の経歴から生まれる実同のイメージがあった。実同が、そのイメージ払拭のための弁明ともいえる解説を行い続けなければならなかったように、資本家や実業家のための政党との印象が強かったのである(159)。既述の大阪の補欠選挙の総括の中で、武藤は、世界大戦争の際、成金と称する一部実業家の傍若無人の振舞が社会一般の人々の反感を生じさせていたため、反対派は実同を傷つけるため常に金権の二字をもって攻撃したと述べたが(160)、競争者は実同に「成金」「金権」政党のイメージを印象づけようとして、実同側もこれに神経質になり反論弁明にまわらなければならなかったといえる。

そうした中、「実業同志会」という党名は、かかる負のイメージを補強するとして党内でも繰り返し問題視され、その払拭のための解説が行われ続けることになる。例えば、総選挙で実同候補として立つことになる五来欣造は、「実業」と云う文字が祟り、ブルジョア階級の政党であるとの誤解を受ける。自ら金権政治の弊害を打破するために立ちながら、金権党との非難を受けるのは無意義である、それは皆此の党名が悪いからであらう(161)、とブルジョア、金権政党と誤解される党名に問題があることを機関紙上において直截に語っていた。総選挙が実施される昭和三年の元旦号の機関紙上には、実同について「武藤会長と某氏との問答」と題する記事が一面全体を使い掲載されたが、この問答の冒頭でも党名が問題視されていた。すなわち、某氏が「実業」の二字が実同をして商工業者に限るような誤解を生み非常に邪魔になっているので別の二字に改められないかとの質問を投げかけ、その後の質問の中では国民同志会に名前を改められないか、と武藤に進言していた。これに対し武藤は、「実業」は働くものの総称であり、政党は名でなく主義政策が大事であり、名を言うのは中味を言わず外箱を言うのと同じ、理由無き改名は精神的堕落を意味する、と一蹴していた。この問答は総選挙の際、選挙民に配布するため小冊子にまとめる候補者がいたことからもわかるように[162]、実同への理解を深め支持を獲得することを意図していたが、有権者に支持を訴える際も、商工業者の利益代表とのイメージ払拭と弁明に腐心していたことがわかる。

しかし、武藤が政治啓蒙の対象とした有権者の実情は、彼が理想とする姿には遠く、その成果を上げるのは容易でなかった。例えば、武藤は、選挙後、候補者の情に訴える選挙運動の、次のようなスタイルを難じていた。それは、第四章で紹介したような演壇の上で卒倒してみたり泣いたり拝んでみたりして、醒めない有権者の、安価なそして無批判な同情や義理人情に訴える芸当である。実同候補者の敗因は、それをできなかったことにあると解説していた[163]。二月七日に掲載された公認候補の略歴紹介を見ると、海外への留学を含め渡航歴のある者が少なからずいることがわかる[164]。そうした経歴に鑑みても、武藤が指摘するように、実同候補者は、理に訴えることはできても有権者を動かす情に訴えることに不得意な候補者が多かったと推断できる。

さらに、武藤は、既成政党の党員の悪弊を次のように指摘していたが、それは同時に彼が向き合わなければならない国民、有権者の現実でもあった。彼は、既成政党の党員が必ずしもその政党の主義主張に共鳴し、自発的に参加したものでないことを次のような話を紹介しながら批判する。すなわち、或地方の人から、一人で憲政会と政友会の双方に籍を置いて居る人が少なくないと聞き、驚いてその理由を尋ねると、大会の時、三〇銭の懇親会費で一円の弁当を出すから、双方へ入会していると一円四〇銭儲かるからとの答えを聞き[165]、嘆息する。機関紙上でも、既成政党の党員になるのは、大会で二重三重の高級弁当を無料で食べられるからであり、党費も幹部が秘かに調達して負担していることを指摘していた。(166) これらは既成政党批判の意図の下に書かれたものゆえ多少割り引いて考えなければならないが、同時代の政党に参加する人々の意識の一端を浮き彫りにしていて興味深い。

このように武藤は、既成政党会員の実態を批判しながら、実同のそれは、対照的に理想的会員であることを次のように紹介する。既成政党の会員総会は、五〇銭の会費で二円の弁当が食べられるというのが相場であるが、実同の場合は、全国大会参加費を一円五〇銭から二円に値上げし、五〇銭を政治教育に充当するようにしたにもかかわらず、申し込みが殺到し会員参加者は三、四倍に増えたと自賛し、(167) 既成政党と実同の支援者の質の相違を強調していた。しかし、既述のように実同の会員や維持会制度が期待した通りに拡大しなかったことからもわかるように、実際の選挙戦で向き合わなければならない有権者の実情は、実同支援者も含めそれほど理想化できなかったといえる。

選挙権獲得をめぐる国民の意識に関しても、武藤の理想と現実との間には懸隔があった。武藤は、地方を訪れた際、制限選挙下において新たに選挙権を得た者が、それを一文でも高く売りつけようと次のように臆面もなく話す人がいることを聞いてあきれていた。納税資格に達するため並大抵でない苦労をしたのだから、三円や五円で売れというのは不当である、と苦労して獲得した選挙権ゆえ高く売ることを当然と考えている有権者の存在を紹介していた。(168) その一方で武藤は、普選の実現により、右のように投票を一文でも高く売ろうとする了簡の人はいなくなるだろうが、むしろ楽してもらった権利なので棄権する人が多くなるとの懸念を示していた。確かに、第二章で論及したように普選導入後に行われた統一地方選挙の投票率は低く問題視されたのであるが、武藤の指摘のように普選の実現に伴い選挙権を売買の対象とする考えが国民の中から消滅したわけではなく、そのことは彼及び実同関係者も熟知していた。したがって、機関紙上においては、選挙権を新たに獲得した庶民の間で交わされる次のような会話が紹介されていた。これまで選挙権を持っていた人達は、選挙毎に甘いことをしていた。隣家の八兵衛さん、川向うの太郎兵衛さん、何でも拾円位したという。普選というふれが出て俺達も一遍選挙があれば拾円！、福の神が舞ひ込んだ位に考えている人々がかなり多い、[169]と登場人物に語らせ新有権者の現実を描写していた。新有権者の選挙権獲得をめぐるかかる意識については、第二章において既に紹介したところである。

武藤は、こうした有権者の意識を変えるべく政治教育の必要を唱え啓蒙活動に邁進したのであるが、現実はそう簡単に変わるものではなかったであろう。『時事新報』の山崎は、前出の書簡の中で、実業同志会の主義政策は新日本建設の為めの理想に近いと痛感しているが、大部分の民衆は未だこれを理解していない、今日、この「低級なる民衆」を導いて一歩づつ善き方に舵を向けることが理想政治家の悩みであろうと存じます、と書いていた。[170]「低級なる民衆」という刺激的表現が用いられているのは非公開の書簡の中ゆえであるが、精力的な政治啓蒙活動を展開したとの自負を抱いていた武藤や実同関係者も、これに近い空しさを痛感させられたであろう。

武藤は選挙後、政友会、民政党両党の豊富な選挙資金と、それを使っての二大政党間の激烈な買収戦を前に真面目な少数党候補者が落選することになった、と総括した。[171]既成政党批判の脈絡からの実同敗因の解説であるため、武藤の言を、額面通り受け取ることはできないであろう。しかし、右に紹介したように、少なからぬ新有権者が「票」を売買の対象と考えている限り、普選の導入は候補者に、より多くの選挙資金獲得を迫ることになり、しかも武藤が指摘するように多くの選挙区において二大政党が激しく対立する選挙戦が展開されたため、投じられる選挙資金もより一層増加したと推断できる。選挙後、徳富蘇峰が、「選挙の沙汰も金次第」と題するコラムを書き、普選の導入で貧乏政治家が出現するか否かが注目されたが、「相ひ変わらず金銭のみ聞ゆるは、甚だ以て苦々敷次第」、「今や選挙の沙汰も金次第と云ふ状態だ」、今日閉口するのは「余りに資金万能の、雰囲気濃厚なことだ」と、選挙の勝敗が金銭次第で決するとの空気が濃厚になったことを嘆じていたのは、[172]それを傍証していた。

結　語

以上、武藤率いる実業同志会が、男子普選法成立後、初の総選挙となる第一六回総選挙に向け、新有権者を意識した政治啓蒙活動や選挙活動を積極的に展開したこと、そのために、演劇や活動写真等の新しい手法を活用したことを明らかにした。武藤は、既成政党批判を鮮明にしながら、肥大化した政府官僚制度やそれに付随した郵便貯金や特別会計の問題に切り込み、その主張は画期的で刺激的な内容を含んでいた。しかし、それらは多分に理想主義に傾く大胆な改革案だけに、既存の利権関係を侵す可能性が大きかった。加えて、特定の有力者に頼らぬ政治資金獲得の方法や地方選挙と一線を画する方針を打ち出し、候補者個人の資質や「情」に頼らず、政党やその政策を重視した選挙運動のスタイルを追求した。しかし、彼の多分に理想主義に傾きがちともいえる姿勢や主張は、国民や有権者の現実からは離れ共鳴を呼びにくく、さらに当初の予想に反し選挙制度の改正も追い風にならず、実同は惨敗した。

選挙前の期待と予想に反する、かかる結果は、武藤を始め実同関係者に大きな衝撃を与えた。選挙参謀を務めた八木は、選挙結果に驚き、疲れがでたのか、その後、一、二週間は引籠もっていたと回想している[173]。選挙直後、選挙結果を報ずべき機関紙が発刊されなかったことも、実同が受けた衝撃の大きさを如実に物語っていた。選挙の二ヶ月後、実業同志会は政友会と政策協定を結ぶことになるが、選挙結果は、それを伝える号の中でようやく報じられたのである[174]。

この後、実業同志会は、従前より問題とされてきた党名を国民同志会に変え、第一七回総選挙に際しては、公認候補を一二名に絞り込み選挙に臨むが、六名の当選に止まり躍進することはできず、第一八回総選挙では候補者の擁立を断念した。武藤は「政治運動の八年間は道草であった(175)」との感想を洩らしながら政界から身を引き、以後、政治教育、政治啓蒙活動に専念することになる。

（1）　武藤山治は、慶応三（一八六七）年に生まれ、慶應義塾で学び福沢諭吉の門下生であった。慶應卒業後、三井銀行に入社、中上川彦次郎の誘いで鐘ヶ淵紡績に移り、本社支配人、専務取締役を歴任し、大正一〇（一九二一）年に社長に就任する。この間、従業員を家族同様に育てる温情主義に基づく経営を促進し会社を発展させ、鐘紡を四大紡績会社の一つに育てた。

（2）　こうした武藤の主張をまとめた『実業政治』については後述するが、同書に寄せられた次のような評は、その内容が同時代において異端であったことを端的に示していた。すなわち、既成政党の党首が、こんな議論を大胆にのべたてたら、敵党に言質を与える結果をよぶから党内には必ず紛擾がおこる、況んや一個半個の党員が喚いたら、党付壮士に拳骨の雨をくらい除名処分が結末にならう、とした（釋瓢齋「二足草鞋の処分法　武藤氏は武藤氏を愛せよ」『実業同志会』大正一五年一二月一日）。

（3）　実業家、経営者としての武藤山治の研究は少なくないが、実業同志会創立以降の政治家武藤の研究は必ずしも多くはない。実業同志会成立に関しては市原亮平「実業同志会の結党」（『経済論叢』第七一巻第一・二号、昭和二八年）、同会から一五回総選挙までを、同会創立者の武藤を中心に追った江口圭一「実業同志会の成立」（由井正臣編『論集日本歴史12・大正デモクラシー』有精堂、昭和五二年）があるが、いずれも階級対立史観に依拠した論考である。そうしたイデオロギー史観とは一線を画した武藤及び実業同志会の研究と再評価が必要であるが、その嚆矢として松田尚士『政治を改革する男―鐘紡の武藤山治―』（國民會館叢書八二、國民會館、平成二一年）が公刊された。

（4）　前掲『第十五回衆議院議員総選挙一覧』。以下、本章でも、第一五回総選挙及びその補欠選挙のデータは、断りのない限り本書に拠る。

（5）　大正一四年二月一八日、憲政会の関和知が死去したことに伴い実施された（前掲『議会制度百年史・院内会派編・衆議院の部』）。以下、本章でも会派の移動などについては、断りのない限り本書に拠る。

（6）　大正一一年に帰国した千葉は、実業同志会が発足すると、「東京を征服せよ」との武藤の号令の下、東京を担当し、関東地域の組織拡充に当たる。補欠選挙に実業同志会ではなく中立で出たのは、支援してくれた県議が憲政会系の人々であったため武藤の遊説は遠慮してもらい、当選後も、かかる支援者が実同の態度には批判的であったため、党籍を実同に移す際には相当の反発があった、とする。なお、第一五回の総選挙で実同は、違反者を出していたため武藤からの選挙資金提供は法定内に止まり、苦労した旨が回想されている（千葉三郎『創造に生きて―わが生涯のメモ―』カルチャー出版、昭和五二年、七四～九二頁）。千葉は、九一六七票を獲得し、政友会の小高の五一三六票を抑え当選した。既述のように、該補欠選挙は、憲政会の関の死去に伴うものであるため、千葉の選挙区での位置づけは、実同の候補というより、政友会に対抗する憲政会系の候補であり、その支援を少なからず受けていたと考えられる。

（7）　武藤は、大阪旧一区の候補者を自らの身代わりのロボット同様であると考え選挙に臨んでいた（八木幸吉「議会を中心とした同志会時代の武藤氏」『公民講座・武藤山治追悼号』昭和九年五月）。

（8）　大正一四年三月二六日に政友本党の筒井民次郎が、選挙法違反により議員辞職に追い込まれたため実施されることになった。

（9）　紫安は、第一五回総選挙では憲政会候補として、武藤と同じ選挙区である大阪旧四区（南区・定数三）より出馬するが、次点に泣いていた。

（10）　紫安の五一六九票（西区二四二九票、港区二七四〇票）に対し、羽室は四四六五票（西区二七〇八票、港区一七五七票）に止まり、西区においては優勢であったが港区において劣り落選した（『実業同志会』大正一四年一一月二〇日）。

（11）　機関紙は、この過程を大きな紙面を割き精力的に報じたが、例えば、武藤は、機関紙冒頭に掲げた「実同論壇」の中で、かかる再選挙を内務当局者の責任に大阪西区の選挙民が判決を下す場と訴えていた（『実業同志会』大正一五年六月一日）。他の紙面でも「正義を愛し権力を恐れざる大阪市民各位の御後援を待つ」との見出しを躍らせ、選挙区の変更を内務省による恣意的な行政権の行使として批判しながら実同候補への支援を訴えていた（同上、大正一五年六月二四日）。

（12）　武藤山治「政戦の跡」『実業同志会』大正一五年九月一日。この中で、武藤は、羽室には、政友本党系の支援も寄せられたことを指摘している。

（13）　田中は三七四一票を獲得し、政友会の相島の二〇四六票、憲政会の本多の一二四三票、革新倶楽部の松田の一二二二票を抑え当選した（前掲『第十五回衆議院議員総選挙一覧』）。

（14）　前掲・武藤「政戦の跡」。

（15）　同右。

（16）「補選実況活動写真」（國民會館所蔵）。
（17）『実業同志会』大正一五年九月一日。
（18）選挙演説会に際し上演された、後述する政治教育劇「変節か改心か」の中の登場人物に語らせていた（『実業同志会』昭和三年二月七日）。
（19）実同は政治啓蒙のための市民講座を開催したが、その活動の一環として大正一四年一月に同誌を創刊した。
（20）大正一四年一一月二〇日に創刊され、新聞紙大で、原則、月刊でスタートしている。
（21）例えば、昭和二年一一月までに実業同志会調査部は、「実同調査資料パンフレット」と題し、『震災手形早わかり』、『財界動揺善後策早わかり』、『諸外国銀行監督及預金者保護に関する法制参考資料』、『世界の生糸及人絹調査資料』、『農村振興としての蚕糸業根本救済』、『財界新興即効薬』、『大蔵省伏魔殿預金部内容』の七冊を発刊した。
（22）武藤は、実業同志会より種々の冊子を公刊したが、それ以外にも、左に示す『実業政治』だけでなく、『実業読本』（日本評論社、大正一五年）、『普選のススメ』（日本評論社、昭和二年、初版大正一五年）等、市販の出版社からも自著を積極的に発刊していた。
（23）武藤山治『実業政治―吾々もし政局に立たば―』日本評論社、昭和元年。初版は大正一五年一一月。
（24）『実業同志会』大正一五年一月一日。
（25）それは、同書の副題に「吾々もし政局に立たば」と記してあることにも示されていた。
（26）前掲・武藤『普選のススメ』、三六～七頁。
（27）一人一枚の葉書による投票を紙上で呼びかけた（『国民新聞』昭和二年三月二九日）。
（28）得票総数二二万五三八七票で、武藤は、一万二五七四票を獲得し四位であった。因みに、一位、小泉又次郎、二位、尾崎行雄、三位、三土忠造、五位、浜口雄幸、六位、大口喜六、七位、清瀬一郎、八位、松田源治、九位、鳩山一郎、一〇位、永井柳太郎であった（『国民新聞』昭和二年四月七日）。
（29）『実業同志会』昭和二年六月一日。
（30）『実業同志会』昭和二年五月一日。
（31）『大阪朝日新聞』昭和三年二月九日。
（32）同右。第一五回総選挙の候補者選定は、実同発足早々であったため党組織の弱体と未整備から困難を極めたが（前掲・江口「実業同志会の成立」）、第一六回総選挙に際しても、その状況は変わらなかったといえる。

(33) 前掲・武藤『普選のススメ』、四三頁。
(34) 西岡竹次郎の選挙違反による当選失効に伴い大正一四年四月一五日に実施され、憲政会の本田恒之が当選した。本田は三七二八票、森本は二七五二票を獲得していた（前掲『第十五回衆議院議員総選挙一覧』）。
(35) 前掲・八木「議会を中心とした同志会時代の武藤氏」。
(36) 東京三区の会員は、新聞紙上において同区の候補者名を知り、東京の中央の日本橋を抱える選挙区であるにもかかわらず候補者が貧弱すぎるとの懸念を寄せていた（昭和三年一月二八日付「武藤山治宛家室俊一〈会員〉書簡」、國民會館所蔵）。
(37) 和歌山の出来は、一月二八日の第一次公認では名前が挙げられていたが、一月三一日に実同が新聞に出した公認候補の広告（『大阪毎日新聞』昭和三年一月三一日）からは消え、供託金返金の締め切り間近に立候補を取り下げた（『読売新聞』昭和三年二月七日）。
(38) 大阪の河盛は、一月二八日時点の新聞社調査による候補者一覧（『大阪毎日新聞』昭和三年一月二九日）からも、さらに同二八日に実同が出した第一次公認からも名前は消えている。一度出馬を断念した河盛は、再度出馬を決めたとの報道もあったが（『読売新聞』昭和三年二月七日）、それは実行されなかった。
(39) 従前より京都の森下は、自らが若輩で各政党の勢力関係、予想される候補者の顔ぶれから勝ち目がないと考え出馬には消極的であったが、武藤はそうした考えを戒め彼に立候補を促していた（森下政一「消えぬ光」前掲『公民講座・武藤山治追悼号』）。こうした武藤の強い勧めもあり一旦は立候補の届け出をしたと考えられる。しかし、一月二八日に福知山町長高木半兵衛の出馬が決定（中立）したことにより、出馬を取り消し武藤の活動を支えることになる（『京都日出新聞』昭和三年一月二九日）。したがって、一月二八日時点の新聞社調査の候補者一覧（『大阪毎日新聞』昭和三年一月二九日）には実同候補者として名前が挙がっていたが、同日に実同が公表した第一次公認リストや、一月三一日に実同が新聞に出した公認候補の広告（『大阪毎日新聞』昭和三年一月三一日）に名前はなく、供託金返金の締め切り間近に立候補を取り下げていた（『読売新聞』昭和三年二月七日）。なお、本章で、引用する新聞記事の一部は、実業同志会本部で系統的に作成され國民會館にその一部として残されている『第九一巻・昭和二年度』、『第九二巻・昭和三年度』スクラップ所収のものを利用した。
(40) 『大阪朝日新聞』昭和三年一月二二日。
(41) 『実業同志会』昭和三年一月二〇日。
(42) 『大阪日日新聞』昭和三年一月一八日。
(43) 武藤談『大阪朝日新聞』昭和二年九月一三日。

(44)「各地支部の府県議選挙」『実業同志会』昭和二年九月一日。
(45)武藤談『大阪朝日新聞』昭和二年九月一三日。
(46)府県議選の対応をめぐり「実同派幹部に意見の衝突」との見出しを打ち、消極主義の武藤と積極主義の田中で意見の懸隔があることが観測されていた(『大阪日日新聞』昭和二年八月二五日)。
(47)『実業同志会』昭和二年九月一日。田中は、昭和四年一二月五日に、国民同志会(実業同志会改名)に復帰するが、かつての退会は「普通選挙対策について同志会幹部と意見の相違があったため」と説明していた(『国民同志会』昭和五年一月一日)。
(48)天山生「姿鏡」『実業同志会』昭和二年七月一〇日。
(49)人物紹介には、岡山から出るべく同支部の盛り返しに尽力している山上初次郎が取り上げられ(『実業同志会』昭和二年八月一日)、次号にも、この記事を受け書かれた、山上の人となりを紹介する投稿が掲載された(同上、昭和二年九月一日)。これらの記事から窺われるように、実同は岡山から山上の擁立を目指していたはずであるが、彼は一二月になり岡山支部長を辞任し(同上、昭和三年一月二〇日)、結局、実同は岡山からの候補者擁立を見送った。因みに、岡山支部は、実同発足四ヶ月後の大正一二年八月という比較的早い時期に創立され、一年後には一七八名の会員を抱えていた(『実業同志会運動経過概要』実業同志会、大正一三年九月)。
(50)実同理事の一坂力丸が徳島県下の遊説活動を行い(『実業同志会』昭和二年一〇月一日)、徳島政財界重鎮の長男であることを含めた人物紹介が掲載された(同上、昭和二年一〇月二五日)。さらに徳島支部会の発会式が行われたことも報じられたが(同上、昭和二年一二月一日)、一坂を含め徳島からの候補者擁立は見送られた。
(51)『名古屋毎日新聞』昭和三年一月二八日。
(52)高知一区の入交好徳、福岡一区の高岩勘次郎、石川一区の寺田正男である(『実業同志会』昭和三年二月一七日)。なお、石川一区は、定数二で、政友の中橋徳五郎と民政の永井柳太郎、これに政友の箸本太吉が出る予定だったが、箸本が九日に辞退することになったので、同区は事実上無競争の選挙区になることが決まった。そこで一〇日になり急遽、実同は中橋、永井の間に割り込む形で寺田の擁立を決定した(『読売新聞』昭和三年二月一二日)。なお、届け出の締め切りは投票日の一週間前に定められ、該総選挙では一三日であった。
(53)前掲『実業同志会運動経過概要』。
(54)鐘紡の博多支店からは、福岡四区(門司)における敗北を詫び、理想選挙をした殆どの候補者が落選したことや国民の無自覚に嘆息しながら、他方、同区の候補者に関しては資金管理がルーズで、選挙後、困惑しているとの報告が寄せられていた

（昭和三年三月四日「武藤山治宛賀集和三郎〈鐘淵紡績株式会社博多支店書簡〉」國民會館所蔵）。
(55) 武藤山治「年頭の辞」『実業同志会』大正一五年一月一日。
(56) 前掲『実業同志会運動経過概要』。
(57)「倍加運動に就て会員諸君の助力を望む」『実業同志会』昭和二年七月一〇日。
(58) 前掲『実業同志会運動経過概要』。
(59)『実業同志会』昭和二年四月一日。
(60) 前掲「倍加運動に就て会員諸君の助力を望む」。
(61) 前掲『実業同志会運動経過概要』。
(62)『実業同志会』昭和二年一月一日。
(63)『実業同志会』大正一五年四月二〇日。
(64) 前掲『実業同志会運動経過概要』。
(65)『実業同志会』大正一五年一月一日。
(66)「政界革新・華やかな言葉の蔭に隠れた貴い犠牲　年の暮れに届けられた血の出る様な五十銭」『実業同志会』昭和二年一月一日。
(67) 鈴木五市「政治費用の根本的解決策」『実業同志会』大正一五年六月一日。
(68)『実業同志会』昭和二年八月一日。実同の活動経費捻出の苦難は、機関紙発行を通じても看取できる。既述のように実同は機関紙を発刊していたが、その経費は嵩んだと推断される。経費捻出の一環として、既述の会費未納者督促文の横に太字の囲みで「広告募集」と書き、寄付だけで編集印刷は苦痛、紙面を豊かにするためには広告の掲載を、と同じように訴えていた（『実業同志会』昭和二年一月一日）。しかし、機関紙の広告は、武藤執筆の著書や実同発刊の雑誌やパンフレット等、身内のものが殆どを占め広告収入も上げられていなかったことがわかる。
(69) 前掲・八木「議会を中心とした同志会時代の武藤氏」。
(70) 武藤は、各地一巡の後、投票日前日に大阪国技館で演説会を開催し一万二、三千の聴衆を集めた（同右）。
(71)『実業同志会』昭和三年二月七日。
(72) 既述の通り、和歌山からは出来助三郎の出馬が決定され一月二八日には公認も出ていたので、その応援に行く日程が組まれたと考えられる。しかし、その後、出来の出馬は取りやめになったためであろうか、当時新聞に紹介された武藤の遊説日程表の二月一日に関し和歌山の地名を見出せないものもあった（『大阪今日新聞』昭和三年一月三一日）。

（73）『大阪朝日新聞』昭和三年二月一三日。

（74）「第二区候補者立会演説会」（國民會館所蔵）。

（75）この福井行は大雪で汽車が三時間も遅れた（前掲・八木「議会を中心とした同志会時代の武藤氏」）。実業同志会関西本部が昭和三年二月二日に作成した「関東方面会長遊説日程」（國民會館所蔵）が残されているが、一二日の福井への日程の箇所には種々の書き込みがなされ、ダイヤの乱れによる行程変更に伴う混乱ぶりが示されていた。このように武藤は、大雪を押し自らの選挙区の立会演説会を欠席してまで松井の応援演説に駆けつけたが、松井は、選挙後の政友会と実業同志会との協定締結に反発し、実同を退会し民政党へ参加した。この松井の脱党に言及した機関紙は、選挙では北陸線が不通になろうとする大雪の中、武藤会長は自らの苦戦を顧みず松井の応援演説に出かけたほどであったにもかかわらず、と論じながらその不義理を難じていた（『実業同志会』昭和三年四月二三日）。第一五回総選挙で当選を果たしていた前職の森田金蔵は、この松井の入会をめぐり警告を発する情報が寄せられたことを武藤に報告したが、武藤はそれを飲み込み福井への応援演説を決行したことを回想していた（森田「『僕を偽る者は自滅』の言葉」前掲・『公民講座・武藤山治追悼号』）。

（76）前掲「第二区候補者立会演説会」。

（77）「森田金蔵の選挙ビラ」B－27－1。

（78）その歌詞は「一、立て立て青年国の為、今ぞ立つべき秋は来ぬ、既成政党何のその国を乱すは彼等なり、いざ示さん普通選挙の投票権の切味を　二、立てよ青年時は今、おごれる職業政治家を、なぎ倒すべきは秋はいま、国を憂ふる青年よ、正義の御旗を押し立てて、戦へ進め国の為」であった（『実業同志会』昭和二年七月一〇日）。

（79）前掲「変節か改心か」。

（80）「立憲民政党の組織と普選後の政局　興味深き実業同志会の地位」『実業同志会』昭和二年六月一日。

（81）同右。

（82）「次の議会は第三党の天下」『実業同志会』昭和三年二月七日。武藤の側近であった前出の八木も、かかる選挙区制改正により政民両党の差は僅少に相違ないため、各地盤共一名位は割込む余地はあると考え各地共相当の候補者を立てたと回想する（前掲・八木「議会を中心とした同志会時代の武藤氏」）。既述の通り、武藤は、英国の政治を模範とすることが多かったが、英国のような二大政党は、政界の腐敗が甚だしい我が国においては不適用であるとし、ここではそれを排していた（前掲・武藤『普選のススメ』、二五頁）。

(83) 前掲「変節か改心か」。
(84) 実同候補者の選挙ポスターとしては、この二点以外に、第四章で紹介した東京一区の水上嘉一郎のものを確認できる（図4－3）。
(85)「松野喜内の選挙ポスター」A－95－1。
(86) 松野は、ポスターだけでなく立候補宣言の中でも、既成政党が、一部奸商救済のため、党派拡張のため、多数国民の辛労の結晶である郵便貯金五億円を食い荒らしている、と批判していた（C－75－1）。
(87) 同研究会は、昭和二年九月に三井銀行の寄付により設立され、『調書第貳編・郵便貯金の運用』（昭和四年）を刊行していた。同研究会の理事長には、池田成彬、評議員会長に門野幾之進、評議員には、武藤の他、井上準之助、團琢磨、藤山雷太、児玉謙次、郷誠之助等の名前が並んでいた。
(88) 郵便貯金制度が開設された明治八年度末、預入人員一八四三名、預金総額一万五二二四円であったのが、昭和三年末には、預入人数三千六百万人、預金総額一七億四千万円を突破していた（同右）。
(89) 同研究会によれば、貯蓄額の増加は、欧州戦争と昭和二年の恐慌直後に顕著であったが、それは、預金者の郵便貯金を管理する政府への絶対的信用と、金融恐慌による銀行の破綻に原因があると分析していた。その上で、このように郵便貯金は、各方面から多額の資金を吸収することに成功したが、資金運用の面では民間の不良銀行と選ぶところなく明らかに失敗であったと、その運用の実態を、数字を挙げながら紹介し批判していた（同右）。
(90) 大正一三年七月二日の衆議院での武藤の質問（『第四九回帝国議会衆議院議事速記録第四号』）。
(91) 武藤「政治経済道徳の因果関係」（大正一四年八月一一日講演、『公民講座』同年九月号〈『武藤山治全集・第八巻』新樹社、昭和四一年〉三九一頁）。
(92) 前掲・武藤『実業政治』、八七～八頁。
(93)『大蔵省の伏魔殿預金部内容』（実業同志会、昭和二年）。該パンフレット発行だけでなく、同時期の機関紙においても、「明るみに曝け出された大蔵省預金部の内容　宛然たる数字の伏魔殿」との見出しをつけ、その内実を紹介していた（『実業同志会』昭和二年一二月一日）。
(94) 金融研究会の報告書も、大蔵省預金部が「伏魔殿」の異名をもっていることを紹介し、その内容は実同の調査資料と重なる部分が多いため、これを参考に書かれたと推断することができる。なお、大正一四年に預金部の制度改革が行われ、一、資金運用に関し大蔵大臣専断を排し預金部資金運用委員会に諮問しその方法を決定すること、二、預金部の収支を明らかにし、資金運用の手続きを明確に定め、三、資金運用の範囲が限定された。しかし、一については、運用委員会は議決機関でなく諮問機関に過ぎず最後の決定権は依然大蔵大臣に存すること、二については資金運用、就中貸付の内容が明らかにされないこと、三については、特殊銀行、会社への貸出に何等制限が設けられていない、とし改革の不徹底さが批判されていた（前掲『郵便貯金の運用』）。

(95)『実業同志会』昭和三年二月七日。

(96)『東京日日新聞』昭和三年二月一九日。

(97)明治五年生まれの田中は、中学校卒、大阪で海運業、船具商を営み、大阪海運同盟会長を務めていた（『実業同志会』昭和三年二月七日）。

(98)「田中次太郎の選挙ポスター」A－96－1。

(99)前掲・武藤『実業政治』、六九～七〇頁。

(100)同右、九～一九頁。

(101)『実業同志会』昭和三年二月七日。

(102)大正一三年七月二日の衆議院における武藤の質問（『第四九回帝国議会衆議院議事速記録第四号』）。

(103)大蔵省百年史編集室編『大蔵省百年史別巻』大蔵省財務協会、昭和四四年、一二八～九頁。

(104)「特別会計の整理」『東京朝日新聞』大正一三年九月一六日。

(105)『武藤山治全集・増補』新樹社、昭和四一年、八二七～八頁。

(106)武藤山治「意義深き普選の年」（『大阪毎日新聞』昭和三年一月五～一一日〈『武藤山治全集・第六巻』新樹社、昭和四〇年〉三〇九～三二六頁）。

(107)『時事新報』昭和三年一月二九日、三〇日。

(108)『時事新報』昭和三年二月一日。

(109)『時事新報』昭和三年二月二日。

(110)武藤山治「はしがき」『醒めたる力』実業同志会、大正一三年。

(111)『実業同志会』昭和二年七月一〇日。

(112)『実業同志会』昭和二年七月一〇日付録という体裁になっているが、九州巡業は七月五日より始まっているので実際の発行はその前であったと推定される。

(113) 九州では、八月から九月にかけ、熊本、別府、門司、佐賀等を回り、九月中旬からは、広島中国地方（『実業同志会』昭和二年一〇月一日）を巡演した。一〇月中旬には大阪に戻り、西宮、神戸等で上演し、その幕間等に代議士の羽室や会長の武藤が講演や挨拶を行い（同上、昭和二年一〇月二五日）、実同の啓蒙宣伝をした。その後も、年末から年明けの議会解散まで、兵庫、京都、滋賀、愛知、岐阜、三重において上演された（同上、昭和三年一月二〇日）。

(114) 関西大会は、昭和三年一月一六日、大阪中央公会堂で開催された（『実業同志会』昭和三年一月二〇日）。

(115) 全国大会は、昭和三年一月一九日、赤坂溜池三会堂で開催され、演説会終了後、呼物たる同志会弁論部員総出演の政治教育劇「悪魔払ひ」と「変節か改心か」が大阪より来浜し、非常な期待を以つて迎へられたが、大阪同様頗る好評判であった（『実業同志会』昭和三年一月二〇日）と機関紙は報じた。さらに、「実同弁論部一座政治教育劇が東京で大もて」との見出しを打ち、関西大会で好評を博したので東京でも行ったら、千葉、神奈川から引っ張り凧（『実業同志会』昭和三年一月二五日）と、大きく紙面を割きその人気ぶりを伝えていた。

(116) 『実業同志会』昭和三年二月七日。因みに、選挙前年の昭和二年に頻繁に上演された演劇は、「日輪を拝め」であった。

(117) この「悪魔払ひ」は、選挙後に制作活用される活動写真「偽仏」の原型となる内容であった。実同制作の他の活動写真の多くが原始的なコマ送り漫画に解説の文字を配した短編であったのに比して、「偽仏」は、複数の俳優により演じられ比較的長い（二巻に亘る）作品になっていて、巧妙な映像技術を駆使し生仏の僧の正体が暴かれ、次第に鬼の悪魔に変身していく様子を表現することに成功していた（『偽仏』國民會館所蔵。拙稿『武藤山治と行財政改革―普選の選挙ポスターを手掛りに―』國民會館叢書六六、國民會館、平成一八年）。第一六回総選挙後の昭和三年八月、実業同志会関西支部は、新しい試みとして、「講師の派遣と紹介」、「演説研究の指導」とともに、「活動写真部の解放」を打ち出し、政治教育部が制作実写し、あるいは輸入した活動写真のフィルムを、希望があれば機械、弁士、技師とともに貸し出すサービスを行うことを始めた。しかし、その際に紹介された、フィルム一覧に「偽仏」は含まれていなかった（『実業同志会』昭和三年八月二一日）。機関紙上の記録によれば、昭和三年一〇月一二日より実施された京都の遊説において（同上、昭和三年一〇月二一日）上映されていることが確認できるので、「偽仏」が完成したのは、この前後と推断され、これ以降、演説講演会で利用されるようになる。

(118) 「高松正道氏講演行脚　盛会を極む」『実業同志会』昭和三年一月一日。

(119) 前掲『実業同志会運動経過概要』。

(120) 同右。

(121) 実同は、支部発会式や組織拡充を目指した政治啓蒙講演会等に活動写真班を帯同させこれらの映画を上映した。機関紙には、各地で行われた関連の活動記録が紹介されているが、選挙前年の昭和二年に、頻繁に上映された活動写真は、「善政に生く」であった。例えば、機関紙は、実同の会員一名だけの神奈川小田原地区における啓蒙活動を、「神奈川県第三区　処女地に宣伝の鍬入れ」との見出しをつけ、活動写真「善政に生く」の上映が効果を発揮したことを伝えていた（『実業同志会』昭和二年七月一〇日）。未開拓の地域において組織を作り拡充するために、その物珍しさから人々の関心を引き会合参加の契機になる手段として活動写真が期待され活用されていたことがわかる。

(122)「神山雄吉の選挙ビラ」B-25-1。

(123)前掲『武藤山治全集・増補』（八二七～五六頁）には、武藤が構想し制作され、実同の啓蒙活動に使われた映画（活動写真）二〇編の台本が掲載されている。その解説の中では、これらが、政治教育の参考資料に供せられただけでなく、特に選挙の時、候補者の推薦のため映画演説として使われたことは、わが国においても初めての試みであったと紹介されている。また、各表題の下にある年月日は、検閲当日の日付で、制作の時代を表していて、日付のないものは、最初の検閲台本がないものである、と説明している。しかし、その日付は実際の制作時期と明らかに異なるものも含まれていて、本文で言及するように制作日というより、選挙に利用するために検閲を受けた日付と考えるほうが妥当であろう。

(124)前掲・江口「実業同志会の成立」。

(125)マキノ映画制作で、選挙運動期間中に映画館で上映されたようである。昭和三年一月二六日の広告では、近日封切を謳い、「現内閣総理大臣　立志美談　田中首相」と題し、田中総理大臣以下、各大臣撮影に参加せらる！見よ！田中大将の幼年時代を！　また骨肉相喰むその少年時の苦闘史の幾頁を！」と解説していた（『大阪朝日新聞』昭和三年一月二六日）。マキノ映画が「現内閣総理大臣の少年時代」を選挙運動に使用してもよいかと内務当局に問い合わせたが、映画の観覧は利益提供で違反との回答を受けたと新聞は伝えていた（『大阪毎日新聞』昭和三年二月一四日付夕刊）。

(126)『東京日日新聞』昭和三年一月一一日。

(127)「各大臣続々とにはか俳優、完成の上は津々浦々へ・映写機の大遊説」（『東京日日新聞』昭和三年二月一日）。例えば、小川の撮影の様子は、「鉄相スクリーンへ」と題し写真入りで新聞に紹介された（『読売新聞』昭和三年一月三一日）。

(128)この発声映画は、二月七日に封切られたとして、普選の宣伝戦の新手法として写真入りで紹介された（『東京日日新聞』昭和三年二月七日）。

(129)風刺漫画では、政府党は四大臣の発声映画を持ち回って運動しているが、ある郡では四番目の大臣の映像が逆さまに映ったことが紹介された（一平「普選漫画」『東京朝日新聞』昭和三年二月一一日付夕刊）。また信州松本市では、田中首相の発声映画上映に物珍しさから会場は大入り満員になったが、機械の故障からか田中首相の声が出ず、「背中を叩いてやれ」「水を呑ませろ」との野次を受けたことが伝えられた（「普選を掃く」『読売新聞』昭和三年二月一七日）。

(130) 「推薦武藤山治・昭和三年一月」（前掲『武藤山治全集・増補』、八四四～六頁）。

(131) 『萬朝報』昭和三年二月五日。

(132) 『大阪朝日新聞』昭和三年二月五日。農村においては干渉買収の恐れが懸念されるが、中選挙区制であり、民政党と異なり少数政党であるため、その影響は大きくないと予測していた（『大阪朝日新聞』昭和三年二月二〇日）。

(133) 既述のように男子普選を導入した衆議院議員選挙法改正に際し、立候補の届け出制と供託金制が導入された。同法の第六八条において、届けに際しては供託金二千円を納めることと、過少得票の場合の没収が定められた。但し、投票日の一〇日以前に立候補を取り下げた場合は返金された。

(134) 武藤山治「政党と候補者」『実業同志会』昭和二年八月一日。

(135) 昭和三年二月二四日「武藤山治宛山崎靖純書簡」（國民會館所蔵）。

(136) 前掲『第十四回衆議院議員総選挙一覧』、前掲『第十五回衆議院議員総選挙一覧』。

(137) 天山生「姿鏡・鷲野米太郎」『実業同志会』昭和二年六月一日。

(138) 前掲『第十六回衆議院議員総選挙一覧』。本章の第一六回総選挙の得票数に関しては、同書に拠る。

(139) 同右。

(140) 前掲『第十五回衆議院議員総選挙一覧』。

(141) 前掲『実業同志会運動経過概要』。

(142) 『実業同志会』昭和三年一月一日。

(143) 『実業同志会』昭和二年五月一日。

(144) 加納の得票は、前橋市二六五票、桐生市六二五票、勢多郡四三〇票、利根郡一三票、佐波郡七一六票、新田郡二六票、山田郡一一〇票、邑楽郡三六四票に止まった（前掲『第十六回衆議院議員総選挙一覧』）。

(145) 前掲「立憲民政党の組織と普選後の政局」。

(146) 前掲『実業同志会運動経過概要』。

(147) 前掲・武藤『醒めたる力』、六三～五頁。武藤は自著の前掲『普選のススメ』のなかでも、既成政党政治家は、町においては町の人が喜びそうなことを言い、農村においては農村のためを思うようなことを言いながら、実同が商工業者の利益のみを図るような政党であるとの印象を抱かせようとしている。こうした既成政党の宣伝に抗し、実同は、町と農村の利害は相反するものでなく同一であると説明するよう勧めていた（四五～五一頁）。

(148) 前掲『第十五回衆議院議員総選挙一覧』。

(149) 天山生「姿鏡・古林喜代太郎君」『実業同志会』昭和二年四月一日。

(150) 久留米支部は、大正一二年一一月二五日に創立され会員三四〇名、翌日大牟田支部も創立され、会員三九二名を数えていた（前掲『実業同志会運動経過概要』）。古林の得票は、久留米市一四六三票、大牟田市八二七票、浮羽郡三四六票、三井郡五四二票、三潴郡七二一票、八女郡六三八票、山門郡四〇二票、三池郡四六四票であった（前掲『第十六回衆議院議員総選挙一覧』）。

(151) 明治一五年生まれの中田は、大正元年四月に静岡市会議員に選出され、大正一〇年四月には、市会議長に就任していた（『実業同志会』昭和三年二月七日）。こうした経歴からみても、彼の支援者が静岡市に集中していたことがわかる。

(152) 大正一三年の選挙に際し、中田が一九六〇対一七九五の僅かの票差で敗れたことを「惜しいかな」と嘆じ、高潔な人格が必ずしも最後の勝利を収めるとは限らないと回顧しつつ、来るべき総選挙では雪辱戦を試みるであろうが、今度は普選であり、中選挙区ゆえ当選は問題あるまい、と予測していた（「一日一言・中田駿郎の紹介文」『実業同志会』昭和二年六月一日。前掲『第十五回衆議院議員総選挙一覧』）。

(153) 中田は、静岡市三一六五票、清水市五五二票、庵原郡六六三票、安倍郡一二五二票、志太郡五〇一票、榛原郡一九五九票、小笠郡一四六票を獲得していた（前掲『第十六回衆議院議員総選挙一覧』）。

(154) 例えば、昭和二年の四月には、榛原、庵原、安倍の町村で実同主催の演説会を開催し、中田は弁士の一人として立っている（『実業同志会』昭和二年五月一日）。

(155) 前掲「立憲民政党の組織と普選後の政局」。

(156) 前掲『第十四回衆議院議員総選挙一覧』、前掲『第十五回衆議院議員総選挙一覧』。

(157) 森田は、慶応二年生まれで、同志社卒業後、大沢商会の重役、神戸キリスト教青年会の理事長兼同会商業学校校長の経歴を持つ（天山生「姿鏡・森田金蔵君」『実業同志会』昭和二年五月一日）。

(158) 前掲『第十四回衆議院議員総選挙一覧』、前掲『第十五回衆議院議員総選挙一覧』。

(159) 武藤の側近として働いた既述の森下政一は「我等は資本家代表か？」と題する論説を機関紙上で書き、実業同志会は階級を問わず全国民代表の政党であると主張していたが、その冒頭においては、実同が、有産階級、資本家のみの利益を代表する政党であるとの誤解や非難が世間に存在していることを認めた上で、その誤解は、会長武藤が鐘紡社長でわが国有数の実業家、資本家であり、武藤の提唱に共鳴援助するのも資本家階級の巨頭連である、との認識から生じていると解説していた（『実業同志会』昭和二年二月一日）。

(160) 前掲・武藤「政戦の跡」。自らを犠牲にして実同を創立し政界に進出した武藤を評価する論評の中でも、武藤の行動を「世間は金持の道楽」と捉える向きがあると指摘されていた（前掲・釋瓢齋「二足草鞋の処分法　武藤氏は武藤氏を愛せよ」）。

(161) 五来欣造「一人一言　私の入党理由」『実業同志会』昭和二年一二月一日。

(162) 既述の田中次太郎は、表紙に、武藤と自らを並べた写真を配し、機関紙と同内容の『武藤会長と某氏との問答』（C－79－1）と題する選挙用の小冊子を作成していた。

(163) 武藤談『大阪朝日新聞』昭和三年二月二五日。

(164) 経歴の中で海外経験を記していたのは、森本一雄、森田金蔵、森田茂樹、鷲野米太郎、水上嘉一郎、松野喜内、神山雄吉の七名を数えた。

(165) 前掲・武藤「年頭の辞」。

(166) 前掲「倍加運動に就て会員諸君の助力を望む」。

(167) 前掲・武藤「年頭の辞」。「同志会ゴシップ」『実業同志会』大正一五年一月一日。

(168) 前掲・武藤『普選のスヽメ』、一七～八頁。

(169) 「普選の世中　心持の改造が急務」『実業同志会』大正一五年一月一日。

(170) 前掲・武藤山治宛山崎靖純書簡。

(171) 武藤談『実業同志会』昭和三年四月二三日。

(172) 『国民新聞』昭和三年一月二八日付夕刊。

(173) 前掲・八木「議会を中心とした同志会時代の武藤氏」。

(174) 政実協定が成立する、総選挙から二ヶ月後の四月二三日に発刊され、そこでは機関紙発行が遅れたことの御詫文が掲載された。

(175) 前掲・森下「消えぬ光」。

第七章

政党の離合集散の影響について

――革新倶楽部の政友会合流を中心に

序

政党の離合集散は、政策、理念、イデオロギー上の対立、あるいは党内外の権力闘争の結果として生じる。政党政治家は、自ら所属する政党に離合集散の動きが生じると、その引き金になった対立要因を勘案しながら、合流や脱党の選択を迫られることになるが、その選択に際して、自らの選挙区事情が念頭に浮かぶであろうことは想像に難くない。例えば、政党合同の結果、従前はお互い対立政党に所属し、選挙区でも鋭く対立し選挙で鎬を削る関係であった政治家同士が、同じ政党の候補者として選挙を戦うことを余儀なくされる場合もある。その際、選挙制度にもよるが、次期選挙での共倒れが予想されるため、一方の政治家に出馬辞退か選挙区の鞍替えが要請される事態も想定される。とりわけ、公認の絞り込みではじき出された、あるいは、はじき出される可能性の高い政治家は、政策や理念とは異なる判断基準で、脱党を決意し新たな道を模索するであろう。逆に、政党の離合集散の過程で、自党が打ち出す理念や政策が自らのそれに合致しなくなり、あるいは鋭く対立するようになったため、本来ならば脱党すべきであるにもかかわらず、次期選挙のことを考慮するとその決断ができず、残留する場合もあるだろう。

このように選挙区事情は、政治家の出処進退に少なからぬ影響を与えるであろうが、政治家の行動様式を分析する際、そうした要因を考慮に入れた検証が十分に行われてきたとは言い難い。さらに、政党の離合集散が行われた後の選挙では、その影響と余波が少なからぬ候補者の選挙戦に種々の陰を落とすことになるであろうが、そこまで論及されることも稀である。しかし、政党の離合集散が、各政治家の選挙地盤にいかなる動揺と変化を与えたか、あるいは与えなかったのか、その実際を理由とともに解き明かすことは、同時代の選挙地盤をめぐる政党と候補者の関係を解き明かす糸口を見出すことが期待できるだけに意義のあることであろう。

本章は、昭和三（一九二八）年二月二〇日に実施された第一回普選（第一六回衆議院議員選挙）を、そうした視点から改めて考察することを目指す。同選挙に先立つ、大正末から昭和初頭にかけては、二大政党政治に向け政党の合同が行われた時期である。一つは、大正一四（一九二五）年六月一日、革新倶楽部が政友会へ合流し、もう一つは、昭和二（一九二七）年六月一日、憲政会と政友本党が合同し民政党が創立されたことである。

第一六回衆議院議員選挙は、男子普選が実現して最初の総選挙、いわゆる第一回普選として知られているが、右のような政党の糾合が行われて以後実施された最初の総選挙でもある。したがって、第一回普選に際しては、候補者の擁立から選挙戦までの過程において、政党合同が少なからぬ影響を与えことは想像に難くない。本章では、『普選資料』の中で、右の影響を確認できる革新倶楽部系候補者の事例を中心に考察を加えてみたい。

第一節　革新倶楽部の政友会への合流

既述の通り、大正一四（一九二五）年六月一日、革新倶楽部の政友会への合流が実行された。その直前に開催された第五〇帝国議会開会時における両会派の議席は、政友会が一〇六名に対して、革新倶楽部が二八名であったため、かかる合同は政友会による革新倶楽部の吸収合併といえた。[1] 政友会は、明治三三（一九〇〇）年に伊藤博文が創立して以降、衆議院において、第一位か第二位の座を確保する優越政党としての存在を維持してきたが、大正末における政友本党との分裂の影響から一〇〇を超える議席を維持しながらも、憲政会の一五八名、政友本党の一一五名に次ぐ、議席数第三位に甘んじていた。憲政会に対抗しうる政党としての勢力回復が目指されていた政友会は、革新倶楽部との合同により、衆議院第二党の座を、すなわち政友本党を凌ぎ野党第一党の座を回復した。

一方、革新俱楽部が政友会への合流を決断した背景には、党勢の拡大が果たせず、財政並びに人事面で苦境に立たされていた事情があった。革新俱楽部の前身である立憲国民党は、明治四三（一九一〇）年三月に創立され、以後、犬養毅が率いることになるが、その党勢は必ずしも伸びることはなかった。創立直後は、九三名（第二七帝国議会開会時）の議員を抱えていた国民党ではあったが、大正政変の渦中に結成された桂太郎の立憲同志会に参加するものが多数出て、その議席は半減した（分裂直後の第三一帝国議会開会時、四一名）。その後も党勢は一進一退を繰り返し、国民党は大正一一（一九二二）年九月一日に解党し、同年一一月八日に革新俱楽部として再結成された（結成時四六名）。第二次護憲運動に際し、革新俱楽部は清浦奎吾内閣打倒の旗幟を鮮明にして第一五回総選挙を戦った。選挙後の、大正一三（一九二四）年八月一一日に成立した第一次加藤高明内閣には、いわゆる護憲三派内閣の与党として革新俱楽部から、犬養毅が逓信相として入閣し、同省政務次官に古島一雄が就任した。このように護憲三派内閣の発足とともに、政権の一翼を担うことになった革新俱楽部ではあったが、総選挙の当選者は三〇名に止まり、解散前の四三名より議席を増加させるどころかむしろ減らしていた。

革新俱楽部の幹部として、あるいは犬養毅の懐刀として、既述のように犬養逓信相の下、政務次官に就任した古島は、当時の同俱楽部の苦境と党内の確執、それに連動して政友会との合流の動きが加速したことを回想している。まず、政権に参画した同俱楽部ではあったが、それを契機に猟官と利権を求める運動が党内に起こり、摩擦と対立が発生していたことが次のように赤裸々に語られている。

当時（護憲三派内閣成立時）、革新クラブの内情を言へば、野添（宗三）、望月（長夫）など（と）云ふ人物は既に凋落し、資金調達の鈴木梅四郎は病み、前川と秋田（清）がイスクラム《ママ》を組んで実際の仕事をやつて居つた。ソコへ僕（古島）が政務次官となったのが大失策だった。

元来猟官運動と云ふ者は、党内の安寧を脅かすものだと云ふ事は知つて居る。（中略）今度の政務次官は大臣を補佐するといふのだが、希望者が続出して、内々大競争をやつて居る。ところが、其の希望者が、犬養の禁物の利権屋で、水力電気などといふ利権の多い役所丈けに不安を感じ、僕にやつてくれと言ふ。僕は役人は真平御免だ。殊に郵便屋の仕事など何も知らぬと言ふと、君の仕事は、利権屋を追ッ払つてくれゝばよいのだ、アトは俺がやるといふので、とうとう僕が引受けた。

或日、事務次官の桑山［鉄男］がやつて来て、実は伊東巳代治伯から水力電気の申請をして来て居る。大臣と伊東伯とは、昵懇の間柄と承つて居るが、どうしたものでせう、と言ふから、省議はどうでしたと言ふと、不許可ですといふ。ソンなら早速不許可の指令を出せばよいのだ。大臣と伊東とは、私交の情誼はあらうが、ソンな事に公事を左右されてたまるか、と言つてやつた。すると又数日経つて桑山がやつて来て、「実は革新クラブの領袖が、土地を買上げて呉れと言つて来てゐる。是れは其幾分をクラブの費用に充てる計画だから、宜敷く頼むと言ふことだが」と言ふ。僕は驚いた。モウこんな事までやつて居るのかと、癪に触つて堪らず、桑山を叱りつけたが、これは桑山を叱る筋は無い。恥ずかしさのテレかくしであつた。省内にはコンナ風であり、党に帰つて見れば、猟官の失望や、利権の失敗で、不平の空気は充満して居る（括弧内―筆者注）(2)。

ここには、政権に参画したために猟官と利権への期待や要求が高まり、それらをめぐる確執や不満が革新倶楽部内に高まっていたことが指摘されている。一方、古島は、護憲三派内閣成立直後より、この内閣が短命になることを見越して政友会の小泉策太郎に、政革合同の可能性を探ったことがあったが(3)、この政革合同の話は、古島の与り知らぬところで、党財政に貢献することにより存在感を増していた秋田清らのグループにより推進され、党内の確執をより一層深刻にしていたことが、次のように回想される。

殊に僕（古島）がかつて小泉（策太郎）に洩らした政革合同の話が、小泉から秋田（清）に伝へられ、秋田と前川がヒソヒソ同志を募り出した。元来前川は、大井馬城の書生で自由党の人であり、秋田は前川の紹介で国民党に入つて来たものである。秋田は、党の為に自分の事務所を提供し、選挙の際には少なからぬ資金を調達した。只だ、其の資金の出処が、政友会の利権屋であることが判つたから、相当の警戒は払つて居つた。秋田等の合同論が表面化して来た時には、政友会と多年地盤で争つて来た党員連が、其の正面から反対し、其の方面には関直彦が隠然として牛耳を執り、党内は風雲次第に急なるものがあつた（傍点、括弧内―筆者注）[4]。

ここには、少なからぬ党員が、選挙に際し政友会と熾烈な戦いをしてきた経緯があるため、革新倶楽部内には同党との合同に反発する勢力が根強く、組織内の亀裂を深めていたことが指摘されている。その一方で、犬養自身、元々資金を集めることへの才覚はなく、既述のように国民党時代から資金調達役を担っていた鈴木梅四郎が病に倒れて以降、党の財政は必ずしも豊かではなくなっていた。しかも、普通選挙の実施は、党資金の軽減とは反対に多大の資金を必要とすることになり、弱小政党では対処できぬ状況に追い込まれることが予想された。加えて、犬養が高齢であるため古島自身も効果的な打開策を持ち合わせず、党内で存在感を増していた秋田等が主導する政友会との合同には、警戒感を抱きながらもこれを受け入れざるを得なかったことが、次のように語られている。

僕が多年政国合同を唱へて居つたのは、資力無き第三党の発展の困難なると、犬養の最後を如何にすべき乎を考慮しての事であつた。僕は実は、普選になつたら選挙費用は少くなるものと考へて居つた。ところが是れは全く吾々貧乏人の考で、金のある奴はドシドシつかふ。普選実施の結果は、意外にも少壮有為の人物より、無為の金持ちが多く選出された。即ち普選は、金がかかる事になつた。是れは僕の大誤算であり、前途を暗くした。顧みて犬養翁と言へば、齢既に七十を超えてゐる。本来剛毅の精神と、負けじ魂があればこそやつてゆけるものの、この上悪戦苦闘を強ふる気にはなれなかつた。只だ翁を師とも父とも慕つてゐる党員を如何に始末すべきか、これが問題である（括弧内―筆者注）[(5)]。

革新倶楽部の政友会への合流は、男子普選法が議会において成立した一年後であり、未だ総選挙を経験していないため、かかる合流の要因を普選実施に伴う選挙資金の増大に直接求める古島の回想には、より慎重な検証が必要であろう。しかし、普通選挙の実施を控え、政党の調達すべき選挙資金が軽減されるどころかむしろ増大し、党財政の豊かでない弱小政党に重くのしかかっていたことは注目される。

このように資力なき第三党の将来が困難視される中、資金調達力がなく既に高齢になっていた犬養では、この事態を乗り切ることはできないとの空気が党内に充満することになったのである。こうした状況下、古島も、普選の成立を好機として政友会との合同を犬養に持ち出したところ、犬養は同意するとともに政界引退の決意を示したので、古島自身も犬養とともに政界引退の決意をした[(6)]。そもそも政友会と革新倶楽部の前身である国民党との合同は、従前より政界の水面下でしばしば模索されてきたが、原敬内閣時代に鮮明化したように普通選挙に対する姿勢において両党には懸隔があったため、実現には至らなかった[(7)]。しかし、普通選挙の実現により両党を隔てる障害が除去されたことは、合同を加速させる一因となった。

以上の古島の回想からは、政友会との合同の動きは、秋田らが主導し先走る形で推進され、犬養と古島が党内の苦境からそれを受け入れざるを得なくなったことがわかる。そうした経緯もあるためか、犬養と古島の両者は、政革合同実現後の政界引退を内約していた。しかし、このことは他の党員には秘密にしていたため、政友会との合同には内心反対であるものの犬養を慕いこれに従った者にとっては裏切りと映り、失望と落胆を生むことになる。

犬養と同郷で岡山から選出（岡山六区）されていた犬養信者の西村丹治郎は、その一人であった。「多年政友会の地盤で戦つて来て居るから、政友会大嫌ひで、正直な木堂信者」であった西村は、革新倶楽部内に合同論が持ち上がりその賛否が内部で対立していたとき、合同に伴い犬養の政界引退の可能性があることを感知し、逓信省に古島を訪れ問い詰めることがあった。これに対し古島は、怒気を込め全面的に否定したため、西村も政友会合流に加わることになる。(8) このように犬養を慕う気持ちから政友会への合流に不本意ながらも従った西村からしてみれば、その後の犬養の政界引退には裏切られたとの気持ちがあったであろう。(9) 西村に限らず、国民党、革新倶楽部への愛着と、選挙地盤の関係から政友会への対抗心を抱きながらも、犬養の意向に従い政友会に合流した人々がいたので、犬養の突然の政界引退には「残つた吾々をどうしてくれるか」という悲痛の叫びが上がったのである。

政友会との合流に反発し、これに加わらなかった残留組の動向については、第三節において改めて論及するが、合流に賛同した者の中にも内心の葛藤を抱える者がいて必ずしも一枚岩でなかったことがわかる。そうした反発、あるいは政友会に合流したものの犬養が率いた国民党及び革新倶楽部に依然としてより多くの愛着と自負を抱き続ける意識は、彼等の地盤や支援者の中にも内包され、政友会合流後の彼等の選挙戦略にも反映されることになる。

第二節　政友会合流組候補の選挙戦

既述の通り、革新倶楽部の政友会への合流が実行されると、同倶楽部二八名の議員（第五〇帝国議会会期終了時、大正一四年三月三〇日）の内、一八名が政友会に合流した。(10) この合流組一八名の内、第一六回総選挙において二名が立候補を見送り一六名が出馬した。後述するように政友会合流に不満の議員は、これに参加せず残留したが、政友会へ一旦は合流したものの無所属や民政党に転じる者が計四名いた。(11)

その結果、政友会公認として出馬したのは一二名で、九名が当選し三名が落選した。当選した者は、総じて政友会の地盤が弱く旧革新倶楽部の地盤の強い地域であった。したがって、彼等は、第一六回総選挙に政友会の公認を得て選挙を戦いながらも、旧来の党派である旧革新倶楽部を意識した選挙運動を展開し、そのことは、当該総選挙用に作成された資料にも反映された。以下、その点を確認してみたい。

ここではまず、革新倶楽部から政友会への合流組の一人で、兵庫一区（定数五・神戸市）より出馬し当選を果たした砂田重政の選挙文書に注目してみたい。

砂田は、第一六回総選挙では、兵庫一区の政友会公認として選挙を戦うことになるが、これに先立つ第一四回、第一五回総選挙では、いずれも兵庫の旧一区（定数三・神戸市）より、国民党、革新倶楽部候補として立ち、トップ当選を果たした経歴を持つ。因みに、この兵庫旧一区において政友会は、前回の第一五回総選挙に際し当選者を出すことができず、(12) 同党の地盤は弱かったことがわかる。(13) したがって、表７－１に示すように、政友会は、砂田と中井一夫の二人

表７－１　兵庫１区（定数５）の選挙結果

野田文一郎	31,076	当	民政	元
砂田重政	14,346	当	政友	前
藤原米造	12,236	当	中立	新
河上丈太郎	7,823	当	日労	新
中井一夫	7,477	当	政友	新
中亥歳男	4,790	落	民政	新
浜野徹太郎	4,357	落	民政	新
森田金蔵	4,158	落	実同	前
勝田銀次郎	3,703	落	中立	新
西田富三郎	3,692	落	革新	新
山本平三郎	2,982	落	民政	新
西見芳宏	2,812	落	民政	新
柚久保虎市	1,314	落*	中立	新
堤良明	791	落*	社民	新
高田末吉	510	落*	中立	新
丹治剛太郎	169	落*	中立	新

出所：『第十六回衆議院議員総選挙一覧』（衆議院事務局、昭和３年）より作成。
注：「落」に＊が付いているのは供託金没収者である。

を公認候補として擁立したのに対し、民政党は、野田文一郎、中亥歳男、浜野徹太郎、山本平三郎、西見芳宏の定数一杯の五名の公認候補が出馬した。

このように政友会の地盤の弱い地域の中で、砂田は、政友会に合流し同党の公認を得ながら、他方、従前から保持する旧国民党、旧革新倶楽部系の地盤に期待を寄せ、その継承を目指す選挙運動を展開することになる。砂田の推薦状の中に、国民党、革新倶楽部を率いた犬養毅単独名のものを確認できるのは、その証左である。この推薦文の中で犬養は、普選最初の議会においてその主唱者であった砂田が議席を得ることを望むとし、普選を熱心に推進してきた旧国民党への自負から発する一節を書き込み強調していた。政友会公認候補として出馬しながらも、従来の党派が反映された内容であった。

このことは、推薦状以外の選挙文書の中からも確認することができる。まず、砂田の演説会告知のビラには、彼が政友会公認であるとともに、普選運動を推進し、旧党派に近い神戸立憲青年会公認であることが、同等に記されていた。(15)また、砂田の立候補宣言には、多数同志の後援と政友会の公認により神戸市民のご同情と御庇護を御願いすることになった、(16)との一節を見出すことができるが、ここで言及されている「多数同志」とは、旧国民党時代より砂田を支援してきた人々を念頭に置いた言葉と考えられる。さらに、自らが合流した政友会を与党とする田中義一内閣の対支外交に関しては、支那問題について現政府は「支那の内乱の為めに日本が迷惑することのないやうに致しました」と非常に婉曲で抑制された書き方をしていた。砂田が与党候補ゆえに田中の対支外交に賛同する姿勢を示しつつも、積極的で明確な支持を打ち出すことは回避する複雑な心境にあることを垣間見せていた。(17)

選挙の結果、砂田は定数五名の兵庫一区（神戸市）で一万四三四六票を獲得し、二位当選を果たした。(18)同区では、政友会の新人中井一夫が、七四七七票を獲得し最下位当選を果たしている。既述のように、前回選挙で、政友会は同選挙区より一人も当選者を出せずにいたので躍進といえた。神戸は、旧革新倶楽部系の地盤はあるが政友会の強い地域ではなかったので、砂田一人の擁立に止めてもよい選挙区であったが、民政党が候補者調整に失敗し定数と同数の五名を擁立したため、政友会としても、もう一人の候補者擁立に踏み切ったのであった。[19]

そもそも政友会公認の新人として当選した中井も、旧国民党、旧革新倶楽部系の人物であった。明治二二（一八八九）年生まれの中井は、東京帝大法科卒業後、神戸地方裁判所の判事となるが、犬養の政界革新の演説を聞き感動し政界入りの血潮が騒ぎ、砂田の勧めで判事を辞め弁護士に転じた。青年弁護士時代は、砂田と一緒に弁護士事務所を開き弁護士を務めながら、政敵である政友会を攻撃する遊説に夢中になる。こうした活動が、革新倶楽部の目に止まり、砂田や同倶楽部、同系統の神戸立憲青年会の推薦を受け、大正一二（一九二三）年の兵庫県議会議員選挙に葺合区より出て当選した。[20]

革新倶楽部の政友会への合流は、神戸の同倶楽部にも混乱を招き分裂騒ぎを起こし、中井も心中穏やかではなかった。それは、後年中井が、革新倶楽部が「仇敵視」していた政友会と手を結んだことを犬養の「変節」と表現していることからもわかる。彼は、犬養に従い政友会へ参加するが、そのことに関し、敵陣へ親父と目する犬養が一人で飛び込んで行くのに、子供として見殺しにできない、それが人間の道だという理屈で、砂田とともに政友会入りした、と当時の自らの苦悩を滲ませる回想をしていた。[21]

このように革新倶楽部は政友会に合流したものの長年に亘る選挙の戦いの中で、お互い対立してきた政友会との融合が容易に実現しなかったことは想像に難くない。第一六回総選挙に先立つ昭和二（一九二七）年九月二五日、普選法による初の兵庫県議会議員選挙が実施され、中井も再選を目指し該選挙に政友会候補として神戸全市の選挙区から出馬したが、政友会との協調が図られ協力が得られたわけではなかった。中井は、三位当選を果たすものの、演説がうまく人気の高い彼は、他の政友会候補から敬遠され、従前の選挙区である葺合区内だけの運動しか許されなかった、と苦い経験をさせられることになった。[22]

このように中井は、政友会候補ではあったが砂田同様、政友会というより旧革新倶楽部の勢力に擁立されたため、中井の演説会告知のビラも、政友会公認だけでなく、神戸立憲青年会の公認であることを同等に記していた。[23]したがって、同選挙区における政友会二名の当選は、政友会の支持拡大というより、同党の空白ともいえる地域に、従前より強い地盤を持つ旧革新倶楽部系の支持が移行し、もたらされた結果といえた。

因みに、第一六回総選挙における該選挙区の総投票数は一〇万二二三六票で、これは前回選挙の二万一三四二票に比すと、約五倍増になっていた。前回選挙で、砂田が五七七六票（全投票の二七％）を獲得したのに比すと、今回は一万四三四六票と三倍弱に（全投票の一四％）止まっていた。[24]該選挙区の砂田の、さらにいえば旧革新倶楽部系の支援の一部が中井に向けられた結果、彼は新人であるにもかかわらず当選ラインを越えることができたといえよう。

このように兵庫一区の事例は、中央政界における政友会への合流の動きに合わせ、革新倶楽部の地方の支援組織も、組織内に不満を抱え政友会の従前の組織との摩擦を発生させながら移行し、政友会の地盤の弱い選挙区に二名の議員を誕生させたことを示していた。政友会からすれば、革新倶楽部との合流により従前は支援組織の弱い地域に自党の組織拡充を果たす結果になったといえよう。[25]

以上、兵庫一区の事例は、政友会に合流した旧革新倶楽部系候補の選挙戦の実際であったが、当然のことながらかかる合流は、旧来より政友会に所属していた候補者の陣営にも少なからぬ影響を与え、前出の中井の県議選に見出すことができたような競合や摩擦が生起した場合や、それを回避するために種々の調整が試みられたことは想像に難くない。

大阪三区（定数四・北区、此花区、東区）の場合は、そうした調整の痕跡を選挙文書から確認できる事例である。

この三区から出馬の可能性のある旧革新倶楽部系候補には、相島勘次郎がいた。相島は、前回の第一五回総選挙では、大阪旧二区（東区）より革新倶楽部候補として出馬し次点に泣き(26)、さらに同選挙区から当選した実業同志会の田中譲の選挙違反による辞職を受け大正一五年八月一二日に実施された補欠選挙に政友会候補として出馬するも、田中の返り討ちに合い次点に泣くことになる(27)。

したがって、第一六回総選挙に際しても、東区を地盤とする相島が大阪三区の政友会候補として出馬する可能性はあった。しかし、相島は、三区からの出馬を取りやめ、大阪五区（定数四・三島郡、豊能郡、南河内郡、中河内郡、北河内郡）の政友候補として出馬し、六位で落選した(28)。

そもそも大阪三区において政友会は、表7－2に示すように公認候補を吉津渡一人に絞り込んでいたが、そのことからもわかるように同党の地盤はそれほど強くない地域であった(29)。前回の第一五回総選挙において、吉津は北区を選挙区とする、大阪旧三区（定数三）から出馬しトップ当選を果たすものの、吉津（政友）の得票二三四五票に比し、二位の広瀬徳蔵（憲政）二二九九票、三位の清瀬一郎（革新）二二〇五票、次点の中橋徳五郎（政友本党）二〇九六票と、いずれも僅差であった(30)。しかも、前々回の第一四回総選挙で吉津は、政友会より出馬していたが次点に泣いていた(31)。

このように北区（旧三区）において吉津は、他の候補を圧する強固な地盤を有していたわけではなかった(32)。加えて、第一六回総選挙では、中選挙区制への移行に伴い、各候補者とも当選するためには旧三区の北区以外に、選挙区を構成する此花(33)、東の両区からの票も獲得する必要に迫られていた

表7－2　大阪3区（定数4）の選挙結果

武内作平	16,211	当	民政	前
広瀬徳蔵	14,319	当	民政	前
西尾末広	12,126	当	社民	新
吉津渡	8,612	当	政友	前
今井嘉幸	5,953	落	中立	元
田中次太郎	5,227	落	実同	新
上田孝吉	4,516	落	中立	新
内藤正剛	4,080	落	民政	新
臼谷輝光	2,537	落	中立	新

出所：『第十六回衆議院議員総選挙一覧』（衆議院事務局、昭和３年）より作成。

のである。
したがって、この大阪三区では、政友会の候補者選考の過程で、合流した旧革新倶楽部との調整が行われたと推断される。すなわち、地盤が必ずしも盤石でない吉津のために、前回の第一五回総選挙で大阪旧二区（東区）より革新倶楽部候補として出馬し次点に泣いた相島勘次郎が、旧二区に有した自らの地盤を吉津に回すべく第一六回総選挙では三区からの出馬を取りやめ、吉津支持を明確にしたのである。[34] これは、吉津の政友会幹部連名の推薦状に、通例のそれには見出すことのできない犬養毅の名前が書き込まれていることや、[35] 相島が吉津の経歴や性格を詳細に綴った長文の推薦状を作成していたことに示されていた。[36] これらの推薦状からは、吉津が、当該地域の旧革新倶楽部系勢力との調整がつき、自らの旧来の地盤に加え同倶楽部の地盤の継承をも目指していたことがわかる。
第一六回総選挙に際し吉津は三区（定数四）において四位、最下位での当選を果たす。彼が獲得した八六一二票の内訳は、北区三三五九票、此花区二九七三票、東区二二八〇票であったので、彼の当選には、旧二区（東区）の旧革新倶楽部系の票が必要不可欠であったことがわかる。その一方において、吉津が東区において獲得した二二八〇票は、前回相島が旧二区で獲得した二二〇七票と、殆ど同数である。納税資格の撤廃に伴い東区の総得票数は、前回の八六七二票から二万二三二八票と二・六倍増になったことを考慮すると、革新倶楽部系地盤の継承が必ずしも円滑にはなされなかったことを指摘できる。[37]
以上のように、政友会の弱い選挙区では、革新倶楽部から同党に合流した人物が政友会の公認を得て出馬するが、従前の党歴の関係から、政友会公認を訴えながらも旧国民党、旧革新倶楽部の地盤継承を目指す戦略を展開していたこと、あるいは旧革新倶楽部の候補者と政友会候補者とが競合する場合には、政友会の候補者を当選させるべく旧革新倶楽部系候補の選挙区鞍替えの調整が行われ、政友会候補の当選に貢献したことを明らかにした。

これらの事例からは、革新倶楽部議員の支援組織が、旧政党への未練を残し十全とはいえないものの政友会に糾合されていく過程を確認できるであろう。

第三節　革新党候補の選挙戦

前節においては、革新倶楽部から政友会へ合流した候補とその選挙戦への影響について考察してきたが、これとは対照的に政友会に合流せず残留する人々もいた。立憲国民党の歴史を重視し、政友会への合流に反感を抱き、参加を見合わせた者である。第一六回総選挙では、これら残留組候補者の選挙文書も散見できるので、以下、彼等の選挙戦の内実に迫ってみたい。

まず、革新倶楽部の政友会への合流に不満を持つ残留組は、議会内では中正倶楽部と合同し新正倶楽部という院内会派を新たに結成し、第一六回総選挙では、「革新党」を標榜し出馬した。この革新党は、一五名の候補者を擁立したが、当選者は、大竹貫一（元・新潟三区、定数五の三位）、田崎信蔵（前・京都一区、定数五の三位）、清瀬一郎（前・兵庫四区、定数四の四位）と、元職一名、前職二名の計三名に止まった。

落選者は、南鼎三（元・大阪六区、定数三の四位）、添田飛雄太郎（元・秋田二区、定数三の六位）、佐々木安五郎（前・東京二区、定数五の一一位）、田川大吉郎（前・東京三区、定数四の五位）、馬場義興（前・奈良、定数五の一〇位）、粕谷磯平（新・東京四区、定数四の一五位）、奥村治郎（新・京都二区、定数三の六位）、宮武茂平（新・大阪一区、定数三の一〇位）、村田虎之助（元・大阪二区、定数三の五位）、西田冨三郎（新・兵庫一区、定数五の一〇位）、大久保誠治（新・滋賀、定数五の一一位）、湯浅凡平（新・広島三区、定数五の一〇位）であり、元職三名、前職三名、新人六名が、総じて下位の得票で落選し、その内、粕谷、奥村、宮武、大久保の四名は、供託金を没収され

表7－3　東京3区（定数4）の選挙結果

頼母木桂吉	15,771	当	民政	前
高木益太郎	10,174	当	民政	前
伊藤仁太郎	9,423	当	政友	新
安藤正純	8,750	当	政友	前
田川大吉郎	7,017	落	革新	前
近藤達児	4,999	落	政友	前
小森七兵衛	4,700	落	民政	新
神山雄吉	1,267	落*	実同	新
大和茂樹	1,087	落*	中立	新
萩野万之助	550	落*	中立	新
望月義人	67	落*	中立	新

出所：『第十六回衆議院議員総選挙一覧』（衆議院事務局、昭和三年）より作成。
注：「落」に＊が付いているのは供託金没収者である。

る惨敗を喫していた。[38]

右の革新党候補者の内、当選者の選挙文書は『普選資料』の中に残念ながら見出すことはできないが、落選者の内、田川、佐々木、西田の資料を確認できるので、これらの事例について考察を試みてみたい。[39]

まず、東京三区[40]（京橋区、日本橋区、浅草区）より出馬した田川大吉郎の事例を見てみたい。彼は、表7－3に示す通り、革新党の候補が下位の得票で落選する中、次点となり善戦した候補であった。田川は、明治の大選挙区制下から大正の小選挙区制下まで、長崎の選挙区から出馬し当落を繰り返す経歴を持っていた。すなわち、長崎郡部の旧選挙区（定数六）において、第七回総選挙に八位で落選、第八回総選挙にも八位で落選した。第一〇回総選挙で初当選（五位）を果たして後、第一一回総選挙に六位で当選し、第一二回総選挙ではトップ当選を果たした。小選挙区制へ移行後も、長崎旧三区（定数二）より出馬し、第一四回総選挙では憲政会より出て当選を果たすが、第一五回総選挙では革新倶楽部より出て落選した。

その後、第一六回総選挙に先立つ昭和二年六月二〇日、東京旧四区（京橋区）の補欠選挙に出馬し当選を果たす。この補欠選挙は、第一五回総選挙で同四区の革新倶楽部より当選した関直彦が貴族院議員に勅撰され（昭和二年四月一八日）欠員になったことに伴い実施された。関は、第一回総選挙に和歌山旧三区より出馬し当選を果たし、大選挙区制下の総選挙では、東京市の旧選挙区（定数一一）において第九回から第一三回まで連続当選を果たし、小選挙区制へ移行後も東京旧四区（京橋区）から出馬し、第一四回、第一五回ともに当選し、七回連続の当選を果たしていた。憲政本党、国民党、革新倶楽部と、国民党系の有力者として活躍した政治家であり、かかる当選歴からも窺われるように東京に強固な地盤を形成していた。補欠選挙での田川の当選は、この関の強固な地盤を継承して達せられた。開票の結果、当選の報に沸く田川陣営の様子を伝える新聞の写真に、関直彦の姿を田川夫妻とともに確認できるのは、そのことを象徴的に示していた。(41)

ところで、関は、先の古島の回想において言及されていたように政革合同に反対の急先鋒であった。関の回顧録には、政革合同へ至る経緯の中で、革新党として残留する反対派の意中が記述されているが、そこには、政友会への合流を先導した秋田清等を革新系の策士と形容しながら、合同を決定した五月一〇日の革新倶楽部臨時総会にて自ら合同提議に反対を表明したことが記されている。(42)このように革新倶楽部の政友会への合流に不満であった関は政友会には参加せず、議会内では中正倶楽部と合流して結成された新正倶楽部に所属していた。この関の地盤を引き継ぐ形での田川の立候補であったため、彼は関の後継の革新党候補として選挙を戦った。補欠選挙の結果は、田川が一六六三票を獲得して当選、次点は政友会の井沢眞之助（一四五三票）、三位は民政党の小森七兵衛（一三五六票）であった。(43)政友会と民政党の二大政党を敵に回して当選したのは、長年に亘り養成された関の地盤によるものであり、それは関同様、政友会合流に不満を抱く旧国民党及び旧革新倶楽部への愛着が深い人々の支援を受けた結果といえ、議会内では新正倶楽部に所属した。しかし、得票結果からわかる通り、田川は楽な選挙戦を展開できたわけではなかった。選挙後、田川陣営の運動員が二大政党と戦わなければならず苦戦したと語ったことに象徴されるように、(44)二大政党に対峙した第三勢力の選挙戦が困難であることを予兆していた。補選から一年も経ずに実施された第一六回総選挙の結果は、そのことを示すことになる。

既述したように、田川は東京旧四区（京橋区）を含む定数四名の東京二区に革新党候補として出馬するが、次

点に泣いた。田川の選挙ポスターに推薦人総代として関直彦の署名と花押が記されていることは[45]、補選と同様、
彼が関の後継者として擁立されていることを内外に示し、政友会に合流することに反発した旧革新倶楽部勢力の
支援を期待していたことがわかる。しかし、田川は七〇一七票を獲得するものの、最下位当選を果たした政友会
の安藤正純の得票八七五〇票を超えることはできなかったのである。
田川の集票状況を見ると、日本橋区より七四四票、京橋区より五一六〇票、浅草区より一一一三票を獲得して
いた。関の選挙区であった京橋区からは、同区の総得票の約三一％を獲得し他のいかなる候補をも圧する強さを
見せていた。しかし、日本橋はもとより、普選の導入により有権者を増大させ大票田になった浅草区から効果的
な集票ができず落選したことがわかる。総得票数三万三三一五票の浅草区において、田川は三％しか得票できな
かった[46]。小選挙区制から中選挙区制への移行に伴い選挙区が拡大したため、関が地盤としていた京橋以外の地域
からの集票が必要であったが、二大政党に属さぬ弱小政党候補の田川にはそれができず落選したといえよう。

東京二区（神田区、小石川区、本郷区、下谷区）に革新党から出馬した佐々木安五郎は、第一〇回総選挙より連
続出馬し、総じて国民党、革新倶楽部より立候補している。当初は山口県の郡部から出馬していたが、小選挙区
制が導入されて以降の第一四回総選挙は東京旧六区（本所区、深川区）より当選し、第一五回総選挙では東京旧
十区（小石川区）より出馬し落選した。革新倶楽部の政友会合流後の大正一四年六月三日、前述したように東京
旧八区（神田区、下谷区）より当選を果たしていた古島一雄が政界引退を表明し辞職したため、これに伴い実施
された補欠選挙（同年七月二二日）に佐々木は出馬し、当選を果たした。田川同様、補選当選後、新正倶楽部に
所属していることからもわかるように[48]、政友会合流に不満を抱く旧革新倶楽部支持者に担がれての出馬であった[47]。
選挙は政友会の島田俊男と一騎打ちの様相を呈したが、佐々木が五一三三票を獲得し、島田の三六二六票を抑え[50]
当選した[49]。島田陣営の選挙参謀に革新倶楽部から政友会に合流した秋田清が就いていたことが示しているように、

この選挙は、革新倶楽部残留組と政友会合流組の戦いと見做されていた[51]。また、その結果は、古島の地盤が政友会に十分移行せず、むしろ佐々木の当選に寄与したことを物語っていた。

こうした選挙経歴を背景に佐々木は、第一六回総選挙に際しては、第一五回総選挙で落選はしたものの出馬した東京旧十区（小石川区）と、補選で当選した東京旧八区（神田区、下谷区）が含まれる東京二区より革新党候補として出馬したのである[52]。得票結果は、神田、三七八票、小石川、六三三票、本郷、四八九票、下谷、五二九票と、いずれの区においても低得票に止まり[53]、普選により有権者が拡大したにもかかわらず、神田、下谷の両区においては補選に際して獲得した票の二割前後しか獲得できず、表5－4に示したように、一二候補者中一一位の惨敗を喫していた。

この佐々木惨敗の理由として、同選挙区からの古島一雄の出馬を指摘しておく必要があろう。既述の通り古島は、政友会との合同を決断し実行に移した直後、政界引退を決め一旦は議員辞職した。しかし、その古島が、第一六回総選挙に際し、急遽中立候補として出馬することになったのである。

旧革新倶楽部系とはいえ合同により政友会系候補と見做されることになる古島の出馬は、選挙区を同じにする政友会の矢野と競合したことは、第五章において言及した。古島の地盤である神田区における矢野の票が必ずしも伸びなかった要因には、古島の出馬が影響したと考えることもできる。しかし、総得票数において、矢野は古島に五千票強の差、二・五倍の大差をつける得票をしていたので、共倒れの危険を招くほどの摩擦と競合が生じたわけではなかった。むしろ古島の再起は、彼の支持層、就中政友会の合流に反発する旧革新倶楽部に愛着を持つ人々の支援を期待していた佐々木の惨敗を決定づけたといえよう。

古島は自らの選挙文書の中で、個人的支援者に推され引退を撤回し出馬するに至ったことを、大略次のように弁明していた。すなわち、彼は、立候補の挨拶状の中で、自らの信念に期するところがあり政界引退を決めたが、支持者に相談すれば慰留されること明白であったため相談することなく決めたことを謝罪しつつ、今回の選挙に際しても再三再四行われた強い出馬要請を断ってきたが、お金まで集めての要請に至ったので、その熱誠に応え出馬を了承したと説明していた[54]。支援者の推薦状を見ると、新選挙法が候補者推薦の途を開いているので、自分達はそれを使い推薦選挙の範を示したいとしていた[55]。普選を導入した新選挙法は、立候補届け出制（普選法第六七条）を採用するとともに、供託金二千円（第六八条）を徴収することが新たに定められたことは既に指摘したが、その届け出は本人だけでなく第三者にも認めていた。引退した犬養が再び出馬に至るのは、この推薦によるものであるが、古島の場合も同様であったといえる。右の古島の選挙文書の中に見える「お金まで集めて」という文言は、立候補の届け出に必要な供託金二千円のことを指すといえよう。

さらに、ここで言及されている古島の支援者が、彼の旧国民党、旧革新倶楽部時代からのそれであり、補選で佐々木を当選させることに貢献した人々であったことはいうまでもないであろう。こうした経緯により出馬した古島は、一般には一旦は所属した政友会候補と見做されていたが[56]、引退からの復帰と他の政友会候補との関係からであろう、党の公認は正式には出ず自らの立候補宣言等でもこれを掲げていなかった。古島には犬養による推薦状が作成されたが、そこでは古島が支持者の熱誠により出馬を決意したこと、引退以来いかなる政党にも属さず独立独歩の立場にあることが強調されていた[57]。犬養は、他に宛てた書簡の中でも、神田区の熱心な支援者が自分に古島擁立を迫り、その熱烈な意気に感激し専断で推進したので、古島は驚き最早いかんともできず出馬を決意するに至ったと、その経緯を記した上で、当選後は一人一党、独立独歩の外ないと、政党政派とは一線を画さざるを得ない古島の政治的立場を解説していた[58]。さらに、古島の支援者有志も推薦状の中で、二大政党を見ても個々の政策に一貫するところがない[59]、と批判の文言を書くことにより、政友会とは一線を画する古島陣営の姿勢を明らかにしていた。

こうした文書からも、古島が政友会ではなく、旧来の国民党、革新倶楽部時代からの支援者に期待する選挙戦を展開していたことがわかるが、それは、同じ層からの支援を期待していた佐々木に票が集まらぬ結果をもたらした。

さらに注目すべきことは、本人の意思に関係なく擁立を独自に画策実現するほどの支援層、あるいは地盤を持ちながらも、第一六回総選挙では、それが十全に機能しなかった事実である。犬養は、古島出馬に言及した書簡の中で、[60]彼が出馬すれば当選は確実との見方を示していた。これは、第一一回総選挙の補選で初当選してから一五回総選挙まで、大選挙区制下では東京市より、小選挙区制下では東京旧八区より、国民党系候補として連続当選を果たしてきたことに鑑みれば妥当な予測といえた。[61]

しかし、表5－4に示したように、選挙の結果、古島は、定数五名の選挙区において八位の落選であった。古島の総得票は三八三四票であったが、それは最下位当選者の得票七四七二票に大差をつけられての敗北であった。確かに、古島は従来の選挙区であった神田区と下谷区より多くを得票するが、普選導入により有権者は増加したにもかかわらず、前者から一七七八票、後者からも一三〇九票しか得票できなかった。旧来の選挙区でない、小石川区からは三一二票、本郷区からは四三九票に止まり、選挙区の拡大にも対応できぬ結果であった。[62]当選を重ね根強い地盤を有し、出馬すれば当選確実と考えられていた古島が、従前の強さを示せず惨敗した。犬養とともに一旦は政界引退を表明したため、同志の支援に推されてとはいえ再出馬することへの有権者の反感があったことは事実であろう。これは、地元において強い支援者を抱える犬養でさえ、岡山二区（定数五）において最下位当選であったことからも窺うことができるであろう。[63]第五章において、中選挙区制が導入された第一六回総選挙以降、総選挙における政友会と民政党による候補者と当選者の寡占化が進行したことを指摘したが、この古島や佐々木の落選も、二大政党への寡占化が進む状況下、かかる両政党と離れた候補者の選挙が選挙区の拡大に対応できず一層厳しくなる、(64)そうした流れを象徴する事例と位置づけられるであろう。

次に、兵庫一区より革新党候補として出馬した西田冨三郎に注目してみたい。『犬養木堂書簡集』は、西田について「神戸の人、政革合同前迄は熱心なる同志であつたが、後、革新党即ち革新倶楽部残留組に与し、遂に政界と断つて実業界に入つた」と紹介する。(65)革新倶楽部議員が政友会に合流した翌月、犬養は西田に宛てた書簡において、彼が政友会に合流せず独立の立場から正論を鼓吹すること、不偏不党独立国家本位の団体が存することは希うところと理解を示しつつも、革新倶楽部残留組は憲政会の別働隊であり正しきものではなく、彼等と共同行動を取らぬよう牽制していた。(66)西田は選挙ビラの中で、故野添宗三の正統な後継者であることを、野添の写真入りで強調していた。(67)先の古島の回想においても国民党の幹部として名前が挙げられていた野添は、第一一、一二、一三回総選挙に兵庫の神戸市の旧選挙区より同党系候補として当選を果たし、大正八年に逝去した政治家である。西田は、その野添の正統な後継者であることを訴えることにより、神戸における旧国民党、旧革新倶楽部系で政友会への合流に不満な人々の支持を期待していた。

また、野添逝去後、兵庫（神戸市）からは、既述のように砂田重政が革新倶楽部候補として、第一四、一五回総選挙に当選していたが、彼は革新倶楽部の政友会合流に従い、第一六回総選挙では政友会より出馬した。西田の選挙ビラには、「変節と人格は両立せず」の言葉を見ることができるが、(68)これは砂田を始め旧革新倶楽部の中で政友会に合流した人々への批判と皮肉と見做すことができよう。西田が選挙用に配布した『革新党の主張』と題する冊子の中では、憲政会は政友本党を足軽党と批判し、政友本党は憲政会を乱臣賊子の如く叫んでいたのに、理想の一致がないにもかかわらず政権のために連盟を組み、民政党誕生に至ったことを批判していた。一方、政友会については、軍閥打破を唱えていたにもかかわらず、その頭目ともいえる田中を総裁に戴いたことは、軍門に降ったのも同然と難じていた。西田の目から見れば、政権を獲得するために理想を捨て合同する民政党への批判は、そのまま革新倶楽部の政友会合流にも言えることであるが、直接これに言及することは避け、政友会が田中を総裁に戴いたことに批判の矛先を向けた。政友会に合流した元同志への批判は、直接的ではなく、間接的で婉曲な論法により行っていたと見ることができる。(69) 革新倶楽部の政友会合流に反対していた前出の関直彦の推薦状が書かれていることにも、(70) 西田が革新倶楽部残留組を代表する候補者であったことがわかる。しかし、西田は、表7－1に示すように定数五の一〇位と下位に止まり、得票も三六九二票と最下位当選者の前出の新人中井の得票七四七七票にダブルスコアをつけられての落選であった。(71) 前節で論及した砂田、中井の当選と、かかる西田の下位落選は、旧国民党系支援者の多くが政友会合流に乗り、それに不満で残留した支援者は、新人候補を当選させるほどの力を残していなかったことを裏付けていた。

以上、田川、佐々木、西田の選挙戦の結果は、政界の構図が政友会と民政党の二大政党に糾合されていく状況下、それ以外の第三党や無所属中立の候補者が、たとえ古島のように従前より強固な地盤を有していても当選が非常に困難になることを示していた。

第四節　中立候補の選挙戦

本節では、前章までに取り上げることのできなかった中立候補の中で、第一六回総選挙の選挙文書を確認できる二つの事例について考察を加えてみたい。

第一は、犬養の側近として国民党の幹事長を務め、既述の古島の回想の中でも、同党の資金調達役を担っていたと解説された鈴木梅四郎の事例である。彼は、慶應卒業後、時事新報社に入社し、横浜貿易新聞の主筆になった後、実業界に転じ三井銀行の各支店長、王子製紙の専務取締役に就任した。明治末には先輩の犬養毅に誘われ国民党に参加し、大正六（一九一七）年には同党幹事長を務める。明治四五（一九一二）年五月に実施された第一一回総選挙（東京市）に出馬後、第一二回総選挙（同）、第一三回総選挙（同）、第一四回総選挙（東京旧一区、麹町区、四谷区）と、いずれも国民党候補として安定した戦いをし、連続当選を果たしていた。大選挙区制下の第一一回では定数一一の中の三位、第一二回では九位、第一三回では二位で、小選挙区制移行後の第一四回でも、政友会、憲政会候補を抑え当選を果たしていた。大正一一年九月に国民党が解党し、一一月に革新倶楽部が結成された際にも鈴木はこれに参加した。その後、鈴木は病にかかり党務から離れ、既述のように同倶楽部は秋田清等のグループが、その党務を主導するようになる。第一五回総選挙では中立候補として旧一区より立つが五二一票しか獲得できず落選し、続く第一六回総選挙では、東京一区に中立候補として出馬したのである。

その一方で、鈴木は、明治末より貧富の差に関係なく庶民が医療を受けられるよう「実費診療所」を独自に開設していた。立候補の挨拶文には、日本の医療は世界のどこにも負けぬほど進歩しているが、診察料と薬価が高いため国民の二割しかその恩恵に浴していないことを問題視し、病気やけがをした際に、貧富の差なく医薬の手当ができるようにすることを目指すとし、大略、次のように社会医療を推進する自らの実績と抱負を説明している。[72]すなわち、明治四四年より「実費診療所」を創設し、既に神田、横浜、芝、浅草、大阪に各支部を設けているが、これをさらに拡充し日本全国の都会に少なくとも一カ所の支部設置を目指している。しかし、医師会の反対と歴代政府の弱腰のため実現できないでいる。したがって、その実現案ともいうべき医業国営論を掲げながら同期成同盟会を結成し、普選第一回の帝国議会に同案を提案する予定であると主張していた。[73]この立候補の挨拶状には、右の構想を解説するための「世界第一の理想的国家建設＝医薬国営論第二十三章＝」と題する五頁にわたる論説が付されていた。[74]鈴木が掲げる「医業国営論」は、彼のポスターの中でも明確に打ち出され、例えば、**図7－1**の北沢楽天作のポスターは、左上に、候補者の鈴木が演説する姿を、右下に、「医業国営論」と書かれた札が付けられた薬瓶を複数の中高年の男女が大事そうに抱える様子を、描いていた。(75) また、図7－2のポスターでは、漢字、ひらがな、カタカナで候補者名が記された投票用紙が舞い落ちる中、中央に鈴木梅四郎の名が大書され、両側に「医業国営は国民健康の基」「国民の健康は国位向上の基礎」と謳われていた。(76)

このように医業国営論を掲げ出馬した鈴木ではあったが、選挙の結果、表5－3に示したように、二七六四票しか獲得できず、定数五名の選挙区で一〇位に終わり落選した。(77) 五位の最下位当選者の得票が八三三一票であることに照らすと、前回選挙に続く惨敗であった。鈴木のように過去連続四回の当選を果たした候補であっても、昭和初頭の二大政党体制に政界の権力構図が向かう状況下、無所属で当選することは、非常に困難になっていたことがわかる。以後、鈴木は、第一七回総選挙において、長野一区（定数三）より政友会公認候補として出馬し当選し、(78) 第一八回総選挙では再び東京一区より政友会公認で出馬するが次点に泣いた。いずれも政友会公認候補としての出馬であることに鑑みれば、時間的なズレは多少あるものの国民党、革新倶楽部系議員の政友会への糾合過程の一齣と位置づけることもできよう。

以上、これまで革新倶楽部の政友会合流に注目し、本節で言及した鈴木を含めこれに関連する候補者の動向に考察を加えてきた。冒頭で論及したように、政党の合同は、政友会と革新倶楽部だけでなく、憲政会と政友本党の間でも行われたため、第一六回総選挙では、同じような確執や混乱が少なからず生じたことは想像に難くない。

図7－1　➔口絵

図7－2　➔口絵

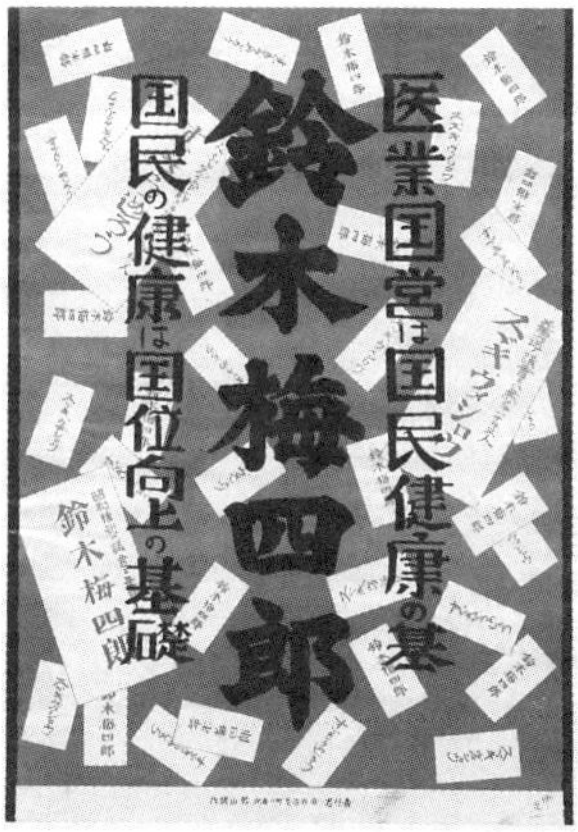

表7－4　長崎1区（定数5）の選挙結果

西岡竹次郎	20,218	当	政友	元
向井倭雄	19,545	当	政友	前
則元由庸	10,774	当	民政	前
志波安一郎	10,690	当	民政	前
本田英作	10,421	当	民政	新
田崎武勇	10,078	落	民政	新
橋本喜造	9,082	落	中立	元
草野義一	4,906	落	政友	新
相川米太郎	3,314	落	中立	新
宇和川義瑞	1,736	落*	中立	新
堀川直吉	1,726	落*	中立	新
田中正義	407	落*	中立	新
福田徳久	342	落*	中立	新

出所：『第十六回衆議院議員総選挙一覧』（衆議院事務局、昭和３年）より作成。
注：「落」に＊が付いているのは供託金没収者である。

『普選資料』の中に見出すことのできる、長崎一区より中立候補として出馬した橋本喜造の事例はそれに該当するため、最後に紹介しておきたい。

橋本は、普選に先立つ三回の総選挙で連続当選した経歴を持ち、その内、小選挙区制が導入されて以降の第一四、一五回総選挙では、長崎の旧四区より憲政会から出馬しての当選であった。加えて、大正一三（一九二四）年には憲政会の総務の要職にも就いていた。

しかし、表7－4に示すように、第一六回総選挙では、長崎一区において、民政党からではなく中立候補として立つことを余儀なくされた。[79] 橋本陣営が作成した、彼への投票を懇請するビラの中には「党略の犠牲に供せられ孤軍奮闘の中立候補」との文言が書き込まれ、その憤懣が滲み出ていた。[80] 立候補宣言の中では「政党より離脱して寧ろ孤立の光栄を痛感する」と開き直りともとれる文言を綴りながら、民政党、政友会の政策を念頭に置きながら次のように論じていた。[81] まず、消極政策を遂行し我が財界を不景気の深淵に陥らせるのは一大拙策と断じ、従前所属していた政党の後身に位置づけられる民政党の経済政策を、反対党の政友会が批判する際の常套句を用い難じていた。他方、政友会の積極政策については、党勢拡大の弊があり全面的賛成ではないと批判しつつも、積極政策自体については時勢に適応した歓迎すべきものと評価していた。これら選挙文書の文言からは、憲政会の橋本が、政友本党との合流により結成された民政党に円滑に参加できず、はじき出され、むしろ民政党に批判的姿勢を強め、政友会寄りの主張さえ展開していたことを確認できる。以下、それらの事情について若干の考察を加えてみたい。

既述のように民政党は、憲政会と政友本党が合流して昭和二年六月一日に結成された政党であり、橋本もこれに一旦は参加したが、半年後には脱党した。この件につき地元の新聞には、民政党長崎支部の中川支部幹事による次の様な談話が掲載されていた。すなわち、橋本は民政党結成前より既に憲政会支部を離れていたため、民政党長崎支部の創立大会に際し通知も出さなかった、と突き放す談話を発していたのである[82]。また、昭和二年一二月二六日の第五四帝国議会開院式当日の民政党の控え室には、「長崎選出の橋本喜造君除名」の貼紙が出され、橋本が憤慨と弁明を論じ立てるが耳を貸すものがいない、と報じられていた[83]。橋本が民政党から脱党したのは、その一二月二六日であった。橋本の民政党からの除名脱党の真相は定かではないが[84]、その背景に、選挙区制の改正と、憲政会と政友本党の合同が、選挙区事情や地方政党組織に複雑な波紋を呼び起こしていたことを推断できる。以下、それらの事情に考察を加えてみたい。

橋本が出馬した長崎一区は、長崎市、西彼杵、北高来、南高来の各郡に加え、対馬島庁管内により構成されていた。小選挙区制下の前回総選挙において橋本は、北高来と南高来の両郡により構成される長崎旧四区（定数二）から憲政会候補として出馬し、政友本党の志波安一郎と議席を分け合う形で当選を果たしていた[85]。

第一六回総選挙の長崎一区における民政党の各公認候補の得票状況を見ると、前回橋本喜造が立候補した長崎旧四区の内、北高来郡は、政友本党から合流した則元由庸が集中して得票していた[86]。因みに、則元は、前回総選挙で長崎旧三区から政友本党の候補として出馬している。旧三区は西彼杵郡と東彼杵郡により構成されていたが、中選挙区制への移行に伴い、西彼杵郡は一区に、東彼杵郡は二区に編入され、新選挙区は旧選挙区を完全に分断する結果となっていた。したがって、則元が再選を目指すならば、一区か二区のどちらかより出馬することになるが、則元は前者を選択した。

則元の選挙結果を見ると、橋本が地盤としてきた北高来郡と長崎市より集票し当選を果たしていた。他方、南高来郡は、前回総選挙で橋本と議席を分け合い政友本党から民政党に合流した志波安一郎が集中して得票していた[87]。さらに興味深いことに、則元は、前回立候補した選挙区の一部である西彼杵郡から殆ど集票しておらず、同郡からは新人の公認候補の田崎武勇が集中して得票し[88]、残りの公認候補である本田英作[89]は長崎市を中心に得票をしている。これらの得票分布から見る限り、民政党公認四候補間においては、集票に関する調整が行われたことを推察できる。これに対し橋本は、従前より地盤としていた北と南の高来郡の、どちらも政友本党から合流した候補者に席巻され、十分な得票をできず落選したことがわかる。

そもそも、前回総選挙の結果を見れば明らかなように、長崎の選挙区の定数合計九議席の内、六議席を政友本党系が占めたことに象徴されるように、当地においては政友本党系の勢力が優勢であり、それゆえ合同後の支部組織も本党系の人々が主導権を握るのは必然といえた[90]。すなわち、本党から合流してきた則元が、解散前の議会の院内総務筆頭を務め、第四章で紹介したように御大典に際し捧呈する賀表に関する決議案の党派を超えた提案者に選ばれるとともに、民政党長崎支部長にも就任していることからも窺えるように[91]、長崎の民政党組織は、本党系の人々が主導権を握っていたと見做すことができる。

他方、民政党結成に至る全体像からすれば、その規模からしても憲政会が主流であり、同党の要職をも務めた経歴を持つ橋本からすれば、合流してきた政友本党系の人々に地元の選挙区の主導権を奪われた形になり内心忸怩たるものがあったことは想像に難くない。先に紹介した橋本陣営の選挙文書の中にある、「党略の犠牲に供せられ」との一節には、政党合同に伴い派生した地元組織や選挙区内の確執から、新政党よりはじき出されてしまった憤懣と苦悩が滲み出ていた。

因みに、右のように橋本と対立することになった則元由庸の場合、その所属政党経歴を遡ると政友会系であったことがわかる。すなわち、則元は、第一二回総選挙（長崎郡部、次点）、第一三回（同郡部、当選）、第一四回（長崎市、次点）のいずれの選挙でも、政友会より出馬していた。したがって、橋本からすれば、従前、自ら所属した憲政会と鋭く対立してきた政友会勢力が分裂し政友本党が結成され、さらに、それらが自らの陣営に乗り込み主導権を奪ったと映ったことであろう。則元自身、右に紹介したような政党経歴は、必ずしも好ましいものではないとの意識があるためか、自らの推薦状には、かかる政党遍歴について、従前は政友会に所属していたが、その党利党略に反発し同党を脱し、政友本党へ、さらに小党分裂の弊を改めるべく民政党に合流したと弁明ともいえる解説をしていた。その上で、いずれの党においても長崎支部の責任者であったことを強調し、現在も民政党の長崎支部長の要職を務めていることを謳い上げ、地元との関係の深さを訴えていた[92]。

以上の事例から、憲政会と政友本党との合同が、地方組織や地盤へ動揺を与え、選挙戦に影響を与えていたことを確認できた。長崎は従前より政友本党の強い地域であったため、同党が憲政会組織を吸収する形となっていたが、当然のことながら憲政会の強い地域では、その逆もあったであろう。革新倶楽部系候補の事例と同様に、こうした合同に伴う混乱と確執は、橋本の事例に見たように選挙区や地方組織の事情と連動しながら生じ、民政党への合流に反発し、あるいはそれに合流できず無所属中立候補としての出馬を余儀なくされた者も少なからず出たであろう。この点については、事例研究を含めたより詳細な考察が必要になるであろうが、第一七回総選挙、第一八回総選挙と選挙を重ねるごとに、二大政党からの候補者と当選者の全体に占める比率が高まったことに端的に示されていたように、強固な個人組織を有する者を除き中立のまま出馬し当選することは困難になり、そうした候補者は淘汰されていったといえよう。

結　語

本章は、革新倶楽部の政友会への合流が、同倶楽部に所属していた議員、あるいはその支援組織に動揺を与えたことを、第一六回総選挙の選挙戦の実際から解き明かしてみた。また、かかる合流に際しては、それに参加し政友会候補として選挙を戦った者、それに反発して残留し革新党候補として戦った者がいたが、どちらの場合も合同以降、初めての総選挙であったため、旧党派の支援者に依拠し、あるいは期待して選挙を戦っていたことを裏付けた。

革新倶楽部の政友会への合流に伴い、右の支援者の中でも、これに賛同する者と反発する者が出て分裂した場合もあったが、反発して残留する勢力の維持拡大は困難であったことがわかる。このことは、合流組の当選率が高いのに比し、残留組の当選率が低かったことに顕著に示されていた。反発残留派が多くの場合、新人候補を擁立することを余儀なくされたため、その当選率が低かったのは当然といえたが、田川の例に見たように選挙制度の改正はその困難をより一層増大させていた。すなわち、小選挙区制から中選挙区制への移行に伴う選挙区の拡大は、強力な選挙地盤を有する候補者を除けば、旧来の選挙区を越えた選挙地盤の拡大と調整が当選のためには必要不可欠になったので、広域の組織を有さぬ第三政党や中立の候補者は、十分対応できなかったのである。それは逆に言えば、総選挙に際し候補者擁立から選挙地盤の調整までを統括する政党の組織や人物が必要とされ、その影響力がより一層増す時代の到来を予兆していた。こうした潮流の中、政友会と民政党の二大政党への寡占化が進行したと推断できる。

本章は、選挙資料が残されている非常に限定された事例の検証に止まるゆえ、早急な結論を導き出すことは危険であり、今後より多くの事例研究の積み重ねによる裏付けが必要であろう。さらに、男子普選導入に伴う有権者の拡大が政治資金や選挙資金の増大を招き、(93)弱小政党に重くのしかかったとの古島の回想は興味深く、(94)二大政党への収斂を加速させた一因として挙げることができるが、この点の検証も今後の検討課題として提起しておきたい。

(1) 前掲『議会制度百年史・院内会派編・衆議院の部』。以下、本章における党会派の議員数や、議員の会派の所属並びに移動については、本書に依拠する。
(2) 鷲尾義直『古島一雄』日本経済研究会、昭和二四年、九一二〜三頁。
(3) 同右、九一一〜二頁。
(4) 同右、九一三〜四頁。
(5) 同右、九一四頁。
(6) 同右、九一四〜五頁。
(7) 政友会の中でも、自由党出身の経歴を持つ、あるいは藩閥勢力との提携や妥協を望まぬ硬派党員は、国民党との提携、さらには合同を模索する動きをしていた。しかし、総裁の原敬は、こうした動きに乗らず、むしろ警戒し、普選脅威論を説き、それを口実にしながら衆議院を解散した(前掲・玉井『原敬と立憲政友会』)。
(8) 前掲・鷲尾『古島一雄』、九一六〜七頁。
(9) 西村は、小選挙区制下の第一四回総選挙では、船成金と称され資金力豊富な政友会の山本唯三郎と、第一五回総選挙では、無所属ではあるが政友会系の支援を受けた小谷節夫と一騎打ちの選挙を戦い、当選を果たしてきた(前掲『第十四回衆議院議員総選挙一覧』、前掲『第十五回衆議院議員総選挙一覧』)。西村は、政革合同を決定した革新倶楽部の会議の議長を務め、一旦は政友会に合流するが、地元の反発が激しいこともあり、昭和二年一月には政友会を脱党し無所属になり、さらに昭和二年六月の民政党結党に参加し、第一六回総選挙では民政党候補として岡山二区より出馬し当選を果たした(『昭和の岡山・政治と人と(上)戦前・戦中編』の「西村丹治郎」「小谷節夫」の項、山陽新聞社、昭和五四年、三八〜四三頁、一八三〜九頁)。西村の民政党への合流は、政策への共感からではなく、地元選挙区で政友会と熾烈な選挙を戦ってきたことに起因していた。選挙区事情が、政党合同に際しての政治家の出処進退に影響した典型例といえるであろう。

(10) 政友会に合流しなかった一〇名の内、斎藤眞三郎(五月一六日に既に無所属になり、七月一八日に死去)の外、井上利八、尾崎行雄、清瀬一郎、関直彦、田崎信蔵、富永孝太郎、林田亀太郎、湯浅凡平、馬場義興の九名は、中正倶楽部と合同して新たに新正倶楽部を発足させた。なお、馬場は六月一日の段階では中正倶楽部には入らず、無所属となるが同年一〇月二三日に新正倶楽部に合流した。

(11) 高島兵吉と大内暢三は、一旦は政友会に合流するが、半年後には無所属に転じ(高島は大正一四年一〇月二三日、大内は一二月二六日)、高島は、その後憲政会に参加し民政党候補として出馬し当選、大内は中立候補として出馬し当選した。既述の通り、西村丹治郎も一旦は政友会に合流するものの、無所属を経て民政党に移る。本文で既述する通り、古島一雄は一旦、政友会に合流するが、その一年後には議員を辞職した。第一六回総選挙では、改めて復活し出馬するが、政友会公認ではなく中立候補であった。

(12) 第一五回総選挙に際し、政友会は兵庫旧一区より草鹿甲子太郎を公認候補として擁立したが、政友会分裂の影響もあり一三七四票しか獲得できず六位で落選した。因みに、二位当選は、無所属の森田金蔵(四七六二票)、三位当選は、政友本党の折原巳一郎(三七八七票)、次点が憲政会の野田文一郎(三六九四票)であったことに比すると惨敗といえた(前掲『第十五回衆議院議員総選挙一覧』)。

(13) 兵庫一区を構成する地域の前回の第一五回総選挙における党派別得票数は、憲政会三六九四票、政友会一三七四票、政友本党三七八七票、革新倶楽部五七七六票、無所属六七七一票であった(前掲「改正選挙法(大正一四年・法律四七号)有権者見込数と第十五回総選挙有権者比較表」)。また、大正一五年に内務省は、小選挙区制下で実施された第一五回総選挙の得票状況を基礎に、兵庫一区の各政党会派の勢力を試算していたが、それによると、憲政会一四%、政友会一五%、政友本党六%、実業同志会八%、旧革新五%、無所属四四%、其ノ他八%であった。この数字は、革新倶楽部の政友会合流以後の勢力比を示していた(前掲「内務省第一回総選挙調査」)。

(14) 犬養毅「砂田重政の推薦状」C‐35‐1。革新倶楽部からの合流組で大阪二区より政友会公認で出馬した山本芳治が、自らの選挙ポスター(A‐50‐1)に、党首の田中義一でなく犬養毅を大きく描いていることにも、旧党派の影響を確認できることは、第三章で指摘した。

(15) 「砂田重政の選挙ビラ」B‐10‐1。

(16) 「砂田重政の立候補挨拶」C‐35‐2。

(17) 同右。

(18) 前出の内務省の調査によると、砂田は、政友会候補で、「市内一円並ビニ党員間ニ名望信用アリ」とし、「当選確実」と予想されていた（前掲「内務省第一回総選挙調査」）。因みに、同調査の段階で民政党（調査時点では憲政会）候補として名前が挙げられていたのは、野田文一郎、山本平三郎、浜野徹太郎、西見芳宏の四名であった。野田は、「市内ノ幾部及党員並同業者間ニ名望信用アリ」、「当選確実」、山本は、「党員及同業者間ノ一部ニ名望信用アリ」、「当落不明」、浜野は、「市内ノ一部及同業者間ニ名望信用アリ」、「当落不明」、西見も、「市内ノ一部及同業者間ニ名望信用アリ」、「当落不明」と、予測されていた。
(19) 『時事新報』昭和三年二月一三日。中井の立候補の届け出は、二月二日であった（『読売新聞』昭和三年二月三日）。前出の内務省の調査に、中井の名前を見出すことはできない（前掲「内務省第一回総選挙調査」）。
(20) 『百年を生きる　中井一夫伝』同伝編集委員会、昭和六〇年、七九〜九二頁。中井は推薦状の略歴において、東京帝国大法科卒業の法学士で、元神戸裁判所判事、弁護士、兵庫県議会議員、神戸市連合青年団理事と記していた（C－36－1）。
(21) 同右。中井は、敗戦直後の昭和二〇年八月より二二年二月まで神戸市長を務めた。
(22) 同右。
(23) 「中井一夫の選挙ビラ」B－10－2。
(24) 前掲『第十五回衆議院議員総選挙一覧』、前掲『第十六回衆議院議員総選挙一覧』。
(25) 中井は、政友会が野党として戦うことになる次期の第一七回総選挙での出馬は見合わせるものの、政友会を与党とする犬養毅内閣の下で実施された第一八回総選挙から、政党解消前までに実施された第一九回、第二〇回の各総選挙に政友会候補として出馬し連続当選を果たす。
(26) 前掲『第十五回衆議院議員総選挙一覧』。
(27) この補欠選挙に関しては、第六章を参照のこと。
(28) 前掲『第十六回衆議院議員総選挙一覧』。
(29) 大阪三区を構成する地域の前回の第一五回総選挙における党派別得票数は、憲政会四七八三票、政友会二三四五票、政友本党二〇九六票、革新倶楽部四三一二票、無所属五八七二票であった（前掲「改正選挙法（大正一四年・法律四七号）有権者見込数と第十五回総選挙有権者比較表」）。また、前出の大正一五年の内務省によると、大阪三区の党派勢力比は、憲政会一五％、政友会一四％、政友本党三％、実業同志会一〇％、新正倶楽部一％、旧革新四％、無所属五一％、其ノ他二％であった（前掲「内務省第一回総選挙調査」）。
(30) 前掲『第十五回衆議院議員総選挙一覧』。

(31) 第一四回総選挙における大阪旧三区は、上田弥兵衛(中立)、中橋徳五郎(政友)、清瀬一郎(国民)の順で当選し、落選者には、次点の吉津(政友)以下、広瀬徳蔵(憲政)、今井嘉幸が並んでいた(前掲『第十四回衆議院議員総選挙一覧』)。

(32) 前出の内務省の調査に、吉津は大阪三区の政友会候補として名前が挙がり、「上福島方面及医師会々員間ニ於テ信望厚シ」、「当選確実」と予想されていた(前掲「内務省第一回総選挙調査」)。

(33) 此花区は、大正一四年に、北区と西区(旧一区)の一部が合区して新設された区である。改正選挙法後の有権者の予想数では、北区は、五万四八九七人、此花区は、六万人、東区、七万八二六五人と試算されていた(前掲「改正選挙法(大正一四年・法律四七号)有権者見込数と第十五回総選挙有権者比較表」)。第一五回総選挙で東区の旧二区(定数二)は、実業同志会(無所属として出馬)の田中譲と憲政会の武内作平が当選し、本文にも紹介しているように次点は相島で、政友会は公認候補の擁立を見送っていた(前掲『第十五回衆議院議員総選挙一覧』)。

(34) 前出の内務省の調査に、大阪三区の政友会候補として相島の名前も挙がり、「知識階級間ニ相当信用アリ」、「当選不明」と予想されていた(前掲「内務省第一回総選挙調査」)。

(35) 「吉津渡の推薦状」C-33-1。

(36) 相島勘次郎「吉津渡の推薦状」C-34-1。ここには、吉津が、父の家業の失敗から東区の洋服店の丁稚をした後、苦学しながら医業に携わり、政治の世界に身を投じたことが紹介されていた。すなわち、大阪府の衛生課の官吏として医学を学び、医者となり日露戦争に従軍、帰国後は大阪北区で開業した後、大阪府議会議員、大阪市議会議員になるが、府議の時代に経験した米騒動に際しては、一週間徹夜で鎮撫に当たり、その後大阪府会議長になり、前回選挙で衆議院議員になった、とする。さらに、人口問題解決のための殖民政策を推進するため、殖民地に出す医師を養成するために大阪高等医学専門学校を創設した等、非常に詳細に吉津を称える経歴と業績が、相島名の推薦状として作成されていた。

(37) 前掲『第十五回衆議院議員総選挙一覧』、前掲『第十六回衆議院議員総選挙一覧』。

(38) 前掲『第十六回衆議院議員総選挙一覧』。

(39) この三名以外の革新党候補者の選挙文書は、東京四区(本所、深川)の粕谷磯平(定数五の一五位)のビラを確認できる(B-29-1)。

(40) 東京三区を構成する地域の前回の第一五回総選挙における党派別得票数は、憲政会五〇二八票、革新倶楽部七四五五票、無所属五一三〇票であった(前掲「改正選挙法(大正一四年・法律四七号)有権者見込数と第十五回総選挙有権者比較表」)。また、前出の大正一五年の内務省によると、東京三区の党派勢力比は、憲政会三三%、政友会二六%、政友本党二%、実業同志会一％、旧革新三％、無所属三五％であった（前掲「内務省第一回総選挙調査」）。

(41)『東京朝日新聞』昭和二年六月二二日付夕刊。因みに、前出の大正一五年の内務省の調査は、関の辞職前であったので、次期総選挙の旧革新系候補として関の名前を挙げ、「同業者並京橋全般ニ亘リ信望アリ」とし「当選確実」と予想していた（前掲「内務省第一回総選挙調査」）。当然のことながら田川の名前を見出すことはできない。

(42) 関直彦『七十七年の回顧』三省堂、昭和八年、一九～二九頁。古島も政友会との合同に伴う党内の混乱を回想しながら、関以外に、大阪の清瀬一郎、京都の田崎信蔵らが反対論を展開したとする（古島一雄『一老政治家の回想』中公文庫版、中央公論社、昭和五〇年、二一〇～二九頁）。既述のように、清瀬や田崎は、革新倶楽部残留組の中で当選を果たした三名に含まれているが、両名が反対派の急先鋒になれたのは、政友会に合流せずとも当選を見込める強固な地盤を有していたことを一因として挙げることができよう。

(43)『東京朝日新聞』昭和二年六月二二日付夕刊。

(44) 同右。

(45)「田川大吉郎の選挙ポスター」A-101-1。

(46) 前掲『第十六回衆議院議員総選挙一覧』。浅草区の総得票数は三万三三一五票であり、日本橋区の一万三八二五票、京橋区の一万六六六五票の二倍以上の票田を有していた。因みに、前回総選挙に際しての、各区の総得票数は、日本橋区四七八二票、京橋区四〇八〇票、浅草区一万五三六票であった。

(47) 前掲・関『七十七年の回顧』、二八～九頁。

(48) 島田は、第一一回総選挙に島根県郡部の旧選挙区より出て初当選して以降、島根を地盤に三回の当選歴を持つ政友会の中堅幹部であった。その選挙経歴は、第一二回総選挙で落選（立憲同志会・郡部）、第一三回当選（政友会・郡部）、第一四回当選（政友会・島根旧五区）、第一五回落選（政友会・島根旧五区）であった。島田が落選中であり東京市役所に務めていたことから擁立されたが、選挙区の神田や下谷に地縁があるわけではなかった（『東京朝日新聞』大正一四年二月一〇日）。

(49) 神田区では、佐々木二九六四票、島田一七七五票、下谷区では、佐々木二一六九票、島田一八五〇票であった（『東京朝日新聞』大正一四年七月二四日付夕刊）。

(50)『東京朝日新聞』大正一四年七月二三日。

(51)『東京朝日新聞』大正一四年七月一九日。

(52) 前出の大正一五年の内務省の調査によれば、東京二区の旧革新倶楽部候補として佐々木の名前が挙げられ、「全区ニ亘リ中産階級以下に信用アリ」としながら「当落不明」と予測されていた（前掲「内務省第一回総選挙調査」）。

（53）前掲『第十六回衆議院議員総選挙一覧』。

（54）「古島一雄の立候補の挨拶」C－104－2。古島の回想によると、引退後も支援者からの出馬要請が強く第一六回総選挙では、犬養健を身代わりに推すことで逃れたが、次の選挙では出馬せざるを得なくなったと記している。しかし、犬養健の出馬は第一七回総選挙のことである。一方、自らが再出馬する選挙区には初出馬する安部磯雄がいたとも言及しているが、それは第一六回総選挙のことである。第一六回と一七回総選挙を意図的か否かは定かではないが、混乱して回想している（前掲・古島『一老政治家の回想』、二二七頁）。

（55）「古島一雄の推薦状」C－105－2。

（56）前出の衆議院事務局発行の『第十六回衆議院議員総選挙一覧』では、公認の印はないが政友会候補として扱われている。

（57）犬養毅「古島一雄の推薦状」C－105－1。

（58）太田太兵衛宛犬養毅書簡、昭和三年二月三日（鷲尾義直『犬養木堂書簡集』人文閣、昭和一五年、四五一～二頁）。以下、『犬養書簡集』と略す。

（59）「古島一雄の推薦状」C－105－2。

（60）前掲・太田太兵衛宛犬養毅書簡、昭和三年二月三日、原田庄衛門宛犬養毅書簡、昭和三年二月一〇日（前掲『犬養書簡集』、四五一～二頁、四七九～八〇頁）。

（61）もっとも、前出の内務省の調査によれば、古島は東京二区の政友会候補として名前が上がり、「神田下谷両区ニ名望信用アリ」としながら、「当落不明」と予測されていた（前掲「内務省第一回総選挙調査」）。

（62）前掲『第十六回衆議院議員総選挙一覧』。

（63）同右。

（64）第六章で明らかにしたように、第三勢力の一翼を担うはずであった実業同志会が、該総選挙で議席を躍進させるどころか半減させてしまったことも、そうした潮流の一端として位置づけることができた。

（65）前掲『犬養書簡集』、三二一頁。

（66）西田宛犬養毅書簡、大正一四年七月一三日（前掲『犬養書簡集』、四一八～九頁）。

（67）「西田冨三郎の選挙ビラ」B－29－2。

（68）「西田冨三郎の選挙ビラ」B－30－2。

(69)　西田冨三郎「革新党の主張」C－83－3。
(70)　関直彦「西田冨三郎の推薦状」C－83－4。
(71)　西田は、前出の内務省の調査でも、兵庫一区の旧革新倶楽部系候補として名前が挙がり、「同業者及同党間ニ名望信用アリ」としながらも「当落不明」と予測されていた（前掲「内務省第一回総選挙調査」）。
(72)　「鈴木梅四郎の立候補挨拶状」C－102－1－1。
(73)　同右。
(74)　鈴木梅四郎「世界第一の理想的国家建設」C－102－1－2～4。
(75)　「鈴木梅四郎の選挙ポスター」A－147－1。
(76)　「鈴木梅四郎の選挙ポスター」A－145－1。
(77)　鈴木は、前出の内務省調査でも東京一区の無所属候補として名前が挙げられ、「麹町区内ニ名望ト信用相当アリ」としながら「当選ノ見込ミナシ」と予測されていた（前掲「内務省第一回総選挙調査」）。
(78)　定数三名の長野一区からは、民政党候補二名の外、政友会の鈴木しか出馬しなかったので無投票で当選を確定させていた。
(79)　憲政会と政友本党の合同前に行われた、大正一五年の内務省の調査によると、橋本は、長崎一区ではなく、二区の憲政会候補として名前が挙げられていた。そこでは、「佐世保市ノ一部及県内ニ於ケル同志間ノ一部ニ名望アリ」とし、「立候補ノ意志アリ」としながらも「当落不明」と予測されていた（前掲「内務省第一回総選挙調査」）。
(80)　「橋本喜造の投票懇請ビラ」C－116－1。
(81)　「橋本喜造の立候補宣言」C－115－1。
(82)　『大阪毎日新聞・西部毎日・長崎佐賀版』昭和二年一二月二七日。また、同紙には、橋本が政友会に接近しているが、同党からも敬遠されていることが記されている。
(83)　『大阪毎日新聞・西部毎日・長崎佐賀版』昭和二年一二月二九日。
(84)　『大阪毎日新聞・西部毎日・長崎佐賀版』（昭和二年一二月二九日）によれば、橋本が田中内閣への不信任案採決に欠席する策動をしていたと、つぶやくものも党内にいたと記されている。
(85)　志波が四二一七票、橋本四二〇一票と僅差ながら橋本を上回る得票をしていた。次点の無所属小宮元之助は三一九九票であった（前掲『第十五回衆議院議員総選挙一覧』）。大正一五年の内務省調査によれば、志波は、長崎一区の政友本党候補として名前が挙げられ、「支部ノ先輩トシテ県内ノ大半ニ名望アリ」とし、「立候補スベシ」としながらも、「当落ノ見込不明」と予測されていた（前掲「内務省第一回総選挙調査」）。

(86) 北高来郡の総得票一万二〇八二票の内、則元は三三二九票を獲得し、この票は、同郡の党派を超えた最大得票である。橋本は一一一〇票しか獲得できなかった（前掲『第十六回衆議院議員総選挙一覧』）。因みに、則元は、大正一五年の内務省調査によれば、長崎一区の政友本党候補として名前が挙げられ、「支部長老トシ県内ノ全部ニ名望アリ」とし、「立候補スベシ」としながらも、「当落ノ見込不明」と予測されていた（前掲「内務省第一回総選挙調査」）。

(87) 志波は、南高来郡総得票二万九〇二〇票の内、九八四四票を獲得し、この票は、同郡の党派を超えた最大得票である。橋本も、同郡から六〇八一票を獲得し善戦している（前掲『第十六回衆議院議員総選挙一覧』）。

(88) 前掲『第十六回衆議院議員総選挙一覧』。田崎は、大正一五年の内務省調査によれば、長崎一区の政友本党候補として名前が挙げられ、「本人ハ郷里ノ一部ニ限ルモ実兄周三郎ヲ通ジテ県内ノ大半ニ名望アリ」とし、「立候補スベシ」としながらも、「当落ノ見込不明」と予測されていた（前掲「内務省第一回総選挙調査」）。

(89) 前掲『第十六回衆議院議員総選挙一覧』。大正一五年の内務省調査に、長崎一区の候補として本田英作の名前はなく、憲政会候補としては、本田恒之が挙げられていた。本田恒之は、前回総選挙の第一五回総選挙では、長崎旧一区より憲政会候補として出馬するが、中立候補の西岡竹次郎に敗れている。しかし、西岡の当選が選挙法違反で無効になり、大正一四年四月一五日に実施された補欠選挙に、改めて憲政会候補として出馬し当選を果たした（前掲『第十五回衆議院議員総選挙一覧』）。大正一五年の内務省調査で、彼は「司法政務次官トシテ県下ニ於ケル憲政会ノ長老トシテ県内一般に名望信用アリ」「立候補スベシ」とし、「当選確実ナルガ如シ」と予測されていた（前掲「内務省第一回総選挙調査」）。しかし、この本田恒之は、長崎一区でなく二区（定数四）より民政党候補として出馬し、最下位で当選を果たす。但し、二区の民政党公認は、牧山耕蔵、森肇、中田正輔の三名に出て本田には出ていない（前掲『第十六回衆議院議員総選挙一覧』）。前回の第一五回総選挙で、牧山は、長崎旧六区、森は、長崎旧五区より、政友本党候補として出馬し当選を果たしていた（前掲『第十五回衆議院議員総選挙一覧』）。二区においても、政友本党から民政党へ合流した勢力が支部の指導権を握っていたことが窺われる。

(90) 長崎一区を構成する地域の前回の第一五回総選挙における党派別得票数は、憲政会七二九八票、政友会一一四九票、政友本党一万一七六票、革新倶楽部一〇二六票、無所属七三三三票であった（前掲「改正選挙法（大正一四年・法律四七号）有権者見込数と第十五回総選挙有権者比較表」）。また、前出の大正一五年の内務省の調査は、長崎一区の党派勢力比は、憲政会二五％、政友会一二％、政友本党二八％、無所属三五％と観測していた（前掲「内務省第一回総選挙調査」）。

(91) 「則元由庸の推薦新聞」C－71－1。

(92)　同右。当時の長崎の勢力関係について、長崎は、由来長崎市、佐世保市において旧憲政会の勢力が本党の塁を摩し、郡部において本党が憲政を見下していた、憲、本合同の結果、多少の動揺はみたが、則元由庸が長崎支部長になり、本田恒之が顧問となり融合したので大勢は容易に他の侵入を許さず、と新聞は観測していた（『時事新報』昭和二年九月一四日）。

(93)　社会民衆党の安倍磯雄が法定内の選挙費用で選挙運動を戦っていたことを、無産政党陣営の選挙資金が苦しかったこととともに、大西比呂志「普選期の安倍磯雄—選挙組織と資金—」（『早稲田大学史紀要』第二四巻、一九九二年）が検証しているが、安倍のような候補者は当選者の中では、例外といえよう。

(94)　尾崎同様、確固とした地盤を持ち選挙に圧倒的な強さを示していた高木正年が、普選になり制限選挙の時より選挙に金がかかり貧乏人は運動資金で困るとこぼしていた事実を第四章の注（131）の中で紹介したが、こうした記述からも普選の導入は、候補者の選挙資金を軽減させるのではなくむしろ増加させたことを窺わせていた（火山樓「逐鹿場裏に於ける喬木先生」前掲『高木正年自叙伝』）。

おわりに

明治の憲法発布から昭和の敗戦まで、近代日本は合計二一回の総選挙を経験した。この間、衆議院議員選挙に関する法令は種々改正されたが、納税資格制限と選挙区制に着目するならば、大きな改正として、明治三三（一九〇〇）年、大正八（一九一九）年、大正一四（一九二五）年のそれを挙げることができるであろう。その中でも、納税資格制限を撤廃し、男子普選を実現した大正一四年の改正は、近代日本の選挙史上、画期的な変革として注目されてきた。しかし、この改正に伴い、中選挙区制、立候補届出制、供託金制の導入が図られ、戸別訪問の禁止と選挙資金の制限が定められたことは、必ずしも知られていない。これらは、納税資格制限の撤廃とともに、選挙に、さらにいえば選挙運動に少なからぬ影響を与え、戦前に限らず、戦後にまで続く内容を多く含むため、わが国の選挙を考察する上でも注目すべき改正であった。

本書は、右のような改正が行われて以降、最初の総選挙となる第一回普選に際し利用された選挙ポスター、ビラ、推薦状を手掛かりにして、従前の研究においては必ずしも論及されて来なかった同時代の選挙運動を考察し、その内実を解き明かしてみた。

まず、第一回普選に際して、納税資格の制限が撤廃され有権者が急増したため、従前とは異なる選挙運動のスタイルが出現していた。男子普選法が議会で成立して以降、脚光を浴びることになった選挙ポスターは、その象徴である。自らの政策や主張を、公の場において、急増した不特定多数の有権者に公明正大に訴える選挙こそ、昭和の政党政治を飾るに相応しい理想の選挙であると考えられていたが、その有効な方途として選挙ポスターの利用が注目されたのである。書籍の公刊や展覧会の開催等、選挙ポスター関連の種々の企画を新聞社が主催したのは、その証左であった。実際に、第一回普選では、自らの政策や主張を意匠に凝らした選挙ポスターが多種大量に作成された。わが国の政治史上ポスターが選挙で初めて本格的に利用され、普選実現による民衆の政治参加の躍動を象徴するかの如く選挙戦を盛り上げ、街中を一色に染め抜いたことを、関連法令の改正を含め明らかにした。もっとも、街に氾濫横溢したポスターは、その行き過ぎから朝野の批判を受け、次の総選挙から、その利用には大幅な抑制がかけられたため、多種多様のポスターが街中に貼られたのは、近代日本の選挙史上、第一回普選が最初で最後であった。

このように脚光を浴びた選挙ポスターとともに、大量に作成された選挙のビラ、立候補挨拶状や推薦状の内容からは、政党や候補者が有権者に訴えた具体的内容を知ることができ、彼等の支援組織、期待する支持層や地域、それに関連する選挙運動の戦略や戦術を、さらには、間接的ながら有権者の意識をも解き明かすことができた。

例えば、男子普選により、新たに九百万人の有権者が誕生し、彼らの支持動向が第一回普選の結果を左右すると考えられていたので、政党や候補者は、そうした新有権者を意識した運動や訴えを行った。初めて選挙に行く有権者を想定し、ポスターに投票日を強調する意匠を採用し、選挙のビラに、投票所の場所や投票するまでの手順を懇切丁寧に解説していたのは、その典型である。自らの名前を「漢字」「カタカナ」「ひらがな」で併記したポスターや、自分の名前の周りに切取線を入れているビラも作成された。前者は、識字能力の関係から漢字を書くのが不得意な有権者への配慮であり、後者は、投票所で候補者名を忘れても困らぬようメモとしてポケットに入れ持参してもらうためであった。初めて投票を行う有権者の戸惑いや混乱の払拭、心理的抵抗を緩和するための工夫が凝らされていた。さらに、彼等の選挙に対する関心を喚起し、自覚あるいは自らへの投票を促すため、選挙ポスターだけでなく、演説録音レコード、演劇や活動写真までが、選挙運動に積極的に利用された。普選導入後の選挙で、有権者の支持を獲得し当選するためには、政党及び候補者の訴えを、より広範に、なおかつ理解容易な方法で行うことが必要不可欠と考えられ、こうした戦術が積極的に採用されたのである。

大正末に高揚した無産陣営における政党結成の気運は、男子普選の実現を受け、かかる新有権者からの支持を期待して生まれていたが、それは、政友会、民政党の二大既成政党の候補者も同様に目指したことであった。「普選」の意義を説き自らが普選の推進者であり、新有権者である「民衆」の代表者、「大衆」の代弁者であることが強調された。普選時代を迎え「民衆的」「大衆的」であることが重視され、それらの意識が候補者、有権者ともに共有されていた。

また、昭和への改元後、初の総選挙となるため、「昭和維新」という言葉が、新紀元の改革を象徴する言葉として「普選」とともに多用された。自らの政治信条や政治姿勢を表す言葉として「忠君」や「愛国」も党派を超え、種々の選挙文書の中で使われていた。その一方で、田中義一内閣の山東出兵に代表されるような対外問題は、争点の後景に退き、候補者が選挙の争点として訴えたことは経済問題であり、有権者の主たる関心も、自らの生活に密接に結びつく景気に向いていた。ポスターやビラの意匠にも、そうした内容が反映されることが多く、対外問題が取り上げられることは殆どなかった。

候補者の訴えの中には、その選挙区の特性が反映された内容も確認できた。例えば、既成政党候補の中でも、無産政党同様に、労働者や借家人の生活や地位の向上を強調する者がいたが、その選挙区はそうした人々が多く居住する地域であった。また、東京近郊の開発に伴い人口が急増した選挙区においては、かかる開発に従事した者が候補者として出馬し、さらに開発に伴い移住してきた新住民を意識して、該地域のインフラ整備の急務を訴えていた。

当然のことながら、政党党派の主張や姿勢の特徴も選挙文書に反映された。昭和初頭の政党政治を担った政友会と民政党のポスターをみると、政友会は、自党の政策を「積極政策」と形容し、民政党のそれを「消極政策」

と難じ、民政党は、自党の政策を「堅実政策」と称し、政友会のそれを「放漫政策」と批判していた。このように政友会と民政党の二大既成政党は、お互いに批判しあったが、注目すべきは、第三政党以下の勢力を視野の外に置き、両党が自党のプラスイメージと競合政党のマイナスイメージを比較対照する構図をポスターの多くに採用していたことである。そうした構図の採用と、お互いを攻撃する際の意匠は、著名な風刺漫画家の筆によるものも含まれ巧妙で興味深い内容であったが、その刺激的、扇情的ともいえる描き方には、政友会と民政党が政権を目指し、世の顰蹙を招くような熾烈な競争を行うことになる予兆が既に示されていた。

また、政党及び候補者のポスターやビラには、党首の写真や肖像が採用されたが、それは、同時代の選挙運動が党首を前面に立てての戦いであったことを物語っていた。もっとも、その採用のされ方には違いがあり、一般に抱かれている党首のイメージの差異を読み解くこともできた。すなわち、民政党の党首浜口雄幸に比し、政友会の党首田中義一の、自派の選挙ポスターやビラへの登場頻度が少なく、田中のイメージが高くなかったことを窺わせていた。政友会の候補者の中には、党首の田中ではなく、犬養毅の写真や肖像を採用する者さえいた。確かに、革新倶楽部からの合流組の政友会候補に犬養を起用する傾向があり、そこには、政友会合流後の選挙においても、犬養が率いていた旧革新倶楽部の後援者からの支持を期待する彼等の選挙戦略を見出すことができた。しかし、同時に、党首の田中でなく犬養の肖像の採用は、こうした旧党派の関係とは別に、普選の時代を迎え、陸軍出身の政治家である田中より、尾崎行雄と並び「憲政の神」と称された政治家犬養のイメージの方が高かったことを示していた。田中の死去後、党内勢力の脆弱な犬養が政友会の総裁に担ぎ上げられたことは、普選が実現し「党首」のイメージがより一層重視される、さらにいえば、選挙に勝てる「党首」が必要とされる時代を意味していたともいえよう。

政友会と民政党の二大既成政党以外には、惨敗を喫したものの武藤山治率いる実業同志会が選挙で訴え、選挙ポスターに的確かつ巧な意匠により表現した行財政改革の提言は異色であった。「官」と「政」の癒着による弊害を難じ、「官」の非効率を衝きながら「民」への転換を求めた提言は、実同の惨敗により同時代の日本に受け入れられることはなかった。しかし、明治以降の日本の統治システムが内在的に抱える問題を浮き彫りにするとともに、その根幹を改革する内容を含み、さらには戦後から現代にまで通底する課題を提示していただけに、注目して考察を加え紹介した。

このように選挙文書からは、自らが所属する政党の主張や姿勢とともに、候補者の旧党派や選挙区特性を反映した内容を確認でき、彼らがいかなる層の有権者を意識した訴えをしていたか、その選挙戦略の一端を解き明かすことができた。

こうした選挙戦略には、有権者の急増をもたらした納税資格の撤廃だけでなく、小選挙区制から中選挙区制への移行に基づく影響も考慮されていた。中選挙区制下では、競合政党だけでなく同一政党候補者間の競争も激しくなるため、自派の勢力を勘案した候補者の絞り込み調整が必要になっていた。加えて、第一回普選は、革新倶楽部の政友会への合流と憲政会と政友本党の合流による民政党の結成という、昭和の二大政党制を確立させる大きな政党再編が行われて以降、最初の総選挙でもあった。政党の合同は、これに反発する人々の離脱や、合流後の旧党派間の中央だけでなく各地方の選挙区内での確執を発生させるため、候補者の調整はより一層困難を極めたといえる。本書においては、東京の選挙区において、同一政党候補者間で地盤の調整や選挙区の鞍替えが行われていたこと、他方において、調整が不調に終わり候補者乱立となり、自派の他の候補者の動きに神経を尖らせ危機感を募らせる者がいたことを、候補者の選挙文書を読み解くことにより明らかにした。

このように第一回普選は、有権者の増加、中選挙区制の導入、政党の再編と、多くの変動要因が重なる中での総選挙であった。それは、包括的で候補者調整機能を有する強い組織が必要になることを予測させる選挙でもあった。既成政党が、地縁関係を持たぬ輸入候補者を上位当選させていたことは、そうした強固な集票組織が構築されつつあることを示していた。さらに、実業同志会、無産政党各派、革新党の第三政党や中立無所属の躍進はなく、多数当選歴を有する候補者でも、中立無所属になると苦戦していたことは、広い地域からの集票と地盤調整能力を有する二大既成政党が優位に立つ選挙であったことを如実に物語っていた。昭和初頭のわが国においては、中選挙区制の下で二大政党制が確立され、候補者及び当選者の両党への収斂が促進されたが、その一因を見出すことができた。

ところで、普選実施による有権者の急増と戸別訪問の禁止や選挙資金の規制は、選挙運動を、従前の「草鞋ばき」の運動から「演説や文書」を主体とする運動へと転換させるとともに、選挙買収の機会と効果を低減させ、それにより、選挙費用が抑制され、選挙や政界の廓清が図られることが期待された。しかし、有権者の急増は、大量のポスター、ビラ、推薦状の制作費や、それらを貼付し送付するための郵送人件費等、政党や候補者が負担する費用を増大させた。無産政党候補者は、同一意匠のポスターを共同利用していたが、それは、多種大量のポスターを作成することができない、選挙資金の限界を示していた。普選導入とともに、選挙資金に制限はかけられたが、法定内で選挙運動を行うことは殆ど不可能であった。加えて、立候補届出制に伴い導入された供託金制度も、選挙資金が潤沢でない人々の出馬には障害になった。男子普選の実現は、政党や候補者が必要とする選挙資金を低減させるのではなく、むしろ増大させる結果をもたらしていた。

加えて、選挙権獲得の意義を認識せず、選挙に冷淡か無関心、むしろ買収を自明と考え、「票」を売買の対象にする有権者も多数いた。選挙違反や投票率の低下を懸念した内務省や地方官庁が、それらを防ぐための啓蒙活動を積極的に行っていたこと、あるいは、投票率の高い地域が有権者の政治意識の高さを示すわけでなく、むしろ買収が徹底的に行われた結果を示している、そうした解釈を同時代の政治家や識者が共有していたことは、右のような有権者の意識や存在を間接的ながらも裏付けていた。

さらに、候補者は、選挙が後半戦から終盤戦を迎えるに従い、政策ではなく、知名度向上のため名前だけを大書した、あるいは自らへの投票を情緒的に懇請するポスターを多数貼った。ポスターを始めとする文書や演説の中で、義理や人情、義侠心に訴え、涙を流し有権者にひたすら頭を下げ続け自らへの投票を懇願する、「理」より「情」に訴える選挙運動のスタイルが主流となり、効果のあることが指摘された。選挙の勝敗を決するのは、「政策」より「情」との意識が、候補者、選挙民の両者に共有されていた。このことは、制限選挙下の候補者や有権者にも共有されていたであろうが、普選実現による大衆の政治への参加は、その傾向を加速させたといえよう。

このように買収を自明とし安易にこれに呼応する、あるいは「政策」より「涙」を、「理」より「情」を優先する候補者や有権者の存在は、男子普選の実現により買収効果が低減され選挙の郭清が図られるとの期待を打ち砕き、むしろ選挙資金の高騰をもたらす一因となった。政党及びその候補者は、従前以上に選挙資金や政治資金の獲得が必要になり、資金力の弱い第三政党の候補者の出馬や当選をより一層困難にしたのである。

昭和の二大政党制の下、既成政党及びその政治家による種々の収賄事件がメディアを賑わし、政治腐敗が強調され政党政治への不信が高揚した。それを糾弾追及し、革新を目指す勢力として政界に影響力を増大させたのが、軍部や国家主義勢力であった。確かに、第一回普選のポスターからは、民衆の政治参加という新時代の到来を歓迎する同時代の人々の躍動した気運を感得することができる。普選の実現が、近代日本における政治的民主化を象徴する出来事であることは、選挙ポスターを始めとする選挙文書の内容が象徴的に物語っていた。しかし、同時に、その普選の実現が政党や政治家に、より一層の政治資金獲得を迫ることになり、政党政治を衰退へ導いたという皮肉を、近代日本政治史上の仮説として設定することは、強ち的外れとはいえないであろう。

巻末の事項索引によれば、全国各地の選挙運動に関する情報を見出すことができるものの、本書の考察は、資料的制約から、全選挙区、全候補者を対象に行われたものではないため、ここでの結論も、かかる制約の中から導き出されていることを改めて確認しておきたい。したがって、今後も、より広範な資料の収集に努め、それに基づく考察の発展が課題として残されている。

しかし、ここで指摘され解き明かされたことは、同時代の、あるいは明治憲法体制下の選挙及び選挙運動を研究する際の一つの視座にはなるであろう。加えて、その中には、戦後から現代の選挙にまで通底する事実も多々あることに気付く。中選挙区制は、第一回普選の第一六回総選挙以降、敗戦直後の第二二回総選挙を除けば、平成五（一九九三）年の第四〇回総選挙まで続いた。自民党の長期政権を支えた選挙制度でもあり、その功罪は議論の分かれるところであるが、その嚆矢は第一回普選にあった。選挙の主要な争点が、有権者の生活に直結する経済問題に置かれ、対外問題が後景に退く傾向は、現代の選挙にも共通して見られることであろう。選挙運動の中で行われる買収が都市より地方で行われ易く効果を発揮すること、宣伝カーに乗り自らへの投票を懇請し名前だけを連呼すること、涙を流しながら時には土下座までして有権者に訴える候補者の姿、政策ではなく情緒に訴える選挙運動、それらが選挙の後半から終盤になるに従い加速すること、こうした現代の選挙風景は、宣伝カーこそないものの、第一回の普選にも既に共通して見出すことができるものであった。

本書が、戦前だけでなく、戦後の、さらには現代にまで続くわが国の選挙を考察する際に何らかの示唆を与えることができるならば幸いである。

主要参考文献

未公刊普選関連資料

『普選資料・其の一　推薦状』（慶應義塾図書館所蔵）
『普選資料・其の二　ビラ』（慶應義塾図書館所蔵）
『普選資料・其の三　ポスター』（慶應義塾図書館所蔵）
「大原デジタルミュージアム・戦前ポスターデーターベース」（http://oohara.mt.tama.hosei.ac.jp/kensaku/poster.html（法政大学大原社会問題研究所所蔵））
「第十六回衆議院議員総選挙ニ於ケル文書図画ニ関スル調（昭和三年二月施行）」（『平沼騏一郎文書』マイクロフィルム、R-160-766、国立国会図書館憲政資料室所蔵）
「第十七回衆議院議員総選挙ニ於ケル文書図画ニ関スル調（昭和五年二月施行）」（同右『平沼騏一郎文書』）
「衆議院議員総選挙ニ於ケル文書図画調（昭和七年二月）」（同右『平沼騏一郎文書』）
「鈴木内務大臣訓示要旨」（『山岡万之助文書』マイクロフィルム、A－Ⅳ－1－28、国立国会図書館憲政資料室所蔵）
「昭和二年十二月府県会議員総選挙ニ於ケル法令ノ運用ニ関スル調」（『衆議院議員選挙革正審議会・第十九号』2A－36－委681、マイクロフィルム委－097、国立公文書館所蔵）
「昭和三年二月衆議院議員総選挙ニ於ケル法令ノ運用ニ関スル調」（『衆議院議員選挙革正審議会・第十八号』2A－3－委680、マイクロフィルム委－097、国立公文書館所蔵）
内務省警保局「秘・普選第二次総選挙と出版物（昭和五年四月）」（JACAR〈アジア歴史資料センター〉Ref.A04010045600 警察庁9・4E・15－3、357、国立公文書館所蔵）
「秘・新聞記事差止事項調（昭和七年七月二十二日現在）」（JACAR Ref.A04010491800、警察庁9・4E・15－4、581、国立公文書館所蔵）
「武藤山治宛家室俊一〈会員〉書簡・昭和三年一月二八日付」（國民會館所蔵）

「武藤山治宛賀集和三郎〈鐘淵紡績株式会社博多支店〉書簡・昭和三年三月四日付」（國民會館所蔵）
「武藤山治宛山崎靖純書簡・昭和三年二月二四日付」（國民會館所蔵）
「（武藤山治）関東方面会長遊説日程」（國民會館所蔵）
「第二区候補者立会演説会」（國民會館所蔵）
『実業同志会関連新聞記事・第九一巻・昭和二年度』（國民會館所蔵）
『実業同志会関連新聞記事・第九二巻・昭和三年度』（國民會館所蔵）
「補選実況活動写真（活動写真）」（國民會館所蔵）
「偽仏（活動写真）」（國民會館所蔵）

公刊普選関連資料

内務省地方局「第十七回衆議院議員総選挙に於ける法令の運用に関する調査」（前田英昭「普選法（大正十四年）運用に関する調査(一)」『駒澤大学法学部研究紀要』第五七号、平成一一年三月）
「秘・指示事項・府県会議員総選挙取締ニ関スル件〈昭和二年六月地方長官会議〉」（『昭和戦前期内務行政史料・第二巻、昭和二年』ゆまに書房、二〇〇〇年）
「改正選挙法（大正一四年・法律四七号）有権者見込数と第十五回総選挙有権者比較表」（『第十五回衆議院議員総選挙一覧』衆議院事務局、大正一五年）
「改正法ニ依ル第一回総選挙予想調査（大正一五年内務省警保局刊）」（『昭和初期政党政治関係資料・第一巻』不二出版、一九八八年）
新日本同盟調査部『普選第一次の総選挙経過・昭和三年五月十日』新日本同盟、昭和三年

普選ポスターと選挙運動の画像資料

「言論戦と相俟て総選挙の大勢を左右する各派各様のポスター戦」『歴史写真』昭和三年三月

「普選第一回記念ポスター」『中央公論』昭和三年三月
『サンデー毎日・臨時増刊〈普選記念・総選挙画報〉』昭和三年三月五日
『アサヒグラフ』昭和三年二月二二日

選挙制度・選挙データ公刊基礎資料

『第十四回衆議院議員総選挙一覧』衆議院事務局、大正一三年
『第十五回衆議院議員総選挙一覧』衆議院事務局、大正一五年
「第十五回衆議院議員補欠選挙一覧」（同右『第十五回衆議院議員総選挙一覧』）
『第十六回衆議院議員総選挙一覧』衆議院事務局、昭和三年
『衆議院議員選挙実績―第一回～第三〇回―』財団法人公明選挙連盟、昭和四二年
『府県会議員総選挙結果諸表・附当選者名簿』内務省警保局、昭和二年一〇月
『近代日本政治史必携』岩波書店、一九六一年
自治省選挙部編『選挙法百年史』第一法規出版、平成二年

普選関連書籍

『英瑞選挙ポスター集』東京朝日新聞、昭和二年
『朝日新聞社募集・普選ポスター集』東京・大阪朝日新聞社、昭和三年
『普選の第一戦陣・我等斯く戦へり〈朝日民衆講座第四輯〉』朝日新聞社、昭和三年三月
『普通選挙　その日は来た』大阪東京朝日新聞、昭和三年
『第二次普選を前にして』朝日新聞社、昭和五年
坂本正道『選挙運動新戦術』東漸社、大正一五年
関口泰『普選講座』朝日新聞社、昭和二年

木村彌三郎（内務省警保局保安課）『府県議戦の実際に見たる普選の取締と罰則』松華堂書店、昭和三年
国民新聞政治部『普選ポスターと新戦術』民友社、昭和二年
横溝光暉『選挙運動の為にする文書図画の取締』警察講習所学友会、昭和二年（『言論統制文献資料集成・第七巻』日本図書センター、一九九一年所収）
福田博光『第一回普選政戦史』政治教育普及会、昭和三年
古屋景晴編著『議員選挙運動秘訣』国民道徳会、昭和四年
内務省『衆議院議員選挙法改正理由書・完』財団法人中央報徳会、警察協会、大正一四年
武藤山治『実業政治―吾々もし政局に立たば―』日本評論社、昭和元年、初版・大正一五年
武藤山治『実業読本』日本評論社、大正一五年
武藤山治『普選のスヽメ』日本評論社、昭和二年、初版・大正一五年
武藤山治『醒めたる力』実業同志会、大正一三年
『実業同志会運動経過概要』実業同志会、大正一三年
財団法人金融研究会『調書第貳編・郵便貯金の運用』昭和四年
『大蔵省の伏魔殿預金部内容』実業同志会、昭和二年

政治家官僚関連資料（伝記、回想録、追悼号、全集）

『伝記　西岡竹次郎・上』西岡竹次郎伝記編纂会、昭和四〇年
内政史研究会編『川西実三氏談話速記録』昭和三九年
牛山栄治『巨人　西久保弘道』春風館、昭和三一年
横山健道『高木正年自叙伝』代々木書院、昭和七年
千葉三郎『創造に生きて―わが生涯のメモ―』カルチャー出版、昭和五二年
『公民講座・武藤山治追悼号』昭和九年五月

鷲尾義直『古島一雄』日本経済研究会、昭和二四年
『百年を生きる　中井一夫伝』同伝編集委員会、昭和六〇年
関直彦『七十七年の回顧』三省堂、昭和八年
古島一雄『一老政治家の回想』中公文庫版、中央公論社、昭和五〇年
鷲尾義直『犬養木堂書簡集』人文閣、昭和一五年
『武藤山治全集・第八巻』新樹社、昭和四一年
『武藤山治全集・増補』新樹社、昭和四一年
『武藤山治全集・六巻』新樹社、昭和四一年
『昭和の岡山・政治と人（上）戦前・戦中編』山陽新聞社、昭和五四年

議会・官庁・都府県市・統計資料

戦前期官僚制研究会編『戦前期日本官僚制の制度・組織・人事』東京大学出版会、一九八一年
大蔵省百年史編集室編『大蔵省百年史別巻』大蔵省財務協会、昭和四四年
『昭和戦前期内務行政史料・第三巻、昭和三年』ゆまに書房、二〇〇〇年
『昭和初期政党政治関係資料・第一巻』不二出版、一九八八年
『議会制度百年史・院内会派編・衆議院の部』大蔵省印刷局、平成二年
『議会制度百年史・衆議院議員名鑑』大蔵省印刷局、平成二年
『議会制度百年史・帝国議会史・下巻』大蔵省印刷局、平成二年
『昭和五年国勢調査報告・第四巻・府県編・東京府』内閣統計局、昭和八年
『東京府史・府会篇・第一巻』東京府、昭和四年
東京都都政史料館編『東京都職制沿革』昭和三二年
『大阪府会史・第四編・上巻』大阪府会史編纂委員会、昭和三二年

『鹿児島県議会史』鹿児島県議会、昭和四六年
『日本の歴代市長　二巻』歴代知事編纂会、昭和五九年
『第四九回帝国議会衆議院議事速記録第四号』
『官報』、『東京市公報』

新　聞

『東京朝日新聞』、『東京朝日新聞（市内版）』、『読売新聞』、『中央新聞』、『国民新聞』、『報知新聞』、『大阪朝日新聞』、『大阪朝日新聞・大阪版』、『時事新報』、『東京日日新聞』、『東京日日新聞・同市内版』、『大阪毎日新聞』、『大阪毎日新聞・市内版』、『大阪毎日新聞・西部毎日・長崎佐賀版』

政党機関誌

『政友』、『民政』、『実業同志会』、『国民同志会』

雑誌週刊誌

『中央公論』、『改造』、『雄弁』、『歴史写真』、『公民講座』、『サンデー毎日』、『アサヒグラフ』、『時事漫画』

関連研究書

伊藤隆『昭和初期政治史研究—ロンドン海軍軍縮問題をめぐる諸政治集団の対抗と提携—』東京大学出版会、一九八〇年
奥健太郎『昭和戦前期立憲政友会の研究—党内派閥の分析を中心に—』慶應義塾大学出版会、二〇〇四年
櫻井良樹『帝都東京の近代政治史—市政運営と地域政治—』日本経済評論社、二〇〇三年
櫻井良樹編『地域政治と近代日本—関東各府県における歴史的展開—』日本経済評論社、一九九八年
ジェラルド・カーチス『代議士の誕生—日本保守党の選挙運動—』サイマル出版会、一九七一年

季武嘉也『選挙違反の歴史―ウラからみた日本の百年―』吉川弘文館、二〇〇七年
杣正夫『日本選挙制度史―普通選挙法から公職選挙法まで―』九州大学出版会、一九八六年
玉井清『原敬と立憲政友会』慶應義塾大学出版会、一九九九年
玉井清『武藤山治と行財政改革―普選の選挙ポスターを手懸りに―』國民會館叢書六六、國民會館、平成一八年
東大法・蒲島郁夫ゼミ編『選挙ポスターの研究』木鐸社、二〇〇二年
法政大学大原社会問題研究所編『ポスターの社会史―大原社研コレクション―』ひつじ書房、二〇〇一年
中川八洋『日本政治文化論―欧米デモクラシーへの挑戦―』原書房、一九七七年
松尾尊兊『普通選挙制度成立史の研究』岩波書店、一九八九年
松田尚士『政治を改革する男―鐘紡の武藤山治―』國民會館叢書八二、國民會館、平成二一年
源川真希『近現代日本の地域政治構造―大正デモクラシーの崩壊と普選体制の確立―』日本経済評論社、二〇〇一年

関連研究論文

浅野和生「戦前総選挙における集団投票」大麻唯男伝記研究会『大麻唯男・論文編』財団法人櫻田會、一九九六年
市原亮平「実業同志会の結党」『経済論叢』京都大学、第七一巻第二号、昭和二八年
江口圭一「実業同志会の成立」由井正臣編『論集日本歴史12・大正デモクラシー』有精堂、昭和五二年
大岡聡「戦間期都市の地域と政治―東京、「下町」を事例にして―」『日本史研究』四六四号、二〇〇一年
大西比呂志「普選期の安倍磯雄―選挙組織と資金―」『早稲田大学史紀要』第二四巻、一九九二年
大西比呂志「大山郁夫と第一回普通選挙―日農香川と労働農民党―」『早稲田政治公法研究』第二三号、一九八七年
酒井正文「戦前期二大政党対立下の選挙における地方指導者の事大主義的傾向」（前掲『大麻唯男・論文編』）
櫻井良樹「戦前期東京府における府議会議員総選挙の結果について」『麗澤大学論叢』七号、一九九六年
櫻井良樹「制限選挙期における東京市会議員総選挙の結果について」『麗澤大学論叢』九号、一九九八年
中村勝範「第一回普通選挙と無産政党」『法学研究』昭和三七年八月

久富博之「明治初期議会期の選挙と地方利益―埼玉県会議員選挙を例に―」『選挙研究』一九号、二〇〇四年

あとがき

慶應義塾図書館において第一回普選に際し作成利用されたポスター、ビラ、推薦状の資料群を発見してから十年以上の歳月が経過した。旧図書館の書架の棚に埃にまみれ無造作に重ね置かれている新聞紙サイズより大きい冊子を発見した時の感動は今でも忘れることができない。恐らく、何十年もの間、誰にも顧みられることなく棚に置かれていたのであろう。非常に大判の三冊で濃紺の表紙は埃にまみれていたため、手にして中を見ようとする物好きはいなかったのかもしれない。たとえ、手にして見た者がいたとしても、研究分野が異なれば興味をひく資料ではないであろう。この資料は、大正昭和の政治史を、同時代の政党や選挙を研究している小生のことを、恋人になるべく長い年月の間ひたすら待ち続けていた、とさえ思った。埃にまみれた冊子ではあるが、いかなる美女との出会いより小生を歓喜させる出来事であった。

しかし、この恋人は気難しく取扱いは慎重であらねばならず、正直なところ難儀であった。貴重な資料ではあったものの、大判であり折り畳まれている箇所も多々あり劣化も進んでいたからである。研究のため原資料を常時閲覧することは、物理的にも困難であり、これ以上の劣化を防ぐためにも避けねばならなかった。研究に利用するためには、資料の撮影が必要不可欠であった。

夏の暑い時期、当時大学院生であった奥健太郎（東海大学政治経済学部准教授）、岩村正史（元慶應義塾大学兼任講師）の両氏の協力を得て、デジタルカメラで資料を一枚ずつ撮影したのが研究の始まりであった。その後、慶應義塾21ＣＯＥ－ＣＣＣのプロジェクトに加えていただき、専門家によるデジタル画像への撮影を行うことができた。その画像を基礎に資料を分析し、他の関連資料も収集し研究成果を学術雑誌や学会において適宜公にしてきたが、それらの論考を編集再校正したのが本書である。本来なら、もう少し早く研究を進捗させ本にまとめる予定であったが、入試の業務や海外留学などがあり予想外に進まず、今日に至った次第である。時間は要したものの、ここに一冊の研究書として発刊できるのは感慨深いものがある。
初出の掲載誌及び原題と本書との関連は、左記の通りである。いずれも論旨に変化はないが、大幅な加筆修正が行われている。とりわけ、第五章は、既発表の二本の論考を一つにまとめている。

第一章「第一回普選における選挙ポスターの導入過程」(寺崎修・玉井清編著『戦前日本の政治と市民意識』慶應義塾大学出版会、二〇〇五年)。
第二章「第一回普選の投票率と有権者の意識―選挙啓蒙活動を中心に―」(『選挙研究』二一号、二〇〇六年)
第三章「第一回普選と政党の選挙ポスター」(『法学研究』七八巻四号、平成一七年四月)
第四章「第一回普選と候補者の選挙ポスター」(『法学研究』八〇巻二号、平成一九年二月)
第五章「第一六回衆議院議員選挙における中選挙区制導入の影響について」(『慶應の政治学・日本政治』慶應義塾大学法学部、二〇〇八年)、「第一六回衆議院議員選挙に関する一考察―東京選挙区における中選挙区制導入の影響を中心に―」(『法学研究』八二巻二号、平成二一年二月)。
第六章「第一次普選と実業同志会―武藤山治の政治啓蒙活動―」(『法学研究』八三巻一二号、平成二二年一二月)
第七章「第一六回総選挙における政党合同の影響について―革新倶楽部系候補者の動向を中心に―」(『法学研究』八五巻三号、平成二四年三月)

右の研究を進める過程では、既述したように資料のデジタル画像への取り込みのために慶應義塾21COE－CCから、資料収集のために、財団法人櫻田會、慶應義塾学事振興資金から研究助成を受けた。図書館資料の利用許諾に関しては、慶應義塾大学三田メディアセンターの風間茂彦事務長の、資料の撮影に際しては関秀行閲覧課長(当時)のお世話になった。実業同志会の資料閲覧に関しては、國民會館会長の武藤治太、理事の松田尚士の両氏から多大なるご便宜をいただいた。出版に際しては、慶應義塾大学法学研究会より叢書としての公刊の機会をいただいた。慶應義塾大学出版会の綿貫ちえみ氏からは、編集担当者として献身的な協力と的確な助言を受けた。これらの組織団体や個人の方々のご助力があり、本書を世に出すことができる。この場を借りて、改めて御礼申し上げる次第である。

浅学菲才の身でありながら、慶應義塾大学に職を得て研究者として教壇に立つことができるのは、ひとえに恩師である中村勝範慶應義塾大学名誉教授のお蔭である。教壇で話す全ての内容は、中村先生が話されたことの延長線上にあり、本書を含め全ての研究著作は先生より受けた薫陶が土台になっている。歴史研究の醍醐味を、原資料に当たることの大事さを教えていただいたのも、あるいは学部から大学院生の時代、リュックサックを背負い、毎週、神田、五反田、高円寺の古書展をはしごし、その姿をいつも温かい眼差しで見つめてくださっていたのも、中村先生であった。不肖の弟子であるが、ここに学術書を公刊することにより受けた学恩に少しでも応えることができるのであれば幸いである。

最後に、私事ではあるが、本論文のいくつかは、亡き父・英明の生前時に執筆したものである。父と待ち合わせのため、駅のベンチに座り論文の校正をしたことが、編集作業をしている時に想起された。大学の研究教育界に縁がない家庭でありながら、研究者になる道を選択する際、小生の背中を押してくれたのが父であった。本書を亡き父の仏前に捧げたい。また、この編集作業は、英国留学の帰国間際から始めた。帰国準備の引っ越し作業は妻に任せきりになり、帰国後も家庭を顧みられない日々が続いた。娘の瑛と李の相手をせず研究室に日参する小生をいつも笑顔で送り出してくれ、家庭を陰ながら支えてくれている妻・摂に改めて感謝したい。

平成二五年一月三一日　三田研究室にて

玉井　清

vi　船に貼られた「土屋清三郎・民政党」や「森矗昶・政友会」のポスターから千葉３区と確認できる。
vii　写真の説明には「松本市内所見」と記されているが、雪だるまに貼られた「高橋守平・民政党」のポスターから、埼玉２区と確認できる。
viii「水上嘉一郎・実業同志会」のポスターから東京１区と確認できる。

第五章

第六章

第七章

i　「前田米蔵・政友会」は、東京６区の候補者である。

ii　「本田義成・政友会」「瀬川光行・民政党」「川手忠義・政友会」「菊池寛・社会民衆党」のポスターを確認できるが、彼らは東京１区の候補者であり、電柱には「飯倉１丁目、飯倉片町」の住所表記がある。

iii　塀に貼られた「津谷一治郎・民政党」のポスターから東京４区と確認できる。

iv　自動車に貼られた「清水徳太郎・民政党」「白旗松之助・日本労農党」のポスターから山形２区と確認できる。

v　ゴミ箱に貼られた「立川太郎・政友会」のポスターから東京１区と確認できる。

第四章

第二章

第三章

図表一覧

第一章

な

と

す

せ

か

事項索引

や行

わ行

は行

ま行

な行

さ行

た行

か行

人名索引

あ行

人名索引・事項索引

跋

学問的価値の高い研究成果であつてそれが公表せられないために世に知られず、そのためにこれが学問的に利用せられずして、そのまま忘れられるものは少なくないであろう。又たとえ公表せられたものであつても、口頭で発表せられたために広く伝わらない場合があり、印刷公表せられた場合にも、新聞あるいは学術誌等に断続して載せられた場合は、後日それ等をまとめて通読することに不便がある。これ等の諸点を考えるならば、学術的研究の成果は、これを一本にまとめて出版することが、それを周知せしめる点からも又これを利用せしめる点からも最善の方法であることは明かである。この度法学研究会において法学部専任者の研究でかつて機関誌「法学研究」および「教養論叢」その他に発表せられたもの、又は未発表の研究成果で、学問的価値の高いもの、または、既刊のもので学問的価値が高く今日入手困難のものなどを法学研究会叢書あるいは同別冊として逐次刊行することにした。これによつて、われわれの研究が世に知られ、多少でも学問の発達に寄与することができるならば、本叢書刊行の目的は達せられるわけである。

昭和三十四年六月三十日

慶應義塾大学法学研究会

著者紹介
玉井　清（たまい　きよし）
慶應義塾大学法学部教授。法学博士。
1959年生まれ。慶應義塾大学大学院法学研究科博士課程修了。
主要業績に、『原敬と立憲政友会』（慶應義塾大学出版会、1999年）、『帝大新人会研究』（共著、慶應義塾大学法学研究会叢書、1997年）、『満州事変の衝撃』（共著、勁草書房、1996年）、『大麻唯男』（共著、財団法人櫻田会、1996年）、『戦時日本の国民意識―国策グラフ誌『写真週報』とその時代』（編著、慶應義塾大学出版会、2008年）など。

慶應義塾大学法学研究会叢書　85
第一回普選と選挙ポスター
――昭和初頭の選挙運動に関する研究

2013年５月15日　初版第１刷発行

著　者――――玉井　清
発行者――――慶應義塾大学法学研究会
代表者　大沢秀介
〒108-8345　東京都港区三田2-15-45
TEL 03-5427-1842
発売所――――慶應義塾大学出版会株式会社
〒108-8346　東京都港区三田2-19-30
TEL 03-3451-3584　FAX 03-3451-3122
装　丁――――鈴木　衛
印刷・製本――株式会社加藤文明社
カバー印刷――株式会社太平印刷社

Printed in Japan ISBN 978-4-7664-2018-0
落丁・乱丁本はお取替いたします。

慶應義塾大学法学研究会叢書

27 The Basic Structure of Australian Air Law
栗林忠男著 3000円
38 強制執行法関係論文集
ゲルハルト・リュケ著/石川明訳 2400円
42 下級審商事判例評釈（昭和45年〜49年）
慶應義塾大学商法研究会編著 8300円
45 下級審商事判例評釈（昭和40年〜44年）
慶應義塾大学商法研究会編著 5800円
46 憲法と民事手続法
K.H.シュワーブ・P.ゴットヴァルト・M.フォルコンマー・P.アレンス著／石川明・出口雅久編訳 4500円
47 大都市圏の拡大と地域変動
—神奈川県横須賀市の事例
十時嚴周編著 8600円
48 十九世紀米国における電気事業規制の展開
藤原淳一郎著 4500円
50 明治初期刑事法の基礎的研究
霞信彦著 7000円
51 政治権力研究の理論的課題
霜野寿亮著 6200円
53 ソヴィエト政治の歴史と構造
—中澤精次郎論文集
慶應義塾大学法学研究会編 7400円
54 民事訴訟法における既判力の研究
坂原正夫著 8000円
56 21世紀における法の課題と法学の使命
〈法学部法律学科開設100年記念〉
国際シンポジウム委員会編 5500円
57 イデオロギー批判のプロフィール
—批判的合理主義からポストモダニズムまで
奈良和重著 8600円
58 下級審商事判例評釈（昭和50年〜54年）
慶應義塾大学商法研究会編著 8400円
59 下級審商事判例評釈（昭和55年〜59年）
慶應義塾大学商法研究会編著 8000円
60 神戸寅次郎　民法講義
津田利治・内池慶四郎編著 6600円
62 アメリカ合衆国大統領選挙の研究
太田俊太郎著 6300円
64 内部者取引の研究
並木和夫著 3600円
65 The Methodological Foundations of the Study of Politics
根岸毅著 3000円
66 横槍　民法總論（法人ノ部）
津田利治著 2500円
67 帝大新人会研究
中村勝範編 7100円
68 下級審商事判例評釈（昭和60〜63年）
慶應義塾大学商法研究会編著 6500円
70 ジンバブウェの政治力学
井上一明著 5400円
71 ドイツ強制抵当権の法構造
—「債務者保護」のプロイセン法理の確立
斎藤和夫著 8100円
72 会社法以前
慶應義塾大学商法研究会編 8200円
73 Victims and Criminal Justice: Asian Perspective
太田達也編 5400円
74 下級審商事判例評釈（平成元年〜5年）
慶應義塾大学商法研究会編著 7000円
75 下級審商事判例評釈（平成6年〜10年）
慶應義塾大学商法研究会編著 6500円
76 西洋における近代的自由の起源
R.W.デイヴィス編/鷲見誠一・田上雅徳監訳 7100円
77 自由民権運動の研究
—急進的自由民権運動家の軌跡
寺崎修著 5200円
78 人格障害犯罪者に対する刑事制裁論
—確信犯罪人の刑事責任能力論・処分論を中心にして
加藤久雄著 6200円
79 下級審商事判例評釈（平成11年〜15年）
慶應義塾大学商法研究会編著 9200円
80 民事訴訟法における訴訟終了宣言の研究
坂原正夫著 10000円
81 ドイツ強制抵当権とBGB編纂
—ドイツ不動産強制執行法の理論的・歴史的・体系的構造
斎藤和夫著 12000円
82 前原光雄 国際法論集
中村洸編／大森正仁補訂 5800円
83 明治日本の法解釈と法律家
岩谷十郎著 9600円
84 憲法の優位
ライナー・ヴァール著/小山剛監訳 6000円

表示価格は刊行時の本体価格（税別）です。欠番は品切。